档案管理学

聂勇浩 主编

Archives Management

中山大学出版社
·广州·

版权所有　翻印必究

图书在版编目（CIP）数据

档案管理学 / 聂勇浩主编. —— 广州：中山大学出版社，2025.7. —— ISBN 978-7-306-08406-4

I. G270

中国国家版本馆CIP数据核字第20257PT444号

DANG'AN GUANLIXUE

出 版 人：王天琪
策划编辑：李海东
责任编辑：李海东
封面设计：彭　欣
责任校对：马萌萌
责任技编：靳晓虹
出版发行：中山大学出版社
电　　话：编辑部 020-84111996，84113349，84111997，84110779
　　　　　发行部 020-84111998，84111981，84111160
地　　址：广州市新港西路135号
邮　　编：510275　　传　真：020-84036565
网　　址：http://www.zsup.com.cn　　E-mail：zdcbs@mail.sysu.edu.cn
印 刷 者：佛山家联印刷有限公司
规　　格：787 mm×1092 mm　1/16　21印张　530千字
版次印次：2025年7月第1版　2025年7月第1次印刷
定　　价：69.00元

如发现本书因印装质量影响阅读，请与出版社发行部联系调换

前 言

档案工作以"为党管档、为国守史、为民服务"为使命，在国家治理、民生服务、记忆传承中都发挥着不可替代的作用。习近平同志在浙江工作时就指出："档案工作是一项基础性工作，经验得以总结，规律得以认识，历史得以延续，各项事业的发展，都离不开档案。"①自近代以来，我国档案学人始终保持高度的学科自觉，以创建具有中国特色的独立的档案学为使命，扎根本土档案实践，批判性吸收国外档案学成果，构建了中国自己的档案学知识体系。

"档案管理学"是档案学的核心课程，系统介绍档案资源从收集、整理、保管到开发、利用全过程的理论、方法和工具，目标在于构建适应社会需要的档案资源体系，充分实现档案资源价值。编写《档案管理学》教材时，需要考虑三方面的要求。首先，新兴数字技术等带来的技术革命和随之而来的社会创新推动了全社会的数智转型，将档案管理带入新的"数字时代"。《档案管理学》需要因应"数智转型"这一历史变局，梳理和总结有关档案信息化、数字化、数据化和电子档案管理的知识，有效融入教材的内容体系。其次，《中华人民共和国档案法》《中华人民共和国档案法实施条例》等一系列法律法规和政策的修订与颁行，为我国的档案管理确立了更为坚实的制度基础；各种国家、行业标准和规划的出台，为档案管理提供了更为系统、明确的实践指南。《档案管理学》教材需要全面体现立法、政策和行业标准的新要求，才能为科学、合理地指导工作实践提供帮助。最后，我国在长期的档案管理过程中，积累了大量具有本土特色的知识、经验与案例，构成理解和把握我国档案管理实践的丰富素材。教材的编写需要充分吸收这些宝贵资源，才能真正做到扎根中国大地，有效阐述我国档案工作的实际情况。

中山大学是华南地区最早开展档案学本科教育的机构之一，档案学国家级一流本科专业建设点。本书主编长期承担"档案管理学"课程教学工作，在编写教材的过程中结合了多年的教学实践和系列教学改革研究项目成果，在系统介绍档案管理基础理论知识的同时，力争融入档案事业前沿进展和档案工作实践经验。

首先，在编写理念上，在构建成熟知识体系的同时追踪理论和实践的动态。本书的整体结构、内容选择充分吸收前人的成果，与主流教材在框架和体系上保持一致，详细说明档案资源"收管藏用"必须掌握的基本理论与知识。在前人成果基础

---

① 省委书记、省人大常委会主任习近平同志在考察省档案局省档案馆时的讲话[J]. 浙江档案，2003（6）.

上，本书全面体现近年我国档案工作主要的法律法规和政策动态，重点采用与实践工作联系较为密切的理论研究成果，做到基础性和前沿性的有机结合。

其次，在结构设计上，按照管理过程和管理对象相结合的原则设计本书内容。档案管理本质上是一个管理过程，由鉴定、收集、整理、保管、开发、利用等职能环节构成。但是，不同的管理对象，如科技档案、特殊载体档案等，与文书档案等相比，虽然具有相似的管理过程，但是会因为自身的特色而表现出不同的管理方式。本书采用管理过程组织基本的知识体系，同时面向特定的档案资源阐述差异化的管理要求。相比传统载体档案，数字档案资源给档案管理带来了全新的挑战。因此，本书专门介绍档案信息化和电子档案管理的原理和方法。

再次，在内容组织上，有机结合知识整理与内容创新原则。与其他教材相比，本书主要的新内容包括：①提出数智化、社会化、知识化等档案管理发展趋势；②明确区分单位档案机构和国家档案馆，分析了两类管理机构在性质和职责上的差异；③将档案鉴定的标准归纳为档案资源、环境条件和社会需求三个层面；④提出了名人档案和口述档案收集的具体方法；⑤介绍了档案数字编研的概念、特点、过程和挑战；⑥系统阐述新修订《中华人民共和国档案法》和《中华人民共和国档案法实施条例》等法律法规对档案开放和档案公布的规定与要求；⑦结合国家标准和理论研究，介绍数字档案馆建设和档案数据化的基本知识；⑧以法律法规和国家标准为依据，阐述电子档案证据效力维护的主要要求；⑨参考立法、标准和政策，区分了电子文件和电子档案并各自阐述其管理环节。

最后，在编写方式上，采用统筹规划和分工协作相结合的原则。教材的结构框架由聂勇浩设计，张俊杰、兰海娟、潘嘉怡、刘孟婷、丁冰彬、章亦航、张可参与编写。其中，张可参与第一章编写，兰海娟参与第二、九、十章编写，潘嘉怡参与第三、四、七章编写，张俊杰参与第三章编写，章亦航参与第五、十一章编写，丁冰彬参加第六、十一章编写，刘孟婷参与第八、十二章编写。全书由聂勇浩修订和统稿。

教材的出版得到了中山大学出版社的大力支持。付梓之际，特此致谢。由于编者学识水平有限，本书定有错漏和不当之处，恳请读者批评指正，以期今后进一步完善。

目 录

第一章 档案管理导论 …… 001
第一节 档案管理 / 002
第二节 档案管理基础理论 / 010
第三节 档案管理发展趋势 / 016

第二章 档案鉴定 …… 023
第一节 档案鉴定的概念和内容 / 024
第二节 档案鉴定的理论 / 027
第三节 档案鉴定的标准 / 033
第四节 档案鉴定的工具 / 039

第三章 档案收集 …… 045
第一节 档案收集概述 / 046
第二节 文件归档 / 048
第三节 档案接收 / 054
第四节 特殊类型档案的收集 / 063

第四章 档案整理 …… 067
第一节 档案整理概述 / 068
第二节 全 宗 / 070
第三节 档案的分类 / 076
第四节 立卷与组件 / 086
第五节 档 号 / 094

第五章　档案保管与保护 …… 099

第一节　档案保管与保护概述　/ 100
第二节　档案的保管　/ 104
第三节　档案的保护　/ 111
第四节　档案安全管理　/ 117
第五节　档案馆应急管理　/ 124

第六章　档案检索 …… 131

第一节　档案检索概述　/ 132
第二节　档案著录　/ 137
第三节　档案标引　/ 144
第四节　档案检索语言　/ 149
第五节　档案检索工具　/ 154

第七章　档案编研 …… 163

第一节　档案编研概述　/ 164
第二节　档案编研的步骤　/ 166
第三节　现行文件编研　/ 171
第四节　历史档案编研　/ 172
第五节　档案数字编研　/ 175

第八章　档案提供利用 …… 183

第一节　档案提供利用概述　/ 184
第二节　档案提供利用的方式　/ 189
第三节　档案开放　/ 196

第九章　科技档案管理 …… 201

第一节　科技档案管理概述　/ 202
第二节　科技档案的收集　/ 209
第三节　科技档案的整理　/ 213
第四节　科技档案的鉴定　/ 216
第五节　科技档案的保管　/ 222
第六节　科技档案的开发利用　/ 226

第十章　特殊载体档案管理 …… 233

第一节　声像档案的管理　/ 234
第二节　缩微档案的管理　/ 255

第十一章　档案信息化 …… 263

第一节　档案数字化　/ 264
第二节　数字档案馆　/ 272
第三节　档案数据化　/ 281

第十二章　电子档案管理 …… 291

第一节　电子文件概述　/ 292
第二节　电子档案的管理要求　/ 298
第三节　电子文件的管理环节　/ 309
第四节　电子档案的管理环节　/ 319

参考文献 …… 324

第一章
档案管理导论

　　档案管理是系统化、专业化的实践活动，目的是有效管理档案资源并服务于社会需要。本章介绍档案管理的基本概念、基础理论以及发展趋势。第一节阐明档案管理的概念、性质与内容，介绍档案管理的主要机构；第二节说明档案管理的基础理论，包括来源原则、文件生命周期理论、后保管模式和全程管理等，为档案管理提供理论支撑；第三节探讨档案管理的发展趋势，如数智化、社会化、知识化管理，阐述档案管理领域的创新和变革。

第一节 档案管理

一、档案管理的概念与内容

（一）档案管理的概念

档案管理是运用科学的原则和方法管理档案，利用档案为社会实践服务的活动。档案管理和财务管理、人力资源管理等一样，属于资源管理活动。不同的是，档案管理面向的对象是档案这一信息资源，目的在于通过对档案的有效管理来实现其价值。

档案是国家机关、社会组织和个人在实践活动中直接形成的、具有保存价值和原始记录作用的固化信息。[①]虽然国内外关于档案的定义众说纷纭，但是对于档案本质属性的认知却是基本一致的，即具有原始记录性的信息资源。档案管理的核心任务是在维护档案原始记录性的基础上，实现档案价值。

实践当中，对于如何履行这一核心任务，即档案管理的内容，存在着狭义和广义两种界定。狭义的界定主张档案管理是直接以档案为对象的业务工作。《中国大百科全书图书馆·情报学·档案学》提出，档案管理"亦称档案工作，是档案馆（室）直接对档案实体和档案信息进行管理并提供利用服务的各项业务工作的总称，也是国家档案事业最基本的组成部分"。"档案管理的对象是档案，服务对象是档案利用者，所要解决的基本矛盾即是档案的分散、零乱、质杂、量大、孤本等状况与社会利用档案要求集中、系统、优质、专指、广泛之间的矛盾。"[②]

广义的界定则将档案管理扩展到虽然不是直接以档案为对象，但是和档案相关的职能和管理活动，涵盖档案部门"对国家或地区档案事业实行有组织、有计划的领导或监督、指导，并协调其内部关系和外部关系的工作"[③]。在广义的界定下，档案管理既包含档案收、管、藏、用等业务工作，又包含档案事业中的行政工作、宣传工作、外事工作、教育工作、科研工作等管理活动。[④]本书遵照狭义的界定，指直接以档案为对象的收、管、藏、用等管理活动。

（二）档案管理的性质

档案管理承担"为党管档、为国守史、为民服务"的社会使命，其性质可以概括为科学性、服务性、政治性三点。

---

① 冯惠玲. 档案学概论[M]. 北京：中国人民大学出版社，2006：6.
② 中国大百科全书总编辑委员会. 中国大百科全书图书馆·情报学·档案学[M]. 北京：中国大百科全书出版社，2002：55-56.
③ 陈兆祦，和宝荣. 档案管理学基础[M]. 北京：中国人民大学出版社，1986：38.
④ 金波，晏秦. 从档案管理走向档案治理[J]. 档案学研究，2019(1)：46-55.

1. 科学性

档案管理的科学性指的是档案的收、管、藏、用等管理活动都具有自身的规律，只有遵循这些规律才能有效地管理档案，实现档案的价值。例如，档案的收集需要尊重文件流和业务流之间的关系，通过系统地梳理单位的职能、业务与活动，才能齐全、完整、高效地收集具有保存价值的文件。档案的整理需要尊重文件之间的有机联系，通过发掘和表现文件的内在关联，建立有序的档案资源组织体系。档案的保存需要考虑不同载体所需要的保存条件，通过构建科学的保管环境实现档案的长期保存。档案的利用必须密切结合社会的档案利用需求，根据利用需求的特点、结构和发展变化来提供利用途径和服务方式。

档案管理的科学性决定了档案管理是一项专业性工作，需要通过专门的培训，在充分掌握文件、档案、数据的专业知识的基础上，才能有效开展和实施，不能仅仅只是凭借个人经验或者主观想法来运行。

2. 服务性

档案管理的落脚点是提供档案信息为社会实践服务，涉及国家与民众、历史与现实、宏观与微观、保护与利用、常规性与突发性等多个方面。[①]

一是档案管理服务于社会民生。《中华人民共和国档案法》第二十五条明确提出，档案馆应当"不断完善利用规则，创新服务形式，强化服务功能，提高服务水平，积极为档案的利用创造条件，简化手续，提供便利"。服务民生是档案工作服务大局的亮点，也是新时代档案工作的典型趋势，在服务民生方面的服务创新构成各级档案部门的工作重点。

二是档案管理服务于国家治理。档案在国家治理中具有重要作用，其凭证价值和信息价值为监督和决策制定提供了重要支持。一方面，档案记录了政策执行和公共事务管理的全过程，包括财务记录、政策文件和行政命令等，成为追溯和验证机关单位行为合法合规的重要资料。通过档案，监督部门能够评估政府活动的绩效，发现潜在违规行为，确保公共资金和资源的合理使用。另一方面，档案为政策制定提供了丰富的背景资料和事实支持。政策制定者可以利用档案中的历史数据和政策研究，分析过往政策效果，汲取经验，制定更具针对性的政策措施，从而提升治理能力和社会效能。[②]总之，档案作为监督问责和科学决策的支撑力量，在提升治理透明度和政策科学性方面发挥着不可替代的作用。

三是档案管理服务于记忆传承。加拿大档案学者特里·库克在第十三届国际档案大会上指出："档案是国家和人民集体记忆的有力塑造者。"[③]档案与社会记忆构建密切相关，为社会传承历史记忆、佐证历史事件、再现史实真相、追溯与重塑历史提供有效支撑。

3. 政治性

从中国古代文化来看，档案生来就与政治紧密相关，是天生的国家治理工具。在我国档案工作3000多年的历史中，典、册、策、中（册字的省形）、简牍、文书、簿书、案卷、文案、案牍等在不同时期具有档案、文书之意。先秦时期，策书、簿书、计书、方

---

① 丁华东. 档案服务能力建设：档案事业发展的战略选择[J]. 中国档案，2010（2）：34-37.
② 杨文. 档案与国家治理研究[J]. 档案学通讯，2022（5）：109-112.
③ COOK T. The archive（s） is a foreign country: historians, archivists, and the changing archival landscape[J]. Canadian Historical Review, 2009, 90（3）：497-534.

书、宝书、官书、版书、秘书、盟书、刑书、尚书、竹书、载书及爰书等，都是古代官府的各类档案记录。这些都说明，档案天生就与国家、政府、社会治理密切相关。①

在我国，档案管理是"党和国家工作中不可缺少的基础性工作"②，在党和国家各项工作部署中发挥着基础性、战略性支撑作用，天然具备"姓党、为党、护党"的鲜明政治属性和特质，始终要求坚持和加强党的全面领导。③2020年修订的《中华人民共和国档案法》（以下简称《档案法》）首次将"坚持中国共产党对档案工作的领导"写入总则，标志着我国正式从法理层面确立了党管档案工作的领导体制。2023年，《中华人民共和国档案法实施条例》（以下简称《档案法实施条例》）着重强调"档案工作应当坚持和加强党的领导，全面贯彻党的路线方针政策和决策部署，健全党领导档案工作的体制机制，把党的领导贯彻到档案工作各方面和各环节"，细致阐明了落实党管档案工作领导体制的行动指南，并标志着党管档案工作领导体制步入全新发展阶段。

在国家治理现代化进程中，档案工作也具有其独特的政治价值。首先，档案作为权威凭证，为依法治国和行政监督提供了可靠依据，强化了治理的规范性和透明度。其次，档案作为信息资源，为科学决策提供了数据支持，有助于政府在政策制定过程中科学规划、精准施策，提高治理效能。档案还在文化建设中起到传承历史、凝聚共识的作用，帮助塑造国家记忆和社会认同。在数字化转型背景下，档案管理进一步与现代信息技术融合，提升了档案工作的效率和智能化水平，为国家治理提供了更为广泛的支持。④

因此，档案工作的政治性不仅表现在档案工作是一项中国共产党领导的事业，更体现在其推动国家治理现代化的过程中所发挥的独特作用。

（三）档案管理的内容

档案管理的内容是适应社会实践的需要而产生和发展的。各主体在参与社会活动时形成了大量文件，在活动结束后需要时常查证、参考相关文件。为了满足社会的需求，应当按照科学的原则、方法管理各环节工作，这就构成了档案管理的内容。

从档案管理的环节看，档案管理的内容主要包括档案鉴定、档案收集、档案整理、档案保管与保护、档案检索、档案编研、档案利用等内容。其中，档案鉴定、收集、整理、保管与保护是基础业务工作，主要针对数字或模拟形态的档案实体开展工作，为档案利用服务奠定资源基础；档案检索、编研、利用是开发利用工作，主要针对档案信息开展工作，在满足社会多样化档案利用需求的同时，也对档案基础业务工作提出了新的要求，如开展档案信息化、档案数字化等工作内容。

1. 档案鉴定

随着社会实践的开展，一方面，档案数量日益增加，新档案不断补充；另一方面，旧档案的价值随时间推移、内外部环境转变而发生变化。面对日益庞杂的库存以及有限的资

---

① 王岚. 国家治理视角下《档案法》修改的思路与思考[J]. 档案学研究，2015（1）：41-48.
② 徐拥军. 新修订《档案法》的特点[J]. 中国档案，2020（7）：26-27.
③ 周林兴，黄星. 论新时代党管档案工作领导体制的实践导向：以《档案法实施条例》为中心的考察[J]. 档案与建设，2024（3）：20-27.
④ 杨文. 档案与国家治理关系的历史考察和现实反思[J]. 图书情报知识，2022，39（2）：52-61，72.

源，为了更好地满足实际利用需求，就需要鉴定新老档案，判定档案的保存价值，确定档案保存期限，决定档案的存与毁，有效优化馆藏。这就形成了档案鉴定工作。

2. 档案收集

社会实践中形成的文件，是机关、团体、企业事业单位和其他组织以及个人在业务办理和活动开展过程中形成的，具有高度的分散性。要方便、高效地利用这些信息资源，就需要实现集中管理。为解决形成过程中的分散以及利用要求上的集中之间的矛盾，应当通过归档、接收、征集等方式将档案集中起来管理。这就形成了档案收集工作。

档案领域相关法律法规也对此做出了规定。《档案法》第十条指出，"中央和县级以上地方各级各类档案馆，是集中管理档案的文化事业机构，负责收集、整理、保管和提供利用各自分管范围内的档案"；《机关档案管理规定》（2018年10月11日国家档案局令第13号公布，自2019年1月1日起施行）第五条指出，"机关的全部档案应当集中、统一管理"。

3. 档案整理

集中管理的档案可能数量巨大，并且处于相对零散的状态。为了方便日常管理与提供利用，需要系统化整理档案。《归档文件整理规则》（DA/T 22—2015）中提出，为了解决档案零散与管理利用系统化之间的矛盾，应当"将归档文件以件为单位进行组件、分类、排列、编号、编目等，使之有序化"。这就形成了档案整理工作。

4. 档案保管与保护

由于自然和社会的各种原因，档案实体总是处于渐变性的自毁过程，甚至可能遭受突变性的破坏，社会利用的需要则要求长期保存完整可用的档案。为了解决档案损毁与社会长远利用需求之间的矛盾，就形成了档案的保管与保护工作。进入数字时代以后，如何实现档案数据的长期保存和信息安全，同时维护其真实性、可用性，也构成档案保管与保护的工作内容。

5. 档案检索

档案数量庞大，分类复杂，档案实体是按照来源、时间、主题等形成规律整理存放，一经整理，其体系将保持相对稳定、单一。然而，社会的档案利用需求是复杂多样的，需要提取档案中的必要信息，用以揭示档案内容，保证用户可以更加充分、完备、快速地查找到档案。为了解决档案馆藏单一线性排列与社会多样化需求之间的矛盾，就形成了档案检索工作。

6. 档案编研

档案部门收存的档案，主要是原始材料。一方面，档案大部分都是"孤本"，相当珍贵，一般不适宜在馆外传播和提供利用；另一方面，档案利用过程中，档案之间的有机联系难以简单反映出来。档案编研工作在档案信息传播和提供利用过程中有着重要意义。[①] 为了保护档案原件、满足更多利用者系统利用档案的需求，应当基于馆藏与社会需求研究档案，编辑、公布、出版档案史料。这就形成了档案编研工作。

---

① 李新宇. 从传播学角度出发做好档案编研工作：以三位革命军人牺牲登记表的编研活动为例[J]. 档案学研究，2014（6）：62-65.

7. 档案利用

管理档案的一系列活动，最终目的是实现档案利用，为国家、社会和个人的各项工作提供服务。为了满足多样化的利用需求、实现档案价值，应当通过多种方式和途径向用户提供档案。这就形成了档案利用工作。

8. 档案信息化

档案信息化指运用现代信息技术手段，尤其是数字技术，将传统纸质、声像、实物档案等多种形式的档案信息转化为数字形式，并通过信息管理系统实现档案的存储、管理、检索、利用和保护的过程。[1]档案信息化包括档案数字化和数字档案馆建设等内容，目的是提高档案管理的效率和服务质量，确保档案资源的长久保存和更便捷的利用。

档案数字化是将纸质、影像或其他物理档案通过扫描、影像采集或数据录入的方式转化为数字化文件，并通过数字化系统存储和管理。其核心目标是提高档案管理效率、保护档案的原始信息、增强信息获取的便捷性和共享性。数字化后的档案不仅可以在电子平台上检索、查询，还能更好地实现跨平台、跨部门的数据共享和长久保存。

数字档案馆是利用互联网、大数据、人工智能等先进技术打造的综合性档案管理和服务平台，是档案信息化的高级阶段。数字档案馆的主要特点包括全生命周期管理、智能化检索与服务，以及跨部门、跨区域的档案资源共享。①对档案的生成、归档、存储、利用、销毁等各个环节，数字档案馆通过自动化、智能化技术实现了全流程的跟踪和管理，大大提高了档案工作的效率和规范性；②数字档案馆利用自然语言处理和大数据分析等技术，能够实现档案信息的智能化检索，用户可以通过关键词、语义、图像等多维度方式检索档案，提升了用户体验和信息获取的准确度；③数字档案馆利用云计算、区块链等技术，实现了不同部门、不同区域之间档案数据的共享和协同，这种方式不仅提高了档案的利用效率，还促进了信息资源的统筹管理。

二、档案管理的机构

在我国的档案管理体系下，档案管理机构可以区分为单位档案机构和国家档案馆。单位档案机构主要服务于特定的企事业或者党政机关，国家档案馆则负责管理特定区域和行政层次内的档案资源，两者在性质和任务上都存在区别。

（一）单位档案机构

单位档案机构是集中管理本单位（包括机关、团体、学校、工厂、企业事业单位等组织）档案的内部机构，属于特定单位的组成部分。根据《机关档案管理规定》，各机关应当按规定设立档案工作机构，不具备设立条件或不需要建立档案机构的机关，应当指定档案工作负责部门，档案工作负责部门的名称应当反映档案工作属性。档案室是我国档案工作组织体系中最普遍、最大量的基层业务机构。党、政、军等机关的档案室还具有机要部门的性质。

---

① 金波. 论档案信息的数字化建设[J]. 档案学通讯, 2005（3）：67-70.

1. 单位档案机构的性质

作为我国档案工作体系中最基层的档案业务机构，单位档案机构具有三方面性质：一是组织的内部机构，二是保存档案的过渡性机构，三是主要面向本单位提供服务。

就地位而言，单位档案机构既是内部的组织机构，也是基层的档案机构，因此，其作用主要表现在两个方面：一是组织内的信息服务部门，为单位开展职能活动提供信息支持，使得机关管理工作和业务职能得以延续；二是全国档案工作的基层部门。单位档案机构是国家档案资源不断补充和积累的源泉，影响国家档案的完整程度和连续积累，为档案发挥现实作用提供阵地、为档案馆工作创造条件。

2. 单位档案机构的职责

单位档案机构的基本任务是集中统一管理本单位职能活动中形成的档案，为本单位各项工作服务，并为党和国家积累档案史料。依照《机关档案管理规定》《机关档案工作条例》等法规，其具体任务包括：

（1）指导档案业务。贯彻执行档案工作的法律法规和方针政策，健全档案工作规章制度，制定并组织实施档案工作发展规划或计划，并指导和监督本单位文书部门或业务部门文件材料的归档工作。

（2）实施档案业务。实施档案收集、整理、保存、利用、移交等业务工作，负责管理本单位具有长久保存价值的全部档案和相关材料，定期将具有长久保存价值的档案移交给国家档案馆，积极开展档案利用工作，为机关各项工作服务。

（3）培训与评估档案业务。负责组织档案业务交流和档案工作人员培训，评估负责档案工作的部门或个人，提出表彰或处理建议。

3. 单位档案机构的类型

单位档案机构主要有三个大类，分别是档案室、机关档案馆、大型企业事业单位档案馆。

（1）档案室。档案室是基层的档案机构。我国档案室数量大，类型复杂多样，一般可以分为以下类型：

·文书档案室。文书档案室有时也称机关档案室，主要负责管理机关的党、政、工、团文书档案。这种档案室数量最多、最普遍。

·科技档案室。科技档案室是保管科技档案的专门档案机构，一般设置在工厂、设计院、科学技术研究院等单位。

·音像档案室。音像档案室是保存照片、录音、录像等特殊载体档案的档案室。电影公司、制片厂、新闻摄影部门、广播事业部门等单位一般都设有音像档案室。其他单位也会在日常工作中形成照片、录音、录像等特殊载体的档案，但由于数量十分有限，因此，一般由普通档案室统一管理，不专设音像档案室。

·人事档案室。人事档案室设置较为普遍，由于人事档案自身的特殊性，它一般与其他各类档案分开管理，有必要设置专门的人事档案室保管。人事档案室通常依附于机关内人事管理部门或组织部门，有的也称干部或职工档案室。

·综合档案室。综合档案室是单位建立的综合性档案管理机构，它统一管理本单位形成的各种普通档案、专门档案和特殊载体档案。综合档案室在资源配置和信息综合开发利用方面具有突出的优势，近年来不断得到普及。

・联合档案室。联合档案室是办公地点相对集中且条件成熟的单位，或形成档案数量较少的多个单位联合起来设立的档案机构，负责集中保存和管理这些单位的档案。联合档案室是一种合理的组织形式，既有利于档案的保护和利用，也符合国家精简机构的要求，能够节约人力、物力、财力。

・信息中心。信息中心以原有的图书、档案和情报机构为基础，是一些大型企业单位建立的，集档案、图书、情报于一体的信息管理实体机构。这种组织形式有利于实现信息集成管理，同时也有利于实现信息资源的联合开发利用。

（2）机关档案馆。机关档案馆是国家机关专门建立的档案馆。档案馆并非一定是具有独立法人地位的实体，在法律许可的范围内，机关内部同样可以设立档案馆。例如，《科学技术档案工作条例》第二十八条规定："国务院所属的各专业主管机关，根据需要建立专业档案馆，收集和保管本专业需要长期和永久保存的科技档案。"

具体来看，外交部、国家安全部档案馆永久保管本部门及所属机构形成的全部档案，不需要向国家档案馆移交；中央国家司法部门如最高人民法院、最高人民检察院、公安部等，由于所形成的档案数量大，工作查考的周期长，也需要建立档案馆，保管本部门及其所属单位形成的档案；国家海洋局、中国气象局等由于档案技术性和专业性强，建立了部门档案馆。

（3）企业事业单位档案馆。根据1992年国家档案局印发的《全国档案馆设置原则和布局方案》，按国家统一标准确定的大型企业和部分建立时间长的中型企业，根据实际工作需要，经企业领导批准，向同级档案行政管理部门备案，可成立企业档案馆，收集管理本企业及其所属单位形成的档案。依照1996年国家档案局发布的《企业档案馆申报登记办法》，成立企业档案馆的标准包括：①按国家统一标准确定的大型以上企业和企业集团，特别是那些资本密集、技术密集、生产过程联系紧密、对专业化分工协作和规模经济要求较高的企业，以及特殊行业、国家垄断性行业的大型以上企业；②企业内部职能部门多、下属单位多，有接收下属单位档案任务的企业；③企业建立的时间在25年以上，形成的档案资料数量在3万卷（册）以上。

企业事业单位档案馆的主要职能是保管本单位形成的档案，包括单位内部的业务活动、决策过程、财务管理等信息，具有较高的专业性和内部性。这些档案一般不会对外公开，且需要长期保存，以便单位在运营过程中随时查阅和利用。建立本单位档案馆的企业事业单位，其档案除法律法规要求的特殊情况，形成的档案由本单位的档案馆负责永久保管。

（二）国家档案馆

1. 国家档案馆的性质

由国家各级政府设立并领导，负责接收和管理一定范围的具有社会和历史价值的各种档案，并提供社会利用的文化事业机构。国家档案馆是党和国家的文化事业机构，是永久保管档案的基地，是科学研究和各方面工作利用档案史料的中心。2020年修订的《档案法》规定，中央和县级以上地方各级各类档案馆，是集中管理档案的文化事业机构，从而在法律上对综合档案馆的性质予以了明确规定。国家档案馆的文化事业机构属性主要表现在以下三个方面：

（1）从管理的对象看，国家档案馆的馆藏主要来自国家机关、企业事业单位移交的档案资源。从价值演化来看，移交后的档案，面向形成单位的参考、凭证价值已经逐渐减弱，但是面向社会的科研、文化价值逐渐上升。准确界定国家档案馆的文化事业单位属性，有助于更好地发挥馆藏档案的价值，满足学术研究、文化服务的社会需求。

（2）从工作的性质看，国家档案馆是面向全民的公益性服务机构，不仅要服务于国家治理，也要服务于社会民生。全民性、服务性是国家档案馆工作性质的基本定位。

（3）从工作的方式看，国家档案馆的业务属于专业性工作，业务的开展依赖于一系列专业规范、标准和流程。有一些业务活动，如档案编研等，还具有较强的研究性质。坚持文化事业单位的机构属性，有助于持续提升国家档案馆的专业能力与水平。

另外，国家档案馆同时也承担着服务国家治理的职责，以国家档案为馆藏主体，因此，国家档案馆还具备明显的行政性、政治性和机密性的特征。[1]

2. 国家档案馆的职责

国家档案馆承担档案保管基地、爱国主义教育基地、档案利用中心、政府公开信息查阅中心、电子文件备份中心的职能。其基本任务是在维护党和国家历史真实面貌的前提下，集中统一地管理党和国家的档案及有关资料，维护档案的完整与安全，积极提供利用，为社会主义现代化建设服务。依据《档案馆工作通则》《档案法》等法律法规，其职责又具体概括为以下三个方面：

（1）接收与征集本级各机关、团体及其所属单位具有长期和永久保存价值的档案，并科学地管理档案。

（2）积极开展档案利用工作，完善利用规则，创新服务形式，强化服务功能，提高服务水平。

（3）充分挖掘档案信息，为国家机关制定法律、法规、政策和开展有关问题研究提供支持和便利。

3. 国家档案馆的类型

国家档案馆的类型可以按照多种标准划分，目前较为通用的有两种：一是按行政层级和辖区，并结合专业、时期等其他特点来设置，将档案馆分为中央级档案馆、地方档案馆和专业档案馆；二是按接收档案的范围，将国家档案馆划分为综合档案馆、专门档案馆等。这里就第二种方式进行介绍。

（1）综合档案馆。综合档案馆是按行政区划或历史时期设置的，收集和管理所辖范围内多种门类档案的档案馆，中央一级有中央档案馆、中国第一历史档案馆、中国第二历史档案馆，在地方则按行政区划分级设立综合档案馆。

（2）专门档案馆。专门档案馆指收集和管理某一专门领域或某种特殊载体形态档案的档案馆。中国人民解放军档案馆、中国照片档案馆、中国电影资料馆、中国现代文学馆，以及各地的城市建设档案馆等均属此列。

---

[1] 杨立人. 从国家档案看档案馆性质的特殊性[J]. 档案学通讯，2014（5）：32-36.

第二节 档案管理基础理论

一、来源原则

（一）来源原则的含义

来源原则是当前世界各国公认的档案整理原则，指档案馆按照档案的来源整理和分类，要求保持同一来源的档案不可分散、不同来源的档案不得混淆的整理原则。其具体含义可以概括为：尊重来源，尊重全宗的完整性，尊重全宗内的原始整理体系。

尊重来源是来源原则的第一层含义，指档案馆首先应按照来源标准整理档案，保持档案与形成者之间的来源联系。

尊重全宗的完整性是来源原则的第二层含义，指一个全宗是一个有机整体，整理档案必须维护全宗的完整性，做到同一全宗的档案不可分散，不同全宗的档案不得混淆。

尊重全宗内的原始整理体系是来源原则的第三层含义，指全宗内的档案整理必须充分利用原有的整理基础，尊重全宗在形成机关获得的原始整理顺序和方法，不宜轻易打乱重整。

（二）来源原则的形成与发展

来源原则经历了长期的发展过程，法国的尊重全宗原则是它的发端，德国的登记室原则完善了它的内涵，荷兰人给予了理论论证，最终，来源原则在世界范围内得到传播和发展。

1. 起源——尊重全宗原则

来源原则产生于近代的法国。法国大革命胜利以后建立了法国国家档案馆，负责保管国民议会的文件以及国家机关和地方机关的重要文件。国家档案馆的馆藏来源广泛，内容复杂。在成立之初，国家档案馆沿用事由原则即依据档案内容对档案分类整理；但随着馆藏日渐丰富，事由原则产生严重弊端。按照档案文件的内容分类和整理，势必将同一机构来源的档案分散到不同的类别中，打乱了档案之间的来源联系，给管理和利用工作带来不便；同一档案文件可能涉及好几个类别，而且类是无法穷举的，因此，往往陷入无类可归和无以归类的困境。为了更加科学地整理档案，尊重全宗原则应运而生。

1841年4月24日，法国内政部长颁布第14号通令《关于各部和各地区档案整理与分类的指示》，首次提出尊重全宗原则。其要点是：①来源于一个特定机构（行政当局、公司、家庭、个人等）的全部档案组成一个全宗；②全宗内的文件按主题分类整理；③主题类下的文件根据情况按年代、地区、字母顺序排列；④一个全宗的文件不得与另一个全宗的文件相混淆。

尊重全宗原则的提出在世界档案事业史上具有里程碑意义，它开始具备来源原则的核心思想——同一来源的档案不可分散，不同来源的档案不得混淆，是来源原则的起源。

2. 形成——登记室原则

在继承法国尊重全宗原则的基础上，德国提出了登记室原则，标志着来源原则的形成。

1815年德意志联邦成立，原来的普鲁士国家机密档案馆变成综合性国家档案馆，馆藏来源相应扩大为各国家机关，原有的事由分类割裂了档案与来源之间的联系，造成了混乱的档案管理局面。受到尊重全宗原则的启发，1881年7月1日，普鲁士发布《国家机密档案馆档案整理条例》。其主要内容为：①国家机密档案馆整理档案首先按照存卷的来源分类，保持档案与来源之间的联系；②档案馆保留档案在原机关业务过程中原有的排列次序和整理标记。

登记室原则继承了尊重全宗原则的核心思想——以全宗为单位保持来源的一致，但登记室原则更强调要保持原机关的文件整理顺序和体系，即保持档案有机体（或档案实体）在其产生过程中获得的顺序。相较而言，登记室原则更加严格地体现了档案的来源联系，是对尊重全宗原则的继承和发展，是来源原则正式形成的标志。

3. 论证与认可——《荷兰手册》与布鲁塞尔大会

法国人提出了来源思想和全宗概念，德国人使来源原则得以形成，荷兰档案学者则最早对这一原则开展理论论证，使这一原则走上了国际化传播的道路。

1897年，荷兰政府内务部发布规章，正式批准采用来源原则整理档案。1898年，荷兰的三位档案学家缪勒、斐斯和福罗英合作出版《档案的整理与编目手册》（又称《荷兰手册》）。该书对来源原则提供了理论论证，为该原则奠定了理论基础。该书全面系统地阐释了全宗的定义、性质和全宗内档案的整理特点。书中的主要观点为：①全宗必须由同一形成机关的文件组成，全宗是一个有机的整体，一个完整的全宗应独立保存；②同一全宗的档案不能分散，不同全宗的档案不能混淆；③全宗内档案的整理系统必须以全宗原来的编制为基础。

《荷兰手册》奠定了来源原则的理论基础，提出"全宗是一个有机整体""全宗内的档案整理系统必须以形成机关内部组织机构的编制为基础"两个核心观点，使尊重来源和尊重全宗内的原始整理体系这两大理论内核基本成熟。该书出版后，来源原则得到广泛传播，并最终在1910年召开的布鲁塞尔图书与档案人员国际大会上被确认为档案专业的基本原则。

4. 发展——理论的丰富与完善

《荷兰手册》出版后，来源原则在国际上得到认可与广泛传播，在来源原则的基础上，发展出苏联的档案全宗理论、英国的档案组合原则、意大利的历史方法论原则、德国的自由来源原则和美国的文件组合思想等重要理论。

（1）英国和美国的组合思想。全宗是法国首创的一个概念，法文表述为fond，然而英文中并没有与fond对应的词汇。为了表述全宗概念和体现来源思想，英国和美国分别提出了"档案组合"（archive group）和"文件组合"（record group）的概念。

1922年，英国著名档案学者詹金逊在其专著《档案管理手册》中提出了"档案组合"概念。詹金逊的观点强调：档案组合是一个自身结构完备、独立的行政机构在活动中形成的文件整体。档案组合更加注重形成机关的独立性，要求形成档案组合的机关无需借助任何外界职权就能独自开展各项业务。此外，詹金逊强调档案组合具有完整性，档案组合作为一个有机整体不能割裂；在档案组合内，应当按照原来的顺序整理文件。

在英国影响下，美国也提出了具有本国特色的组合思想。1941年，美国国家档案馆正式启用了"文件组合"概念作为馆藏档案整理和分类的基本单元。美国的文件组合是一种有组织联系的文件实体，这一实体以文件来源为基础，并且尊重机关行政史、文件复杂性和文件数量等因素。与英国档案组合理论不同，美国的文件组合不要求形成机关是完整、独立的，它可以是独立的机关，也可以是大型机关的内部组织机构。

英美组合思想均以来源原则为基础，都强调档案组合或文件组合必须保持来源的同一性。但它们也有区别：英国更讲求机关的独立性和职能稳定性；美国更多地尊重现代机关复杂且职能变动的特点，尊重现代文件庞杂的特点。

（2）德国的自由来源原则。在传播过程中，来源原则也遭受了一定的质疑。1953年，德国档案学家布伦内克出版《档案学——欧洲档案工作的理论与历史》一书，提出了自由来源原则，对来源原则做了修正。布伦内克提出，现代社会中，机关的组织机构和职能频繁发生变动，并且社会活动的丰富使得档案形成领域不断扩大，因此不应固守传统的来源，应当兼顾来源和事由两种因素，把档案全宗作为有机体重新加以组织。

自由来源原则是对来源原则的修正，它将来源原则视为一种总的原则，并结合实际加以调整，使来源原则的适用范围更广。

（3）苏联和我国的全宗理论。"十月革命"后，苏联吸取了来源原则的合理部分，结合自身特点，构建了一套较为完整的全宗理论。苏联对来源原则的丰富与发展体现在三个方面：①根据时代发展及时丰富和发展全宗的定义。苏联早期规定全宗是机关或个人活动过程中有机形成的档案总和；后将全宗视为泛指概念，定义为彼此具有历史联系和（或）逻辑联系的交由国家保管的文件综合体。②创造性提出了文件全宗概念。传统的全宗概念都是针对档案馆馆藏提出的，苏联首创文件全宗作为档案全宗的源头，充分体现了对文件运动过程和规律的尊重。③构建了一个由国家档案全宗统辖的全宗概念体系，并以此为基础提出了一套完整的全宗理论。

我国借鉴了苏联的全宗理论模式，发展形成了我国的全宗理论体系。我国的全宗理论主要包括三个方面的内容：①明确提出了全宗的定义和基本含义。全宗是独立的机关、团体或个人在社会实践活动中形成的具有有机联系的档案集合体。它包括四个方面的含义：全宗是一个有机整体，全宗是在一定的历史活动中形成的，全宗是以一定的社会单位为基础构成的，全宗是档案的基本管理单位。②明确提出了全宗的构成条件。我国规定了立档单位的三个条件：一是独立行使职权，能主要以自己的名义单独对外行文；二是设有会计单位或经济核算单位，自己可以编造预算或财务计划；三是设有管理人事的机构或人员，并有一定的人事任免权。③明确提出了划分全宗类型的主要标准。我国主要从两种角度划分全宗类型：一是按照全宗形成者区分为机关组织全宗、人物全宗、项目全宗，二是按照全宗的范围和构成方式区分为独立全宗、联合全宗、全宗汇集和档案汇集。

（三）来源原则的"重新发现"

20世纪中后期，随着人类科学文化事业的进步和社会生产力的提高，档案数量和种类不断增多，新型载体档案尤其是电子档案大量增加，电子文件时代随之到来。进入电子文件时代，电子文件突破了实体机关与文件群体相对应的模式，文件的产生往往由多个机构、多个数据库共同形成,导致"文件与形成机构的联系丧失,机构的运行职能与工作活动超越了各个组织的工作方式",区分文件形成者日益困难。①

20世纪六七十年代开始,由于信息技术革命对档案工作的巨大影响,来源原则受到冲击,一些档案学者对来源原则提出质疑。到了20世纪80年代中期,欧美档案学者重新认识到来源原则的重要性,肯定了来源原则的中心地位。1985年,戴维·比尔曼发表了《来源原则的力量》一文,呼吁人们通过了解文件形成者职能和文件格式来提高检索信息的能力,要重视对文件形成者、文件格式的研究,通过了解文件形成背景来理解文件内容,建立反映机构职能、组织结构和其他特征的来源索引。

20世纪90年代以来,在这一主张的带动下,欧美档案界越来越多地认可来源原则在现代文件,特别是电子文件管理中的重要价值和指导意义。1991年,有关学者提出文件的背景信息对电子文件的管理至关重要。在1996年的第十三届国际档案大会上,特里·库克也提出电子文件时代应重新认识来源原则,认为档案人员应积极参与到文件形成与保管的过程中,提出"来源是概念的、虚化的和多方面的,不是单一级别的、结构性的、直接与一个行政机构相联系的"。2011年,特里·库克在《对数字时代来源原则的思考》一文中,提到"文件具有详细的、背景信息完备的、相互关联的历史,当它们进入档案馆后,它们是开放的、不断演变的、没有被封闭在固定的等级秩序中"。电子文件时代,不能抛弃来源原则,相反,只能更多地依赖来源原则。加拿大档案教育家汤姆·内史米斯形象地将这种对来源原则的肯定称为"来源的重新发现"。

"来源的重新发现"实质是一种新来源观。新来源观理论的发展主要集中在对"来源"概念的认识上。传统的档案来源主要是档案自身的来源。后来,人们越来越多地意识到,档案不是单一创造者特定集合的结果,而是由各种社会条件对档案创造者的影响以及在档案创建过程中特定时间、地点等多种因素共同形成的结果,其发展的理论主要包括社会来源观、文件运动过程来源观、第二来源观。简而言之,新来源观的核心就是使来源原则更加概念化和抽象化,它的实质是来源原则面对电子文件的新特点和新挑战而出现适应和发展。

二、文件生命周期理论

文件生命周期理论是西方现代档案学的重要组成部分,它研究文件从形成到最终销毁或永久保存的整个运动过程,研究文件属性与人的主体行为之间的关系,是对文件产生、运动、变化过程和规律的客观描述和科学抽象。文件生命周期理论的基本内容可以概括为三个方面:①文件从其形成到销毁或永久保存是一个完整的过程;②依据文件的不同价值及其作用形式,这个完整过程可划分为几个不同阶段;③文件在每一阶段因其特定的功用和价值而与管理形式、保存场所之间存在一种内在的关系。

文件生命周期理论的产生与文件中心的出现有着特定的联系。20世纪40年代,美国出现了一种新型的文件管理机构——文件中心。第二次世界大战期间,美国军事机关形成

---

① 张澍雅. 对"新来源观"实践探索的再认识[J]. 档案学通讯, 2018 (6): 26-30.

的文件急剧增加，为了缓解机关贮存空间和经费的巨大压力，海军部于1941年率先设置了临时库房，集中保存已不常使用却又必须保存的文件。海军部建立文件中心的成功经验逐渐推广到美国联邦政府其他机构，后来被众多国家纷纷效仿，并引发了对文件中心的理论探索。

1950年，英国伦敦大学的罗吉尔·艾利斯在第一届国际档案大会上提出了文件运动的"三阶段论"，认为文件运动分为现行阶段、暂时保存阶段和永久保存阶段，这三个阶段正好与文件的保管场所办公室、文件中心和档案馆是相吻合和对应的。他的观点得到了普遍赞同，并被广泛引用。1974年，曾任英国公共档案馆馆长的马勃斯在其出版的专著《文件中心的组织》一书中吸收了艾利斯的观点，对文件中心与文件运动阶段的对应关系做了进一步系统论述。

20世纪80年代，西方档案界对文件生命周期理论的研究趋于成熟。阿根廷档案学者曼努埃·巴斯克斯的《文件的选择》（1982年）与《文件的生命周期》（1987年）两本著作系统论述了文件生命周期理论，探讨了文件价值属性与运动阶段、保管场所和管理方式之间的关系。运用文件生命周期理论，可以透过文件运动过程及阶段性的表象，把握文件运动阶段划分的根本原因。此后，欧美档案学者不再简单地将文件生命周期理论理解为文件中心的理论基础，而是将研究视野扩展到对整个文件过程的运动规律的研究，为文件的全程管理和各阶段的管理提供了有力的理论依据。

在电子文件时代，中外档案界对文件生命周期的阶段划分和运动规律是否完全适用于电子文件提出了质疑。新的观点认为，电子文件运动的阶段性特点发生了变化，在各个阶段，电子文件的价值形态与相关因素的对应关系也发生了变化。传统文件的运动阶段大多是顺序向前的，电子文件在特殊情况下可能会做逆向运动。此外，由于对技术、设备和系统的依赖性，以及信息内容与特定载体的可分离性，电子文件在各阶段的价值形态与保管场所、服务对象等相关因素不再具备绝对的对应关系。

20世纪80年代，面对电子文件时代带来的挑战，澳大利亚档案学者伊恩·麦克莱恩和佛兰克·厄普沃德提出了文件连续体（the records continuum）理论。文件连续体是"从文件形成（包括形成前文件管理系统的设计）到文件作为档案保存和利用的管理全过程中采用连贯一致的管理方式"[1]。

文件连续体理论是对文件生命周期理论的补充和发展，对研究电子文件的管理问题具有重要的意义。但也有学者认为，该理论是一种理想化的理论，实际意义是有限的。

三、后保管模式

（一）后保管模式的产生

后保管模式是一种以来源为中心，以知识为中心的文件、档案管理思想或管理理念，是对整个档案管理活动规律的重新思考与认识。

1981年，美国档案学者杰拉尔德·汉姆（Gerald Ham）首次提出"后保管"概念。他

---

[1] 安小米. 文件连续体模式对电子文件最优化管理的启示[J]. 档案学通讯，2002（3）：52-55.

认为，为了适应社会结构变化、文件数量剧增、信息缺失、文件易逝和技术进步，档案工作者应改变旧观念，投入智力资源，参与合作，积极主动地鉴定文件和接收档案。此观点已经初步蕴含后保管思想。

1996年，加拿大档案学家T.库克在第十三届国际档案大会的报告中系统阐述了后保管模式，他将未来档案事业的关注焦点概括为七个转变：①从文件实体转向文件的形成过程；②从分析个别文件的性质和特征转向更好地了解导致文件产生的业务职能、活动、任务、事务处理和工作流程；③从根据文件内在价值或研究价值鉴定转向宏观鉴定形成者的主要职能、计划和活动，并挑选出反映它们的最精炼的文件永久保存；④从文件实体的整理、编目和保管转向了解信息系统和形成者的相关文献之间的有机联系；⑤从档案馆作为一个希望与文件形成机关合作的"恳求"机构转变为一个监督形成者、维护和保管在其管理下的档案文件活动的审计机构；⑥从档案馆建筑作为文件保管基地转变为一个便于公众利用数百个由形成者控制的系统内各种文件的中央信息中心；⑦从以等级结构中原始文件产生部门为中心的实际来源转变为以变动、临时甚至虚拟的机构中文件形成者的职能和业务活动为重点的概念来源。

简而言之，这些转变可以概括为：档案部门将传统理论对实体保管对象——实态文件的关注，转变成对文件、文件形成者及其形成过程的有机联系、目的、意图、相互关系、职能和可靠性的关注。

（二）后保管模式的体系结构

后保管模式主要由新来源观、宏观鉴定原则、知识服务三个部分构成，"三位一体"共同构成后保管模式的核心内涵。[①]

1. 新来源观

在新来源观下，档案的来源不仅指传统意义上的机构或职能来源，更是文件的形成过程及其背景。新来源观奠定了整个后保管模式的基调，即关注文件的运动过程和全部背景，它是宏观鉴定观和知识服务的基础前提。它关注文件的全面来源，促使人们关注文件的运动过程及其深层背景。

2. 宏观鉴定原则

宏观鉴定是依据形成者形成和利用文件的职能——组织背景和工作文化判定价值，它主张采用宏观的、系统的鉴定标准与方法，批处理式鉴定数量庞大的文件。

3. 知识服务

后保管模式不仅仅关注文件本身，更关注文件的背景。从知识管理的角度来说，背景信息往往是一种隐性知识，档案工作者的任务就是发现、挖掘这些隐性知识，"以用户问题的解决为直接目标，通过对用户知识需求和问题所处环境的分析，向用户提供经过智能化处理的符合用户需求的知识"，"引导利用者从泛滥的具体信息过渡到知识甚至智慧"，成为概念、知识的提供者。[②]

---

① 加小双. 后保管模式的背景、体系与意义[J]. 浙江档案，2015（7）：19-21.
② 加小双. 后保管模式的背景、体系与意义[J]. 浙江档案，2015（7）：19-21.

四、全程管理

电子文件时代的到来,给档案管理带来了巨大变革。电子文件的信息存储高密度性缓解了存储空间不足的困难;信息内容与载体可分离性,使文件信息可以跨时空传播。与此同时,电子文件真实性、完整性、可靠性遭到质疑,电子文件存在长期可读性难以确保等问题。为了解决电子文件的管理问题,多年来,国内外档案界联合各方力量开展合作性研究,有关专家在电子文件的管理理念上已达成了共识:在信息时代,电子文件的管理必须始于电子文件形成的源头,实施全程管理。①

全程管理原则是根据电子文件的特点和管理要求,建立一个完整的管理体系,全程管理与监控电子文件从产生到永久保存或销毁的整个生命周期。

全程管理主要包括三个方面的内容:①从纵向上看,以基于电子文件本身连续的、无间断的过程管理来替代职能管理,将文书、档案工作看作一个过程,一切工作环节都以信息的顺畅流动、业务的顺利处理为目标;②从横向上来看,留存文件信息内容的同时也要留存文件形成和使用的背景信息等元数据,并保持两者之间的有机联系;③以事前管理代替事后监督,关注的重点提前至电子文件形成之时或者形成之前。

电子文件的全程管理从根本上说是文档一体化在电子文件管理中的实现模式,只不过其理论基础发生了变化,从文件生命周期理论转向文件连续体理论。

第三节 档案管理发展趋势

一、数智化管理

当前,大数据、人工智能、云计算、区块链、5G、物联网、VR、移动互联等现代信息技术广泛应用,引领数字经济蓬勃发展,推动全球治理体系深刻变革。数智化管理是将大数据、人工智能、云计算等现代信息技术运用到档案管理各环节中,得以高效、科学地管理档案,实现档案资源建设和档案服务水平提升的目标。②

当前,围绕数智技术的发展应用,政府部门、档案行业纷纷加强规划布局,制定一系列政策文件,引领实践开展。2015年,国务院出台《促进大数据发展行动纲要》,明确大数据在推动经济转型发展、重塑国家竞争优势、提升政府治理能力等方面的作用。2021年,《"十四五"全国档案事业发展规划》提出,"主动融入数字经济、数字社会、数字政府建设,推动档案全面纳入国家大数据战略","积极探索知识管理、人工智能、数字人文等技术在档案信息深层加工和利用中的应用"。

---

① 叶晓林. 电子文件全程管理之思考[J]. 档案学研究, 2005(1): 46-50.
② 金波, 杨鹏. "数智"赋能档案治理现代化: 话语转向、范式变革与路径构筑[J]. 档案学研究, 2022(2): 4-11.

（一）数据化管理

数据化管理指向档案管理对象的转变。计算机技术的普及应用，使得档案信息的载体形态从传统纸质记录、胶片记录的模拟态向磁光电记录的数字态转变；网络技术则推动档案信息传播打破时空限制。档案业务从实体管理走向信息管理、数字管理，档案信息处理更高效、检索更便捷、开发利用方式更多元。在数据驱动和模型驱动的技术环境下，以细粒度存在的数据态档案信息大量累积和生成，体量浩大、来源广泛、类型多样、结构多元、价值丰裕的档案数据开始成为档案管理的新对象。

早期，档案部门主要依靠人工手段对纸质模拟态档案进行收集、整理、鉴定、保管、检索和利用等加工处理，注重档案实体有序化。数据化管理的趋势下，档案工作业务势不可当地转向数据资源建设和档案数据管理，档案管理对象从文本信息、数字信息向多源信息、数据信息延伸，档案管理进一步向知识管理、智慧管理升级。数据化管理意味着借助数据挖掘、机器学习、神经网络、关联分析、模拟仿真、知识管理、智能问答、地理信息等技术方法，对标准化、结构化、碎片化的档案数据进行细粒度、可视化、内容级深度开发，促进数据的信息关联与知识发现，激活档案数据的潜在价值。

（二）智能化管理

数智时代，大数据成为解码公众需求、提升服务温度的利器。基于大体量、多维度的数据资源，高性能存储、运算、分析能力，以及更加智能的算法模型，社会经济各个要素之间的关联性更容易被发现。借助数据实时采集、挖掘关联、聚类分析等技术，对治理事务涉及的全域数据、全程数据实现深度整合、信息比对和演变观测，洞察数据背后的规律，形成循数推理、依数治理的新模式。

传统档案治理模式下，档案机构往往是在问题发生后才能感知、处理、解决和整改。在智慧化管理下，档案机构需要具备感知与协调治理档案信息的能力，由被动提供服务走向主动，通过智能技术分析趋势、感知需求、洞察风险，提升档案管理的主动性、科学性。人工智能在档案管理中开始得到广泛应用和具有重要价值。一方面，通过自然语言处理、机器学习和计算机视觉等技术，实现档案的智能分类、信息提取和开放审核，显著提高档案管理的效率和准确性；另一方面，通过构建知识图谱和数据分析模型，人工智能可以从海量档案数据中挖掘有价值的信息，促进档案资源的深度开发利用，支持知识工程和数据化开发，为政策制定和历史研究提供新的数据支撑。总体而言，人工智能技术的应用帮助推动档案管理从传统的手工操作向高效、精准、智能化的方向发展，为国家档案事业的现代化提供强有力的技术支持。

（三）融合式管理

融合式管理指万物互联、人机交互的数字空间成为档案治理的重要场域，推动治理疆域从现实世界、实地、近端扩展至虚拟世界、云上、远端，时空维度极大拓展，治理动态性、复杂性、交叉性不断增强。

以往，档案部门主要针对实体档案进行物理空间的线下管理，治理场景主要面对实体档案馆，治理场域较为单一、稳定。基于人机交互技术的应用，档案管理实现了更高效的服务模式，智能设备和虚拟助手可以实时响应用户的需求，提供个性化的档案检索和信息查询服务，提升用户体验。同时，万物互联技术使档案资源能够通过物联网设备自动收集和更新，形成一个动态数据链，有效保障档案数据的实时性和准确性。此外，这些技术的融合还使得档案管理可以远程监控和管理档案资源，打破了传统档案管理的空间限制，实现了跨区域、跨平台的协同管理。这种智能化和网络化的管理模式不仅扩展了档案治理的场景和范围，还增强了治理的主动性和精细化程度，为实现档案治理现代化提供了新的路径和可能性。

二、社会化管理

在档案管理领域，社会化的提法由来已久。在过去较长的一段时间里，关于档案管理社会化的研究多围绕着人事档案和企业档案展开，具体指向档案管理外包。近年来，学界将档案管理社会化视作档案社会化的表现之一，具体表现为传统档案管理主体之外的机构和个体越来越多地参与到档案工作中，通常与公众参与的内容相接。

档案社会化管理已经获得法律和政策的认可。我国《档案法》《"十四五"全国档案事业发展规划》明确鼓励档案社会化管理。《档案法》规定："国家鼓励社会力量参与和支持档案事业的发展。对在档案收集、整理、保护、利用等方面做出突出贡献的单位和个人，按照国家有关规定给予表彰、奖励。"《"十四五"全国档案事业发展规划》则明确指出，应该"加强部门协同、区域协同、行业协同，鼓励、引导、规范社会力量参与档案事务"；在档案资源开发过程中，应当"积极鼓励社会各方参与"；激发全社会支持参与档案事业发展的积极性、主动性，"鼓励社会力量参与和支持档案事业发展，引导社会资金投入档案科研创新领域"；应当规范档案外包行业，"建立档案服务外包安全工作监管机制，着力对安全风险较高的寄存托管、数字化、信息系统建设等重点领域实施监管"。

（一）档案服务外包

档案服务外包，即针对国家法律法规限制范围外的档案，委托其他机构管理并为本机构提供档案服务的行为。档案服务外包以成熟的档案服务行业为基础。目前，我国档案服务行业已成为新时代档案事业体系的重要补充。截至2024年10月30日，我国在业档案服务企业183559家，其中核心企业数量持续增长至52527家，企业生存时间稳定。[①]

档案服务外包的基本功能多是面向传统纸质文件档案的实体管理，主要特点是侧重档案管理的基本服务，劳动密集，技术含量相对较低。外包服务机构往往以运输设施、库房空间和文档保管设备招揽客户。相关业务围绕文件档案实体管理展开，诸如文件档案的搬运、保管、寄存、扫描、备份、销毁，以及制定文件档案保管方案，对文件档案进行整理、鉴定、评估、编制检索工具、制定保管期限表、统计、编制灾备计划，等等，都属于档案外包的基本功能。

档案服务外包的拓展功能多指借助技术和专业优势提供的档案信息服务功能，特点是现代化程度高、专业性强而且技术含量相对较高，既有电子文件管理和档案信息内容服

---

① 徐拥军，陈晓婷. 我国档案服务企业发展调查研究[J]. 浙江档案，2025（1）：7-13.

务，又有文件、档案和信息管理方面的咨询和培训服务。档案外包承接机构大多借助技术和专业优势，提供文件管理方案设计、文档数字化、文档管理系统开发、文档管理软件设计、数据重置、电子保存、电子文件管理、信息管理、文档和信息咨询、业务外包、员工培训等现代业务。可见，针对电子文件等新型载体提供的服务、针对文件档案内容所做的信息资源开发和知识服务，以及档案专业领域内的咨询和培训都属于档案外包的拓展功能。

不过，档案安全是档案工作的重要底线。档案服务外包在提升效率、降低成本、提高档案服务质量的同时，也可能加大档案安全的风险。面对外包安全风险，有必要通过制度建设、行政监管等手段提供安全保障。同时，通过培育完善、成熟的档案服务市场，借助市场竞争手段不断提升档案服务质量，化解外包中的各种风险。

（二）公众参与

参与式档案管理是档案机构利用互联网将社会公众的力量引入档案信息资源建设中，通过转移档案信息资源建设权限的方式实现档案信息资源的丰富化、有序化和最优化。通过公众参与档案信息资源共建，档案部门不仅能够将由于人力资源限制而无法充分开发的馆藏资源开放给公众，突破档案资源建设的瓶颈，而且能够有效地提高档案资源开发与档案资源需求的契合度。用户从档案信息资源建设的旁观者以及资源的被动接受者和消费者，转变为主动参与档案资源开发过程的生产者。更为重要的是，通过公众参与档案信息资源共建，个人、家庭、组织都可以创建属于自己的档案，档案不再只是国家记忆史的载体，而是构建多元记忆的重要工具。

当前，参与式档案管理共有四种类型：①被动告知。在被动告知型参与中，档案部门通过门户网站、公众号、新闻媒体、报纸杂志等渠道向公众告知相关信息，以使公众了解相关政策规定、熟悉办事流程、知晓自身权益。被动告知是公众参与的最低层级，却是公众参与的基础。告知型参与以《政府信息公开条例》为指引，以保障公众知情权为主要目的。②意见征集。意见征集是收集公众对于档案信息资源建设的意见和建议，包括对档案部门缺少档案资源的需求、现阶段档案资源建设的改进方法等，这是最常见的公众参与档案信息资源建设的类型。一方面，档案部门通过召开线上线下听证会、评议会、调查问卷、意见征集等形式，问政于民、问计于民、问需于民；另一方面，公众亦可通过网络咨询、联系官员、举报建议等，向档案部门建言献策，依法行使民主监督权。③档案众包。众包是企业或机构将过去需要员工完成的复杂艰巨的任务以自由自愿的形式外包给非特定网络大众，依靠公众智慧和力量共同参与完成的新型工作模式。档案众包，即档案机构将包括转录、标记、著录、翻译、数字化等任务的部分权限转让给社会公众。在档案众包中，公众参与到档案内容生产、信息组织的过程中，通过档案征集、转录和编研等参与档案内容生产，通过著录、建立索引、添加标签和添加描述等参与档案信息组织。例如，辽宁省档案信息网开设的社会档案人专栏鼓励用户参与到"清圣训——崇谟阁本"等百度词条的编辑中；沈阳市档案信息网开设"家庭档案"专栏，鼓励每个家庭建立自己的家庭档案，号召社会公众上传自己家族珍贵的照片、录音、录像、文章、老奖状等。④社群建档。这是一种以记录和分享本社区历史和文化为目标，以广泛收集和保管社区内部生成或与社区密切相关的记录为主要内容，以社区成员广泛参与为基础的社区文化活动。传统档案定义中作为档案保存的更多的是文件，明确、清晰的对文件生成单位和档案保管单位有保存和参考价值的文字记录。但在社群建档，档案的定义更加广泛，内容和形式更加多样，除了传统档案范围内的实体档案、电子文件、口述档案外，还包括不属于传统档案范围的社群活动有关的图书、历史遗产、实物、艺术品等各种形式的社群遗产。社群有权决定这些材料中哪些可以作为档案来收集、归档、长期保存和对外开放。在实践中，并不是所有社群都能顺利完成社群档案从产生、收集到保管过程的全部建档工作，需要由官方档案机构和档案学术机构提供一定的辅助和参考建议；但是，最终所有相关资料都归社群归集和管理。

三、知识化管理

知识化管理的概念源于知识经济的兴起。知识化管理认为档案不仅是信息的载体，更是知识的存储器和咨询媒介，强调档案在知识管理中的重要地位。这种观点促使档案管理从传统的实体管理和信息管理逐步向知识管理阶段过渡，强调知识的采集、共享和应用。[1]

档案知识化管理流程包括四个主要阶段：①知识获取。通过技术手段从档案中提取显性知识，与传统档案收集不同，其重点在于挖掘信息内容。②知识组织。系统化整理提取的知识，通过分类、标注、存储等手段，构建知识库和知识地图，以提高利用效率。③知识创造。在已有档案知识基础上开发新知识，促进显性和隐性知识的转化和创新。④知识共享。通过多种方式将档案知识传播和共享，转化为集体知识财富，提升组织和社会的创新能力。这些流程实现了档案管理从实体和信息管理向知识管理的转型。[2]

档案的知识化管理主要通过三个方面实现：①档案知识库的建立。通过对档案中显性知识的提取和隐性知识的转化，将其存储在集中管理的知识库中。这个知识库不仅仅是信息的集合体，还能提供知识分析、新知识生成和用户行为跟踪等功能，提升了档案利用的深度和广度。②档案知识地图的开发。知识地图是通过可视化的方式建立的知识导航系统，用于帮助用户快速定位所需的档案知识及其内在联系，通过它可以促进档案知识的共享和创新，发掘隐性知识，优化组织的管理。③档案知识门户的建设。档案知识门户集成了档案信息、知识与系统，为用户提供单一访问入口，便于实现档案知识的集成管理和个性化服务。

总之，档案的知识化管理强调档案作为知识资源的最大化利用，通过先进的技术手段和科学的管理方法，实现档案资源从实体到信息，再到知识的全面转化。这不仅满足了现代社会对档案资源日益增长的多样化需求，也为档案管理在知识经济时代提供了新的发展方向和动力。

---

[1] 任越，曹玉，乔尔．知识管理中档案价值的重新发现[J]．档案学通讯，2012（3）：38-41．
[2] 贾玲，吴建华，杜岩．试论档案知识管理流程[J]．档案与建设，2015（12）：14-17．

思考题：
1. 阐述档案管理的基本内容。
2. 阐述国家档案馆在国家治理和文化传承中的作用。
3. 论述在现代电子文件管理中来源原则的适用性和挑战。
4. 分析文件生命周期理论如何帮助档案管理者更有效地管理文件。
5. 阐述数智化管理在档案管理中的应用。

第二章
档案鉴定

　　档案鉴定是通过系统化的评估，确定档案的保存价值和应当采取的处置措施。本章将探讨档案鉴定的基本概念、理论基础、标准和工具，为实际工作中的档案鉴定提供全面的理论和实践指导。第一节介绍档案鉴定的概念与内容，明确档案鉴定的基本任务和工作流程；第二节从理论层面探讨双重价值理论、内在价值理论、相对价值理论和宏观价值理论等，为档案鉴定的决策提供多维度的理论支持；第三节介绍档案鉴定的标准，包括档案来源层面的标准、环境条件层面的标准和社会需求层面的标准；第四节深入解析档案鉴定的工具，阐述归档范围表和保管期限表的构成及应用，帮助档案工作者科学地执行档案鉴定工作。

第一节 档案鉴定的概念和内容

一、档案鉴定的概念

关于档案鉴定的定义，档案学界存在多种表述。1997年国际档案理事会组织编纂的《档案术语词典》中，鉴定被定义为："根据文件的档案价值决定如何对其进行最终处置的基本职能，这一过程也称为评估（evaluation）、审查（review）、选择（selection）、选留（retention）。"[①]全国科学技术名词审定委员会公布的《档案学名词》对档案鉴定的定义为："判定档案价值和真伪的过程。"[②]在行业标准方面，《档案工作基本术语》（DA/T 1—2000）中对"档案鉴定"（appraisal）的定义为："判断档案真伪和价值的过程"。

此外，不同学者对档案鉴定也有不同的观点。邓绍兴和陈智为主编的《档案管理学》指出："档案鉴定是对档案价值的评价与预测。"[③]陈兆祦、和宝荣在《档案管理基础》一书中认为："档案鉴定通常指对档案真伪和档案价值的鉴定，而日常业务工作更侧重于后者。档案的鉴定工作，即鉴别和判断档案的价值，挑选有价值的档案予以妥善保存，并将无保存价值的档案处理掉。"[④]

这些定义和观点均源自传统档案管理实践，主要针对纸质档案等实体的管理。因此，档案鉴定通常被视为一种筛选档案并剔除失效材料的手段，其核心任务是评估文件是否具有保存价值，并据此决定文件的最终处置方式。[⑤]

随着电子文件和网络传输的普及，档案工作的对象状态发生显著变化，档案管理模式也在不断调整。档案鉴定作为档案选留和控制管理的基本手段，其工作内容已经超越对文件和档案的价值鉴定，涵盖真伪鉴定、载体寿命鉴定等多个方面。然而，其核心仍然在于判断文件和档案是否具有保存价值以及其价值实现的可能性。

在档案工作实践的发展过程中，档案鉴定活动的关注点逐渐从档案本身转移到档案的形成背景，其范围也从单纯的保管期限划定扩展到对档案保管需求的综合评估。同时，档案内容中隐私信息的鉴别被认为是档案鉴定新的拓展方向。在文件连续体框架下的每一次档案"挑选"活动，也都可以视为档案鉴定的组成部分。[⑥]在这一背景下，广义上的档案鉴定概念逐渐形成：档案鉴定是以判定档案价值为目的，按照一定标准鉴别与处置文件和档案的基本管理职能。这一定义包括五方面的含义：

[①] EVANS F B. Dictionary of Archival Terminology[M]. Berlin: K G Saur Verlag Gmbh & Co, 1984: 7.
[②] 档案学名词审定委员会. 档案学名词[M]. 北京：科学出版社，2024：30.
[③] 邓绍兴，陈智为. 档案管理学[M]. 北京：中国人民大学出版社，1996：27.
[④] 陈兆祦，和宝荣. 档案管理基础[M]. 北京：中国人民大学出版社，1996：169.
[⑤] 葛荷英. 关于档案鉴定概念的研究[J]. 档案学研究，2010（2）：9-12.
[⑥] 杨茜茜. 档案鉴定理论体系重构探析：基于我国档案鉴定概念演变的思考[J]. 档案学通讯，2018（5）：25-30.

（1）档案鉴定的对象。档案鉴定的对象涵盖现行文件和作为历史文件保存的档案，涉及古今各行各业的各种内容和载体，从纸质文件到现代的照片、电子文件等。这些广义上的文件都是鉴别和处置的对象，是鉴定工作的客体。

（2）档案鉴定的主体。档案鉴定的主体指所有参与鉴定工作的相关人员，他们是档案鉴定的实施者。文件在其生命周期中，从产生、使用、归档保存到最终销毁或永久保存的过程中，实际上经历了多次鉴定和分流。鉴定工作的实施者包括文件制作的审定者、文件管理人员、档案室和档案馆工作人员以及销毁鉴定的组织成员等。文件在其生命周期中涉及的取舍、保管期限、密级、质量、使用范围等多重鉴别和处置都与这些人员有关。现代社会中，各行各业广泛使用计算机处理数据和文档，因此计算机操作人员也间接参与文件材料的鉴别与处置。由此可见，档案鉴定工作的主体不仅限于档案工作人员。

（3）鉴定工作的动因。鉴定工作的动因是判定价值，其依据是一定标准。所有档案鉴定工作都应以实现档案价值为目标。例如，档案室的归档鉴定和档案馆的进馆鉴定是为了挑选具有保存价值的档案，开放鉴定是为了划定档案对外使用的范围，从而进一步实现档案的价值，保管期满档案的销毁鉴定是为了剔除没有价值的档案。每个鉴定项目都有相应的标准，如进馆鉴定标准、归档鉴定标准、开放划控鉴定标准等。此外，文书档案、科技档案和历史档案的鉴定也各有其标准。因此，以实现档案价值为目的和按照一定标准是档案鉴定工作的共同特征。

（4）鉴定工作的任务。鉴定工作的任务是鉴别和处置。这两项任务是档案鉴定的核心功能，体现鉴定工作的性质。鉴别是分辨事物的真假和优劣，档案鉴别是一项专业性的决策行动，实践中涉及对传统文书档案的价值鉴定、真伪鉴定、密级鉴定、载体寿命鉴定等方面。[1] 档案鉴定主要指对档案价值的评估和预测。处置是基于档案鉴别的结果，决定档案的取舍和存毁，主要包括制定档案的保管期限、开放档案、销毁档案等工作。鉴别是处置的前提，处置是鉴别的结果，二者结合才能真正实现档案鉴定的目标。

（5）档案鉴定的作用。档案鉴定的作用是实现档案工作的基本职能。档案鉴定的性质是档案工作的基本职能，这明确了鉴定工作的职责。《档案法实施条例》第二十四条规定：“机关、团体、企业事业单位和其他组织应当定期对本单位保管的已到保管期限的档案进行鉴定，形成鉴定工作报告。经鉴定仍需继续保存的档案，应当重新划定保管期限并作出标注。”对于档案部门而言，文件通过鉴定才能转化为档案，继而开展一系列档案管理工作。因此，鉴定是档案管理的首要工作和基本业务，直接关系到国家档案资源的建设和文件与档案的控制管理。

只有把握以上档案鉴定的要素，才能认清档案鉴定的本质和共性，确保档案鉴定工作的质量，进而保护组织和国家的档案财富。

二、档案鉴定的内容

档案鉴定工作是为了实现档案价值的鉴别与处置过程，其核心是依据档案价值来决定

---

[1] 冷海英. 论档案价值体系的鉴定[J]. 理论界，2008（Z1）：147.

档案的存留、销毁或开放。根据鉴定的时间节点，档案鉴定可以划分为归档鉴定、开放鉴定、移交鉴定、保管期限到期鉴定和销毁鉴定。

归档鉴定是在文件归档时基于档案价值的评估，目的是判断文件是否应该归档，并确定需归档文件的保管期限。该工作通常由业务部门的文书人员实施，档案部门负责监督和指导。归档过程相当于对文件价值的初步审查，是文件能否转化为档案的资格审查，也是档案鉴定工作的第一道关口。在这一阶段，判断文件是否具有保存价值，主要依据其现实价值或初始价值。对于已归档的文件，还需明确其保管期限。通常，各机关会在每年的归档文件目录中初步确定保管期限，并根据文件的内容和价值将其归入不同的档案盒中。在正式整理时，再以件（卷）为单位依据保管期限表确定具体的保管期限。

移交鉴定是在机关档案室向档案馆移交档案时的鉴定工作，由机关档案工作人员与档案馆接收人员共同审查进馆档案的保存价值，以决定是否接收这些档案，并划定在馆保管期限。档案馆接收人员除了评估每件（卷）档案的自身价值外，还应从优化馆藏的角度出发，重视避免档案重复入馆的问题。

期满鉴定是档案馆工作人员对馆藏中保管期限已到期的档案重新鉴定，以确认这些档案是否确实丧失保存价值。剔除处理确无保存价值的档案，对仍需继续保存的档案则重新划定保管期限。无论是进馆档案的价值鉴定还是期满档案的重新鉴定，主要依据其历史价值或次生价值综合判断，以决定存留与否及其保管期限的长短。

开放鉴定是鉴定和筛选封闭期满的档案。依据《档案法》《政府信息公开条例》等法律法规，结合档案价值、密级等因素，综合评估和预测档案开放可能带来的影响及继续封闭的必要性。以价值实现为导向，决定哪些档案可以向社会开放，哪些档案应控制利用，延长其封闭期。

销毁鉴定是对拟销毁档案的最后鉴定，以确认这些档案确实失去保存价值，避免错误销毁导致不可挽回的损失。销毁鉴定决定档案的最终去向，销毁经鉴定失去价值的档案。销毁程序包括编制销毁清册与档案说明，以及执行审批制度和监销制度。销毁清册记录被销毁档案的题名、数量等信息，并由责任人签署，以供机关领导审查批准。销毁清册应编制一式两份，一份提交给领导审查批准，另一份留档案馆（室）保存。档案说明简要描述被销毁档案的情况，以供领导了解必要的背景信息。审批制度规定，档案馆在销毁档案前，必须获得主管领导机关的批准。监销制度要求在销毁过程中由两人以上监督，确保档案确已销毁，并在销毁清册上注明"已销毁"及销毁日期，由销毁人签字确认。

随着电子文件数量的迅速增加，若不及时合理销毁，将会造成信息冗余，甚至形成大量的信息垃圾，同时增加敏感信息和涉密信息泄露的风险。因此，电子文件的销毁既是鉴定工作的必然要求，也是电子文件科学高效管理的必然举措。我国《电子文件归档与电子档案管理规范》（GB/T 18894—2016）规定："归档电子文件的鉴定销毁应参照国家关于档案鉴定销毁的相关规定执行，并应在办理审批手续后实施。属于保密范围的归档电子文件，如存储在不可擦除的载体上，应连同存储载体一同销毁，并在网络中彻底清除。不属于保密范围的归档电子文件可逻辑删除。"

电子文件的销毁分为信息销毁和载体销毁两部分。信息销毁是通过软件系统改变载体状态，彻底消除电子文件数据的方法，适用于可重复使用的记录载体，如硬盘、可擦写式光盘、磁带等。这种方法的优点在于载体可重复利用，节约资源和经费，操作相对简单；

但由于销毁过程不直观，主要依赖计算机软件系统，如果销毁不彻底，容易留下泄密隐患。载体销毁是将电子文件的载体连同信息一起销毁，适用于一次写入不可更改的载体及受损无法修复的载体。其优点在于销毁彻底，但缺点是浪费资源。在销毁电子文件时，应根据其涉密程度采取不同的方法，确保涉密文件在销毁后不会造成信息泄露。

各个鉴定环节的目的和任务各不相同，具有不同的特点和要求。档案鉴定工作必须在有组织、有领导的情况下进行，只有通过严格的鉴定程序，才能不断优化档案馆的馆藏质量。

第二节　档案鉴定的理论

一、双重价值理论

（一）双重价值理论的内容

1956年，美国档案学家谢伦伯格在《现代档案——原则与技术》中提出公共文件的双重价值理论。他认为公共文件具有两种不同的价值。首先是对原机关的原始价值，即第一价值；其次是对其他机关和私人利用者的从属价值，即第二价值。谢伦伯格指出，机关官员应承担文件的原始价值鉴定的主要责任。公共文件之所以被保存于档案机构中，是因为即使在其现行效用消失后，它们对其他利用者仍然具有长期的保存价值。公共文件不仅包含关于其产生机关的组织架构和职能运作的证据，还包括与政府机关相关的个人、法人团体、问题和情境等的情报资料。由此公共文件衍生出一种从属价值——档案价值，包含证据价值和情报价值。这一理论奠定了档案价值鉴定的理论基础，是档案鉴定理论科学发展的重要里程碑，标志着该领域逐步走向成熟，具有划时代的意义。谢伦伯格通过将文件价值鉴定建立在对文件价值分析的基础之上，改变文件鉴定理论的经验主义倾向，使其成为理性分析的产物。因此，谢伦伯格被誉为"美国档案鉴定之父"。

在我国，陈兆祦、和宝荣结合我国档案价值鉴定工作的实际情况，以及档案学术语的内涵边界，转化谢伦伯格的文件双重价值论，提出档案双重价值论。他们提出档案的价值也具有双重属性，即档案的第一价值和第二价值。第一价值是档案对其形成者的作用，体现为有用性和有益性；第二价值是档案对形成者以外的其他利用者的作用。在档案价值的实现过程中，首先体现档案第一价值，然后是第二价值。档案所具有的第一价值是立档单位自愿积累和保存档案的内在动力。然而，档案不仅对形成者有用，对社会其他利用者同样具有重要意义。档案双重价值论不仅揭示档案价值实现过程及其规律性，还是指导我国档案价值鉴定工作的典型理论和方法，核心是基于文件生命周期理论，从整体上分析、评价和预测档案的保存价值，确定档案的保管期限，进而决定如何处置档案。

（二）双重价值理论的应用

档案双重价值鉴定法是在档案价值鉴定工作实践中，运用档案双重价值论的思想，综合分析影响档案保存价值的各种因素，包括档案本身的特征、档案形成单位的业务需求，以及社会用户在工作、生活和研究等方面的需求,从而合理评估和预测档案的保存价值。这一方法旨在科学划分档案的保管期限,并销毁已失去保存价值的档案,是一种整体性的档案价值鉴定工作方法。

在纸质档案占主导地位的时期,档案双重价值鉴定法在有效应对各类社会机构和组织文件数量激增与人类社会有限的档案保存空间之间的矛盾方面,发挥了不可忽视的作用。同时,它也在保存人类社会的历史记忆方面取得显著成效。因此,作为一种针对以纸质文件和记录为主的档案价值鉴定工作的专业方法,它无疑是一种有效的经典理论和实践工具。即便在当今纸质文档与电子文档并存的混合时代,这一方法依然具有较强的生命力。国家档案局分别于2006年12月18日和2012年12月17日发布的第8号令(《机关文件材料归档范围和文书档案保管期限规定》)和第10号令(《企业文件材料归档范围和档案保管期限规定》),均是这一档案整体价值鉴定方法的具体应用成果。

二、内在价值理论

(一)内在价值理论

"内在价值"概念及其鉴定方法最早由美国国家档案与文件局在1980年设立的一个专门研究委员会提出并付诸实践。内在价值作为一个档案术语,用于描述具有永久价值的记录的独特属性和特征,这些属性和特征只能在其原始物理形式中被完整保留,不能在复制品中得以体现。因此,具有内在价值的档案必须以其原始物理形式保存。简而言之,内在价值理论要求档案工作者从档案本身的特征出发来鉴定其价值。

(二)内在价值的判断

所有具备以下一个或多个特定属性或特征的记录,均被认为具有内在价值。这些属性或特征与记录的物理形式、潜在用途及其所包含的信息密切相关。在档案价值鉴定的实践中,档案工作者通过分析和评估记录是否具备以下属性或特征,来判断其是否具有内在价值。

1. 物理形式

记录的物理形式可能成为研究的对象,特别是当这些记录提供关于这种形式的有意义的证据或值得注意的实例时。例如,新闻稿件、玻璃底片、蜡质圆筒录音等由于其能作为技术发展的证据而需要以原始形式保存。虽然不是所有记录都因其特定的物理形式而被视为具有内在价值,但那些能够提供技术发展历史证据的记录通常被认为具有档案保存价值。

2. 美学或艺术性

具有美学或艺术价值的记录,如照片、用铅笔或墨水绘制的素描、地图、建筑图纸、雕刻、印刷品等,往往具备独特的物理特性。这些特性可能包括纸张的质量和纹理、颜色、火漆印、水印、油墨等。虽然不是所有具有某种特定物理特征的记录都被认定为具有内在价值,但其中每种类型的代表性记录通常具有档案保存价值。

3. 年龄因素

年龄因素是内在价值的一个相对而非绝对的特征。一般而言,较早期形成的记录比晚期的更具历史意义，这可能是由于记录形成者的职能活动发生了历史性变化。早期记录的稀缺性也意味着它们可能记录了记录方式的演变或其他历史重要性。例如，在无线电或核电行业的发展过程中，最早形成的记录由于其年代特性而具有内在价值。

4. 在展品中具有使用价值

常被用于展出的记录通常具有一些赋予其内在价值的属性和特征。具备展览价值的记录能传达事件的紧迫性、所描述问题的重要性以及记录主体或发起人是谁等信息，这些都能给观众留下深刻印象。在这些情况下，原始记录的影响力是无法被复制品替代的。

5. 真实性可疑的日期、作者或其他特征

指那些因真实性、日期、作者或其他特征存在疑点而具有研究意义的记录。某些记录的真实性可能存在争议，其信息内容也可能受到质疑。我们无法预见这些记录在未来会受到怎样的挑战。在某些情况下，争议可以通过原物的物理检查来解决，如检查手稿、签名、纸张的年龄或影印照片的原底片等；在其他情况下，虽然无法得出决定性结论，但原物检查仍能为研究者提供最佳的证据，帮助他们形成结论。

6. 引起广泛的和实质性的公众兴趣

一些记录因与著名人物、历史事件或具有重要意义的地点和问题相关联，能够引起广泛的公众兴趣。这一标准的应用极具挑战性，但对于哪些记录应以原始形式永久保存有重要的指导意义。是否能引发公众的广泛关注，是否与历史事件直接相关，是档案价值鉴定中的关键因素。

7. 对部门或机构的建立或存续有法律依据意义的文献

部门或机构通过行政、立法或司法程序成立并获得或失去其职能。记录这些法律行动的文件可能集中于某个档案系列或分散于多个系列中，它们在最高层面上共同反映部门或机构职能的变化特征。

8. 作为制定政策文件的意义

这些记录对最高行政机构的政策制定具有重要意义，超越其对形成机构的直接影响，并产生广泛影响。尽管反映决策的记录数量众多，但多数政策性记录的影响相对有限，主要体现在较小的地区范围内。具有内在价值的政策记录通常源自最高行政层级，包含重要的主题并具有深远的影响。

具有内在价值的记录应以其原始形式保存。内在价值的判断并非一成不变。不同档案工作者之间、不同时期的档案工作者之间，对记录是否具有内在价值的看法可能存在差异。因此，内在价值需要专业的档案判断。在一个档案机构内部，不同保存单位之间可能需要协调合作，避免重复保存同一主题的记录。

三、相对价值理论

（一）相对价值理论的内容

相对价值理论是我国档案学者提出的档案价值鉴定理论。陈兆祦、和宝荣认为，从理论上讲，每一份档案的价值都取决于其内在属性及其满足利用者需求的程度，这种价值是客观存在的。然而，从我国的档案管理体制和档案工作原则出发，档案的价值还有另一层面，即档案在与其他档案相比较时所体现出的相对价值。在特定情况下，某些档案的保存价值和保管期限可以相对提高或降低。因此，相对价值评估法要求档案工作者在正确理解相对价值理论的基础上，从不同角度综合评估档案对人类社会存在和发展的积极意义。对档案价值的预测和判断是具有相对性的，如果仅从档案个体的内在特征出发进行鉴定，容易忽略档案之间的关联性，从而影响档案整体价值的判断。

首先，从档案整体来看，只有在档案有机体保存相对完整的情况下，保存价值和利用价值才能最大化；相反，如果档案有机体因自然或人为因素受到破坏，整体价值将受到严重损害，这不仅影响其作为业务档案的价值，还会削弱其作为历史文化研究材料的价值。

其次，从单个档案文件的角度来说，大多数档案文件只是记录和反映组织或个人业务活动的零星和片段性信息，单独的档案文件不足以满足业务的连续性和发展的需要，也难以为组织和社会留下相对完整的"记忆"。因此，过度强调个别档案的残存价值，忽视档案有机体完整性的重要意义，或者片面强调"档案的完整性越高、绝对数量越多，每一份档案的相对价值就越低"的观点，都可能导致档案价值鉴定实践走向误区。实践表明，如果在档案价值鉴定中过于强调单份档案的相对价值，就会影响对整个档案全宗的整体价值的正确判断。

最后，就人类历史文化和历史记忆的保存而言，完整的档案有机体的价值远高于残缺不全的零散档案文件。当档案有机体能够有效支持各种现实业务活动的正常运作和持续发展时，其价值是最大的，档案管理的效益也最高；当档案有机体无法有效保障业务活动的持续正常进行时，其价值就会显著下降。

总体而言，相对价值理论强调在档案鉴定过程中，要考虑档案整体的完整性和关联性，避免孤立地评估单个档案文件的价值。这种方法不仅有助于更准确地评估档案的保存价值，还能更有效地指导档案管理实践。

（二）相对价值的判断

档案工作者分析和鉴别档案文件及其有机体的相对价值时，可以从以下方面考察。

1. 来源因素

在影响档案相对价值的各类因素中，来源是一个至关重要的价值因子。档案的来源价值通常体现为立档单位的社会地位、责任者的社会责任及影响力、相关业务活动项目的重要性及其社会关注度等。根据档案价值鉴定的工作经验，并结合国外先进理论，我们可以总结出以下基本标准来判定档案的相对价值：首先，档案的价值通常与形成单位的社会地位成正比；其次，档案的价值与其形成者所承担的社会责任的大小及其社会影响力成正比；最后，档案的价值与其来源项目的性质及重要性成正比。

2. 内容因素

内容因素是影响档案相对价值的核心要素之一。档案内容的真实性、完整性、可替代性、稀缺性、保密性和时效性等因素都会对其相对价值产生重要影响。实践经验表明，档案文件及其有机体所包含数据和信息的集中度、独特性，以及所涉及事件的重要性和社会关注度等，都影响着档案的相对价值。通过总结已有研究成果，我们可以得出以下结论：①档案文件及其有机体所涵盖数据的集中度越高，其保存价值越大；文件内容反映的信息越新颖，其保存价值越高。②档案文件及其有机体内容的独特性在很大程度上决定其价值。同样，档案内容的真实性和完整性也直接影响其价值。③档案文件及其内容的可替代性、保密性、时效性以及所涉及事件的重要性和社会影响力等因素，也在不同程度上影响着档案的保存价值。

3. 形成时间因素

档案的形成时间因素是影响档案相对价值的关键因素之一。构成档案形成时间因素的子因素包括档案文件及其有机体的形成时期、年代及其所处的业务工作阶段。在实际操作中，鉴定人员通过分析档案文件及其有机体的形成时期的重要性、形成年代的久远性、业务工作阶段的关键性，可以更准确地判断档案的价值。在时间因素方面，组织成立初期形成的文件及其有机体，特别是那些支持和证明其合法存在的文件，通常具有较高的价值；在历史转型或变革时期形成的组织文件及其有机体通常也具有较高的保存价值；关键性业务阶段形成的总结性文件及其有机体，其保存价值也较高。

4. 职能因素

档案及其有机体的形成是围绕组织的职能活动展开的，因此职能活动的重要性对档案的相对价值具有重要影响。一般来说，与单位主要职能活动相关的档案文件及其有机体的价值高于与辅助职能活动相关的文件。同样，围绕重要工作任务形成的档案文件及其有机体，其价值高于围绕一般性工作任务形成的文件；主要任务事项形成的档案文件及其有机体的价值，高于事务性任务事项形成的文件。

5. 形式因素

形式因素也是影响档案相对价值的重要价值因子之一。通过分析档案文件的内在和外在形式特征，可以在一定程度上帮助解决无法通过其他价值因子分析得出结论的问题。在实践中，应先明确以下问题：是否为首次采用的形式？是否为独一无二的形式？形式与内容的关联度如何？然后，可以依据以下标准进行判断：①首次出现的形式文件价值高于相同形式的后续文件；②特殊文种、形状、结构或规格的文件价值高于常规文件；③形式与内容关联度高的文件价值高于关联度低的文件。

综上所述，对档案相对价值的判断应充分考虑档案有机体的整体意义及其与社会组织职能活动的密切关系，确立宏观、整体的鉴定理念。同时，档案相对价值的研究不应仅限于相对价值概念的探讨，而应深入研究鉴定工作亟待解决的方法层面。只有选择正确的路径，并依据合理的方法和工具，才能更清晰、准确地认识档案及其有机体的相对价值。

四、宏观价值理论

（一）宏观价值理论的内容

1989年，加拿大的特里·库克提出宏观鉴定理论。该理论以职能概念为核心假设，旨在揭示哪些文件或记录具有保存价值，哪些不具有保存价值，哪些应该成为永久档案，哪些可以销毁。[1]

宏观鉴定法是一种基于职能来源的档案价值鉴定方法，依据形成档案的社会背景和

---

[1] 库克，李音. 宏观鉴定与职能分析[J]. 中国档案，2012（1）：51-53.

当前已知的档案利用需求（而非预测的未来研究需求）来整体判定档案的价值。①在使用宏观鉴定法时，档案工作者并非采用直接鉴定法逐一评估每份文件或记录，而是着重鉴定这些文件或记录的形成背景及其当前利用状况，即综合性评估文件或记录的职能来源。因此，宏观鉴定法允许档案工作者整体鉴定围绕特定职能形成的所有文件或记录。

（二）宏观鉴定法的应用

宏观鉴定法的有效应用有赖于档案工作者对组织文化、机构职能、文件或记录的管理体系、信息流动、记录载体及其在时空变化中的转变等方面的深入研究。使用宏观鉴定法时，档案工作者需做出两种主要的价值判断：①根据档案形成者的职能以及相关的组织背景和文化，判断档案的价值；②根据各种社会活动主体（如公民、客户、团体、公司、协会等）如何与该背景和文化互动，以及受到其影响的情况评估档案价值。

宏观价值理论最早在加拿大得到应用。1991年，加拿大国家档案馆在鉴定联邦政府文件时采用宏观鉴定策略，评估156个联邦机构的文件并确定其保管期限。随后，该理论逐渐扩展到澳大利亚、新西兰、南非等国家，并在全球范围内引起广泛关注和讨论。②

应用宏观鉴定法的过程中，应注意以下几个关键问题：①理清职能鉴定与宏观鉴定的关系。职能鉴定是宏观鉴定的核心部分，但宏观鉴定不仅仅是职能鉴定。宏观鉴定将鉴定的重点从文件本身转移到生成文件的背景上。尽管职能是文件生成背景的重要组成部分，但机构的结构、文化、文件管理系统等同样会影响文件的生成。因此，宏观鉴定的目标是广泛记录社会，需全面理解其理论基础和内涵，并据此制定实际的宏观鉴定策略。②考虑现有文件管理系统与宏观鉴定的兼容性。大多数现有的文件管理系统是基于传统鉴定方法设计的，以机构为基础、主题为单位，与宏观鉴定以职能为基础的模式存在不兼容之处，这会显著降低宏观鉴定的效率。因此，在实施宏观鉴定时，可能需要改革文件管理系统以提高兼容性和工作效率。③重视事务性文件的鉴定。事务性文件通常数量庞大，具有规律性，包含大量公民个人信息，价值的隐含性强。传统鉴定理论通常不会将这类文件归档，然而，事务性文件是国家与公众互动的关键所在，且包含的信息非常广泛。因此，这类文件在宏观鉴定中应得到足够重视。④历史文件的鉴定策略。历史文件与现代文件有很大的不同。一是历史文件数量较少，无法通过有限的文件判断当时社会的职能和机构及其社会价值；二是这些文件已形成固定的顺序，反映了当时的社会状况。因此，在鉴定历史文件时，不一定要严格按照宏观鉴定理论的要求，可以采用微观鉴定等更为灵活的方法评估。③

综上所述，宏观鉴定理论通过强调对文件生成背景的分析，提供了一种全新的档案价值鉴定方法。其核心在于理解文件的职能来源和利用状况，并在此基础上全面评估档案和制定保存策略。该方法不仅适用于现代档案的鉴定，也为处理历史档案提供了新的思路和方法。

---

① 金波，丁华东. 电子文件管理学[M]. 上海：上海大学出版社，2015：109-112.
② 黄霄羽，张宁. 宏观鉴定战略在加拿大的应用[J]. 中国档案，2000（8）：39-42.
③ 潘未梅. 加拿大宏观鉴定理论与应用研究[D]. 天津：天津师范大学，2012.

第三节 档案鉴定的标准

档案的保存价值主要由以下三个方面的因素决定：①档案自身的特点和状况；②保存档案的条件和环境；③社会对档案的利用需求。其中，档案的来源、内容、形成时间、保存形式以及其他特征和状态，构成决定档案价值的内在、客观因素。保存档案的条件和环境则涉及档案相对于其他档案的保存状态，通过与其他档案的保存状况比较来评估其保存价值。社会对档案的利用需求则是影响档案保存价值的外部因素。因此，鉴定档案价值的依据和标准可以归纳为资源、环境和社会需求三个层面。

一、档案资源层面的标准

（一）来源标准

档案来源是档案的形成者，即文件的责任者和立档单位。在鉴定档案的价值时，应遵循以下原则。

1. 以本单位制发文件为重点

一个单位的档案是否齐全完整，能否真实反映该单位的历史面貌，很大程度上取决于本单位所制发的重要文件是否得到妥善保存。除了本单位的文件，档案的保存范围还应包括外单位制发的文件，特别是与本单位有直接上下级关系的文件。对外单位制发文件的保存，应根据其在本单位的处理情况和与本单位的关联性来决定。需重点关注的是，这些文件是否需要本单位直接处理并产生相关记录，或是否是针对本单位发出的；同时，要考虑它们是直属上级或下级的文件，还是同级或非直属上下级的文件。必须牢牢把握文件与立档单位之间的关系，将一个单位的所有档案材料与其主要职能活动和任务紧密联系起来，分析这些档案在履行单位主要职能、完成工作任务，以及反映基本情况方面的作用。总的来说，凡是记述和反映本单位主要职能、核心任务、基本情况的档案材料，对本单位、国家建设和历史研究有长期利用价值的档案，都应永久保存；反之，则可设定为定期保存。

2. 考察立档单位在社会上的地位和作用

由于立档单位所担负的职能，以及其在政府机关体系、社会、历史上的地位和作用不同，所形成文件的价值也各异。一般而言，担负重要职能、地位较高的立档单位所形成的档案全宗及其所属文件，整体价值较高。例如，党中央、国务院及各部委、中央军委及各总部、全国人大常委会等国家领导机关，以及地方党政领导机关所形成的档案，在政治、经济、科研等方面具有较高价值，因此应多加保存。一些基层单位，如小商店、小学、小工厂等形成的档案，相对价值较低，保存数量应适当减少，甚至可以考虑仅做抽样保存或不予永久保存。从人物全宗的角度看，党和国家领导人、著名科学家、社会活动家等知名人士所形成的档案具有较高的价值，需重点保存。

3. 考虑具体的撰写者和制发机构

由单位领导人、决策机构、综合性办公机构、主要业务职能部门、人事部门、外事部门等制发的文件，大多直接反映本单位的主要职能活动和基本情况，因此，这些文件中具有长期保存价值的比例较高；一般行政事务机构、后勤部门及一些辅助性机构中，具有长期保存价值的文件比例则相对较低。因此，鉴定档案保存价值时，应根据具体文件的来源和制发机构的职能，综合评估其保存价值。

通过以上原则，档案工作者能够更全面地鉴定档案的保存价值，确保对各类档案的管理和保存更加科学合理。

（二）内容标准

文件内容所记录的信息和所反映的情况，是判断档案价值的关键因素，因为文件的用途与其内容密不可分。在分析文件内容时，主要应从以下方面着手。

1. 重要性

分析文件的重要性，需考察其说明了什么问题、反映了哪些事实。通常，反映党的方针政策、重大事件、主要业务活动的文件比那些反映行政事务或一般业务活动的文件更为重要，记录本单位主要职能活动和基本情况的文件比那些记录非主要职能活动和一般情况的文件更具价值，涉及中心工作的文件比记录日常工作的文件更有保存价值，反映全局性的文件比局部性文件更为重要，有针对性、依据性、需要贯彻执行的文件比普发性、参考性的文件更具保存价值，有效时间长的文件比有效时间短的更值得保存，具有典型性的文件比一般性文件更重要。对于重要的档案，应永久保存；对于价值较小的一般档案，多数可设定为定期保存。

2. 独特性

实践表明，内容独特、新颖的档案材料通常具有较高的利用价值。因此，档案馆和档案室在鉴定档案价值时，应充分重视档案内容的独一无二性。凡是体现本单位、本系统或本地区特色的档案，以及涉及特殊事件、特殊产品、特殊人物、特殊成果，或反映具有开创意义的新事物、新方针、新政策的档案，均应尽可能予以保存，并适当延长其保管期限。文件内容的独特性还包括减少档案馆和档案室中档案的重复，尽量将重复现象降到最低。

3. 真实性

文件内容必须真实可靠才能具备利用价值，不实的内容会丧失其利用价值，应当予以剔除。如果将内容不真实的文件保存并提供利用，可能会产生误导，造成负面影响。只有在特定历史条件下，为避免人为造成历史空白，才允许保存一些形成过程是真实的但内容不真实的文件材料，但这些材料应以谨慎和批判的态度加以利用。

4. 信息的综合性和集中性

在分析文件内容信息的综合性或集中性时，应考查文件在记载某一事件、某一活动或某一主题时，是详细深入还是简略概括。这种分析需要将该文件与其他相关文件进行比较和判断。例如，综合性的总结或年度总结的价值一般高于季度或月度总结；对事件、活动的发生、过程和结果记录详细、信息量大且集中的文件，其价值通常高于记录内容浅显、信息量少的文件。

通过以上多维度的分析，档案工作者能够更加准确地判断文件的保存价值，确保档案资源的合理利用和管理。

（三）时间与时效标准

1. 形成时间

文件的形成时间对档案价值的影响主要体现在两个方面：文件形成的时间远近以及其形成于特殊时期还是一般时期。形成时间久远的历史档案应尽量多加保存。一般来说，文件生成的时间越早，留存至今的数量就越少，因此显得尤为珍贵。例如，古代的甲骨档案、简牍档案、帛书档案等，已成为国家的宝贵遗产，不允许有任何毁损。明代、清代、民国时期的档案以及革命历史档案，其产生距今已有数百年甚至更久，保存下来的数量也十分有限，因此在确定这些档案的保管期限时，应尽量宽泛，对于判定销毁应持非常谨慎的态度。凡是有保存价值的档案，应尽可能长期保存，留传给后代。

早在20世纪初，普鲁士的迈斯奈尔就提出"高龄档案应受到尊重"的理念。这一观点强调文件作为证据材料所固有的历史价值，改变了人们只注重文件行政参考作用的片面认识，使人们意识到文件也可以作为研究机构职能活动和历史事件的证据，从而避免了大量古老而珍贵的档案被人为毁坏。基于这一理念，许多国家制定了禁销档案的期限，规定形成的档案在禁销日期之前应全部保存下来。在我国，明清时期的档案和革命历史档案被禁止销毁，对于民国时期档案的销毁问题也应格外谨慎。对于新中国成立后的档案，通常认为那些形成于特殊或重要历史时期的档案具有更高的保存价值。例如，新中国成立初期、"文化大革命"时期、改革开放时期形成的档案，应适当多加保存，因为这些档案记录了关键的历史事件和社会变迁，是今人和后人研究历史和社会发展的重要资料。

2. 时效性

档案的价值具有时效性，体现为档案在不同时期能够满足人们不同需求的阶段性，包括现实使用价值、历史参考价值和文物鉴赏价值。

（1）现实使用价值。现实使用价值是档案在当前工作、生产活动中所具有的行政效力和法律效力。例如，条约、契约、协定、协议书、合同、法律文件、指示、方针政策、规章制度、规划、决算等文件材料，在特定时间和条件下，具有行政和法律效力，因而具备较高的保存价值。在文件的有效期内，对它们应予以妥善保存；当其有效性丧失后，这些文件的原有价值会相应降低或消失。在实际工作中，档案在有效期结束后，通常还会被继续保存相当于其有效期限的时间，以备将来查考。

（2）历史参考价值。历史参考价值是档案作为历史产物，反映特定历史条件下人们的实践活动。档案作为信息的积淀，既是事件的历史记录，也是组织的历史见证。因此，在鉴定档案价值时，应充分重视其历史参考价值，即档案所具有的史料价值。每一份档案都承载着过去的实践经验和教训，对后人了解和研究特定历史背景下的事件和组织活动具有重要的参考意义。

（3）文物鉴赏价值。文物鉴赏价值是指那些年代久远的档案（如甲骨档案、简牍档案、帛书档案、明清档案等）除了具备史料价值外，还具有文物价值。它们作为历史文化遗产，不仅记录过去的历史，还因其独特的材料、工艺和保存状况而具有艺术和文化上的鉴赏价值。

综上所述，档案的价值应根据其形成时间和时效性综合评估，既要考虑档案的历史背景和保存状况，又要分析其现实使用和潜在的文化意义，以确保档案资源的合理管理和有效利用。

（四）形式标准

档案的形式特征包括文件的名称、文件版本、外形特点等，这些特征在某些情况下也会对档案的价值产生重要影响。

1. 名称

文件的名称通常具有特定的性质，反映文件的不同用途和重要性，从而在一定程度上揭示其价值。例如，决议、命令、指示、条例、纪要、报告等文件通常比一般的通知、简报、来往函件具有更高的价值，会计档案中的决算报告和账簿比凭证更具价值，教学档案中的教学计划和教学大纲比教学日历和课程表更重要。然而，文件名称的作用只能作为参考，不能单独依赖名称来确定文件的价值，因为文件名称的使用不统一，且实际情况较为复杂。例如，有些通知包含重要指示或决定的内容，不能作为一般通知看待；同样，党政领导人或知名人士之间关于某些重大活动的往来函件，也不能简单地视为普通函件。

2. 文件版本

同一文件在撰写和制作过程中可能形成多种版本，如正本、副本、草稿、定稿、底图、蓝图等。不同版本的文件在行政效能和凭证作用等方面存在差异，因此其价值也不同。正本通常具有标准格式，带有机关印章或负责人的签署，是机关开展工作的依据，具有法定效能和凭证作用，因此可靠性和价值更高。而副本、草稿、草案的可靠性相对较低，价值也较小。不过，某些重要文件的草稿和草案可以反映文件的形成过程，也具有较高的保存价值，应与定稿、正本一起永久保存。

3. 外形特点

有些文件从内容上看可能并不重要，但其外形特点却可能增加其保存价值。例如，文件的制作材料、书法风格、图案设计等具有科研或艺术价值，或者文件上有著名人物的批示、题词、签字等，这些都可能显著提升其档案价值。

档案的各种形式特征之间往往相互关联、不可分割，这些特征对档案保存价值的影响也呈现出较为复杂的情况。有时，某些特征相辅相成，共同增强档案的保存价值；有时，不同特征之间可能相互抵消，交织影响档案的保存价值；还有时，在多重因素的相互作用下，某一特征可能更突出地影响档案的价值。因此，在评估档案价值时，必须综合分析和考察文件各个方面的特征及其作用，避免单从某一特征孤立地、机械地判断档案的价值。

总之，在鉴定档案价值时，必须根据每份或每组文件的具体情况，以文件内容为中心，全面分析文件的立档单位、责任者、形成时间、名称、可靠性、有效性以及外形特点等多种因素，才能科学地判定档案的保存价值。

二、环境条件层面的标准

从理论上讲，每一份文件的价值是客观的，它取决于档案的自身属性及其满足利用者需求的程度。然而，在实际的档案鉴定工作中，还存在一种相对价值，即通过与其他档案的比较来衡量档案的保存价值。例如，某一件（卷）档案本身的价值可能不大，但如果在特定时期或机构中保存下来的档案数量较少，那么这件（卷）档案的相对价值就会提高，其保管期限也可能延长；反之，如果某一件（卷）档案单独看似乎很重要，但在同一个全宗中有许多类似档案，或者档案馆中存在重复的全宗，那么这件（卷）档案的相对价值就会降低，其保管期限可以适当缩短。因此，鉴于档案价值的相对性特点，在档案鉴定时，需要全面了解一个全宗和整个档案馆的档案整体状况，不仅要分析档案的固有价值，还要注重优化馆藏质量，减少重复档案的数量。

（一）保存状况

在分析档案价值时，不应孤立地看待单份文件或单个案卷，而应从全宗文件之间的有机联系入手，考察全宗群以及同一时期、同类型全宗的档案数量、结构、完整程度和可靠性，全面评估档案的价值。鉴定档案价值时，涉及被鉴定档案与相关档案之间的比较。例如，某一份档案材料的独立价值可能不高，但如果该时期的档案材料保存很少，这份档案就具有样本性质，应当保存；某些档案在单个全宗中具有保存价值，但从档案馆的角度看，如果已经有相关全宗被保存，为减少重复，这些档案可以考虑剔除。为此，在鉴定档案价值时，应注意以下几点。

1. 档案的完整程度

在通常情况下，一个全宗或全宗群，或同类单位的档案数量较多、保存较完整时，鉴定档案价值时应更为严格，只保存确有价值的档案；如果由于某种原因，某一历史时期或某一全宗、全宗群的档案材料保存不完整，鉴定标准应适当放宽，以确保有代表性的材料得以保存。

2. 档案是否重复

档案的珍贵性在于其独特性和孤本性。保存过多重复文件会增加保管和保护工作的难度，造成资源浪费。在鉴定档案价值时，应重点清理全宗内的重复文件以及不同全宗之间的交叉重复文件，尽量减少重复文件的数量，确保一个全宗内不出现重复文件，档案馆内各全宗之间少出现重复文件。

3. 档案内容的可替代程度

如果一份文件的内容已被其他更重要的文件所涵盖，那么这份文件的价值可以从严判定；相反，如果一份文件独立地反映某一问题且没有其他材料能够替代，那么这份文件的相对价值就会提高。例如，通常情况下，机关的年度总结、统计报表等应永久保存，季度、月度总结、统计报表应定期保存；但如果缺少年度总结和统计报表，那么季度或月度的总结和统计报表就显得重要，其保存价值相对提高。同样，如果有正本存在，副本或草稿的价值较小，通常不归档；但在没有正本的情况下，副本或草稿的价值会提高，可以视同正本保存。

（二）保管条件和费用

鉴定档案价值的目的在于筛选出有价值的档案予以保存，并剔除无保存价值的档案进行销毁。然而，在具体判定哪些档案值得保存以及保存多久时，还应考虑保管档案的保条件和费用。

1. 保管条件

保管条件主要涉及库房建设和设施设备的配备。在鉴定档案应保存的数量和保管期限时，需要适当考虑现有的库房条件及设施设备的承受能力。如果保管条件有限，无法跟上文件数量增长的速度，就可以采用更加严格的鉴定标准，确保最有价值的档案得到保存。

2. 保管费用

保管费用是档案保管过程中产生的各类费用，包括储存费用、处理费用、保护费用和参考咨询费用。保存档案应考虑到成本效益问题，只有当档案发挥作用所带来的效益超过保存成本时，档案才具有保存价值。有些档案虽然具有一定价值，但由于现有条件不足或保管费用过高，难以长期保存。因此，档案工作者在鉴定过程中应具备效益意识，但在评估效益时，不仅要考虑经济效益，还应全面分析档案的社会效益。通过从整体效益和局部效益、当前效益和长远效益等多个角度具体比较档案的投入与产出，可以更准确地评价档案的保存价值，避免片面性。

综上所述，档案鉴定工作必须综合考虑档案的相对价值、保存状况、保管条件和费用等多方面因素，科学合理地确定档案的保存期限和处理方式，以优化档案资源的管理和利用。

三、社会需求层面的标准

社会需求和利用对档案的价值具有重要的影响、调节和使用作用。在档案鉴定工作中，必须充分重视社会需求。凡是社会需要的档案，说明其对社会具有重要作用，即具有保存价值，应予以妥善保存；那些社会需求较少或不需要的档案，若无潜在的保存价值，一般不予保留。不同类型的档案在利用价值上存在差异，因而其鉴定标准也有所不同。

（一）利用频率和利用范围

利用频率是衡量档案被使用程度的一个重要指标，利用范围则指具有档案利用需求的群体的规模。近年来，档案在行政业务的开展、管理职能的实现等方面的使用越来越频繁，尤其是公众对婚姻、户籍等民生档案的需求显著增加。因此，档案机构在鉴定档案价值时，越来越重视民生档案的管理和利用，特别是关注利用频率和利用范围这两个标准。

利用频率与社会需求的内容密切相关，即利用者需要哪些类型的档案及其内容。在不同历史时期，不同类型的利用者有着不同的档案信息需求。因此，档案人员在鉴定档案价值时，不仅要考虑档案的第一价值，即档案在文件形成机关的原始价值，还应关注档案的第二价值，即从社会需求的角度出发，满足公民个人、其他机关及社会各界对档案信息的需求。

利用范围涉及有利用需求的群体规模。社会群体对档案的需求是多层次、多方面的。行政管理人员常参考档案中的管理记录来制定发展计划和解决行政问题；学者，特别是历史学家，使用档案开展科学研究和撰写著作；专业技术人员利用生产建设档案获取项目信息，汲取经验；社会民众使用档案办理户籍、退休等业务，以及使用档案衍生产品查阅资料和用于休闲娱乐。因此，档案的利用涵盖政治、经济、科学、文化等各个领域。

档案只要能够满足社会需求，就具有价值；反之，则无价值。档案满足社会需求的程度越高，其价值也越大。因此，在鉴定档案的留存和保管期限时，应以广泛的社会需求为前提，全面考察每份文件的社会意义，避免片面地以个别需求为鉴定标准。有些档案在失去现行效用后，仍然对本机关有查证、参考意义，且可以作为其他工作人员和研究人员的参考资料，这些档案具有较大的社会意义和较高的保存价值。

总而言之，档案的利用情况在一定程度上反映社会对其的需求程度。通常情况下，现实利用频率高的档案文件，其价值较高；利用范围越广，其价值也越大。但是，需要注意的是，有些现实中利用频率低的档案文件，在判定其价值时要慎重。有些档案虽然现实利用频率不高，但具有长远利用价值，仍应长期保存。因此，在鉴定档案时，必须根据每份文件或每组文件的具体情况，综合考虑文件的来源、内容、形成时间、文种、稿本、可靠性、外形特点、相对价值和利用情况等多种因素，科学地判定档案的价值。

（二）利用效果

利用效果是档案在实际应用中所产生的价值和作用。档案作为人类社会实践活动的历史记录，具备基本的参考和凭证功能，主要体现在支持国家治理、协助生产建设、保障公民权益、促进文化教育以及支撑学术研究等方面。首先，档案记录了国家机关过去工作活动的真实状况，是重要的信息资源和经验财富，为工作人员熟悉情况、总结经验、制定计划、研究案件、解决纠纷等提供重要依据。其次，档案中记载着大量工农业生产、科学实验、技术改进和各种经济活动的情况、经验和教训，是经济建设的重要参考。再次，人事档案、户籍档案等民生档案涵盖社会公众生活的各个方面，为人们办理退休等业务提供信息凭证。最后，档案具有历史性、直观性和原始性，客观记录了历史事件，是极为生动的宣传教育素材和历史凭证，充分挖掘利用档案资源，可以为文化教育宣传提供特殊资源，并支撑学术研究，特别是历史研究的发展。

不同类型的档案在利用价值上各有侧重。例如，资政类档案的社会利用频率和范围相对较低，但它们往往与社会政策、计划等宏观项目的制定密切相关，其利用效果重大。因此，对这一类型的档案，应更加重视其利用效果的标准。

此外，还需考虑利用效果产生的时间。按照产生的时间，利用效果可分为近期利用效果和长远利用效果。近期利用效果主要体现在档案形成机关在档案形成初期和档案进馆初期的查考利用；长远利用效果则是基于档案利用需求的发展规律和对过去利用情况的分析，满足社会对档案的潜在利用需求。因此，档案鉴定工作既要照顾形成机关和社会的近期现实需求，也要兼顾社会对档案的潜在需求，充分发挥档案机构作为史料基地的作用。

第四节　档案鉴定的工具

档案鉴定的主要工具是归档范围与保管期限表。其制定依据各单位的职能活动及其形成的文件档案的实际情况，同时参照相关法规和标准，如《机关文件材料归档范围和文书档案保管期限规定》和《企业文件材料归档范围和档案保管期限规定》等。2022年，国家档案局发布《关于全面推行机关档案分类方案、文件材料归档范围和档案保管期限表三合一制度的通知》，该通知要求规范机关档案门类的划分，明确文件材料的归档范围，准确划分档案的保管期限。这一要求为归档范围与保管期限表的制定提供了新的指导方针，有助于档案管理工作更具系统性和科学性。

一、归档范围和保管期限表概述

（一）含义和作用

归档范围与保管期限表是一种指导性文件，它通过表册的形式列出档案的来源、内容和形式，并指明其保管期限。它是立档单位、档案室和档案馆在鉴定档案价值和确定档案保管期限时的依据和标准。

1. 统一标准，防止失误

归档范围与保管期限表为档案价值的鉴定提供统一标准。档案鉴定工作责任重大，对档案人员的要求较高。归档范围与保管期限表明确规定哪些文件需要保存，哪些不需要，标准清晰、界限分明，并且有严格的制度规定。依照归档范围与保管期限表鉴定，可以在一定程度上避免因个人认识的局限性和片面性而导致的错误，有效防止因人为失误而误销文件，从而提高鉴定工作的质量。

2. 保证质量，提高效率

归档范围与保管期限表是根据档案价值鉴定的原则，结合鉴定工作经验，经过反复讨论和研究形成的，实践证明其行之有效。归档范围与保管期限表为档案鉴定人员实施档案鉴定工作提供了明确、统一的标准，避免个人理解上的偏差，确保档案价值的判断既不宽泛也不苛刻，从而提高鉴定工作的准确性。同时，由于标准明确，认识一致，有助于推动鉴定工作的顺利开展，提高工作效率。

3. 精炼馆藏，发挥价值

立卷人员可以根据归档范围与保管期限表方便地区分档案的不同价值，将具有不同保存价值的文件分别归档。这样可以确保最终将具有长期保存价值的档案移交给档案馆，从而优化馆藏结构，使档案的作用得到更充分的发挥。

（二）编制原则

1. 分级分类原则

由于不同级别和专业单位在工作职能、任务和社会地位上存在差异，如果将它们形成的文件全部纳入一个单一的归档范围与保管期限表中，可能会导致内容庞杂、使用不便等问题，同时也会影响归档范围与保管期限表的修订。因此，归档范围与保管期限表的编制必须实现分级分类。

分级原则体现为：由国家档案局负责制定通用的归档范围与保管期限表；省级档案行政机关根据国家通用表并结合本级机关及其所属单位的特点，制定省级机关及其直属单位的归档范围与保管期限表；市、地、县级档案行政机关负责制定本行政区内同级机关及其直属单位的归档范围与保管期限表。各专业主管部门和系统的归档范围与保管期限表由相关档案行政机构负责编制，所有归档范围与保管期限表都需报送国家档案局备案。

分类原则是根据不同类型文件的特点，分别编制适合于它们的归档范围与保管期限表。不同类型的文件反映不同的职能、任务和活动，其保存价值通常取决于其反映的职能、任务和活动的重要性。因此，合理划分文件类别，然后针对每一类编制归档范围与保管期限表，有助于提高鉴定工作的效率和准确性。

2. 量化原则

量化原则是在编制归档范围与保管期限表时，尽可能采用定量方法来标示每个条款文件的保管期限，至少应在单位的归档范围与保管期限表一级实现。我国曾在归档范围与保管期限表的编制实践中采用苏联的定性方式，1987年修订的《关于机关档案保管期限的规定》将档案的保管期限划分为永久、长期和短期三种。此模式在新中国成立后的初期确实发挥了一定的积极作用。然而，随着21世纪以来文件数量的激增，档案体积的迅速膨胀和保存空间的紧张情况使得定性方式的弊端逐渐显现。因此，国家档案局在2006年发布新的《机关文件材料归档范围和文书档案保管期限规定》，明确将档案的保管期限限定为永久和定期两种，定期一般分为30年和10年，进一步量化档案保管期限的划分标准。

3. 立法保证原则

归档范围与保管期限表的编制必须依照档案工作相关法律、法规和信息法规。没有坚实的法律基础，即使制定了归档范围与保管期限表，也难以在实际工作中贯彻实施。例如，2020年修订的《档案法》规定了鉴定档案保存价值的原则、保管期限的标准以及销毁档案的程序和办法，为归档范围与保管期限表的编制提供法律依据。国家档案局作为国家档案主管部门，在2006年颁布《机关文件材料归档范围和文书档案保管期限规定》，为各党政机关和人民团体正确界定文件材料归档范围和准确划分档案保管期限提供法规依据。

4. 动态更新原则

对已编制的归档范围与保管期限表或相应数据库，档案行政机关应根据文件的动态变化情况定期更新，删除过时条款，增加新的条款。尤其是针对新类型档案的保管期限表，应根据实践需求适时修改。

（三）类型

目前，我国的归档范围与保管期限表可归纳为以下几种类型。

1. 通用表

通用档案归档范围与保管期限表由国家档案事业管理机关编制，适用于全国各级机关、团体和事业单位，具有普遍适用性。例如，2006年国家档案局颁布的《机关文件材料归档范围和文书档案保管期限表》就是一个典型的通用表。这个通用表中涵盖各机关普遍产生的文件类型及其相应的保管期限，提供一个全国统一的标准，确保不同地区、不同单位在档案管理中的一致性。通用表的制定不仅为档案材料的保管提供明确的指导，还促进档案管理的规范化和制度化，避免因各单位标准不一而造成的混乱和管理难度的增加。

2. 专门表

专门档案归档范围与保管期限表由国家档案事业管理机关与相关主管部门联合编制，主要用于指导各机关、团体和企业事业单位对专门档案的鉴定和保存。这些档案通常由专用公文或特定业务活动形成，具有较高的专业性和独特性。其保管期限和利用价值与通用档案有所不同，因此需要单独列出。例如，会计档案的归档范围和保管期限表可以依据《企业和其他组织会计档案保管期限表》《财政总预算、行政单位、事业单位和税收会计档案保管期限表》。专门档案分类制定归档范围和保管期限表，不仅满足专业领域对档案管理的特殊需求，也确保专业档案的规范化管理。

3. 同系统机关用表

同系统机关档案归档范围与保管期限表由主管领导机关编制，专供同一系统内各机关或单位使用。例如，《中国人民解放军文书档案保管期限参考表》是供军队系统使用的保管期限表。这类表格针对的是具有相同或相似职能的单位，反映这些单位在档案管理上的共性需求。同系统的档案保管期限表有助于实现系统内部档案管理的标准化和统一化，有效提升系统内档案管理的效率和质量。

4. 同类型机关用表

同类型机关档案归档范围与保管期限表由档案事业管理机关或主管领导机关编制，专门供同一类型单位（如学校、医院、工厂等）在鉴定档案时使用。例如，《上海市县级机关文书档案保管期限表》就是为县级机关所使用的表格。这种表格的编制考虑不同类型单位的特性和工作内容，有助于针对性地管理档案，使同类型单位的档案管理更加贴合实际需求。通过这种类型的保管期限表，不同类型的单位可以更好地规范档案管理行为，确保档案资源的合理保存和高效利用。

5. 单位用表

单位档案归档范围与保管期限表是由各单位根据本单位档案的具体情况编制，专供本单位内部使用。这种表格几乎涵盖一个单位在其工作活动中可能形成的所有档案及其保管期限。例如，《武汉大学文件材料归档范围和档案保管期限表》就是武汉大学根据自身情况编制的单位表格。单位档案的归档范围与保管期限表的编制考虑了本单位的实际工作特点和管理需求，更具针对性和实用性，同时能够灵活应对单位内部档案管理的变化需求，有助于提升档案管理的科学性和精确度。

上述各类归档范围与保管期限表中，通用档案归档范围与保管期限表对其他四种表具有指导性作用，提供基本的档案管理框架和标准。单位档案归档范围与保管期限表在制定时必须依照通用表及上级机关颁发的各种保管期限表的要求。各类型的归档范围与保管期限表在具体应用中不得缩短通用表所规定的档案保管期限，但可以根据实际需要适当延长。这种多层次的表格设置和管理模式可以确保档案管理的规范化、科学化，同时也为实际操作提供灵活性和适应性。

二、归档范围与保管期限表的结构

档案归档范围与保管期限表的结构通常包括顺序号、条款、保管期限、附注和说明等部分。对于条款较多的表格，还可以加入类别分类。这是档案归档范围与保管期限表的一般结构形式，具体内容可以根据表格的特点和实际需要调整和增减，但条款和保管期限是最基本的项目，所有的档案归档范围与保管期限表都必须包含这两项。

1. 顺序号

顺序号是档案归档范围与保管期限表中每个条款的编号，这些条款经过系统排列后，会在每个条款前面标上统一的顺序号。设置顺序号的目的在于固定条款的排列顺序，便于鉴定工作人员在使用表格时引用条款。顺序号的编排必须从头到尾连续编号，确保不会出现重复号或遗漏的情况，这样有助于保持条款的一致性和条理性，方便查阅和使用。

2. 条款

条款是表格中列出的同类型文件的名称或题名（在档案领域通常称为标题）。拟制条款的要求是能够清晰反映一组文件的来源、内容、名称和形式，文字应简洁明了。在列举一组文件的来源、内容和形式时，可以具体到作者和问题，也可以概括地反映文件所涉及的级别、问题和名称，如会议文件、上级机关文件、下级机关文件、报表等。必要时，还应说明文件的用途和可靠性，如执行、批准、备案、参考等，以及定稿、草稿、正本、副本等文件的具体形式。每一条款应代表一组内部有联系且价值相同的文件；有时为了简洁起见，也可以将价值不同但有联系的文件归为一个条款，并在条款下分别注明不同的保管期限。条款的设置应避免过于烦琐或过于宽泛，以免影响使用的便捷性和准确性。

3. 保管期限

保管期限的划分是档案价值鉴定工作的核心任务之一。保管期限划分的准确性是衡量档案价值鉴定工作质量的重要标准之一。2006年12月，国家档案局颁布的《机关文件材料归档范围和文书档案保管期限表》明确将保管期限分为两类：永久和定期。

永久保管的档案指那些反映机关主要职能活动、中心工作和基本历史面貌的文件，这些文件对本机关工作、国家建设和历史研究具有长期利用价值，或者在维护国家、集体和个人权益方面具有永久凭证价值和文化价值。

定期保管的档案则是那些在一定时期内对本机关工作、总结经验具有参考价值的文件，定期保管的期限通常分为30年或10年。这种分类方法确保档案管理的合理性和科学性，符合档案利用的实际需求。

4. 附注

附注（或称注释）是对某些条款及其保管期限必要的解释和说明。例如，"重要"的文件是指那些具有方针政策性、重大问题性或科学历史价值的文件材料；"一般"的文件则指一般业务和事务性问题的文件，通常不具备重大的科学历史价值。这些注释有助于档案管理人员在实际操作中更准确地理解和执行保管要求。

5. 说明

说明部分通常包括归档范围与保管期限表的使用范围、制定依据、表格结构、保管期限的计算方法、表格的批准机关以及其他相关事项。说明的作用在于为档案管理人员提供使用表格的指导原则和依据，确保归档和保管工作有章可循、科学规范。

通过这些结构和内容的设计，档案归档范围与保管期限表可以为档案的管理和保存提供系统性、规范化的指导，有效提高档案鉴定和管理工作的质量和效率。

思考题：
1. 解释档案鉴定的概念与内容。
2. 阐述双重价值理论、内在价值理论、相对价值理论和宏观价值理论各自的优缺点。
3. 说明档案鉴定工作中的主要标准。
4. 介绍归档范围表和保管期限表在实际档案鉴定工作中的运用与价值。
5. 分析在数字化环境下如何有效鉴定和管理电子档案的保存价值。

第三章
档案收集

档案收集能够确保重要的文件、记录和资料不被遗失或损毁，为未来的历史研究和回顾提供可靠依据，为重要决策制定、文化遗产保护等工作提供重要支持。本章阐述档案收集的内容和意义、文件归档、档案接收与特殊类型档案的收集四部分内容。第一节阐释档案收集的含义、内容、意义以及要求；第二节论述归档与归档制度，解释归档的概念以及归档制度的建设要求与基本内容；第三节阐述档案接收工作的主要内容与馆藏资源建设的原则、标准与指导思想；第四节介绍名人档案与口述档案两类特殊档案的收集。

第一节 档案收集概述

一、档案收集的含义和内容

档案收集，又名档案收集工作，是各社会组织（包括各级党和国家机关、人民团体、企业事业单位及其他社会组织）所从事的档案接收和征集活动。[①]档案收集并不是一项简单的事务性工作，而是一项政策性、业务性极强的工作。一方面，档案收集工作具有明显的选择性。并不是所有文件都适合转化为档案，在档案收集工作中，工作人员必须严格把握文件的选择与接收。另一方面，档案收集工作受档案形成者的思想水平、价值观以及档案馆（室）条件等多方因素制约，开展档案收集工作需要综合研究、统筹规划，以提高工作质量。

档案收集的内容主要包括以下五个方面：一是接收本组织需要归档的文件，二是接收和集中保存各现行组织和撤销组织具有一定保存价值的档案，三是接收电子档案及其元数据，四是采集和接收具有保存价值的口述史料、实物、资料，五是征集和接收散失的历史档案及相关资料。

二、档案收集的意义

作为档案管理工作的第一个环节，档案的收集是档案馆（室）工作的起点、做好档案的收集工作对整个档案管理工作的开展都具有重要意义。

（一）档案收集是档案馆的基础性管理工作

档案馆（室）要有效开展档案管理与开发利用工作，必须具备充足的档案资源。首先，丰富且结构合理的馆藏，是档案机构满足国家、社会和个人档案利用需求的前提。其次，档案整理工作依赖于大量档案资源的支持，只有在充足的档案资源基础上，才能清晰准确地理解与把握档案的内在历史联系，从而全面评估档案的价值。最后，高效开展档案编研工作同样需要大量档案资源作为支撑。因此，档案收集工作的开展有助于丰富馆（室）藏档案资源，为各项业务工作提供必要的资源基础。

（二）收集工作是维护历史真实性的必要前提

档案是组织、个人在活动及决策过程中形成的原始记录。档案收集工作的开展，不仅确保这些历史记录得以系统保存与管理，为历史研究、文化传承和社会记忆的构建提供重要支撑和保障，还能防止档案中重要信息的篡改、遗漏或流失，从而维护历史的真实性。

---

① 王英玮，陈智为，刘越男. 档案管理学[M]. 5版. 北京：中国人民大学出版社，2021：28.

因此，档案收集工作是保持历史面貌真实性的必要前提。

三、档案收集的要求

（一）及时收集，丰富馆藏

档案机构馆藏的丰富程度和完整程度是衡量档案馆地位和影响力的重要指标。馆藏档案越丰富、越珍贵，就越能受到社会重视，越有助于扩大社会影响力和提升社会地位。因此，作为保存和研究档案的重要机构，档案馆需要拥有丰富的档案资源，这不仅是开放历史档案、开展编研工作和出版档案史料的基础，也是档案收集工作的基本要求。

档案馆的档案收集应能全面反映特定地区、系统、专业或部门的完整历史面貌。在档案类型和载体上，既要收集文书档案，也要收集科技档案和其他专门档案；既重视纸质档案的收集，也需关注声像档案、缩微档案和电子档案等特殊载体档案的收集。在时间分布上，应在接收现行机关档案的同时，积极向社会征集珍贵的历史档案。在档案性质上，既要收集公共档案，也应有选择地收集私人档案。不同层次和类别的档案机构在收集档案时，应根据自身定位有所侧重，分工明确，注重形成和保持特色。因此，档案收集工作应确保馆藏档案资源达到数量充足、门类齐全、结构合理、特色鲜明和内容完整的标准。

（二）提升档案收集的制度化和规范化管理

档案部门与档案工作人员需要认真履行职责，建立健全文件材料归档制度，及时制定或修订本组织各类文件材料的归档范围和保管期限表，报同级党委的档案主管部门（机构）审核后实施，做到应归尽归、应收尽收。不过在档案材料收集的过程中也需要研究和掌握档案形成和利用的规律性，既不能将档案形成单位仍在经常使用的档案过早集中，也不能忽视整体需求，将应集中管理的档案"据为己有"而不向档案馆移交。同时，档案馆（室）应避免对需移交的档案拒之门外，导致档案分散或受损。

国家机关、企业事业单位在履行职责的过程中，应当按照有关程序和要求形成归档文件材料，办公自动化系统和其他业务系统应当支持形成符合要求的归档材料文件。单位的文件形成部门或业务部门应当及时收集形成的归档文件材料，交本部门指定人员保管。各类机关和企业事业单位应当编制本单位文件材料归档范围和档案保管期限表，经档案主管部门审查同意后施行。文件材料归档范围和档案保管期限表应当全面、系统反映单位主要职能活动和基本历史面貌。人事、会计文件材料的归档范围和档案保管期限从其专门规定。

（三）科学整合档案资源、及时规范档案流向

建立党委领导下，以档案主管部门为主导、各行业主管部门密切配合、国家档案馆和立档单位集中统一管理的档案资源管理架构。有关部门要会同档案主管部门及时规范档案流向，妥善处置档案，严防档案流失。

对于处置不善、造成档案流失的，应依法追究有关单位和人员责任。党委领导下的档案行政部门需要统筹规划，支持和鼓励打破部门和条块分割，整合统一社会组织内不同部门、同一地区各档案馆（立档单位）及不同地区档案馆（立档单位）的档案资源，推动档

案资源科学配置和高效利用。

规范档案的流向应该坚持全宗原则。因为组织的各项活动都是组织目标和职能的体现,彼此之间存在有机联系,这决定了一个组织形成的档案之间存在固有的内在联系,构成一个有机的整体。保持全宗的整体性,是档案管理的基本原则之一。只有在档案收集中坚持全宗不可分散的原则,以后的档案管理活动才有可能按照全宗管理。因此,在收集档案时,必须把一个社会组织的档案作为一个全宗集中在档案机构内,不允许人为分割一个全宗的档案。同时,在档案收集工作过程中,不仅要保持全宗的不可分散性,还要注意各个全宗之间的相互关系。在一定时期、地点和条件下活动的各类组织,它们的工作不是孤立的,而是相互联系的,反映在它们各自形成的档案上,各个全宗之间也就自然出现一定的联系。

第二节　文件归档

一、归档与归档制度

(一) 归档的概念

归档是按照国家有关规定,将属于归档范围的文件整理完毕,定期向本单位档案机构或者档案人员移交的活动。作为文件与档案工作的交接点,归档的地位和作用至关重要,归档的质量直接决定后续档案保管和利用的质量和效率。

在我国,归档已经成为档案政策法规中的明文规定。《档案法》第十四条规定:"应当归档的材料,按照国家有关规定定期向本单位档案机构或者档案工作人员移交,集中管理,任何个人不得拒绝归档或者据为己有。国家规定不得归档的材料,禁止擅自归档。"《档案法实施条例》第十九条规定:"依照《档案法》第十三条以及国家有关规定应当归档的材料,由机关、团体、企业事业单位和其他组织的各内设机构收集齐全,规范整理,定期交本单位档案机构或者档案工作人员集中管理,任何内设机构和个人不得拒绝归档或者据为己有。机关、群团组织、国有企业事业单位应当明确本单位的归档范围和档案保管期限,经同级档案主管部门审核同意后施行。单位内设机构或者工作职能发生重大变化时,应当及时调整归档范围和档案保管期限,经重新审核同意后施行。机关、群团组织、国有企业事业单位负责所属单位的归档范围和档案保管期限的审核。"

(二) 建立归档制度的一般要求

为保证归档文件的完整,各机关必须依据有关法律法规建立相应的归档制度,一般包括归档范围、归档时间、归档要求等内容。归档制度是各机关文书处理部门或业务部门做好文件归档工作,科学地移交档案的重要依据。因此,文件与档案工作中需要不断健全和完善归档制度,赋予归档工作具体的内容和要求,从制度上保证文件与档案工作的顺利开展。归档制度的一般要求包括合法性、可行性、衔接性和可操作性。

1. 合法性

归档制度的制定必须符合国家有关文件的规定要求。各机关、企业事业单位必须根据

《档案法》、《机关档案管理规定》、《企业档案管理规定》（国家档案局令第21号）等法律法规和规章、政策要求，建立起本单位的归档制度。在具体确定归档制度的各项内容之前，必须深刻地学习和研究国家有关文件（诸如《机关文件材料归档范围和文书档案保管期限规定》《企业文件材料归档范围和档案保管期限规定》等），领会其精神内容，并以此为指南，来制定本单位的归档制度，切忌与国家的有关规定相抵触、矛盾。

2. **可行性**

归档制度的制定必须符合本机关工作、生产、科研活动的实际，体现本机关文件材料的形成特点和规律。制定归档制度前，有关人员必须首先了解和掌握本机关的活动性质、职能分工，以及文件材料的产生、运转过程，文件的种类、内容、形成特点和规律，并据此将国家的有关文件归档的规定具体化。这样才能使所制定的归档制度具有实践性，便于执行，保证归档文件的质量。

3. **衔接性**

制定的归档制度应当同本机关的其他相关制度保持内容方面的统一性。例如，在党政机关或单位，应当使归档制度同行政管理制度、文书工作制度相衔接，将归档制度纳入上述工作管理制度，以保证其顺利施行。此外，还需要将归档制度同机关的科研管理制度、计划管理制度、生产管理制度、标准化管理制度、岗位责任制联系起来，保证其顺利执行。

4. **可操作性**

制定归档制度应当内容明确、表达准确、规定具体而详尽，便于在实际工作中执行。同时，机关档案部门还应当广泛地征求有关文书工作人员、业务人员及机关领导的意见，及时补充、修订，使之更加完善。

二、归档制度基本内容

（一）归档范围

归档范围规定具有保存价值、应当纳入档案管理的文件范围。一个单位的文件归档范围，取决于单位在履行职能过程中文件的形成特点，以及单位、社会和公众对文件的利用需求。

根据《档案法》，以下方面的材料应当纳入归档范围：①反映机关、团体组织沿革和主要职能活动的；②反映国有企业事业单位主要研发、建设、生产、经营和服务活动，以及维护国有企业事业单位权益和职工权益的；③反映基层群众性自治组织城乡社区治理、服务活动的；④反映历史上各时期国家治理活动、经济科技发展、社会历史面貌、文化习俗、生态环境的；⑤法律、行政法规规定应当归档的。

对于党政机关而言，归档范围主要参考《机关档案管理规定》。文书档案的收集范围按照《机关文件材料归档范围和文书档案保管期限规定》制定执行，会计、科研、基建档案收集范围应当分别符合《会计档案管理办法》、《科学技术研究项目档案管理规范》（DA/T 2—2023）、《建设项目档案管理规范》（DA/T 28—2018）和《国家电子政务工程建设项目档案管理暂行办法》的规定，照片档案的收集范围应当符合《照片档案管理规范》（GB/T 11821—2002）和《数码照片归档与管理规范》（DA/T 50—2014）的规定，其他门类档案收集范围按照国家相关规定执行。

根据《机关文件材料归档范围和文书档案保管期限规定》，机关文件材料的归档范围主要参考以下规定：①反映本机关主要职能活动和基本历史面貌的，对本机关工作、国家建设和历史研究具有利用价值的文件材料；②机关工作活动中形成的在维护国家、集体和公民权益等方面具有凭证价值的文件材料；③本机关需要贯彻执行的上级机关、同级机关的文件材料；下级机关报送的重要文件材料；④其他对本机关工作具有查考价值的文件材料。

机关文件材料的不归档范围是：①上级机关的文件材料中，普发性不需本机关办理的文件材料，任免、奖惩非本机关工作人员的文件材料，供工作参考的抄件等；②本机关文件材料中的重复文件，无查考利用价值的事务性、临时性文件，一般性文件的历次修改稿、各次校对稿，无特殊保存价值的信封，不需办理的一般性人民来信、电话记录，机关内部互相抄送的文件材料，本机关负责人兼任外单位职务形成的与本机关无关的文件材料，有关工作参考的文件材料；③同级机关的文件材料中，不需贯彻执行的文件材料，不需办理的抄送文件材料；④下级机关的文件材料中，供参阅的简报、情况反映，抄报或越级抄报的文件材料。

对于企业而言，归档范围主要参考《企业档案管理规定》要求企业按照《档案法》《企业文件材料归档范围和档案保管期限规定》和国家及行业相关规定，确定本企业的文件材料归档范围。

根据《企业文件材料归档范围和档案保管期限规定》，企业文件材料的归档范围主要参考以下规定：①反映本企业在研发、生产、服务、经营、管理等各项活动和基本历史面貌的，对本企业各项活动、国家建设、社会发展和历史研究具有利用价值的文件材料。②本企业在各项活动中形成的对维护国家、企业和职工权益具有凭证价值的文件材料。③本企业需要贯彻执行的有关机关和上级单位的文件材料，非隶属关系单位发来的需要执行或查考的文件材料；社会中介机构出具的与本企业有关的文件材料；所属和控股企业报送的重要文件材料。④有关法律法规规定应归档保存的文件材料和其他对本企业各项活动具有查考价值的文件材料。

企业的下列文件材料可不归档：①有关机关和上级主管单位制发的普发性不需本企业办理的文件材料，任免、奖惩非本企业工作人员的文件材料，供工作参考的抄件等；②本企业文件材料中的重复文件，无查考利用价值的事务性、临时性文件，未经会议讨论、未经领导审阅和签发的文件，一般性文件的历次修改稿、各次校对稿，无特殊保存价值的信封，不需办理的一般性来信、来电记录，企业内部互相抄送的文件材料，本企业负责人兼任外单位职务形成的与本企业无关的文件材料，有关工作参考的文件材料；③非隶属关系单位发来的不需贯彻执行和无参考价值的文件材料；④所属和控股企业报送的供参阅的一般性简报、情况反映，其他社会组织抄送不需本企业办理的文件材料；⑤其他不需归档的文件材料。

各机关应根据上述规定，结合本机关职能和各部门工作实际，编制本机关的文件材料归档范围和文书档案保管期限表，经同级档案行政管理部门审查同意后执行。有垂直领导关系的中央、国家机关应依据本规定，结合本系统工作实际，编制本系统的文件材料归档范围和文书档案保管期限表，并经国家档案局审查同意后执行。机关在确定归档范围时还应注意以下几点：①包括应归档电子文件的元数据、背景信息等；②机关应归档纸质文件材料中，有文件发文稿纸、文件处理单的，应与文件正本、定稿一并归档；③机关联合召开会议、联合行文所形成的文件材料原件由主办机关归档，其他机关将相应的复制件或其他形式的副本归档；④有关刊物、简报、图书等一般性参考资料原则上不立卷归档，而应单独保存；⑤一个部门的文书档案和科技档案应分别归档。

值得说明的是，归档范围并非一成不变的，而且有逐步扩大的趋势。随着政务信息公开和档案信息化建设的不断推进，各法人单位的门户网站、政务微博、政务微信等新兴发布平台的信息，也应该像其他行使职能的文件一样纳入归档范围。

进入数字时代以后，归档范围的基本趋势是不断扩大需要保存的文件范围。一方面，数字时代的文件在形成数量上激增，从大数据的角度而言，汇集更多的文件有助于形成新的原先未能预期的知识价值；另一方面，数字时代文件的保存成本降低，严格的归档范围会导致文件鉴定成本的上升。更为宽泛的归档范围也有利于减少鉴定的时间，降低人员成本，提高档案管理的成本效率。

（二）归档时间

归档时间是文书（文件）处理部门或有关业务部门将需要归档的文件向档案室移交的时间。不同类型的单位、不同类型的文件，归档时间也有所不同。

对于党政机关而言，《机关档案管理规定》要求：机关档案经文书或业务部门整理完毕后，应当在第二年6月底前向机关档案部门归档；采用办公自动化或其他业务系统的，应当随办随归。归档时间有特殊规定的，从其规定。

对于企业而言，《企业档案工作规范》（DA/T 42—2009）针对不同类型的材料提供归档时间：①经营管理工作、生产技术管理工作、行政管理工作、党群工作中形成的文件一般应在办理完毕后的第二年一季度归档；②科研开发、项目建设文件应在其项目鉴定、竣工验收前归档，周期长的可分阶段、单项归档；产品生产及服务业务应定期或按阶段归档；③产权产籍、质量认证、资质信用、合同协议、知识产权等文件应随时归档，外购设备仪器或引进项目的文件应在开箱验收或接收后即时登记归档；④会计核算专业材料应在会计年度终了后由会计部门整理归档，保管一年后向档案部门移交；⑤电子文件逻辑归档宜实时进行，物理归档应与相应门类或内容的其他载体归档时间一致；⑥磁带、照片及底片、胶片、实物等载体形式的文件应在工作结束后及时归档，或与相应内容的纸质载体归档时间一致；⑦更新、补充的文件，企业内部机构变动和干部职工调动、离岗时应清退的文件，企业资产与产权变动过程中形成的文件，其他活动中形成的文件等，应随时归档。

某些小型机关的内部机构简单或不设内部机构，工作人员数量少，文书（文件）处理集中，文书处理和档案工作由一人兼管，可不专门规定归档时间。有关人员只要将办理完毕的文件归入卷夹，组成案卷（保管单位），编制出案卷目录，就算完成归档任务。对于某些专业性文件、特殊载体的文件、机密性强的文件或驻地分散的单位文件，为便于实际工作的查考利用，也可适当延长归档时间。

因此，归档时间的确定，应以各种文件材料的形成特点及规律为依据。正确规定归档时间，对维护档案完整及业务部门和档案室工作具有重要的意义。归档时间规定过短会影响文件在机关日常工作中的使用及档案室其他工作的开展；反之，定得过长容易导致文件散失和损坏，会增加业务部门的负担。

（三）归档手续

文件材料归档后，应当按照规定及时向档案部门移交。移交前，形成部门应当编制交接清单（表3.1），内容包括待移交档案题名、年度、卷（件）号、页数、保管期限、密级等。移交时，交接双方应当按照交接清单所列内容逐项查验，核对无误后交接双方的经办人、负责人在交接清单上签名（盖章）。交接清单一式两份、永久保存。机关档案实现随办随归的，还应当按规定履行登记手续，记录电子文件归档过程元数据。

表3.1 交接清单

交接清单							
移交时间：_____				移交部门：_____			
序号	题名	年度	卷（件）号	页数	保管期限	密级	备注
移交人签名：_____				接收人签名：_____			

在档案工作和文书工作由一个人兼管的小机关，不需要履行上述归档手续。但是，在档案人员调动工作时，应参照上述办法办理交接手续，即明立案验，依例交割。

（四）归档要求

根据《机关档案工作条例》《归档文件整理规则》等有关文件的规定，档案室一般不接收未经整理的零散文件材料。对归档案卷或文件的总的质量要求是：遵循文件材料的形成规律，保持文件材料之间的有机联系，区分不同价值，便于保管和利用，逐步推进卷件融合管理。具体应做到以下几点。

1. 确保文件的齐全完整

凡是在职能活动中形成的对今后有查考利用价值的文件材料，均应收集归档。应归档的文件要做到种类齐全、份数完整，每份文件不缺张少页，并组成保管单位。

2. 遵循文件的形成规律

在立卷时应当将每份文件的正件与附件、印件与定稿、请示与批复、转发文件与原件、多种文字形成的同一文件分别组合在一起，不得分开；一个项目的材料，要把项目从立项到结束形成的材料组合在一起，准确地反映企业生产、科研、基建和经营管理等各项活动的真实内容和过程，尽量做到一事一卷。

3. 区分文件的价值和密级

在组卷过程中尽量根据归档文件不同的保管期限分别组卷，以便初步划定保管期限，日后向档案馆移交，防止拆卷重组问题的产生。绝密文件和绝密电报应该单独立卷（少量普通文电如与绝密文电有密切联系，也随同绝密文电一起立卷）。

4. 保持文件的有机联系

立卷和组件，都是按要求将具有内在联系，密不可分的文件组成基本保管单位。卷内或件内密不可分的文件材料应依序排列，如批复在前，请示在后；正件在前，附件在后；会议记录按照时间排列，会议文件按文件的重要程度排列；一般工作形成的材料，结论性的文件在前，依据性的文件在后；产品销售合同应按销售产品种类组卷，再按供货时间依序排列；上级政策性规定的普发文件按问题单独组卷。整理方法可以参照《文书档案案卷格式》（GB/T 9705—2008）、《归档文件整理规则》、《科学技术档案案卷构成的一般要求》（GB/T 11822—2008）、《照片档案管理规范》、《数码照片归档与管理规范》、《录音录像档案管理规范》（DA/T 78—2019）、《会计档案案卷格式》（DA/T 39—2008）等。

5. 跨年度文件的归档要求

除产品、项目、设备、仪表、基建项目档案外，不同年度的文件不能放在一起立卷。跨年度的请示与批复放在批复年度立卷，没有批复的放在请示年度立卷；跨年度的规划放在针对的第一年立卷；跨年度的总结放在针对的最后一年立卷；跨年度的会议放在会议开幕年度立卷。

6. 特殊载体文件的归档要求

录音带、录像带、影片、照片等特殊载体的文件，应同纸质文件统一整理、编目，但要分别存放，在案卷目录上注明互见号，以保持文件间的历史联系，便于查找利用。

7. 组卷的质量要求

卷内文件材料按排列顺序依次编号，并填写卷内文件目录和卷末备考表。案卷标题应简明确切地反映卷内文件内容，并注明每个案卷的保管期限。长期保存的案卷，卷内文件若有圆珠笔和铅笔字迹，要用蓝黑墨水笔或碳素墨水笔重抄或复印，连同原件一同归档。已破损的文件应予修整，字迹模糊或易褪变的文件应予复制。整理归档文件所使用的书写材料、纸张、装订材料等应符合档案保护要求。向档案室移交的所有案卷都要按一定次序系统排列，并要注意保持卷与卷之间的历史联系、逻辑联系，编定案卷号，排列案卷可依据案卷产生和形成的实际情况，选择按责任者、按问题、按时间、按地区（域）或重要程度等方法排列，并编定案卷顺序号和数份案卷目录。

8. 归档工作的控制

归档工作的控制主要包括制度控制、经济控制和管理控制。制度控制是实行"三纳入"，把文件的形成和积累纳入工作程序，纳入生产、科研、基本建设等工作计划，纳入有关部门和有关人员的职责范围。经济控制指通过经济手段（如资金拨付、绩效奖励）规范与约束特定主体行为，确保归档工作的质量。对外运用经济控制，指将归档工作要求纳入项目合同的资金支付条件，确保承担本单位项目任务的外单位做好项目归档工作；对内运用经济控制，指将档案的收集与档案人员的岗位责任制和绩效考核结合起来，把档案的收集作为考核与奖励的一个条件。管理控制是做好归档文件的质量检查，力求使进入档案部门保存的档案完整、系统、准确、安全、齐全，符合档案管理要求。

第三节　档案接收

一、档案接收工作

（一）馆藏档案的来源

档案馆的馆藏档案主要有以下四个来源。

1. 现行机关档案

现行机关档案涵盖当前正在履行职责的机关、企业事业单位以及各类社会组织所形成的档案。此类档案的特点是数量庞大、内容完整、系统性强，并具有时间上的连续性。依据国家相关规定，这些机关应将其具有长期保存价值的档案通过正规程序移交至档案馆，以实现集中保管。因此，现行机关档案是档案馆馆藏档案的主要来源之一。

2. 撤销机关档案

撤销机关档案指在中华人民共和国成立前后，由于政权更迭、体制改革、行政区划调整等原因而解散或合并的机关、团体、企业事业单位以及其他社会组织所遗留下来的档案。档案馆依照国家的规定，负责接收这些档案。它们不仅丰富档案馆的收藏，而且为研究历史提供宝贵的资料。这些档案作为馆藏的一部分，对于维护历史记忆和促进学术研究具有不可替代的价值。

3. 组织和个人保存的散失档案

散失档案包括由组织或个人保存的革命政权档案、历代王朝及民国时期的档案。为丰富和多样化档案馆的馆藏，档案馆需要采取切实有效的措施来收集这些散落在社会各个角落的历史档案。具体的收集工作可通过多种途径，包括但不限于征集与接收、接受捐赠、购买以及提供寄存服务等方式。通过这些方法，档案馆能够系统地搜集和整理这些珍贵的历史资料，从而为研究者和公众提供更加全面和深入的历史信息。

4. 档案馆之间交接的档案

档案馆间交接的档案涉及两个方面：①由于行政区划变更或档案馆布局调整，档案馆收藏范围发生变化，从而产生的档案馆之间的档案移交；②通过国际文化交流，包括交换或购买等方式，从国外档案馆收集的我国历史档案及其复制品，以丰富和完善国内档案馆的馆藏。

（二）档案馆对现行机关档案的接收

根据《档案馆工作通则》及其他相关规定，现行机关档案中具有长期保存价值的部分应定期移交至档案馆。此项工作是各级档案馆的常规任务。2024年国家档案馆印发的《电子档案管理办法》规定，机关、团体、企业事业单位和其他组织应当按照国家有关规定，定期向档案馆移交电子档案。档案馆应当做好接收工作，对于符合国家相关法律法规以及标准规范要求的电子档案，不得拒绝接收。

1. 接收档案的要求

档案被接收进馆时，应该有一些基本的要求，确保进馆档案的质量。这些要求主要包括：

（1）完整性。移交档案应保持其完整性，作为一个全宗完整地收集和移交。档案馆应指导文书立卷和机关档案室工作，确保所有应归档文件的全面收集，并接收与档案相关的资料、组织沿革、全宗指南及检索工具。案卷目录应编制三份，其中一份由档案馆签收后返回移交机关。

（2）真实性。所有进馆档案必须真实可靠。对于存在疑问的档案，应进行考证，若难以立即确定，应予以标记并记录。文书立卷部门负责存疑或解疑工作，档案部门则负责检查与补缺。

（3）地方性。馆藏档案应既具有普遍性，又反映本地区的特色。国家级档案馆应突出中国特色，各省（市、自治区）档案馆则应展现鲜明的地方特色。应重点接收带有地方特色的档案，避免内容重复。

（4）质量优良。档案馆应根据各地档案管理部门制定的《案卷质量标准和验收办法》，逐年检查验收进馆档案。质量检查可通过自检、互检和检查小组检查的方式。机关、团体、企业事业单位和其他组织向档案馆移交电子档案，应按照国家关于电子档案移交与接收的标准规范要求对移交的电子档案进行组织，并进行真实性、完整性、可用性、安全性检测，合格后方可移交。档案馆应当按照国家相关标准规范要求对移交的电子档案进行真实性、完整性、可用性、安全性检测，合格后方可办理交接手续，接收登记入库。

（5）责任清晰。首先，移交档案应严格依据事先制定的移交目录。双方需要共同清点、核对待移交档案。在清点核对过程中，仔细核查档案的每一个细项，确认是否符合移交目录上的描述。其次，双方完成清点核对工作后，必须在交接文件上签字盖章，明确各自的责任。签字盖章的过程中，确保所有需要签署的文件都完整无误，所有需要确认的事项都已得到双方认同。

在检查验收过程中，档案馆可以采取自检、互检和检查小组检查等多种方式。自检是由档案管理人员自行检查看管档案的质量和数量，互检则可以邀请其他部门的档案管理人员交叉检查，利用不同视角发现问题。检查小组检查是由档案管理部门专门成立的检查小组全面系统检查。这些方法的综合运用有助于增强文书及档案管理工作人员的责任心，从而进一步提升档案的质量。

2. 接收档案的时间期限

档案在形成机关保存一段时间后，需移交档案馆以供长期保管。这一过程既需满足形成机关日常工作的查考需求，也需服务于党和国家各项工作的利用。依据《机关档案工作条例》和《档案馆工作通则》，省级以上机关应将永久保存的档案在本机关保存20年后移交档案馆；省辖市（州、盟）和县级以下机关则应将永久或长期保存的档案在本机关保存10年后移交档案馆。

档案馆在接收形成机关保管期满的档案时，可采取逐年接收和分段接收两种办法。逐年接收，就是每年对现行机关保管期满的档案接收一次；分段接收，就是隔一定时期（如3年、5年）对现行机关保管期满的档案接收一次。一般采用分段接收方式。

需要注意的是，在特定情况下，档案移交时间的确定需考虑实际情况，灵活调整，具体包括：①在非和平环境、动乱期间的档案，边远地区保管条件恶劣的档案，可以提前接收；②一些专门档案可以在机关多保存一些时间，如国防档案、外交档案、公安档案、法院诉讼档案、人民银行的财会档案。

3. 接收前的准备工作

准备工作的主要内容有两个方面：①确切掌握被接收档案的情况。档案馆需详尽了解和调查被接收档案的情况，包括但不限于移交单位档案整理的原始基础、鉴定方法与质量、档案的数量与成分，以及需要进馆的档案数量等。档案馆应派遣专业人员前往移交单位，检查准备移交档案的完整性和整理质量，确保进馆档案的质量，并及时解决发现的问题。②馆内的准备。档案馆需做好人力资源调配、物资准备以及时间安排，以确保接收工作顺利进行。这不仅涉及档案的物理存储，还包括数字化处理、安全保护和未来利用的规划。

（三）档案馆对二、三级单位形成档案的接收

根据国家档案局1986年发布的《各级档案馆收集档案范围的规定》的要求，下述两种类型单位的档案应向各有关档案馆移交：①各级人民政府直属的工作部门，包括独立分管某一方面工作或从事某项事业的行政管理机关和企业事业单位。这些单位的档案往往能够反映特定领域的工作或生产、教学、科研、工程建设、经营管理等方面的基本历史面貌，具有显著的社会经济、政治、科学文化或历史价值，是未来社会活动和科学研究不可或缺的资料。例如，各部委、省（自治区、直辖市）直属的企业、工厂、研究院所、学校、医院等。②具有代表性和典型性的二、三级单位形成的档案也应移交至相关档案馆。例如，工厂、学校、商店、居民委员会、村委会等职能、性质和任务相同或相似的单位中，那些具有代表性和长远保存价值的档案，应移交至档案馆。对于不具有代表性的单位，其档案一般不需移交，但若档案具有重大影响或重要凭证作用，则也应考虑移交。

在接收二、三级单位档案的工作中，各级档案馆还应注意以下问题：

（1）避免盲目接收。一些档案馆为增加馆藏数量，不加选择地接收大量二、三级单位的档案，导致馆藏档案质量下降，数量急剧增加，分类混乱，重复件增多，给档案馆的人员、库房设备等方面带来压力，增加档案管理的负担。

（2）避免普遍接收。档案馆在接收二、三级单位档案时，应有选择性地接收那些具有代表性的、典型的单位档案，而非一味追求数量。通过有重点的接收，未来的研究者能够更清晰地了解各级和各种类型机关、社会组织的职能活动，揭示历史发展的全貌。

（3）接收前的调查与筛选。档案馆应详尽调查，列出本级机关或组织的所有二、三级单位，并根据一定的条件筛选，确定最终入馆单位的名单。筛选条件通常包括：历史悠久、馆藏丰富；在国民经济、社会发展中占有重要地位，具有一定社会影响；在职能、规模、任务相同的单位中具有较强的代表性，能够体现地方特色；等等。

（四）档案馆对撤销机关档案的接收

随着新中国的成立和社会主义事业的发展，以及组织结构和体制的改革，行政区划的调整，一些机关、企业事业单位被撤销。档案馆在这些单位撤销后，有责任及时组织力量，认真收集、整理、鉴定全部档案，确保这些档案被妥善接收进馆或由接管机关代管。

接收撤销机关档案的流程与现行机关保管期满档案的接收流程和要求相同。

撤销机关档案具有易分散、整理不系统、存在尚未办理完毕的文件等方面的特征。为此，档案馆在接收撤销机关的档案时，除了按接收现行机关档案的要求检查所接收的档案，还应注意以下问题：

（1）在机关撤销或合并时，严禁将档案分散、毁弃或丢失。撤销机关应负责组织人力，清理、鉴定全部档案，并按规定向档案馆移交，或由职能继任机关代管。

（2）对于尚未办理完毕的文件，应转交给原机关的职能继任者或相关机关继续办理后整理保存。

（3）当一个机关并入另一个机关或多个机关合并为新机关时，合并前的档案应按原机关分别组成有机整体，向档案馆移交，不得与合并后形成的档案混杂。如果接管撤销机关职能的机关因日常工作需要保管撤销机关的档案，可在征得档案管理机关同意后暂为代管。代管机关应负责档案的完整与安全，不得与本机关档案混杂，并负责日后向档案馆移交。

（4）当一个机关撤销后，其业务分散至多个机关时，档案应作为一个有机整体整理并保管，由相关单位协商处理，或交给某个接管机关代管，或向档案馆移交。

（5）当机关的一部分业务或部门划归给另一个机关时，相关档案应作为原机关档案的有机组成部分。接收机关如需使用这部分档案，可通过协商、借阅、复制等方式解决。

（6）在"文化大革命"期间，许多机关被撤并。合并期间形成的档案一般不应分散，但因工作需要，对某些档案的处理应通过协商解决。无论采取何种办法，都应保持全宗的完整性，不能将全宗档案分散。新成立的单位，如工作需要，也可借阅或复制。

（五）档案馆对历史档案的征集与接收

在档案学的领域中，历史档案特指那些在中华人民共和国成立之前，由各机关、团体、部队、企业事业单位以及杰出个人在社会活动中创造并保存下来的宝贵记录。这些档案不仅包括革命政权的文件，还涵盖历代王朝、北洋军阀以及民国时期的珍贵资料。归档、接收档案，这是丰富馆藏的重要途径之一。但是，由于各种复杂的因素，有许多档案资料散落四方，甚至流落至个人手中。传统的归档和接收方式往往难以触及这些散落的档案。因此，档案馆必须采取更为开放和多元的策略，拓宽收集渠道，以确保这些珍贵的历史资料得以妥善保存。档案的征集是一项社会性的工作，它要求档案部门主动出击，与社会各界建立联系，深入挖掘和发现那些尚未被重视的档案资源。档案部门不能仅仅满足于被动接收，而应积极作为，通过调查研究，主动发现并征集那些隐藏在社会各个角落的珍贵档案。

1. 征集与接收历史档案的意义

历史档案，通常指的是在中华人民共和国成立之前形成的档案。尽管从术语学的严谨性来看，这一称谓可能不够精确，但考虑到普遍的用语习惯，我们继续沿用这一术语。征集与接收历史档案的意义主要体现在以下方面：

（1）保护祖国历史文化财富的重要举措。我国是一个历史悠久的文明古国，历代王朝、衙署、组织及个人在漫长的历史进程中留下丰富的档案遗产。然而，由于社会动荡、自然灾害以及帝国主义列强的侵略，许多珍贵的档案已经遭到破坏，甚至流失海外。民国时期的档案虽然部分得以保存，但战争等因素也对其造成不同程度的损害，且有许多档案散落民间。因此，我们必须加快步伐，加强历史档案的征集与接收工作，尽早将这些散失的档案收集入馆，以确保祖国的历史文化财富得以传承。

（2）档案开放利用的必然要求。历史档案详细记录我国各个历史时期的社会政治、经济、文化、科学技术、宗教等方面的发展情况，是史学研究、科学研究、政策制定等工作不可或缺的原始资料。为满足档案开放和社会利用的需求，档案馆必须积极收集历史档案，丰富馆藏，以便向社会提供更丰富的档案资源。

（3）抢救历史文化遗产的紧迫任务。历史档案长期流散于社会，收集工作面临着收藏对象复杂、收藏地点不明、来源分散等挑战；同时，许多档案正遭受自然和人为的破坏，如发霉变质、字迹模糊、粘连或破损。档案部门必须加强征集与接收工作，发现并抢救这些濒危的档案，通过传统和现代技术手段（如托裱、复制、加固、字迹恢复等）加以保护。这是档案部门当前和未来的一项重要任务。

（4）推动档案馆事业发展的关键途径。档案馆收藏的历史档案的数量和质量，是衡量其工作水平的重要标准。一个档案馆若能收藏大量优质的历史档案，将提升其社会威望和地位，吸引国内外的专家、学者和实际工作者。因此，档案馆应将征集历史档案作为一项核心工作，为广大用户提供更多、更优质的档案资料。

2. 征集与接收历史档案的对象与途径

（1）散存于国家机关、社会组织中的历史档案。各级国家档案馆应遵循1981年国务院转发的国家档案局关于旧政权档案集中保管的指示精神，结合本地区的具体情况，积极开展收集工作。自中华人民共和国成立以来，历史档案的收集工作已经取得显著成效，大部分档案已得到集中统一管理。然而，仍有部分重要档案分散在不同机关和组织中。随着改革开放的深入，对历史档案的利用需求日益增长，特别是档案开放政策的实施，进一步推动对历史档案信息的利用。因此，必须按照国家规定，将明清及以前中央机关形成的档案集中于中国第一历史档案馆；民国时期中央机关形成的档案移交给中国第二历史档案馆；地方机关档案则移交给相关地方档案馆。

（2）收藏于个人手中的历史档案。在历史档案的征集实践中，我们发现不少档案仍然掌握在个人手中。这些档案的持有者包括社会知名人士、革命老干部、专家学者、普通群众，以及当时的官员、职员、士绅、商人、古物收藏者及其亲属和后代。一些档案面临着被销毁的危险，需要及时抢救；一些档案被埋藏，等待发掘；还有一些档案存放条件恶劣，急需保护。实践证明，只要措施得当、方法正确、持之以恒，就能将这些失散的档案收集入馆。

（3）民族地区的历史档案。这些档案通常保存在寺庙、土司、头人及其后裔和当地少数民族同胞手中。这些档案不仅年代久远，而且具有重要的史学和文物价值，是我国各民族的宝贵文化财富。通过征集这些档案，可以丰富档案馆的收藏，为研究民族地区的历史和文化提供宝贵资料。

（4）党史征集办公室、政协文史组织及其他学术历史研究部门所征集到的历史档案。档案馆应当加强同上述部门之间的工作业务联系，并在每一部史书、志书或其他学术著作编撰完成后，及时协商，将有关档案接收入馆，并为这些部门和单位的研究人员提供良好的服务。

（5）散失国外的历史档案。自鸦片战争以来，我国大量珍贵历史档案流失海外。随着我国与世界各国交流的增加，许多流失的档案原件或复制件已经回归。这些档案在史学研究、编史修志等方面发挥重要作用。这项工作才刚刚开始，但通过档案界和社会各有关方面的共同努力，我们可以期待更多历史档案的回归。

3. 征集与接收历史档案的方法

历史档案的收集是一项广泛而复杂的工作，它不仅需要遵循相关政策，还需要采取有效的工作方法。目前，档案部门采取的收集历史档案的方法主要有以下几种：

（1）发布通告。这种方法体现群众路线的精神，其目的是让社会公众了解收集历史档案的重要性和范围，以获得广泛的社会支持。通过通告，我们可以收集到更多的线索，便于档案的接收和征集。

（2）调查研究。通过深入细致的调查，了解本地区历史上的机关、团体、组织以及著名人物的详细情况。在充分了解情况的基础上，主动与当事人和相关部门接触，有针对性地开展工作。对于收集到的信息线索，应做好记录，并建立调查信息档案。

（3）广泛宣传。利用现代传媒工具，如电台、电视台、报纸杂志、网络等，发布征集广告和文件。宣传内容应涵盖收集历史档案的意义、价值、范围和方法，以及个人捐赠档案的先进事例。此外，档案部门还应通过制定制度、下发通知、张贴布告、印发宣传品、放映幻灯、举办展览会以及利用相关会议等方式，开展宣传工作。同时，档案馆应与古旧书店、文物单位、造纸厂、废品收购单位等建立联系，加强宣传，签订合作协议，确保这些单位收购到的历史档案和资料能够及时收集入馆。

历史档案的收集工作是一项长期而艰巨的任务。档案部门应以《档案法》为依据，采取精神鼓励和物质奖励相结合的方式，通过国家接收、个人捐献或购买等多种方法收集失散于社会的历史档案。档案部门应努力确保历史档案的收藏者在政治上放心、精神上光荣、经济上有利、利用上便利，以保证历史档案的征集与接收工作顺利进行。

4. 处理征集档案工作中的各类关系

（1）个人收藏与档案馆集中保管的关系。个人收藏的历史档案情况多样，包括组织委托保存的、继承自故去人士的，以及出于珍藏目的收集的。大多数收藏者愿意将档案捐献给国家。对于少数持有保留意见的个人，通过耐心细致的工作，通常也能促成档案的捐献。重要的是要尊重个人意愿，同时强调档案集中保管的重要性和长远价值。

（2）征集档案与利用档案的关系。通过各种渠道征集到的档案应统一交由各级档案馆保存，以不断丰富馆藏。档案馆不仅要致力于档案的征集和收藏，还要充分发挥馆藏档案的作用。档案的征集是利用的基础，没有征集就没有利用；反之，档案的有效利用也能推动征集工作的开展。两者相辅相成，提供利用工作做得越好，越能激发征集工作的积极性。

（3）征集档案与留作纪念的关系。档案的征集可以通过无偿和有偿两种方式。鼓励持有者将档案捐献给国家，对于捐赠者应给予适当的表扬和荣誉，提供复制品，在今后的使用上提供便利，可以通过感谢信、奖状或赠送精美的纪念品来表达敬意。对于长期收藏珍贵档案的个人，也可以采取有偿购买的方式，经过双方协商，给予适当的物质补偿，以示鼓励。

（4）征集原件与征集复制件的关系。原则上，档案的征集应优先考虑原件；但在某些情况下，如果原件难以征集，征集复制件也是一种可行的方法。这有助于丰富档案馆（室）的收藏内容，同时保护原件的安全。

（六）接受捐赠

对所有权不属于国家的私人档案，档案馆在个人自愿的基础上，接受不属于国家所有权的私人档案无偿捐赠。捐赠的档案应被妥善保管，并建立专藏。捐赠者应享有优先利用其捐赠档案的权利，并可享有其他奖励政策。档案馆接收的捐赠档案通常来自著名人物和部分私营企业，这些档案在档案馆中能得到更好的保管和更广泛的利用，从而发挥更大的社会价值。档案馆应通过有效的宣传工作，确保这些档案得到妥善保管和利用，以鼓励更多人捐赠私人档案。根据《档案法》第十条，对捐赠档案的个人应予以奖励。

（七）购买

档案馆购买档案面向属于本馆馆藏范围，个人所有、但所有者不愿意无偿捐赠的档案，通过有偿购买的方式予以收集。许多国家的档案法规定国家档案馆对私人档案的优先购买权。由于档案馆的财力有限，购买档案时应严格控制，选择购买对馆藏建设有重大影响、价值较高的档案。在购买前，应深入调查档案的内容、成分及其保管状况，并鉴定其价值，避免盲目购买。

（八）寄存

档案的寄存是公民个人、企业或其他社会组织委托档案馆代为保管档案的一种方式。这些档案可能包括个人、民营企业、外资企业及其他社会组织形成的档案，它们对全面记录我国社会历史发展进程具有重要意义。在所有者不愿捐赠或出卖的情况下，档案馆可鼓励寄存，以避免档案因保管不善而受损。寄存档案的所有权并未转让给档案馆，仍归寄存者所有。档案馆在提供寄存档案的利用时，必须征得寄存者的同意。《档案法》第三十六条规定："档案馆对寄存档案的公布，应当按照约定办理；没有约定的，应当征得档案所有者的同意。"

（九）交换

档案的交换是通过与其他档案馆或相关部门建立档案交换关系，以补充馆藏。交换档案时，应遵循对等原则，确保交换的公平性。用于交换的档案通常是本馆馆藏中多余的复本，如文物、图书资料等。档案馆可以与博物馆、图书馆、纪念馆等机构相互交换重复件、复制件或目录，联合举办展览，共同编辑出版有关史料或开展史学研究。

二、馆藏资源建设

（一）优化档案馆（室）藏的主要原则

1. 完整性原则

档案的完整性是衡量档案馆（室）藏优化程度的基础。库藏档案文件的完整性主要表现在：①档案文件个体的完整。档案文件个体的完整即不缺张少页。档案文件个体是库藏的细胞，只有首先实现单份档案文件的完整，才能为馆（室）藏优化奠定良好的基础。②同案档案文件的齐全完整。同案档案文件，如一项工作、一起事件、一次会议、一个工程项目、一种产品等档案文件要求齐全完整。③档案全宗的文件要齐全完整。即每个立档单位形成的、具有一定保存价值的文件，均应收集齐全，全面地反映各立档单位的历史真实面貌。④档案馆（室）接收范围内档案文件的齐全完整。各级各类档案收藏单位均应严格遵循国家有关文件与法规的规定，积极主动地组织接收和管理属于自身管辖范围内的档案与资料，并努力保证所接收和征集档案文件的齐全完整。

2. 系统性原则

系统性原则要求馆（室）藏档案应当成为一个由各个全宗与档案综合体构成的档案文件有机体系。馆（室）藏档案的系统性主要表现在：①保管单位内文件的系统性。同一保管单位内的一组档案文件，不能是杂乱无章的文件堆砌物，而应是一组具有密切历史联系和逻辑联系的档案文件有机体。②全宗内档案文件的系统性。全宗内的档案文件必须经过科学分类、条分缕析，是一个便于保管和查找利用的档案文件体系。③使库藏档案的系统性同社会利用需求之间的系统性基本一致。档案馆（室）应当注意分析研究主要的、经常性的档案用户需求的构成、发展趋向，以便使入藏的档案文件能够基本上满足档案用户的当前与长远的利用需求。

3. 实践性原则

实践性原则强调档案馆（室）藏必须符合实际利用需求，减少主观性和盲目性，提高工作质量。这要求档案馆（室）在选择接收和组织库藏档案文件时，要从社会的档案利用实际出发，使馆（室）藏建设工作减少主观性与盲目性，并具有坚实的实践基础。在馆（室）藏建设方面，坚持实践性原则，有助于克服传统的"重藏轻用"的旧观念，提高库藏档案的整体质量，充分发挥档案文件的积极作用。

4. 价值性原则

档案馆（室）应充分利用资源，收集具有保存价值的档案文件。档案收藏单位在接收或征集档案时，应认真地开展档案保存价值的鉴定分析工作和档案质量的鉴别核查工作，以保证入藏档案文件的质量。对已进馆的档案文件定期鉴定，剔除失去价值的文件，保持档案的最佳价值状态。

5. 特色性原则

档案馆的库藏应具有地方特色、文化特色、历史事件特色、时代特色、民族特色等。专门档案馆和部门档案馆应收集与本专业相关的档案，综合性档案馆应结合地区特色积极收集相关档案，使档案具有浓郁的地方特色。各级综合性档案馆应结合本地区的历史、自然风貌、物产、著名的事件和人物、民俗、宗教信仰、名胜古迹、民间艺术、名特优新产品等方面的情况，积极收集相关的档案与资料。只有这样，才能使入藏的档案与资料具有浓郁的地方特色。特色性原则是档案馆藏建设必须坚持的一条原则。

（二）优化档案馆（室）藏的标准

1. 内容标准

内容的丰富性是检验馆（室）藏质量高低的最基本的标准。档案馆（室）藏应提供全面的信息，以支持对地区社会政治、经济、文化等领域的研究。具体而言，在宏观层面，馆（室）藏能够为研究地区社会历史提供全面的史料；在微观层面，馆（室）藏能够为档案用户提供详尽的历史事件、过程、人物资料。档案馆只有馆（室）藏的内容丰富，才能够满足用户需求，实现档案资料的功能互补，创造更大的经济效益和社会效益。

2. 结构标准

馆藏结构指的是档案及资料间的搭配和排列。优化馆藏结构的目的在于保持档案、资料间的合理比例，形成有机整体。合理的馆藏结构特征主要有三点：①档案文件的比例关系合理，注重对数额较少的科技档案、专门档案及非纸质档案的收藏，以改变馆藏结构单一的状况。机关档案室也应注意加强对上述档案文件的接收和积累工作，为档案馆档案的补充创造良好的基础条件。②档案与资料的比例关系合理，档案馆应确立"档案为主、资料为辅"的政策，库藏档案是馆藏结构的主体成分，资料则是作为档案文件的必要补充物存在的辅助成分。要保持好二者的主从关系。③馆（市）藏的时间跨度反映历史面貌，馆藏档案应覆盖不同历史时期，以全面反映地区历史。

3. 层次标准

馆藏档案应具有清晰的层次和顺序，这也是馆藏优化的一个重要标准。以综合性档案馆为例，其库藏档案要在立档单位的级别、所属历史时期、内容属性等方面，呈现出层次多维的特点：①就库藏档案立档单位而言，应当既有本级机关、组织等一级单位的档案，又有各主管机关所属的分管某方面工作的二级单位之档案，还要有代表性的、典型的基层单位的档案；②就库藏档案所属的历史时期而言，应当包括所能接收与征集到的本级各立档单位及其所属机构、基层单位的，具有长远保存价值的，各个历史时期的档案文件；③就库藏档案内容属性而言，也应具有一定的层次性，不但要收集宏观、中观内容的档案，而且要注意收集反映社会微观活动内容的档案。

4. 类型标准

优化的馆藏应具有档案类型的多样性。以综合性档案馆为例，其收藏档案的门类、形成单位、载体形态等均应具有多样性。①就库藏档案的门类而言，应当包括文书档案、科技档案，专业（专门）档案，以及照片档案、影片档案、录音档案、录像档案、机读档案等多种类型的档案文件。②就库藏档案的形成单位而言，应当包括机关、组织、团体、企业事业单位的档案和有关著名人物档案等。③就库藏档案的载体形态而言，应当包括纸质档案、胶质档案（如胶片、照片、胶卷等）、磁介质档案及光介质档案。

（三）优化档案馆（室）藏的指导思想

1. 反映和维护一定范围内的历史真实面貌

档案馆（室）的首要任务是反映和维护其特定保管范围内的历史真实性。根据国家规定，每个档案馆（室）负责特定范围的档案，避免与其他档案馆（室）的馆藏交叉或重复。因此，每个档案馆（室）必须确保其馆藏档案能够全面反映该范围内的历史真实面貌。例如，综合性档案馆和机关档案室均按照分级管理原则建立，各自负责保存反映相应级别和地区活动的档案，确保该机关或地区的历史得到准确反映。

2. 适应利用需求

档案馆（室）的建设必须以满足社会和机关的利用需求为导向。档案工作者应通过调查研究，了解利用者的需求，包括对现实性、历史性、宏观概括性或微观具体性材料的需求,以及对政治、经济、文化、科学、技术等方面材料的需求。通过深入了解和掌握利用规律,使馆(室)藏档案与利用者需求相一致。

3. 力求质量与数量的统一

馆(室)藏建设中,质量和数量的统一是关键。一定数量的档案是馆(室)藏质量的基础,但档案质量是构造优秀馆藏体系的核心。档案馆(室)应避免仅追求数量而忽视档案的利用价值和内容质量。同时,应认识到档案数量的增加与利用率的增长存在正比关系。尽管我国档案馆(室)的档案数量近年来有所增长,但与国际标准相比仍有提升空间。档案馆(室)应继续丰富馆藏,同时注重档案的全面性和代表性,以全面反映社会活动的历史延续性和联系性。

4. 数字化与信息化的融合

在数字化时代,档案馆(室)的馆藏优化还应包括数字化和信息化的融合。通过数字化技术,不仅可以提高档案的保存质量,还可以通过网络服务平台,提供远程访问和利用,提高档案的可访问性和利用效率。此外,数字化档案有助于实现档案资源的长期保存和灾难恢复。

5. 开放共享与可持续发展

档案馆(室)应积极推动档案资源的开放共享,响应开放获取的国际趋势,促进知识的自由流通和利用。同时,应注重可持续发展,通过合理资源配置、环境控制和长期保存策略,确保档案馆藏的长期稳定发展。

第四节 特殊类型档案的收集

一、名人档案收集

名人档案是历史上或现代生活中在某个特定的地区对国家或社会做出杰出贡献的著名人物在社会活动中所形成的社会档案。它们逐渐形成极具保存价值的可参考利用的历史记录,对后人探究还原历史有着十分重大的意义。名人档案的作用不仅仅是记录著名人物的生平往事,也在一定程度上反映社会、政治、经济、文化生活的历史。

名人档案往往具有记载内容广泛丰富、载体多种多样的特点,因而收集整理比较烦琐。名人档案的记载内容主要囊括名人在政治、经济、文化、外交等领域对国家和社会做出的杰出贡献,通常有以下方面:记录名人一生的重要活动及杰出贡献类,名人生前使用的并保存完好的重要记载类,名人发表的论著、文学作品类,记载名人生前进行社会活动使用的通讯类,反映名人各个时期声像材料类,著名人物专题纪念活动材料类,其他材料。

(一)名人的范围

名人主要指一定行政区划范围内的历代原籍(包括国内或国外的人士)或曾在某行政区划范围内长期活动过的非原籍的政界、军界、工商界、科学文化界等领域具有重要影响的政府领导人、专家学者和社会贤达及其他重要人物。可参考的具体标准如下：

（1）政界。担任过本行政区域重要职务或任高职的政府领导人及其他著名政治家（包括相当级别的各党派领导人、无党派民主人士领导人）。

（2）军界。授予少将以上军衔或担任过师级以上（含师级）职务的军官及其他著名的军事家。

（3）工商界。具有重要影响和名望的企业家、实业家、金融家。

（4）科学技术界。国家级科学院、工程院院士以及在某项科学技术领域（包括自然科学和社会科学）有较深造诣、有突出成就的专家、学者。

（5）文化教育界。有重要影响、较深造诣、突出成就的专家、学者、作家、艺术家、编辑、记者、教师、医师等；在世界和全国比赛中获得冠军、亚军的运动员及其教练员。

（6）宗教界的著名领袖。

（7）著名的社会活动家、知名人士，著名民间艺人、匠人。

（8）有名望的祖籍在本地的华侨领袖及外籍华人。

（9）对国家和社会有突出贡献或有社会声望的人士，如全国五一劳动奖章获得者等。

（10）长期在本行政区域内活动过的有重要影响的港、澳、台人士及外国人。

（11）国家档案馆经研究认定需要建立名人档案的具有代表性和典型意义的社会人士等。

（二）名人档案的收集内容

（1）反映名人一生经历及其主要活动的生平材料，如自传、传记、回忆录。

（2）反映名人职务活动及社会交往的材料，如文章、日记、信函、音像、实物。

（3）反映名人成就的材料，如著作、研究成果、书画。

（4）社会对名人研究、评价的材料，如纪念性、回忆性材料、著作，研究介绍材料。

（5）反映名人身份、资历、权属的材料，如各类证书、委任状、谱牒、信函。

（6）反映名人活动的音像（录音带、录像带、照片）、实物等载体形式的材料。

（7）名人收藏的反映本地区（行政区划范围）历史的珍贵图书、稀有资料、文物、字画及其他有保存价值和历史研究价值的收藏品。

（8）名人的口述历史材料。

（9）其他有保存价值的名人物品等。

二、口述档案收集

口述史料（oral historical materials）是由事件亲历（见闻）者口述或转述的，经采集者以标准方法采集的，能弥补历史事件和人物相关记忆的，具有一定保存价值、历史研究价值的文字、图表、声像等形式的记录材料。口述史料由不同形式的载体组成，包括采集过程中形成的文字、照片、录音、录像等。收集口述史料不仅为学术研究提供丰富的素材，而且对于维护集体记忆、促进文化多样性和加强社会凝聚力具有不可替代的作用。以下结合《口述史料采集与管理规范》（DA/T 59—2017）介绍口述史料的收集要求。

（一）口述史料的收集主体

口述史料的采集对象应包括对国家、民族、集体或个人的历史、现实、未来具有重要历史价值和研究价值的重大历史事件、重要活动的亲历者（见闻）者。

（二）口述史料的收集主题

采集者应根据采集规划在采集范围内有计划、有重点、有针对性地确定采集主题。按采集口述史料的紧迫程度，可以把采集的主题范围划分为现代主题和历史主题。按采集口述史料所涉及的领域，还可以包括社会发展每个历史阶段的重要人类活动领域的事件和人物主题，如战争、外交、文化艺术、体育、宗教、民俗、经济、政治、农村改革、工业改革、体制变革，专家学者、科学家、农民、工人、民营企业家、金融家、外交家、将军、政府领导人、留学生等。

对于亲历（见闻）者年事已高、发生时间久远的重大历史事件和重要活动等，应将其优先确定为采集主题，开展抢救性采集。随着时间推移，人类的记忆愈加模糊，为防止相关一手资料无法获取，特殊主体口述史料的抢救性采集需得到充分重视。

（三）口述史料收集的组织

1. 确定口述者

应根据采集主题内容，遵循多角度、多层次、不同角色、最大限度地弥补历史记录不足的原则，将该事件的直接领导者、主要参加者、最知情者中，文化水平较高、身体状况较好、记忆力较好、语言表达清晰的亲历（见闻）者优先确定为口述者。

2. 采集准备

凡与采集主题内容和事件、人物、历史背景直接或间接相关的资料，都应当收集梳理，全面翔实地掌握相关的信息素材，以便增强采集的针对性、准确性。事先依据采集方案确定并同口述者确认采集时间与地点。

3. 采集实施

采集要求方面，口述史料采集应遵循真实性、准确性、完整性的原则和采集流程规范化的要求。采集者要真实记录口述者的叙述，对口述者叙述的录音录像保持其原始性、完整性，不可断章取义。要标识所采集历史事件的年代、月份、日期、人名、地名，以及相关领域的专用名词等，做好记录，经核对无误后留待整理文稿时备用。对同一事件，口述者与其他口述者描述信息不一致时，不做主观评断，保留其原始性。要充分尊重口述者的情感、人格、隐私等，并与其建立互相信任的合作关系。当口述者出于某种原因拒绝叙述某些方面内容时，应尊重个人意愿。采集过程中口述者和采集者通过语言交流。由于口述者的生活经历、文化层次和个性特点各有不同，可采用多种采集方式；采集者的知识结构、专业特点、兴趣爱好不同，采集技巧的运用也不同，但采集应以挖掘事实为原则。充分了解口述者和采集事件主题以及相关专业知识，对采集主题内容深入探查，充分挖掘事件内容和细节。在一次采集达到预期目标时，可根据实际情况拓展采集范围，补充和增添其他可能有价值的内容。选择适宜口述者口述和录制的良好环境，避免噪音源和其他方面的干扰，以确保口述者注意力集中，确保采集工作的质量和效果。

采集技巧方面，在采集过程中应注意恰当运用采访技巧、语言措辞、语气等，同时采集者应积极倾听，并对周围环境具有敏锐的洞察力，让采集者与口述者保持良好的状态，以确保采集工作的顺利完成。在采集过程中采集者应注重礼仪，做到语气温和、措辞恰当而有礼貌。采集过程中应减少或完全避免个人的意见和随意的聊天，采集者不应在提问过程中与口述者发生争论。对口述者的提问应按照采集提纲，要准确、简练、不产生误导。在采集中如有不明之处，采集者应将问题即时笔录，一般不要打断口述者的叙述，待口述者讲完后再核实。在采集过程中，应认真倾听，避免随意打断口述者的讲述，以防错过真正有用的信息。

采集协议方面，采集者应明确告知口述者采集的主题、意义、方法、目的、个人权益、法律保证等，经口述者确认或签订书面协议；该协议应与采集内容一并归档保存。

采集前应详尽地了解和掌握口述者的主要经历、在主题和事件中的角色，以及口述人与参与事件的相关人员的情况。确定口述者的姓名、国籍、民族、性别、籍贯、出生日期、口述者口述时年龄、社会身份、政治面貌、文化程度、工作单位、简历、口述者与亲历（见闻）者之间的社会关系，收集相关的印证材料。

现场采集的流程主要包括设备选择、设备调试、采集录制、采集小结。设备选择可采用传统的模拟磁带录音录像专业级设备，或采用专业级数码录音录像设备。录制介质应选择优质、标准的录音录像带和其他存储介质。具体技术参数和设备选择参见《电工术语 数字录音和录像》（GB/T 2900.75—2008）。设备调试应实现最佳待机状态，以确保采集质量。采集录制是口述史料采集的重要环节，要严格遵守以上实施要求，确保采集工作达到预期目标。采集小结，即采集工作完成后，应分析、归纳、总结采集过程、效果、不足，做好后续采集工作的安排。

思考题：

1. 简要阐述档案收集的含义、意义与要求。
2. 归档的概念是什么？简要概述归档制度中有哪些基本内容。
3. 有哪些类型的档案需要被接收？档案接收工作有怎样的要求？
4. 介绍口述档案的收集要求。

第四章 档案整理

　　档案整理是档案馆（室）对收集来的档案分门别类组成有序体系的一项业务，是档案管理的一项基础工作。本章介绍档案整理的基本概念、基本单位以及重要环节。第一节阐明档案整理的概念、作用与原则；第二节说明全宗的概念、作用、类型、组织与编号；第三节探讨档案的分类，包括分类的意义、要求及常用方法；第四节阐述立卷与组件这两种不同的档案整理方法；第五节全面说明档号，包括档号的概念、构成、功能、编制原则、结构与编制方法等。

第一节 档案整理概述

一、档案整理的概念与作用

档案整理是按照档案的形成规律和特点，运用科学的理论和方法，把档案整理成便于保管和利用的有序体系的业务活动。① 根据整理对象的不同，可以分为档案内容整理、档案实体整理、电子档案整理等，本节主要介绍档案实体整理的内容。

一般情况下，收集来的档案处于相对零乱、无组织状态，加上档案数量日益增加，成分越来越复杂，如果不加以整理，就会给日常管理和实际利用档案带来很大的困难。

（1）档案整理是档案利用的前提。保存档案的目的是及时地、系统地提供档案，为社会各项事业服务。没有经过整理和系统化的档案，不能充分体现档案的历史记录的特点，不能完整地反映出各项活动的历史联系和本来面貌，就会影响甚至失去档案的利用价值。因此，档案整理工作的基本目的，是把档案组成一个体系，通过编目使其固定下来，为利用档案提供方便条件。

（2）档案整理是档案管理的基础性工作。在档案管理的环节中，收集工作是起点，提供利用是档案工作的目的，档案的整理则是承上启下的关键业务。一方面，收集或征集来的档案，经过档案整理这个环节，可以进一步了解和检查档案收集工作的质量，对档案收集工作有一定的促进作用；另一方面，经过整理以后的案卷，是档案的保管、统计、检查的具体工作对象和基本单位，也使编制档案检索工具与编写参考资料有了主要依据。

（3）档案整理是电子档案原始性的重要保障。数字时代产生了大量的电子文件。电子文件具有载体不稳定性、信息游离性、系统依赖性等特征，其原始性很容易受到影响，单纯依靠技术力量并不能解决。电子文件在电子档案管理系统中，也需要像其他载体档案一样，建立一定的管理秩序，使之有序化、条理化，才能最大限度地保障电子文件的原始性，从而保证它的价值得到充分体现，服务于组织和社会的需要。

二、档案整理的原则

档案整理的原则主要有事由原则和来源原则，以及在后保管时代发展的新来源观。

首先，事由原则是档案馆将档案按其内容主题而不按来源机关和原有次序整理和分类的原则。其特点是以相关事由为依据建立档案文件之间的逻辑联系，故又被称为相关原则。事由原则作为一种档案整理原则，有着久远的历史渊源。16世纪后期以来，欧洲国家在档案整理领域长期沿用事由原则——不考虑档案的来源，按照主题内容整理的原则。②

---

① 王英玮，陈智为，刘越男. 档案管理学[M]. 5版. 北京：中国人民大学出版社，2021：85.
② 严永官. 论"事由原则"在档案整理中的作用：档案整理原则辨析之二[J]. 档案，2016（10）：5-8.

其次，来源原则是档案整理工作的基本原则，指档案馆将档案按其来源或形成单位整理和分类的原则。其特点是要求在整理和分类时，不能将同一来源的档案与其他来源的档案相混淆，并尊重原有次序。[1]它的基本内容可以概括为三个基本点，即尊重来源、尊重全宗的完整性、尊重全宗内的原始整理体系，由此将文件按照其形成的组织、机构或个人等为标准有机联系起来。

20世纪中后期，进入电子文件时代，社会结构的变化引起组织机构的频繁变动，按照机构来源划分全宗面临困难，电子文件的产生突破实体机关与文件群体间的对应关系，使来源概念发生新的变化。20世纪90年代，北美档案学家特里·库克认为："电子时代档案来源的概念需要重新考虑、酝酿和定义，它不仅指文件的形成机关，更包括文件形成目的、形成活动、过程、处理程序和职能范围等。"在第十三届国际档案大会上，特里·库克提出档案人员的关注焦点应是"从以等级结构中原始文件生成部门为中心的实体来源转变为以变动、临时甚至'虚拟'的机构文件形成者的职能和业务活动为重点的概念来源"。"新来源观"由此形成，即"来源是概念的、虚化的和多方面的，不是单一级别的、结构性的、直接与一个行政机构相联系的"。[2]

同时，一些国内主流观点提出，我国档案整理工作实践的原则包括以下三点：

（1）保持文件之间的历史联系。这是档案整理最为基本的原则。文件之间的历史联系，就是文件在产生和处理过程中所形成的各种关联关系，主要体现为文件在其来源、形成时间、内容和形式等方面密不可分的关联。保持文件的固有联系，才能把文件组成科学的有机体系，充分体现出档案形成时的历史背景和形成规律，全面反映各种活动的本来面貌，从而发挥档案应有的作用。

（2）充分利用原有的整理基础。档案不仅记录着过往的社会活动，而且也反映了前人对档案间联系的认识。整理档案时，首先要提高对原来整理工作的认识，认真分析研究原有的整理方法，尊重历史和前人的劳动成果。其次，不要轻易重新整理已整理过的档案，应该力求保持原有的整理体系，通过必要的加工整理或者其他补救措施，提高整理档案的整体水平。

（3）便于保管和利用。相比于保持文件之间的历史联系，便于保管和利用是档案整理的辅助原则。一般情况下，保持文件之间的历史联系有利于档案的保管和利用。但有时，保持文件的联系和便于保管利用又不一致。例如一次会议的文件，有纸质的，也有胶片、磁带的；有机密性的，也可以公开的；有永久保存的，也有长期、短期保管的；等等。如果单纯强调保持文件之间的历史联系，全部混同起来整理，则不便于保管和利用。因此，整理档案时，不能机械地运用保持文件联系的原则，还要充分考虑档案保管和利用的方便。

---

[1] 张妤. 档案整理原则的演变[J]. 湖北档案，2006（12）：16-17.
[2] 张潆雅. 对"新来源观"实践探索的再认识[J]. 档案学通讯，2018（6）：26-30.

第二节　全　宗

一、全宗的概念和作用

（一）全宗的概念

全宗是一个国家机构、社会组织、个人在社会活动中形成的档案的有机整体，是档案的基本分类、管理单位。[①]其基本含义包含三层。

1. 全宗是有机联系的档案整体

全宗具有不可分割性。国家机构、社会组织、个人或同一个生产建设和科研活动形成的档案，反映着它们所开展的活动及其相互之间密切联系的整个过程。全宗是组成国家档案全宗和档案分类、管理的基本单位，同一全宗的档案不能分散，不同全宗的档案不能混淆。

2. 全宗是在一定的历史活动中形成的

全宗是社会组织或个人、家庭在其社会历史活动中形成的。它是对一个立档单位整个生命周期的真实记录。按全宗管理档案，就是要将每个立档单位视作一个生命体，并根据其存在和发展的规律和特点，对其所形成的档案实现全生命周期管理。

3. 全宗是以一定的社会单位为基础而构成的

全宗是以一定的社会单位为基础构成的，说明特定的档案整体的来源和界限。全宗是以产生它的机关、组织和个人为单位构成的，这就为档案全宗确定了一个区分标志。全宗定义中的来源要素，对档案管理具有实用价值。

随着社会活动的复杂化，以某一项重大活动、重大工程、重大科研项目等为核心的跨立档单位的社会活动越来越多，可能存在多个机构或组织共同参与推动活动的实施，不再以同一形成者为核心，而是以同一活动内容或事由为核心形成的，反映这些社会活动的档案内容也越来越复杂，其形成过程和来源都不尽相同。[②]在这种情况下，何嘉荪先生提出主体全宗和客体全宗的概念，推动档案工作适应社会发展、满足社会需求。档案所反映的社会活动由主体、客体及其相互之间的复杂运动构成。因此，以主体为标准划分得到的全宗称为主体全宗，以客体为标准的称为客体全宗。[③]客体全宗是"人们在围绕着具有相当规模而又相对完整、独立的客体事物而展开的社会活动过程中形成的档案有机整体"。相对于主体全宗为机关、企业事业单位或个人形成的档案有机整体，客体全宗是以事由为核心、多个机关单位共同形成的档案有机整体，客体事物是有周期的、非连续性的运动。[④]

[①] 严永官. 全宗原则面临的挑战及其适用研究：档案整理原则辨析之一[J]. 档案，2016（6）：16-19.
[②] 于钊，薛惠芬，李维杉. 两种客体全宗管理模式及其适用性分析[J]. 档案，2022（12）：9-12.
[③] 何嘉荪. 全宗问题理论基础辨析[J]. 档案学通讯，1993（2）：13-15.
[④] 何嘉荪. 关于"主、客体全宗论"的思辩[J]. 档案学通讯，1992（5）：18-22.

（二）全宗的管理作用

以全宗为单位整理档案是档案业务的基本规则，对档案管理和利用具有重要意义。

（1）按全宗整理档案，能够揭示档案内容的实质，从而正确评价档案的价值，为档案的提供利用奠定科学基础。按照全宗来整理档案，能比较全面地反映机关或个人活动的面貌，便于人们全面地、系统地去研究历史上各个机关或著名人物。

（2）全宗是档案管理的基本单位，对档案管理有重要的组织作用。在档案管理的全过程中，要以全宗为基本单位开展分类、编目、鉴定、统计等管理工作，避免造成某种不必要的混乱发生。

（3）按全宗整理档案，不仅仅是个方法问题，而且也是一个理论问题。按全宗管理档案，是档案管理区别于图书管理及其他文献管理的重要特点之一。同一全宗的档案不能分散，不同全宗的档案不能混淆，应该按照档案的来源把全宗内已被分散的各部分档案集中起来，从而维护全宗的完整性以及挖掘全宗内档案作用的潜力。

二、不同的全宗类型

按其形成者分类，全宗可以分为组织全宗和个人全宗。同时，为了应对特殊情况，全宗还包含联合全宗、全宗汇集、档案汇集等补充形式。

（一）组织全宗

组织全宗是一个能独立行使职权的社会组织（国家机关、企业事业单位、社会团体等）在其活动中形成的档案整体。

（二）个人全宗

个人全宗是社会知名人士在其一生活动中形成的档案整体。历史上一些著名的家庭、家族所形成的档案，在我国也属于个人全宗的类型。立档单位包括形成个人全宗的个人、家庭和家族。

个人全宗包括个人的著作、手稿、日记、信件、遗嘱以及记载个人或家庭、家族活动的全部有价值的材料，还包括别人撰写和收集的与个人全宗构成者个人、家庭和家族有关的材料以及直系亲属的、能够说明立档单位情况的材料。个人全宗中不得收入全宗构成者在其机关组织公务活动中处理的官方文件原件。个人、家庭和家族的文件材料，无论形成于何时、何地以及立档单位的政治思想和社会地位有何重大变化，都只能构成一个全宗。

（三）全宗的补充形式

在整理的档案当中，并不是所有的档案都能按全宗明确分开整理，有些情况是很特殊的，必须采取一些应急措施，作为按全宗整理档案的补充形式。全宗的补充形式主要有联合全宗、全宗汇集和档案汇集。

1. 联合全宗

联合全宗指两个或两个以上立档单位形成的、互有联系而不易区分全宗的档案构成的全宗。能够作为联合全宗的主要有以下两种情形：①前后有密切继承关系的立档单位，由于工作关系密切，档案互相混淆，很难区分。这种情况下，可以把两个立档单位形成的档案组成联合全宗加以整理。②两个机关合署办公，对内一套编制，对外两块牌子，文件又混在一起无法区分的。这种情况下，可以把这种合署办公的机关所形成的档案，作为一个联合全宗加以整理。

2. 全宗汇集

若干个立档单位形成的、可以区分全宗但数量很少的、具有某些相同特征和联系的档案构成的全宗，称为全宗汇集。档案馆所保存的全宗，其档案数量是不等的。有一些小全宗，全宗之间的界限十分清楚，能够分清，但档案数量却很少，如果把这些数量极少的全宗也作为保管单位，势必增加保管和利用上的麻烦和不便，也没有这种必要。因此，就可以把档案数量很少而性质又相近的全宗集中起来，组成全宗汇集，只给一个全宗号，参照全宗的形式加以保管和统计。

全宗汇集与联合全宗的区别在于：①全宗汇集中的单个全宗档案数量少而且能够分开，而联合全宗的档案之间联系密切，档案混在一起很难分开；②联合全宗具有长久性，一旦固定下来，基本保持不变，而全宗汇集具有不稳定性，一旦发现新的档案补充时，需要重新整理和编目。

3. 档案汇集

档案汇集是采用人为方法将不知其所属、全宗残缺不全的文件，按照一定特点集中起来的混合体。档案汇集在形式上和全宗一样，被赋予全宗号作为一个整体加以保管，实现统一编号。在整理新中国成立前的档案时，或因特殊情况接收撤销机关档案时，会发现一些残缺不全的档案，由于很难确定它们所属的全宗界限，或者虽然能判明全宗，但其所属全宗已不存在，只剩下很零碎的一些档案，已经很难再按全宗整理，为了便于管理和提供利用，才采取这种补救措施。

档案汇集主要是针对档案残缺不全、全宗界限十分模糊的情况，在档案管理中很少采用这种办法。只有在很特殊的情况下，确实找不出更好的处理方法时才采用档案汇集这种应急措施。

上述几种形式，都是以全宗理论为基础，从档案整理的实际情况出发，作为按全宗整理和保管档案这一基本形式下的一些必要的补充形式。但上述形式不是随意乱用的，只有在极少数特殊的情况下才能运用，而且一旦发现这种补充形式有不合理之处，应立即采取补救措施加以纠正。

（四）全宗群及其划分

全宗群是若干具有某种联系的全宗构成的群体。它是档案管理中起指导和组织作用的一种理念，作为一个理论概念，用于从宏观上组织档案馆网络和规划馆藏。

为了便于保管和利用，应该把互有联系的全宗组织到一起，维护一定类型全宗的不可分散性。全宗群首先按照档案形成的不同时期分为几大部分，如新中国成立前的档案（革命历史档案、旧政权档案）和新中国成立后现行机关的档案，然后每一部分再按立档单位的类型和特点细分全宗。全宗群分类一般应和档案的分库保管相一致，性质相近的全宗群应当集中保存在相同的档案库房内。

全宗群的构成方式比较灵活，在很大程度上取决于人的主观认知。档案管理实践中，全宗群并不是对档案进行整理和统计的一个固定的实体单位,也不宜作为一个固定的保管单元。

三、全宗的组织与编号

(一)确认全宗和立档单位

立档单位是构成档案全宗的国家机构、企业事业单位及其他社会组织,又称全宗构成者。一个立档单位产生的全部档案就是一个全宗。从其形成者角度看,有组织全宗和个人全宗两大类。

1. 组织全宗的构成条件

组织全宗是全宗的主体部分,在现实中占绝大多数。组织全宗的构成者就是立档单位。可以构成立档单位的一个机关、组织或单位,在工作上、组织上、财务上应当有一定的独立性,即具备以下条件:①可以独立行使职权,并能以自己的名义对外行文;②设有会计单位或独立的核算单位,自己可以编制预算或财务计划;③设有管理人事的机构或人员,并有一定的人事任免权。上述条件是互有联系的,在一般情况下,三者往往是一致的、统一的。但三者也有不统一的地方,如有的在工作上、业务上是独立的,而组织上、财务上是不独立的;也有的是工作上、组织上是独立的,财务上是不独立的。实际情况是错综复杂的,所以在分析时主要是看该机关、单位能否独立行使职权并对外行文。

2. 个人全宗的构成条件

按照全宗的定义,凡具有社会独立性的个人,其档案都可以构成一个全宗。现代社会衡量个人社会独立性的标准就是看其是否成年,是否具备独立承担社会责任、法律责任的能力。但实际上,并不是每一个具有社会独立性的成年公民的档案都能够成为一个有保存价值且在档案机构中实际保存的全宗。个人的档案能否成为一个实际存在并被保存的个人全宗,还取决于诸多较为复杂的社会性因素。梳理这些复杂的社会性因素,可以归纳得出个人全宗的构成条件在现实中呈现为以下三个层次:

(1)一般而言,只有那些对社会有突出贡献或重要影响的个人,其档案才可能成为一个实际的个人全宗,即只有名人档案才可能成为个人全宗。

(2)并不是所有的名人档案都可以构成个人全宗。像毛泽东、周恩来这样的伟人,其档案虽可以构成,但实际上并未建立个人全宗。因为他们的档案中有许多具有组织与个人的双重属性,若构建个人全宗,就势必伤害组织全宗的完整性。只有其档案基本上只具有个人属性,不会与组织全宗发生大面积交叉的名人档案才可能构成个人全宗。

(3)即使是主要以个人名义从事社会活动的名人,其档案也未必都可以构成个人全宗。这些名人的档案能否构成个人全宗还取决于其档案是否较为完整系统地留存下来,留存下来的档案材料是否较为全面地记录反映其社会活动的基本情况与过程,档案机构是否实际管理其档案,是否将其作为个人全宗对待等诸多现实性因素。

3. 确定立档单位的方法

确认全宗,实际上就是根据全宗的构成条件,将档案馆中所收藏的档案按立档单位的真实界限确立认定为具体的全宗。确认全宗主要从两方面考虑:一方面应该依据法规性文件,如关于机关建立的决议、命令、组织章程条例以及会议记录等,这些文件上面一般都有职权范围、执行任务方面的记载；另一方面应该根据机关单位的实际情况。在实际工作当中，有比较健全的文书工作部门，通常就是一个立档单位。此外，单位名称、机关印信等也可作为构成立档单位的参考条件。

值得注意的是，确定一个单位是否构成立档单位，不能以单位人员的多少、权限的大小和形成档案数量的多少来确定。具备上述三个条件的独立机关，就是一个立档单位，它所形成的档案应该构成一个单独的全宗。此外，各机关、企业事业单位共产党组织的档案，工会、共青团等组织的档案是立档单位档案的有机组成部分，应作为一个全宗看待。

（二）区分全宗

区分全宗指明确区分容易引起混乱或歧义的全宗边界。立档单位不是固定不变的，由于社会的发展、事业的进步，常常引起一些机关的增设、撤销或合并，这些发展变化常常给全宗的划分带来一些新的问题。这就要求在具体划分时应该研究立档单位的各种变化情况，辨别哪些变化是根本性的，应当产生新的立档单位和全宗；哪些变化是非根本性的，不产生新的立档单位和全宗。

1. 政权更迭及跨政权立档单位的区分全宗

研究某一立档单位是否有根本性变化，主要应该从立档单位的政治性质和基本职能等有关方面去考察。不同政权中的政权机关（立档单位），虽然社会职能相同或相近，但因所属政权性质不同，名称也不会完全相同，不能作为跨政权的同一立档单位看待，其档案应构成不同的全宗。跨政权存在的，不是政权机关的立档单位，如企业、学校、文艺团体、政党、社团、宗教组织等，其档案一般构成一个全宗，但在管理中可分为两个不同的政权时期或部分；跨政权存在的政治色彩较强、对政权依附性较大的立档单位（如警官学校、军事院校等），一般在政权更迭时要实施重大改造，其档案应分别构成不同的全宗。个人全宗无论其立档单位（个人）是否跨政权存在，无论其政治立场、信仰、职业等是否有重大变化，其档案均构成一个全宗。

2. 立档单位变化所导致的区分全宗

在立档单位的政治性质无根本变化的情况下，主要分析基本职能是否有根本变化。

（1）新建。新成立的机关、企业事业单位，其形成的档案均可以构成一个全宗。

（2）分开。新成立两个或两个以上的机关、单位，是代替已被撤销的一个旧的机关、单位。由于旧的机关已被撤销，它所形成的档案应该单独构成全宗；新成立的机关、单位各自形成的档案，应分别构成不同的全宗。

（3）合并。与上述情况相反，由两个或两个以上的撤销单位，合并成一个新单位。尽管这些单位与原有的单位前后有一定的联系，但在基本职能上是不同的，它们所形成的档案应分别构成全宗。

（4）独立。从某一立档单位分离出去作为一个新的单位，它代替原立档单位的一部分职能。从它改变为独立机关时起，它所形成的档案应构成新的全宗。

（5）从属。与前一种情况相反，原来是一个立档单位，后来因为工作需要，改变为某一机关内部的一个组织机构。改变前的档案为一个全宗，改变后是另一全宗的一部分，不能单独划分全宗。

（6）合署。两个单位合署办公，而文件又是分别处理的，它们形成的档案应该分别构成全宗。

3. 临时性机构档案的区分全宗

临时性机构的业务往往属于某机关或若干机关业务范围之内，存在的时间不很长，形成档案的数量不多，一般不设立新全宗。个别的临时性机构，独立性较强，存在时间较长，其档案也可以考虑成立新的全宗。

总的来说，只有一个单位的职能发生根本性的变化，其档案才可能构成新的全宗。

4. 判定档案所属全宗

在整理过程中，尤其在整理历史档案或撤销机关档案时，会遇到几个全宗混在一起的情况，分辨不清一些零散文件是哪个单位形成的，就需要判定档案的所属全宗，把零散文件加以"归队"。只有这样，才能确保档案全宗的完整，避免档案的混乱，便于档案的查找和利用。判定档案所属全宗，关键在于确定档案的形成者，一般方法主要应从收文、发文和内部文件等方面着手。

收文在于查明文件的实际收受者（收文单位），由此可以认定它所属的全宗。在通常情况下，收文上面都指明主送单位或个人，而收文机关收到文件后要加盖收文章并附有阅办单，写明领导批办意见，根据以上特征可以判明文件的收受者。

发文和内部文件，它们的作者就是档案的形成者，只要查明文件的作者，也就确定它所属的全宗。通常情况下，发文有固定作者的文件格式，而且还有发文机关的印信，所以判定文件作者并不困难。但有些文件并无固定的发文字头，有时也不盖机关印章，在这种情况下，可以从文件的其他方面，如发文的起草人、文件的签批人、文件外形特点等去考察文件的作者。

此外，对于全宗混淆状况严重的特殊问题，不能运用通常的方法去判定档案所属全宗，往往要借助于文件上的各种标记去判定，如承办单位负责人或承办人的签字、批注的记号、收文和归档的印章或其他戳记、文件上的各种日期等；还可以通过研究文件的内容，根据文件内容所涉及的领导机关和领导人以及时间、地点、内容、工作范围等方面判定；也可以利用档案形成机关的收发文簿、文件移交清册及其他簿册、目录来查对文件；从文件的外形、标记、笔迹、墨水、载体和书写方面去与标明作者和收受者的文件比较和判定。但是，不论用什么方法去考证，都常常是把这些方法联系起来加以综合分析判断，才能比较准确地判定档案的所属全宗。

5. 组织全宗与个人全宗档案的区分

个人全宗与组织全宗中的档案有时会出现相互交叉的问题，即某些档案文件既有个人属性，又有组织属性。对这一问题的处置原则是：①凡以组织或组织成员名义制发的文件正本均应归入组织全宗；个人全宗若认为必要时，可保存副本。②不允许将组织全宗中具有双重属性的档案文件抽出纳入个人全宗之中，组织全宗中一般也不保存仅涉及个人性质的文件。但如果个人全宗与组织全宗均不完整且程度有较大差异，可将具有双重属性的档案文件有意识地向完整程度较好的一方倾斜，以避免或减轻"两败俱伤"的不良结果。

确认与区分全宗的工作一经完成，具体的全宗一旦建立，就应对各全宗统一编号并赋予其正式的全宗名称。全宗名称一般就以立档单位的正式名称命名，并加"全宗"二字。

（三）全宗编号要求与方法

全宗编号是给每一个进馆全宗编一个固定号码并以其作为该全宗的指称代号。其要求主要有三点：①唯一性或专指性。唯一性是要求一个全宗只能有唯一的号码，这个号码只能专指一个全宗，不允许一个全宗有两个号码或两个全宗共有一个号码，否则管理上就会出现混乱。②系统性或连续性。系统性是要求各全宗号之间应有某种必然联系、固定的关系和顺序，不能互不相干、随意编号。③方便实用。方便实用指号码形式及编法应简洁、方便，不能过于烦琐、麻烦。

全宗编号的方法主要有大流水编号法、体系分类编号法、分类流水编号法。一般情况下，采用大流水编号法的档案馆居多，总体效果也较好。

1. 大流水编号法

大流水编号法又称顺序流水编号法，即一个档案馆对其所有全宗按进馆顺序用自然整数由小到大顺序编号。这种编号方法的优点一是简便实用，且符合唯一性和系统性要求；二是全宗号同时反映全宗进馆的先后顺序和全宗数量。

2. 体系分类编号法

体系分类编号法是按某种逻辑框架，将档案馆所收藏的全部全宗构造成一个逻辑类别体系。每一逻辑类别层次中的具体类别都有一个固定的代号（类号），只有最小的类别代号后面的号码才是该类中具体全宗的固定顺序号。这样，每个全宗号实际上都成了一个由几位数构成的号码，且每一位数都有其特定的逻辑含义。但这种编号方法实际上是掺进固定化全宗群的因素，不能反映全宗进馆顺序和全宗数量，同时，其逻辑含义也无法直接看出，编起来也比较烦琐。

3. 分类流水编号法

分类流水编号法是上述两种编号方法结合使用的产物，比较适合于规模较大、全宗类型头绪较多的档案馆。具体编法是将馆藏全宗划分为两个或几个大类，并以固定的代字或代码作标志，然后在各大类中按进馆顺序流水编号。但这种编号法所分类别不宜过多、过细且一般只分一个层次，否则容易混同于体系分类编号法；同时，大类标志宜采用较直观的形式，以方便识别和使用。

第三节 档案的分类

档案的分类是档案管理中的重要环节，旨在通过科学、系统的分类方法，实现档案的有序管理和高效利用。本节首先明确档案分类的意义、要求和原则，接着详细介绍档案分类的方法，然后针对不同门类的档案提出相应的分类方法，最后探讨档案分类方案的编制问题。

一、档案分类的意义和要求

档案分类是根据立档单位内档案来源、时间、内容或形式的不同，按照一定的体系，分门别类、有系统地区分档案和整理档案。

（一）档案分类的意义

档案分类具有深远的意义，它不仅有助于提升档案管理的专业化水平，更有助于档案信息的快速查阅、有效传播、高效利用和安全保护，同时，也促进档案资源的信息价值、历史价值的充分发挥。

（1）档案分类有助于有效提升档案管理的专业化水平。档案分类意味着档案管理从简单的存储、保管转变为更加精细、深入的信息管理，这不仅提升档案管理者的专业素养，也推动档案管理行业的发展。

（2）档案分类有助于档案信息的快速查阅、有效传播和高效利用。档案数量庞大、种类繁多，如果没有科学的分类体系，查找和利用档案将变得十分困难。通过分类，可以按照一定的规则和标准组织和排列档案，使得用户可以迅速定位到所需的档案信息。这不仅提高检索的效率，也促进档案信息的广泛传播和高效利用。

（3）档案分类有助于实现档案资源的有序管理和安全保护，确保档案的完整性和可追溯性。档案作为重要的历史记录和文化遗产，其保存和保护至关重要。通过分类，我们可以更加清晰地了解档案的内容和状况，及时发现和处理档案的损坏和遗失问题。同时，分类还可以避免档案的混乱和丢失，确保档案的安全和完整。

（4）档案分类有助于发挥档案的信息价值与历史价值。档案中蕴含着丰富的历史信息和知识资源，通过分类，可以更加深入地挖掘和利用这些资源。无论是学术研究、历史研究还是社会实践，都需要借助档案来还原历史、揭示真相、指导实践。通过分类和整理某一领域的档案资源，专业人员能够系统地了解该领域的过往发展情况与所遇到的问题，获知其领域现状和发展趋势，为科学决策提供有价值的参考。除此以外，通过对档案信息的分类和分析，可以挖掘出档案的历史价值和文化内涵，为文化传承和社会发展贡献力量。

（二）档案分类的要求

根据不同立档单位的活动和档案成分的特点进行档案分类，是一项比较复杂细致的工作，因而对档案的分类有比较严格的要求。

1. 档案分类应具有客观性

由于档案是机关、组织活动中系统积累而形成的历史记录，应遵循档案形成规律，从全宗的实际情况出发分类，努力维护它们在立档单位活动中原有的某些主要方面的历史联系，科学地选择分类标准，确定分类方法，合理地设置类目，准确地归类，使档案的分类能够较为系统地反映出立档单位活动的面貌。

2. 档案分类体系应该具有逻辑性

全宗内的档案是机关在处理各种事务中形成的，全宗的成分及其纵横联系往往比较复杂，档案的分类又常常采用不同方法，所以分类体系的构成应力求严密。因此，必须注意每次分类按照同一标准，不应有交叉或互相包容的矛盾现象。例如，在按问题分类时设"经济类"，平行的主要类中不能再设"工业类"或"农业类"。

3. 档案分类应该注重实用性

档案的分类必须便于保管，便于查找和利用。例如，对于现行机关和撤销机关的全宗、大全宗与小全宗、全宗内形式与载体特殊的档案材料，往往采取不尽相同的分类方法。在档案分类过程中，防止无视全宗的特点而生搬硬套的分类方法，更要禁用空设的虚类。对某些历史档案和政策性较强的档案进行分类时，必须以正确的政治思想为指导，根据档案的实际内容和相关因素，合理地组织类别体系和设置类目，如实反映出立档单位的性质及其活动状况，揭示档案的内容实质和相互联系。

（三）档案分类的原则

档案分类的总体原则是要科学、客观、符合逻辑，能反映档案的形成特点和规律。具体分类原则如下：

（1）根据全宗的性质和特点，选择适当的分类标准。分类标准要能够恰如其分地揭示档案间的内在联系，使整个分类系统具有客观性，组成一个有机的整体，系统反映出立档单位的活动面貌。

（2）档案分类体系的构成应具有逻辑性，遵守逻辑划分规则。一次分类只能使用一个分类标准，子类外延之和正好等于母类外延，子类之间必须界线清晰，不能互相交叉，类目概念应明确。

（3）档案分类层次简明，类目不宜过细、过多。一般来说，类目划分到二级至三级，使之能包容一定数量的案卷。另外，划分类别时应留有伸缩余地，以便随实际需要增加或减少类别。

（4）档案分类的类目名称应含义明确，具有系统性，有合理的排列顺序。必要时对类目所指范围和归类方法应有说明，以保证分类的一致性。

（5）档案分类标准应具有客观性、长期稳定性、可辨性和易操作性、实用性。

档案分类标准应具有客观性。档案实体的分类标准必须取自分类对象档案自身的客观属性或特征，不能是主观想象的，也不能是从图书、情报、资料等分类经验中简单照搬过来的。现代档案工作者应重视根据档案的形成规律和特点客观选择档案分类标准的重要意义。

档案分类标准应具有长期稳定性。在档案分类实践中，有的档案自身特征是不容易被准确识别和把握的，如档案的价值特征、保密性特征等。那些掺入过多主观判断认识内容的所谓档案属性特征等，很难保持长期稳定性，一般不应作为档案实体分类的标准。这些标准主要包括档案的保管期限、档案的保密等级、档案的重要程度等。

档案分类标准应具有可辨性和易操作性。有些分类标准，如主题分类标准，虽然可用，但是归纳主题的难度较大。而且许多档案文件的内容所涉及的主题是两个甚至两个以上，如果按主题标准来划分，就会出现某些主题的档案集中、某些主题的档案分散的问题。

档案分类标准应具有实用性。档案整理的目的是为档案的科学管理和有效利用创造条件。在档案分类实践中，分类人员应根据该规则来认定采用哪种分类标准更有利于实现档案整理的根本目的，更能体现档案的形成规律和主要特点，更能有效地反映一类档案的运动要求。

二、档案分类的方法

（一）档案分类的一般方法

档案分类方法很多，归纳起来有下面几种。

1. 按文件产生时间分类

（1）年度分类法。根据形成和处理档案所属年度分类。

（2）时期分类法（阶段分类法）。按立档单位在发展过程中形成的不同时期（或不同阶段）分类。如新中国成立前、新中国成立后、抗日战争时期等。

（3）工作阶段分类法。如工程档案按设计、施工、竣工等不同阶段分类。

2. 按文件来源分类

（1）组织机构分类法。按立档单位的内部组织机构分类。

（2）作者分类法。按文件的作者分类。

（3）通信者分类法。按与立档单位有来往通信关系的机关或个人分类（收文按作者，发文存本和原稿按收文者）。

3. 按文件内容分类

（1）问题分类法。按文件内容所说明的问题（事由）分类。

（2）实物分类法。按文件内容所涉及的实物分类，如粮、棉、钢、铁、石油等。

（3）地域分类法。按文件内容所涉及的地理区域分类，如华北、东北等。

4. 按文件形式分类

（1）文件种类（名称）分类法。如账簿、报表等。

（2）载体形态分类法。按文件制成材料分类，如胶片、录像带、光盘等。

（3）形状规格分类法。按载体的形态和大小分类，如卷、盘以及不同的尺寸等。

5. 按机关档案的业务门类划分

2022年5月，国家档案局印发通知，全面推行机关档案分类方案、文件材料归档范围和档案保管期限表三合一制度。[①]在该制度要求下，我国机关档案遵循门类分类法。这是一种多样化的档案管理方法，旨在根据档案的不同职能属性，实施系统、有序的分类。门类分类法一般是将档案划分为文书档案、科技档案、会计档案、人事档案等一级门类，在其之下根据档案实际情况细分二级门类，如科技档案可分为科研档案、基建档案、设备档案。不同地区对于机关档案门类划分的具体规定不同。以广东省为例，在《广东省机关档案分类方案、文件材料归档范围和档案保管期限表三合一制度编制工作指引》（2024年1月1日起）中规定，档案门类名称及档案门类代码对应关系如表4.1所示。

---

① 国家档案局档案干部教育中心. 国家档案局印发通知全面推行机关档案"三合一"制度[EB/OL]. （2022-05-31）[2024-03-23]. http://www.saacedu.org.cn/war/xiangxi.html?id=309.

表4.1　档案门类名称及档案门类代码对应关系

门类名称	门类代码	门类名称	门类代码
文书档案	WS	录音档案	LY
科技档案	KJ	录像档案	LX
科研档案	KJ·KY	专业档案	ZY
基建档案	KJ·JJ	业务数据档案	SJ
设备档案	KJ·SB	公务电子邮件档案	YJ
会计档案	KU	网页信息档案	WY
人事档案（已故人员部分）	RS	社交媒体档案	MT
照片档案	ZP	实物档案	SW

（二）档案常用的分类方法

组织全宗档案最常用的基本分类法有3种，即年度分类法、机构分类法与问题分类法。

1. 年度分类法

年度分类法是以形成和处理文件日期所属的年度为分类依据的方法，是运用最广泛的档案实体分类法。一个立档单位在一个年度内形成的档案往往存在着最紧密的联系。立档单位的工作常以年度为单位制订计划和进行总结，对其档案按年度分类，能够看出这个单位逐年发展情况，可以较好地维护和再现立档单位活动和档案形成的历史过程。另外，这种分类方法同现行的文书处理工作制度吻合，文书部门按年度立卷和移交案卷，自然而然地把档案分成不同类别。

2. 机构分类法

一个单位的档案是由各个内部机构在其业务活动中形成的，每个内部机构都承担着一定的职能和任务，所形成的档案一般都具有同类性质和关联性。因此，按机构进行分类，能反映立档单位内部各个机构工作活动的面貌，保持全宗内文件之间在来源方面的固有联系。按机构分类一般是以立档单位内第一层组织机构作为一级类目，必要时可分到第二层机构，作为二级类目。机构名称即类名，各类按规定的顺序或习惯顺序排列。同时涉及几个机构的档案，在一个立档单位内应有统一规定，合理地分入相应类别。

3. 问题分类法

问题分类法又称事由分类法，是一种逻辑分类方法。这种分类方法能够保持档案在内容方面的联系，比较突出地反映立档单位主要工作活动面貌，便于按专题查找和利用档案。按问题分类时要以档案内容中最基本的问题设类，反映立档单位主要职能范围，类目体系应简明，符合逻辑，层次不宜过多。档案内容所涉及的问题可能较为复杂，按问题分类时又较大程度依赖于主观判断，分类的一致性和准确性差。因此，这种分类方法不宜单独采用，应与其他分类方法结合使用。使用问题分类法应特别慎重，不要轻易打乱组织机构而先按问题分类，一般是在不适宜按组织机构分类，或者每个组织机构内文件数量很多需要再分属类的情况下，才采用问题分类法。

（三）联合（复式）分类法及其适用范围

联合（复式）分类法是依据两种或两种以上的分类标准将立档单位的档案文件划分成各个类别的方法。社会组织文书档案常用的联合分类法主要包括以下四种。

1. 年度—机构分类法

先把档案按年度分类，然后在每个年度下面再按内部机构分类。这种联合分类法适用于立档单位内部机构分工明确，比较稳定，且具有一定数量的文件，多用于现行机关全宗，是党政机关、社团组织和事业单位文书档案最常用的分类方法。

2. 年度—问题分类法

先将立档单位的归档文件按年度分类，然后再按照各个年度类别中归档文件的主题内容、职能活动等划分子类。这种联合分类法适用于内部组织机构分工不明确，变动频繁，文件已混淆或不设内部组织机构的立档单位归档文件的整理分类，多用于现行机关全宗。

3. 机构—年度分类法

全宗内的档案按内部机构分类，然后在机构下面再按年度分类。这种联合分类法适用于内部组织机构分工明确，基本稳定，且具有一定数量文件的立档单位，多用于历史积存档案和撤销机关档案全宗。

4. 问题—年度分类法

档案先按问题分类，然后在每个类别里按年度分类。对于不适合按组织机构分类的立档单位积存档案的整理分类，可考虑采用此种联合分类法，一般多用于历史档案与撤销机关档案全宗。

上述分类法，以第一种即年度—机构分类法应用较多。但是，无论哪一种分类方法，一般都离不开年度。档案是逐年形成的，向档案馆移交档案也是按年度。总之，无论按什么方法分类，一个立档单位全宗内的档案分类方法应保持一致。

三、不同门类档案的分类方法

（一）机关内党、政、工、团档案的分类

在一个机关内，党、政、工、团以及其他群众组织都会形成一定数量的档案。根据党、政档案统一管理的原则，应将一个机关内党、政、工、团的全部档案构成一个全宗，但在全宗内部应分别整理，单独分类，不能混杂。一般有如下三种分类方法：①全宗内全部档案按党、政、工、团分类整理；②全宗内首先划分行政层次，然后每个层次分别按党、政、工、团分类整理；③在全宗内只分党群、行政两大类。

将档案分为党、政、工、团几个部分的方法，实际是按其组织的性质分类。这是在我国党、政档案统一管理条件下运用组织机构分类法的一种特殊形式，通常可与年度分类法结合运用。

（二）个人全宗档案的分类

个人全宗又称人物全宗，是某一著名人物或著名家族所形成的档案有机整体。其分类方法一般就是按立档单位个人或个人生活的现实状况分为若干类别。个人全宗大致可分为

如下几类：

（1）生平传记材料。凡能说明个人或家族成员生平、历史基本情况的档案均归入此类，如个人自传、履历表、学历证明、身份证明、奖状、遗嘱等。

（2）创作材料。个人或家族成员在科学研究和文学艺术创作活动中形成的各种手稿（如书稿、图纸、画稿、乐谱等）以及日常生活中形成的基础性创作材料，如日记、手稿、摘抄、回忆录等。

（3）个人书信。个人的来往信件或贺卡等。

（4）公务活动材料。指不需要归入组织全宗的反映个人公务活动的材料，如会议通知、请柬、发言稿、参与签名的声明或通电、担任某些职务的聘书等。

（5）经济材料。包括反映个人和家庭财产状况及其经济活动的材料如契约、账簿、票据等。

（6）亲属材料。包括反映和说明全宗构成者的亲属的生平、活动、经济等方面的材料。

（7）评价材料。包括社会组织或他人对全宗构成者的评述、纪念文章、回忆录、创作材料、祭文和悼词等。

（8）音像材料。包括反映和记述全宗构成者及其亲友各方面活动的照片、画册、录音带、录像带等。

（9）其他材料。全宗构成者收集来的不能归入上述各项的材料，如收藏的字画、古玩等文物，接受的珍贵礼品，书法家的笔砚，等等。

（三）科技档案

科技档案包含基建档案、科研档案和设备档案，每种档案都有其特定的分类方法。

1. 基建档案

基建档案主要记录与基础设施建设相关的活动和成果，其分类一般按时间和内容标准，如工程项目全宗内的档案常按工程的不同阶段分类，生产项目全宗内的档案常按产品型号分类，科研项目全宗内的档案常按专题分类。具体分类方法主要有以下两种：

（1）项目分类法。按工程项目分类，适用于基建档案。这种分类方法将一个单项工程的档案全部集中在一起，便于成套地提供利用。通过这种方法，可以清晰地了解每个工程项目的全貌，有助于项目的管理和维护。

（2）阶段分类法。按照项目的不同阶段划分和保存档案，包括前期准备阶段、设计阶段、施工阶段和竣工验收阶段等。这种分类方法有助于组织和管理档案信息，便于查阅和利用，并能提供项目各阶段工作的纵向记录和回顾。

2. 科研档案

科研档案主要记录科研活动的过程和成果，其分类方法主要有以下两种：

（1）课题分类法。按课题分类，适用于科研档案。这种分类方法以一个科研课题为基础，将与该课题相关的所有档案归类在一起。这有助于系统地收集和整理科研资料，便于后续的研究和利用。

（2）专业分类法。根据所反映的不同专业性质划分档案。这种分类方法适用于专业化、标准化或通用化较强的科研档案，有助于对档案进行精细化的管理和利用。

3. 设备档案

设备档案主要记录设备的购置、使用、维修和报废等全过程，其分类方法主要有以下三种：

（1）按设备类型分类。将不同种类的设备分别归类，如机械设备、电子设备、电气设备等。这种分类方法使得在查找和维护设备时更加便捷。

（2）按设备用途分类。根据设备的使用功能分类，如生产设备、测试设备、办公设备等。这种分类方法有助于管理不同用途的设备，确保设备的合理使用和保养。

（3）按设备等级分类。根据设备的重要程度和使用频率分类，如高等级设备和低等级设备。这种分类方法有助于重点管理和维护高等级设备，确保设备的稳定运行。

通过合理的分类和管理，可以实现对档案的高效利用和有效保护。同时，随着信息技术的不断发展，也可以考虑利用数字化存储和电子文档管理系统等先进技术来提高档案管理的效率和可靠性。

四、档案分类方案

（一）档案分类方案的概念、类型与体例结构

1. 档案分类方案的概念和作用

档案分类方案是规范和指导档案实体分类或档案信息分类的计划性文件。档案实体分类方案是用于规范和指导一个立档单位或若干同类型、同系统的立档单位的全部档案实体或某种专门档案实体分类活动的文件。档案信息分类方案是用于规范和指导一个立档单位或若干同类型、同系统的立档单位的全部档案信息或某种专业档案信息分类活动的文件。

档案分类方案是各个立档单位建立归档文件、档案实体分类体系，组织档案实体排架，构建档案信息分类检索系统的重要工具，也是开展科学的档案价值鉴定，为用户提供有效信息服务的必要条件之一。

2. 档案分类方案的类型

按照适用对象，档案分类方案可分为一个立档单位的档案分类方案，一种档案的分类方案，同类型立档单位的档案分类方案，同一行业、同一系统的档案分类方案，同一地区范围内的档案分类方案，同一历史时期的档案分类方案（如革命历史档案分类方案、民国档案分类方案等）

按照涉及的档案种类范围，档案分类方案可分为综合性档案分类方案、专门（专业）档案分类方案、特定类别档案分类方案等。

3. 档案分类方案的体例结构

一个相对完整的档案分类方案通常包括：①编制目的和使用说明；②分类原则或分类规则说明；③大类（基本类目）描述；④分类号的结构、编制方法和示例；⑤档案分类主表；⑥档案分类辅助表（复分表）；⑦类目注释和常见分类问题解决方案等。

（二）档案分类方案的编制原则和规则

1. 档案分类方案的编制原则

档案实体分类方案的编制原则要根据立档单位业务活动的规律和特点，以相关立档

单位的职能活动和档案的主要特征为主要划分依据，以保持文件之间的历史有机联系为目标，以便于档案实体的保管和利用为目的，尽最大可能使类目设置符合实际。

档案信息分类方案的编制原则要以国家机构、社会组织从事社会实践活动的职能分工为基础，结合档案记述和反映的事物属性关系，兼顾用户需求的主题类型。

两种档案分类方案中的类目体系应具有总体概括性、严整性、相对稳定性、实用性和伸缩性；分类号的设计应科学、简明，并与相关的类目保持密切的对应关系。

2. 档案分类方案的编制规则

档案分类方案的编制应该注意遵守如下逻辑规则：

（1）统一性规则。在编制分类方案时，一般一次分类（划分）只能采用一个分类标准。这一规则可以保证档案分类在同一类目中划分标准的一致性，避免类目因划分标准的不统一而产生相互交叉、交错等问题。在一次分类中，除了特殊情况外，一般不能同时并列采用两种或两种以上分类标准。

（2）互斥性规则。在编制分类方案时，同一级的类目之间在类目的概念外延上应相互排斥，不能相互交叉、包含，类的范围必须明确。遵守这一规则，可以保证分类方案在使用过程中不同属性的归档文件可以顺利归入相应的类别，即保持归类工作的前后一致性。

（3）可拓展性规则。在编制分类方案时，应充分考虑到立档单位业务活动发展的需要，在类目体系的设计和分类号的编制上留有可扩展的余地。档案是社会实践活动的产物，而社会实践活动是丰富多彩的。工作内容时而增加、时而减少，组织机构时而撤销、时而合并。因此，分类方案中的各类均应留有伸缩的余地，以便适应客观变化的需要增加或减少类别。

（4）简约化规则。在编制分类方案时，编制人员应注意控制好分类层级，并坚持"除非必要，勿增级"的要求。这一规则可以使立档单位的档案分类方案更加实用，方便管理和查找利用。

（三）档案分类的一般体例和编制方法

根据国家的有关规定，一个立档单位应编制统一的档案分类方案。一部档案分类方案的基本体例结构应包括编制目的说明、适用范围、责任规定、编制原则、基本大类设置说明、依据文件、档案分类主表（主分类表）、档案分类辅助表、术语表和附录（编号示例）等部分。

（1）编制目的说明。通常应从满足立档单位主要职能活动开展，统一立档单位范围内的档案实体分类号的编制，促进档案实体分类、编码、检索的标准化和规范化，推动文档管理的一体化，实现立档单位档案资源的有效利用等方面，说明编制本单位统一档案分类方案的目的。

（2）适用范围。主要是说明所编制的档案分类方案的使用对象（如机关、企业总部或立档单位的所有内部组织机构等）。

（3）责任规定。应明确修订（升级）工作的责任部门或责任人，执行部门（如公司档案部门）的检查、监督和指导责任，应用部门（如业务部门、信息中心）的责任等。为了保证档案分类方案的质量，及时发现问题和修改完善，各立档单位应鼓励实际使用部门和人员根据业务发展的需要,适时向档案部门提出对分类方案的完善、修改意见或建议,以保证档案分类方案的科学性和适用性。

(4)编制原则。编制原则是指导和规范档案分类思想和行为的基本准则。一般应执行如下编制原则:

第一,尊重档案的来源联系。来源联系具体体现为档案与各种事务活动(或事件)、任务、项目、职能及相关主体之间的有机关联性。档案实体分类只有有效地保持文件及各种记录之间的来源联系,才能使档案的利用价值得到更充分的体现。

第二,体现立档单位的职能活动。职能活动是一个立档单位各部门所管理的事项和承担的职责。在立档单位的存续与发展过程中,有的立档单位会因客观需要,必要地调整和变动内部机构,采用机构分类法难以保证档案实体分类体系的长期稳定性。职能活动是立档单位各部门档案所具有的一种相对稳定的基本特征。依据职能活动进行档案实体分类,将某一项或者某一方面职能活动产生的全部档案类聚在一起,既有利于反映立档单位职能活动的整体情况,也有利于保证各项职能活动档案的完整性,并可以使立档单位的档案实体分类体系保持长期稳定性。

第三,反映业务活动特点。在档案实体分类实践中,通过分析各个项目的工作过程,梳理伴随这些工作过程产生的文件、记录,不仅可以组建反映该项目(或事项)全过程的档案有机体,而且可以体现和保证一个立档单位项目档案的完整性。

第四,继承档案管理的合理方式。立档单位的各部门在既往的档案实体分类实践中,积累了一些合理的经验并形成相应的管理规范。充分利用这些智力劳动成果,不仅可以保持立档单位档案实体分类工作的连续性,而且有助于维护立档单位档案实体的历史联系,减少重复劳动,降低管理成本,提高档案管理效益。

第五,满足档案分类体系的可扩展性需要。档案实体分类既要充分满足目前立档单位已经形成档案分类的客观要求,又要预见立档单位未来职能活动发展的需要,为新类目的增设预留空间。为此,应通过在档案分类编码中增设对象特征码,以及在二级类目编码中采用双位法、八分法等方法,有效地满足立档单位档案实体分类体系的扩展需要。

第六,控制档案实体分类深度和层级。档案实体分类方案的类目设置,应在保持逻辑相对完备的基础上,充分考虑档案实体归类的可操作性和档案用户检索档案的便利性需要,立足档案管理数字化、信息化和网络化的发展趋势,优化档案分类编码的层级设置。档案实体分类编码应根据立档单位实际工作需要和职能状况,适当增加档案分类方案一级类目的数量,并通过增加"对象特征码"的方式,降低分类深度,减少分类层级。

(5)基本大类设置说明。档案实体分类方案应主要以职能活动为分类轴心,按照所确定的分类原则,通过对立档单位内各部门业务活动的分析和梳理,设置基本大类,并对所设立的基本大类的类目名称列举说明。

(6)依据文件。应列出编制分类方案所有的法律法规和标准规范依据。

(7)档案分类主表。分类主表一般应包括分类代码、类目名称和类目范围说明等内容。

(8)档案分类辅助表。档案分类方案中的分类辅助表是将主表中一些重复性较高的子类划分表抽取出来,单独编成若干个小分类表。在需要对主表中的某个类目细分时,只要将辅助表中的分类代码接续在主表的分类号后面即可。常见的档案实体分类方案中的辅助表包括档案存储介质代码表、组织机构代码表、工程专业代码表、档案所属门类代码表等。

（9）术语表。为了方便档案分类方案的使用者（部门）正确理解分类方案中所使用的专业术语的含义，防止因误解而产生问题，大型机关或企业单位应在分类方案中设置档案分类术语表。

（10）附录。

第四节 立卷与组件

一、立卷

一个全宗的文件经过分类之后，只是将同一类别的档案集中在一起，各个类内都还有相当数量的文件，还要进一步整理，使之系统化、个别化。

机关档案整理应当遵循文件材料的形成规律，保持文件材料之间的有机联系，区分不同价值，便于保管和利用，逐步推进卷件融合管理。文书档案、照片档案、录音档案、录像档案、实物档案一般以件（张）等为单位整理。科技档案、人事档案、会计档案一般以卷为单位整理。其他门类档案根据需要以卷或件为单位整理。整理方法分别按照相应要求执行。

（一）立卷的概念与要求

案卷是一组具有有机联系、价值相同、密级相同的文件的最小集合体。立卷指系统整理文件、组成案卷并排序的过程，实质上是有序化组织零散、无序的文件的工作。案卷是组成全宗的基本单位，从档案整理的逻辑顺序看，立卷是文件系统化工作的最后一步。在实际工作中，立卷是文件系统化的开始。立卷工作的好坏、案卷质量如何，是衡量档案整理工作水平的重要标志。

如果单份档案不宜作为独立的保管单位，且文件之间常有密切的联系，若将有联系的文件随意分开，将会失去其原有价值。在整理档案时，应当将若干互有联系的文件组合成一个有机整体，称为案卷。将文件编立成案卷的过程称为立卷或组卷。立卷工作内容包括收集文件，组卷，卷内文件排列、编号，填写卷内文件目录、备考表，编制案卷目录，等等。立卷是文件管理人员的一项重要任务。

立卷的要求主要表现在两方面：首先，要方便保管和利用。这构成立卷的基本要求。将文件整理成案卷，目的是固化文件之间的联系，反映历史的真实面貌，保护文件的完整与安全，便于保管和查找利用，从而为档案工作的开展创造条件。其次，符合质量要求。案卷内文件必须具有不可分割的有机联系，且案卷内文件的数量要适度。案卷内文件的保存价值和密级应基本一致。案卷外形力求规范、整齐、美观、实用。按照各种文件不同的形成规律，分别采用科学合理的立卷方法，及时组织案卷。

（二）立卷的方法

1. 按照一定的方法，确定或选取案卷单元

确定案卷的内容范围。选取案卷单元的方法和标准，就是立卷方法。

2. 排列卷内文件

（1）文字材料的排列。文字材料的排列有两种方法：①按照主从关系排列。内外文件一起组卷，上级机关文件在前，本单位和下属单位文件在后；正本和原稿，正本在前，原稿在后；正文和附件，正文在前，附件在后。②按照因果关系排列。来文和复文，复文在前，来文在后；成果性、结论性文件在前，原始性、过程性文件在后。

（2）图样的排列。已编制图样目录的，按目录顺序排列；没有编制图样目录的，如机械产品和设备图样，按结构隶属关系排列；基建工程图纸，按总体和局部关系结合专业排列；地形测量图纸，按比例尺或地区排列。

（3）图文混排。文字在前，图样在后。若文字是对图样做补充说明的，则排在图后。

（4）会计文件案卷。保持原来卷册内顺序。

（5）人事文件案卷。经鉴别、分类（履历、鉴定考察考核、学历和职称评聘、政审、奖励、处分等十类）后，再按形成时间或问题结合重要程度排列。

3. 编制卷内目录，组成案卷

卷内目录是案卷内登录文件题名和其他特征并固定文件排列次序的表格。编制卷内目录有以下几个步骤：

（1）准备工作。排列卷内文件，补充编卷内文件的页号。

（2）填写卷内文件目录。卷内文件目录相当于卷内文件明细表，置于卷首。项目有文件排列序号、题名（全称题目）、编号（文号或图号）、责任者（直接编制部门或人员）、编制日期、所在页号和备注等。

（3）填写备考表。备考表说明卷内文件基本情况和变化情况。置于卷内文件尾页之后，包括案卷情况说明、立卷人、检查人、立卷时间等。

（4）填写案卷封面和脊背标签，最终组成案卷。案卷封面的信息包括全宗名称、类目名称、案卷题名、编制单位（责任者）、编制日期、保管期限、密级、档号（由分类号和案卷排列顺序号组成）。脊背标签包括案卷题名与档号。

（5）装订。去掉文件金属物，纸张折叠整齐，大小一致，不便装订的文件直接放入卷夹或卷盒。

（6）装盒。放入牛皮纸双裱压制（黄板纸制作，外裱牛皮纸）的卷盒或卷夹。

二、案卷排列与编目

（一）案卷排列

案卷排列指固定全宗内各案卷的排放顺序，若划分全宗内档案类别，实际上就是排列同一类别内的案卷。案卷排列一般遵照案卷形成的时间顺序和各案卷内容上的相互联系，即内容联系密切的案卷排在一起，形成时间早的案卷排在前面，形成时间晚的案卷依时间先后往后排。案卷的排放顺序一经确定，就应对各案卷编号，固定排列顺序。

（二）案卷编号

案卷编号是给每个案卷编定一个固定的号码（编案卷号）。案卷编号方法只能采用自然整数，严格按案卷排列顺序依次编号。号序系统有两种：一种是按全宗内所分类别、年度或不同保管期限分别编立从1号卷开始的号序（分编）；另一种是无论其分类与否，一个全宗的全部案卷只编立一个从1号卷开始的统一号序（统编）。分编和统编各有特点和适用情况。分编可使号序反映分类状况或保管期限状况，且便于随时接续新归档或补充归档的案卷，因此在档案室管理阶段较多采用分编；不足之处是一个全宗内的同号卷（虽在不同的类或保管期限的有关目录中）过多，管理中容易发生错乱。统编的优点是号序单一，不易出现管理上的错乱；不足之处是号码较长，难以按类或保管期限不断接续新归档或补充归档的案卷。所以，统编多应用于档案馆中的全宗或立档单位已经撤销的终结性全宗。

案卷编号是一种虽简单但十分重要的规范化手段。所编定的案卷号是档案的实体秩序号之一，在日常管理及日后的检索和提供利用工作中具有重要作用，因此必须严格有序，力求反映档案的实体秩序状况和档案数量。这也正是案卷号一般只能严格采用自然整数（阿拉伯数字）序列编号，而不采用代字或专指性抽象代码（如A、B、C或A1、B2、C3等）的原因所在。

（三）卷内目录和备考录

卷内目录通常排列在卷内文件之前。

1. 填写卷内目录以前的一些准备工作

首先是卷内文件排列，使文件在卷内有固定的位置，有条不紊，便于人们查找利用，偶有遗失也能随时发现。这项工作一定要在案卷的组合正式确定下来以后再进行，以避免返工和无效劳动。卷内文件排列的方案很多，一般采用以下几种方法：按时间排列（根据成文日期排列），按卷内文件的重要程度排列，按作者排列，按问题排列，按地区排列，按文件名称排列。

其次是编卷内文件的页号。卷内文件排列固定位置以后，就要把文件编上号（有字的页，有一页编一页）。编号的作用是固定文件排列顺序，便于查阅卷内文件和统计数量，遇有遗失和损毁也能够及时发现，同时也为电子检索做准备工作。编页号是一项十分细致的工作，虽然简单具体，切不可粗心大意，因为文件页号遗漏或编错一页，往往会使编目工作重新返工，造成人力、物力的极大浪费。为了保护文件和易于改动，在初次编页号时最好用铅笔，过一段时间无大的变化时，即可用钢笔或打号机打号固定。

现在有的单位把编写卷内文件的页号，改为编写卷内文件的件号（一份文件一个号），这样做比较简单，一个案卷有几份文件就编几个号，可以节省不少时间。但是它和编页号的作用已不相同（注意：每份文件都有各自的编号，否则文件遗失几页也无从查起），因此，编件号应当根据具体情况，慎重采用。不装订的案卷，要逐件编件号，并按份装订。编号位置在每件首页的右上角。

2. 填写卷内文件目录

上述准备工作就绪后即可填写卷内文件目录。凡是需要永久或长期保存的案卷都应该填写卷内文件目录。它的作用是向利用者介绍卷内文件的情况，便于查找卷内文件，也能起到保护卷内文件的作用。

短期保存的案卷和卷内文件份数很少或者案卷标题能清楚反映卷内文件情况的案卷，可以不填写卷内文件目录。

卷内文件目录，包括顺序号、文件标题、时间、份数、页数、备注。

卷内文件目录填写方法：一般情况下，按照文件的排列顺序逐件登入卷内目录。如果某些案卷内的文件问题、名称相同，可以不按卷内目录的项目逐一填写，而是采取较为易行的省略方法。例如，中共××省各市、地委关于农业生产责任制情况的报告，可以采取省略登记的方法（表4.2）。

表4.2 卷内目录登记表

顺序号	文件标题	时间	份数	页数	备注
1	××地委关于农业生产责任制情况报告	1990.11	1	1～11	
2	××市委关于农业生产责任制情况报告	1990.11	2	12～31	
3	××县委关于农业生产责任制情况报告	1990.11	3	32～46	

还有某些涉及具体人的案卷，往往内容相同，只是人名不同，在案卷标题已经标明卷内文件内容的情况下，卷内目录可以只登录人名及页号，不必一一登录内容（表4.3）。

表4.3 卷内人物登记表

第 页			卷内目录			第 卷
序号	姓名	页数	序号	姓名	页数	

卷内目录中文件标题不能随意更改或简化。没有作者、年、月、日的文件，应考证清楚，会议记录应写明某次会议和时间。卷内目录填好以后，放在卷内文件的前面，连同卷皮与卷内文件一起装订。

在卷内还要填写备考表。它是案卷内文件状况的记录，通常排在卷内文件之后。立卷人员应将需要说明的情况写在备考表上。填写卷内文件的页数（大写）以及是否有损坏情况，后面由填写人签字，注明日期。如以后页数有变化，或者卷内文件有新的损坏情况，都要加以记载（例如，什么原因使卷内文件减少或增加若干页）。备考表排在卷内最后一张，也可印在卷皮底封的里面。

(四)案卷目录

案卷目录是登录案卷题名和其他特征并固定案卷排列次序的表册,具有比较重要的作用。通过案卷目录的形式,固定全宗内档案的分类体系和案卷的排列顺序。它标志着档案整理工作的基本完成。它介绍全宗内档案的内容,是查找利用档案最基本的,也是必备的检索工具,更是编制其他检索工具的重要依据;它也是登记与统计档案的工具之一,是检查档案安全保管状况的重要手段。

1. 编制案卷目录的准备工作

(1)系统排列分类立卷后的案卷。根据分类方案,确定不同类、属类案卷的存放位置与前后顺序。如果是按年度分类,应该将每一年的案卷按时间顺序排列;如果是按机构排列,可以按照习惯顺序(或按组织机构编制表)排列;如果是按问题分类,就应该按照问题的重要程度排列。

(2)编写案卷号。案卷在系统排列以后,每个案卷的前后次序和排放位置已经固定,为了管理和提供利用上的方便,要把这种已经固定位置的案卷编上顺序号,这就是案卷号。

2. 编制案卷目录

在上述几项工作完成以后,就可以编制案卷目录。编制案卷目录在立档单位内完成。有条件的现行机关、企业事业单位由文书处理部门负责编制,然后连同案卷向档案室移交。较小的基层单位由办公室文书、档案人员负责编制。

案卷目录主要包括封面、说明、目次、简称与全称对照表、案卷目录表和备考表。其中案卷目录封面、说明、案卷目录表是主体部分。

(1)封面。案卷目录的封面主要包括全宗号、案卷目录号、目录名称(就是类别或年度的名称)、编制单位(相当于立档单位)和形成案卷目录的时间。如果档案已分印成若干套,还应注明"第×套";如果分开保管期限编制的案卷目录,还应在封面上注明"保管期限"一项(图4.1)。

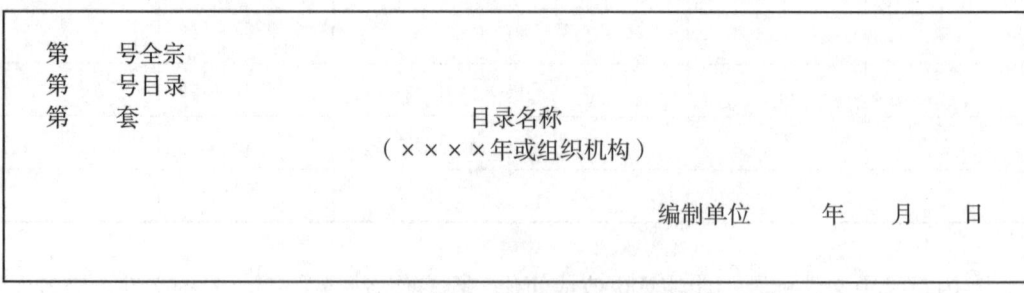

图4.1 案卷目录封面

(2)说明(又称案卷目录序言)。在案卷目录的开始,应该对案卷数量、分类和立卷的原则、档案整理的情况、存在问题做简要说明。有的案卷目录说明还扼要地介绍档案产生的历史背景、机构变迁以及档案管理方法的改进情况等。这对于档案管理人员尽快熟悉档案,了解历史背景,进一步提高案卷质量是十分重要的。说明中介绍档案的特点、案卷内容和档案的存放情况,为档案利用提供方便条件。

(3)目次。根据全宗内容的分类排列情况,分别写明各个类、项、目的名称及其所在页码。它是案卷目录的目录（索引），对案卷数量多的大全宗是十分必要的。

（4）简称与全称对照表。对于案卷数量较多的大全宗，还应列出简称与全称对照表。如果案卷标题或内容中的作者、机关、地区等全称过长，需要简化，要按照统一的规定，列出对照表供利用者查用、核对。

（5）案卷目录表。这是案卷目录的主体部分，应该认真逐项填好。其项目、格式和填写方法如表4.4所示。

表4.4 案卷目录表

卷号	案卷标题	时间	份数	页数	保管期限	备注
1	中共××市委统战部关于××问题的指示	1996.3	4	121（1～121）	永久	
2	××市工商联关于××问题的报告	1996.10	3	210（122～332）	永久	
3	××市工商联××同业工会关于××问题的报告	1996.10.12	8	175	永久	

（6）备考表。附于目录最后，用于总结性地记录案卷目录及其所包括案卷的基本情况。

案卷目录上述组成部分填写完毕，应该加上封皮和封底，最好用硬质和质量较好的纸张、布或塑料作为封皮，并装订成册。

案卷目录至少要有一式三份，一份存档，一份备用，一份随档案移交。

三、组件

（一）组件的概念与要求

在档案整理工作的发展上，《归档文件整理规则》的颁布标志着我国立卷改革取得实质性的突破，后续的发展与修订也体现出归档整理工作随着时代的发展不断进步。

档案整理工作的发展趋势是简化整理环节，深化信息组织与提高利用效率。早在20世纪80年代，我国就主要围绕着简化立卷方法和提高案卷质量两个方面开始立卷改革，尝试各种方法提高立卷效率。从90年代开始，"取消立卷"的改革意见占据主流，改革的实质是将文件的基本保管单位由一组文件简化为单组文件。2000年，档案工作行业标准《归档文件整理规则》（DA/T 22—2000）（以下简称为《旧规则》）的颁布标志着我国立卷改革取得实质性的突破，《旧规则》中明确规定文书档案整理工作改卷为件的做法，对档案整理工作产生了重要的影响。经过多年实践后，《旧规则》的一些问题逐渐凸显：未规定档号的编制要求导致档号编制不统一，影响档案的规范化管理；归档章和归档文件目录的设置不合理，影响档案的科学化管理；未规定电子文件的整理规范，影响档案的信息化管理；未明确装订要求和方式，影响档案的标准化管理；等等。①2015年，国家档案局发布中华人民共和国档案（推荐性）行业标准即《归档文件整理规则》（DA/T 22—2015，代替DA/T 22—2000）（以下简称《规则》）。《规则》仍然认为"归档文件一般以每份文件为一件"，然后列举出特殊情况。

组件意味着以一份文件作为一个独立的实体，进行鉴定、归档、利用等工作。文书实体归档时，应逐件进行鉴定，按其形成时间排序，加盖档号章，再将文件目录、文号等主要特征输入计算机，供计算机排序、检索。为确保管理方便，便于存取、搬运，实现档案检索定位功能，不对文件进行零散管理，仍按顺序装入档案盒内，以档案盒为基本保管单元。在以档案盒为包装工具后，案卷目录随案卷一同消失，档号即可简化为全案号—盒号—件号。

需要强调的是，不管立卷与否，是组成案卷或是以件为单位进行整理，都要保持文件之间的历史联系。组成案卷或是以件为单位进行整理，在本质上是一致的，前提是都遵循来源原则。②

一般来说，立卷或者组件都要围绕特定的形成过程，反映特定的活动或者具体到事务过程，即所谓的问题，从而形成案卷或件。所以说，不管是组成案卷或是以件为单位整理，在本质上是"一事一卷（件）"。之所以进行文书立卷改革，根本原因在于原来的立卷并非"一事一卷"。

改卷为件的做法有利于避免立卷带来的烦琐工作，减少档案整理的劳动强度，提高整理工作的效率和质量，也方便档案的利用。但是，根据《规则》规定的内容及在实践中的应用，以件为单位整理文件具有一定的适用范围：①必须是办理完毕的文件，尚未办理完毕的文件不属此列。②《规则》适用于各级机关、团体、企业事业单位和其他社会组织对应作为文书档案保存的归档文件的整理，不包括文书文件以外的科技文件、财会文件、司法文件等其他门类文件的整理。其他门类档案可以参照执行。企业单位有其他特殊规定的，从其规定。此外，《规则》虽然是针对文书文件的整理改革，但并不适用于所有的文书文件，如成套性或专业性非常明显的会议文件及其他业务文件等。③主要针对纸质文件和电子文件材料的整理。

（二）组件的方法

传统的立卷方法是结合使用六个特征组合文件，组成案卷。组件意味着不以案卷作为基本保管单位，而是以件作为基本单位。具体做法是：

（1）分类。先分年度，再按党群、人事、行政管理、业务、后勤、基建、会计、设备等九大不同的职能分类。

（2）确定保管期限。将每份文件按其保存价值划分出永久、长期、短期三种保管期限。

（3）装订。将永久、长期件除去金属物，每份文件用不锈钢夹子或回形针固定，短

---

① 杨婵. 高校档案工作与《归档文件整理规则》（2015版）的接轨[J]. 兰台世界，2017（23）：61-63.
② 黄世喆，归吉官. 论我国档案整理工作的基本原则：档案工作系列论文之三[J]. 档案管理，2014（4）：3.

期件则不予拆钉处理。

（4）排序。把每年的文件以保管期限—职能—时间结合事由、重要程度的顺序分别排列，具体到每一份文件，则是：正本在前，定稿在后；正件在前，附件在后；转发文在前，被转发文在后；复文在前，来文在后。

（5）编制件号。依照分类方案及排列顺序逐件编号，不再编写页码。

（6）加盖归档章。在文件首页右上端加盖归档章，并填写全宗号、年度、保管期限、件号等相关项目。

（7）装盒。将文件按件号顺序装入档案盒，并在盒的封面填写立档单位名称，脊背填写全宗号、保管期限、年度、起止件号。

（8）编目。不再编制案卷目录，而通过计算机输出归档文件目录，其主要项目有文件顺序号、责任者、文号、题名、日期、备注等。实际工作中，形成两种立卷形式：一种是集中立卷，即每个立档单位可以在第二年上半年对前一年度的文件集中整理；一种是平时立卷，即可以在文件办理完毕后随时输入计算机归档立卷。

（三）组件的优势

废弃立卷，以件当家，主要目的是克服传统立卷方法带来的弊端。组件的优势主要表现在以下方面。

1. 减轻劳动强度，提高工作效率

按件整理归档后，公文办理完毕随即装订，盖上档号章，按永久、长期、短期保管分别放入相应档案盒内完成归档。这样的做法不仅易于掌握，还提高整理归档的效率。另外，过去的集中立卷也改变为现在的平时整理，将工作量分散，不会形成积存文件，也大大减轻档案业务指导人员的工作量。

2. 有利于保持文件原貌与文件补充归档

传统的文书立卷时，为了案卷装订整齐美观，接边、切边等操作常有发生。这样的操作会破坏文件的原貌，甚至可能截取掉重要信息。在按"件"整理后，只需把少数宽幅文件如报表、图纸等折叠成统一尺寸即可完成归档，无需破坏档案本体。另外，文件插入非常方便，只需增补档案目录。

3. 利用方便，查准率高，利于保密

过去查找文件先要按问题调卷，再根据卷内目录查找文件。如果组卷不合理、案卷题名不能准确揭示卷内容，查找起来就比较困难。按"件"管理后，查阅文件既准确又方便，复印或缩微档案时也不用拆卷。在档案提供利用时，档案利用者只能接触单份档案，无法接触其他无关文件，利于保密工作的开展。

4. 有利于提高档案工作质量

档案工作的根本目的在于利用，但是传统的文书立卷工作占用了档案人员的大部分工作时间，导致档案编研工作难以开展，档案利用工作也较被动。改革归档方法后，档案人员可以从烦琐的整理工作中解脱出来，把时间和精力放到档案编研和开发利用工作上，真正实现在"精加工"基础上"细管理、精检索"。

第五节 档 号

一、档号的概念和构成

档号是档案馆（室）在整理和管理档案过程中，以字符形式赋予档案的一组唯一代码，用于反映、固定和识别档案排列顺序。档号是存取档案的标记，并具有统计监督的作用。《档号编制规则》（DA/T 13—2022）中对档号的结构、编制原则和编制方法做了比较详细的规定。

（1）全宗号。档案所属全宗的代码。
（2）类别号。按照分类方案赋予全宗内各层级档案类别的代码。
（3）档案门类代码。档案所属门类的代码。
（4）项目号。产品、工程、课题、设备等不同类别项目档案的代码。
（5）目录号。全宗内案卷所属目录的代码。
（6）案卷号。案卷排列的顺序代码。
（7）件号。归档的文件排列的顺序代码。
（8）页号。案卷内文件每页排列的顺序代码。

二、档号的功能

首先，档号可以固定档案分类排列的顺序，反映档案的整理体系和实体位置，如实地、具体地显示档案间的联系和区别。其次，档号使馆藏档案达到系统化、个别化，便于档案的检索利用。档号提供档案的出处及排放位置，利用者可以通过档号迅速查找到自己所需要的档案。再者，便于档案的保管和统计。档号是典藏档案的工具，为档案的库房管理提供方便，它是档案登记、清点、排列等工作不可缺少的工具。最后，档号将档案实体结构体系用代码方式表现出来，有利于计算机自动处理档案信息，便于档案的现代化管理。

三、档号的编制原则

（1）唯一性原则。档案馆（室）内档号应指代单一。不同编号对象应赋予不同代码，一个代码只表示一个编号对象。
（2）一致性原则。档号结构应与馆（室）藏档案的整理分类体系保持一致。
（3）稳定性原则。档号一经确定，不应随意改变。
（4）扩充性原则。档号应预留递增容量，以便适应馆（室）藏档案扩充的需要。
（5）简单性原则。档号力求简短明了、减少代码差错，以提高处理效率。
（6）适用性原则。档号的编制宜适应不同的技术环境。

四、档号的结构

（一）按卷整理档案的档号结构

根据《档案编制规则》的规定，按卷整理的档号结构应为全宗号-类别号-案卷号/组号/册号-件号/页号。在按卷整理的档号结构中，类别号的构成元素包括一级类别号（档案门类代码）、二级及三级类别号、目录号、项目号、年度、保管期限代码。其结构按相关规定或根据实际需要确定。

例1　档案门类代码·二级类别号·年度·保管期限代码

例2　档案门类代码·项目号

例3　档案门类代码·二级类别号·三级类别号·年度

（二）按件整理档案的档号结构

根据《档案编制规则》的规定，按件整理的档号结构应为全宗号-类别-件号。在按件整理的档号结构中，类别号的构成元素包括一级类别号（档案门类代码）、二级及三级类别号、年度、保管期限代码、机构/问题代码。其结构按相关规定或根据实际需要确定。

例1　档案门类代码·二级类别号·年度·保管期限代码·机构/问题代码

例2　档案门类代码·年度·保管期限代码·机构/问题代码

例3　档案门类代码·保管期限代码·年度

需要注意的是，不论是在"全宗号-类别号-案卷号/组号/册号-件号/页号"还是在"全宗号-类别号-件号"结构中，左边为上位代码，右边为下位代码，连写时上、下位代码之间用连接号"-"（短横线）相隔。在具体分类的档号结构中各元素均属类别号，为同级代码，同级代码之间用间隔号"·"间隔。连接号和间隔号各占半个字位置，上下居中。

在档号的编制时，全宗号、一级类别号（档案门类代码）、年度、保管期限代码、件号为必选项，不应省略；二级或三级类别号、机构/问题代码为可选项，可根据实际需要选择使用。

五、档号的编制方法

（一）全宗号的编制

一般采用4位代码标识全宗号。其中第1位用大写汉语拼音字母标识全宗属性，后3位用阿拉伯数字标识顺序号。

全宗号的格式是：

　　　×　　　　　×××
　全宗属类代码　全宗顺序号

在同一个档案馆（室）内，全宗属性代码不应重复，且在同一个全宗属性内按排列次序流水编制全宗顺序号，不应有重号。

例1　某省档案馆藏新民主主义革命历史档案第13号全宗，标识为"X013"。

例2　某市档案馆藏旧政权档案第4号全宗，标识为"J004"。

例3　某省档案馆藏第123号全宗，表示为"R123"。
例4　某省档案馆藏已撤销的某地行署003号全宗，标识为"D003"。

（二）档案门类代码的编制方法

一般采用2位大写汉语拼音字母标识档案门类代码，在同一个档案馆（室）内或同一个全宗内，不应有重复的档案门类代码。

例　机关档案门类代码标识为：文书"WS"，科技"KJ"，人事"RS"，会计"KU"，专业"ZY"，录音"LY"，录像"LX"，业务数据"SJ"，公务电子邮件"YJ"，网页信息"WY"，社交媒体"MT"，实物档案"SW"。

（三）二级及三级类别号的编制方法

二级及三级类别号的设置应该简洁、科学，根据实际情况也可拓展到四级。二级及三级类别号采用大写汉语拼音字母、阿拉伯数字或二者的组合编制，不应有重号。

例　行政许可档案中登记注册档案中的注册类档案，表示为"XK·ZC·01"。

（四）项目号的编制方法

采用项目、课题、设备仪器等的代号或型号标识项目号。

（五）年度的编制方法

采用4位阿拉伯数字标识文件（档案）的形成年度。

（六）保管期限代码的编制方法

采用大写汉语拼音字母或大写汉语拼音字母与阿拉伯数字的组合标识保管期限。以代码"Y"标识永久，以代码"D"+年限标识定期。

例　保管期限为定期30年的标识为"D30"。

（七）机构/问题代码的编制方法

采用大写汉语拼音字母、阿拉伯数字或汉字标识机构/问题。

例1　采用汉字"办公室"标识办公室。
例2　采用代码"003"标识党务类。

（八）案卷号/组号/册号的编制方法

采用阿拉伯数字标识案卷号/组号/册号。档案馆（室）应按照实际数量确定案卷号/组号/册号的位数。应在案卷号/组号/册号前最低一级档号构成元素下按照排列次序流水编制案卷号/组号/册号，不应有重号。

（九）件号的编制方法

采用阿拉伯数字标识件号。档案馆（室）应按照实际数量确定件号的位数。应在件号前最低一级档号构成元素下按照排列次序流水编制件号，不应有重号。

（十）页号的编制方法

采用阿拉伯数字标识页号，档案馆（室）应按照实际数量确定页号的位数。应从卷内首页档案开始按照排列次序流水号编制页号，不应有重号。空白页不编制页号。

（十一）档号编制示例

1. 按卷整理的档号编制示例

例1　J019-ZY·JC·CC·2019·D30-001-001

说明：J019为全宗号，ZY为档案门类代码（专业档案），JC为二级类别号（税务稽查），CC为三级类别号（查处类），2019为年度，D30为保管期限代码，001为案卷号，001为件号。

例2　J019-KU·01·2017-001-001

说明：J019为全宗号，KU为档案门类代码（会计档案），01为二级类别号（会计凭证），2017为年度，001为案卷号，001为件号。

例3　A002-RS-001-002

说明：A002为全宗号，RS为档案门类代码（人事档案），001为案卷号，002为件号。

例4　X032-KJ·KY·01-003

说明：X032为全宗号，KJ为档案门类代码（科技档案），KY为二级类别号（科研档案），01为项目号，003为案卷号。

例5　X032-KJ·JJ·02-005-054

说明：X032为全宗号，KJ为档案门类代码（科技档案），JJ为二级类别号（基建档案），02为项目号，005为案卷号，054为页号。

例6　K021-ZP·2019·D30-025-005

说明：K021为全宗号，ZP为档案门类代码（照片档案），2019为年度，D30为保管期限代码，025为组号，005为件号。

例7　C038-001-002-003

说明：C038为全宗号，001为目录号，002为案卷号，003为件号。

2. 按件整理的档号编制示例

例1　A439-WS·2015·D30·003-005

说明：A439为全宗号，WS为档案门类代码（文书档案），2015为年度，D30为保管期限代码，003为问题代码（党务），005为件号。

例2　Z109-WS·2011·Y·办公室-0001

说明：Z109为全宗号，WS为档案门类代码（文书档案），2011为年度，Y为保管期限代码，办公室为机构代码，0001为件号。

例3　Z008-WS·2019·Y-037

说明：Z008为全宗号，WS为档案门类代码（文书档案），2019为年度，Y为保管期限代码，037为件号。

例4　J019-LY·2019·Y-001

说明：J019为全宗号，LY为档案门类代码（录音档案），2019为年度，Y为保管期限代码，001为件号。

例5　C015-WY·TZGG·2019·D10-00001

说明：C015为全宗号，WY为档案门类代码（网页信息档案），TZGG为二级类别号（通知公告），2019为年度，D10为保管期限代码，00001为件号。

例6　B168-SW·2015·Y-001

说明：B168为全宗号，SW为档案门类代码（实物档案），2015为年度，Y为保管期限代码，001为件号。

思考题：
1. 请简要阐述档案整理的概念、作用与原则。
2. 请根据章节内容谈谈你对全宗这个概念的理解，以及全宗在档案整理工作中发挥了怎样的作用。
3. 请写出三种档案常用的分类方法，并阐述所列分类方法的内容以及适用范围。
4. 请简要谈谈为什么要进行立卷改革，立卷改革后对档案整理工作的开展有什么价值。
5. 根据第五节的内容自行编制按卷整理与按件整理的档号各一个，并解释说明编制的档号。

第五章

档案保管与保护

档案保管与保护是确保档案资料完整性与安全性的关键工作，为维护历史真实性和文化遗产传承提供坚实基础。本章阐述档案保管与保护的基本内容、常见要求、具体任务和制度建设，介绍档案安全管理和档案应急管理的相关内容。第一节讲解档案保管与保护的内涵、重要性、影响因素和基本原则，第二节说明档案保管制度和档案库房管理的相关内容，第三节介绍档案保护的库房条件、常见要求和档案实体修复技术，第四节讨论档案安全管理的基本内容、制度建设和档案信息系统的安全管理，第五节介绍档案应急管理的主要内容。

第一节　档案保管与保护概述

一、档案保管与保护的基本内容

（一）档案保管与保护的概念

档案的保管与保护是在了解和掌握档案损坏规律的基础上，以一定的物质条件为保障，以日常性工作和专门的技术措施为手段，管理和保护档案，以维护档案完整与安全的档案管理业务工作。《档案工作基本术语》（DA/T 1—2000）将保管定义为"维护档案完整与安全的活动"，将保护定义为"防止档案受损，延缓档案退变和抢救、修复受损档案的活动"。

档案保管可划分为日常性保管和条件性保管，档案保护可划分为预防性保护和抢救性保护。日常性保管主要指库房内的清洁、温湿度监测、库房安全保卫及档案的入柜、上架等；条件性保管主要指配套设施的使用，如库房的规划建设与使用、档案装具的挑选、设备的购置和维护等。预防性保护主要是围绕"十防"，即档案的防火、防水、防潮、防霉、防虫、防光、防尘、防有害气体、防盗、防鼠等采取的维护措施；抢救性保护主要指对濒危或严重破损或载体变质的档案进行的修补、复制等。

（二）影响档案保管与保护的因素

为实施科学的档案保管与保护工作，需要了解影响档案完整与安全的主要因素，从中找出变化规律，并提出针对性管理要求和应对措施。影响档案完整与安全的因素主要包括外部因素和内部因素。

外部因素又可分为人为因素和自然因素。①人为因素，表现在：一是由于政治斗争及其他各种原因，某些档案文件被有计划、有意识地损毁；二是因档案工作人员、接触档案的相关人员工作麻痹大意、玩忽职守或不遵守规章制度，以及缺乏档案管理工作知识等导致管理和使用不善，造成档案丢失、损毁、泄露；三是档案流动和利用过程中难以避免的档案老化和磨损等。②自然因素，表现在：一是档案所处环境和保管档案的条件，如不适宜的档案保管场所、不适宜的温湿度、光线、灰尘、微生物、虫、鼠等；二是不可抗拒的突发自然事件，如洪水、地震等对档案的损毁。

内部因素主要指档案自身，即档案制成材料的性能和耐久性。不同种类的材料耐久性不同，原料质量、材料成分、理化性质、生产工艺等都会影响材料的耐久性，这些材料的寿命直接影响档案的寿命。

（三）档案保管与保护原则

档案保管与保护原则是保护档案完整与安全最基本的思想和行为保证，具体包括以下方面：

（1）以防为主，防治结合。预防和治理是档案保管与保护中最直接的两项要求，预防又是其中的主导方面。由于档案的损毁是一个渐变的过程，做好档案保管与保护工作就要树立预防为主的观念，加强和改进防范性、维护性的措施，避免和减少各种不利因素对档案造成的危害，从而降低保管与保护工作的总体成本，确保工作的有效性。治理是恢复档案原貌、延长档案寿命的重要手段，多针对已受到损害的档案，是一种弥补性举措。

（2）聚焦重点，兼顾一般。在档案保管与保护中，可观的档案数量和有限的人力、物力、财力形成了矛盾，要实现资源的合理配置和有效利用，需要根据档案保管期限的长短及发挥作用的重要程度，对重点的档案采取特别的措施加以管控，并在资源和条件保障方面优先考虑。对一般的非重点档案的保管与保护则应做到兼顾，保证其在需要保存的时间范围内可以供人们正常使用。

（3）制度保证，违规必究。如果没有科学合理的档案保管与保护制度保证，任何先进的技术措施和手段都会失去其应发挥的作用。所以档案部门必须加强档案保管与保护的相关制度建设，对重点保护的档案还应做出更为严整的制度安排，并在实际工作中，尤其是在日常的管理活动中，切实加以落实。档案保管与保护的制度设计应当责任主体明确、责任内容清晰且目标合理、奖惩措施到位。对于在档案保管与保护方面出现的问题、事故、安全事件等，应予以及时解决；对在档案保管与保护中能够及时发现隐患、发现潜在风险和问题的工作人员，以及在档案保管与保护模式创新、档案保护技术发明、档案保管业绩方面表现突出的机构和个人等，应给予物质和精神方面的奖励、表彰；对违反工作制度和工作纪律的人员，要给予批评教育，造成损失的要依法依规及时处理。

二、档案保管与保护的任务和条件

（一）档案保管与保护的任务

档案保管与保护的工作任务有二：①维护档案管理秩序，使档案在存放和使用中始终安全、有序，即维护秩序；②保护档案实体的理化状态，使其在存放和使用中不受或少受人为或自然因素的损害，并通过修复等手段尽可能延长档案的寿命，即保护实体。

档案保管的基本任务是维护档案的管理秩序，使档案在存放和使用中始终安全、有序，主要包括三方面内容：①保证基本的保管条件。提供符合要求的库房、柜架和温湿度监测调控、消防、安防设备，并检查和维护设备，保证基本的保管条件。②建立和维护档案的存放秩序。将收集的和利用完成后的档案按照一定的次序排列、存放，使之在库房内、柜架上保持一定的秩序。③维护档案的完整与安全。维护档案的完整就是要求档案不分散不残缺，保证档案的齐全。维护档案的安全一方面要保证档案实体的安全，确保档案载体的稳定性及实体不丢失；另一方面要保证档案信息的安全，确保档案信息的真实、完整、可用与安全，保证档案信息内容不泄露。

档案保护是防止档案受损、延缓档案退变和抢救、修复受损档案的活动，基本内容是维护档案实体的理化状态，使档案不受或少受人为或自然因素损害，并尽量延长档案寿命，主要包括四方面内容：①档案制成材料控制。根据档案的载体（制成材料）成分选择适当的档案载体，并研究档案被损坏的原因及其规律性，进而有针对性地采取有效的防御措施。②防治档案损害。改善档案保护条件，尽可能使档案在存放和利用过程中不受或少受人为因素和自然因素的损害，最大限度地延长档案的寿命。具体包括库房温湿度控制、档案日常防护。③档案修复与复制。修复破损的档案，即处理已经破损或存在不利于最大限度保存因素的档案，尽量恢复其历史真实面貌。档案存在损坏风险，又具有唯一性，为了预防发生不可修复风险，要复制留存档案。④档案应急情况处置。制定应急预案，预防并处置重大自然灾害和突发性事故造成档案损害，最大限度保护档案安全。

（二）档案保管与保护的条件

档案保管与保护的条件主要是指实现档案安全妥善保管与保护的必备保障，包括人、财、物等方面的基本条件。从人的角度看，档案工作者是实现档案保管与保护工作的主体，是档案保管与保护工作的人力保障。保管与保护工作中，档案工作者在具备必需的专业技能和要求的前提下，高度的责任心和耐心、细心的工作态度也是尤为重要的。从财力角度看，财力支持是一项工作顺利开展的重要条件，档案保管与保护工作也不例外，应充分合理地利用国家和社会给予档案保管工作的财力支持，既要保证档案保管与保护工作的顺利开展，又不能不计成本。从物的角度看，物质条件是档案保管工作中又一重要条件，直接影响着档案的安全状况和寿命。此处主要介绍档案保管与保护的基本物质条件。[①]

1. 档案库房

档案库房是集中统一保管档案的专业用房，它为档案的保管与保护提供最基本的物质条件，库房建筑的好坏直接影响档案的保护条件和库房管理措施的效果，直接影响着档案的寿命。档案库房可以包括纸质档案库、音像档案库、光盘库、缩微拷贝库、母片库、珍藏库、实物档案库、图资料库、其他特殊载体档案库等，并应根据档案馆的等级、规模和实际需要选择设置或合并设置。档案库房建设应遵循以下原则：

（1）档案库房的建设应以实现档案的安全保管为首要原则。档案库房是档案保存的主要场所。首先，为档案提供安全存放的足够空间，是档案库房的最基本的功能。《档案馆建筑设计规范》（JGJ 25—2010）和《档案馆建设标准》（建标103—2008）对档案库房的建设提供了相关的依据和标准。除中央档案馆外，我国综合性档案馆分为省、市、县三级，每一级又分为一类、二类、三类，不同级、不同类的档案馆的库房建设标准不同。在档案库房建设中，应根据相关标准和本馆馆藏情况，确定档案库房的建筑面积，确保档案有足够的存放空间，这是实现档案安全管理的第一步。

其次，档案库房的内外环境要有利于档案的保管。从外部环境看，档案馆的选址在一定程度上决定了档案库房的外部环境。因此，档案馆应选择工程地质条件和水文地质条件较好、空气清新的地区，远离易燃易爆场所，不设在污染腐蚀性气体源的下风向。在档案馆内，档案库房与其他各类用房之间应有间隔，档案库房应集中布置，自成一区，库区内不应设置其他用房，各部门间的档案传送路线应安全顺畅。从内部环境看，档案库房的墙体、屋顶、地面等构造和材料都应有利于档案的安全保管，尽量减少水、暖、电等基础设施给档案保管带来的隐患，在建设过程中加强防盗、防水、防火、防潮、防尘、防鼠、防虫、防高温、防强光、防泄密等"十防"措施，为档案保管创造良好的内部环境。

（2）档案库房的建设应经济适用、环保美观。档案库房在建设中应坚持经济适用、

[①] 相关内容参考王英玮、陈智为、刘越男编著《档案管理学》（第五版，中国人民大学出版社2021年）编写。

环保美观的原则。经济适用是在档案库房建设中减少人为浪费，不盲从高标准，根据馆藏和本地区的实际情况，科学合理地开展档案库房建设。人类的生存环境在不断遭受越来越严重的破坏的时候，对环境的保护成为我们每个人、每个组织不可推卸的责任。档案库房在建设和使用中都应注意减少对环境的破坏，如使用环保材料、以环保的方式建设库房。美观是对档案库房的一种外在要求，在确保档案库房基本功能得以发挥的基础上，在经济适用且环保的前提下，美观的档案库房设计有利于为档案保管者和档案利用者创造一种舒适、和谐的氛围，有助于工作效率的提高。综上所述，档案库房建设不是形象工程、面子工程，各地、各馆都应从实际情况出发，综合考虑档案库房的功能、建设需求、经济实力等基本因素，按照已有的规范标准，形成合理的建设方案。

2. 档案装具

档案装具是存储和保护档案的基本工具，对于维护档案完整与安全、延长档案寿命意义重大。档案装具包括存放档案的各类柜、架、箱以及各种档案卷盒、卷皮等。《档案装具》（DA/T 6—1992）将档案装具按柜装具、架装具和其他装具分类。档案装具的选择应考虑资金情况、库房空间、档案保护和利用要求等，结合下列原则确定。

（1）适用原则。要根据档案库房的面积、高度、楼板荷载等条件选择档案柜架，据档案门类、载体和整理要求选择档案卷盒。建筑时间较长的档案库房在购置档案柜架时应考虑库房高度是否合适，库房楼板的承载能力是否达到使用要求，保证选择的档案柜架与档案库房楼面均布活荷载标准相匹配。

（2）专业原则。为便于不同门类、不同载体档案的管理，档案库房应当根据需要配备符合国家规定的密闭五节柜、密集架、光盘柜、底图柜等专业档案柜架。档案柜架一般采用金属材质，保证良好的防火、防潮、防磁性能。木质柜不利于防火、易生虫霉，玻璃门柜无法实现档案避光保存，均为不符合要求的装具，不应在档案库房内使用。档案整理台、档案梯、移动置物架、档案盒等应当满足工作需求。

（3）安全原则。档案装具应坚固耐用，密封良好，存取方便，有利于档案的保管保护。要重视档案柜架、档案卷盒等自身的安全因素，特别是电力驱动的档案密集架，要考虑其安全装置的可靠性，尽量使用安全电压并采用限流保护装置，避免对档案和工作人员的安全造成危害。

（4）标准原则。档案装具要符合档案装具产品的技术质量要求。档案柜、架应符合《金属家具通用技术条件》（GB 3325—2024）、《钢制书架　第3部分：手动密集书架》（CB/T 13667.3—2013）、《钢制书架　第4部分：电动密集书架》（GB/T 13667.4—2013）、《档案装具》、《直列式档案密集架》（DA/T 7—1992）、《档案密集架智能管理系统技术要求》（DA/T 65—2017）等国家及行业标准要求，档案卷盒应符合《归档文件整理规则》、《文书档案案卷格式》、《科学技术档案案卷构成的一般要求》、《会计档案案卷格式》、《照片档案管理规范》、《印章档案整理规则》（DA/T 40—2008）等国家及行业标准要求。

3. 库房设施设备

库房设施设备主要是具有固定资产性质的机械、器具、仪器、仪表等技术设施，主要包括温湿度调节和检测设备、防火防盗等安全装置、照明设备、档案保护和修复设备等。在工作中，应全面认识并正确使用各种设备。

（1）温湿度调节和检测设备。环境的温湿度直接影响着档案的寿命。环境的温湿度随着地域、气候、季节的不同而不同，而每一种档案的最佳保管条件对温湿度都有固定的要求。因此，需要温湿度调节设备来保证档案库房达到适宜的温湿度，并通过温湿度检测设备检测。常见的相关设备有空调装置、增湿机、去湿机、温度计、湿度计等。

（2）防火防盗等安全装置。火是威胁档案安全保管的重要因素之一，防火和灭火的装置主要是消防设备。根据所使用的灭火剂不同，灭火装置的自动化程度不同，消防设备可以划分为不同的种类。档案库房应根据馆藏档案的特点，选择合适的消防设备。防盗装置是为了防止库房有人非法闯入盗窃档案而安装的设备，如闭路电视监控系统。为了避免档案失窃，档案保管部门应根据不同的需要找专业厂商设计和安装防盗装置。

（3）照明设备。档案库房的照明与其他场所的照明要求不同。为了减少对档案的破坏，档案库房的照明亮度不需太高，且光线应对档案没有伤害或伤害很少，如白炽灯或灯管表面经过防紫外线处理的日光灯。人进灯开、人走灯关的自动控制开关既节能又安全，也有助于档案的安全保管。

（4）档案保护和修复设备。此类设备主要指两类：一是保护档案原件的设备，包括将其迁移到其他载体过程中所需的设备，如缩微拍照设备、缩微品阅读复制设备、高速扫描仪等，以及保护档案实体的设备，如档案真空充氮密封包装机；二是修复破损档案的设备，如字迹显示仪、档案修裱机、多功能冷冻干燥灭菌机、档案真空干燥柜、纸质档案纸浆修补机、醋酸综合征胶片清洗机等。

随着科学技术的飞速发展，档案保管与保护设备的种类更加丰富多样，更加现代化和专业化，为档案的保管与保护提供了越来越有力的保障。同时，对设备的设计和使用也更加先进和合理。例如，档案库房将各种设备和系统，通过集成化、智能化的设计和管理，形成档案库房计算机安全监管系统，自动调节库房的温湿度，自动监视火警盗警，有效地保证档案库房的安全。

第二节 档案的保管

一、档案保管制度

档案保管制度是在档案保管过程中，要求相关人员共同遵守的、按一定程序办事的规程或行动准则。没有制度的约束，各项工作都将面临失去控制、混乱无序的风险。档案保管制度是约束和规范档案工作人员在档案保管中的思想行为的标准和规范，同时在一定程度上对档案利用者利用档案的行为也提出了一定的规范和要求。完善的档案保管制度有利于防止和减少档案的损毁，延长档案的寿命；有利于建立确保档案安全保密的档案安全体系，维护档案的完整与安全。

（一）档案保管制度的制定原则

档案保管制度的制定应合法合理。档案保管制度的内容应遵循我国档案保管的基本规律和客观要求，遵守我国档案管理相关的法律法规和政策，如《档案法》和《档案法实施条例》中关于档案保管的相关条款，档案馆（室）的档案保管制度应与这些条款的要求相一致，不得违背和与之抵触。

档案保管制度应明确具体，具有可操作性。档案保管制度不是宏观的、抽象的，应是切实可行的、便于贯彻落实的。因此，档案保管制度的制定过程，应结合本馆（室）的实际情况，如馆藏情况，软硬件条件，人力、财力、物力状况等，对档案保管提出明确的规定和具体的要求，使得档案保管工作的开展切实有章可循、有据可依。

档案保管制度既应具有一定的稳定性，又要具有适应不断变化的新情况的预见性。档案保管工作是一项长期的、持续的工作，因此，档案保管制度应具有稳定性和连续性，在制定之前做全面深入的调研，避免朝令夕改。然而，社会实践活动的变化不可避免地会给档案工作带来一系列的变化，档案保管工作也需适时调整，以适应不断变化的新情况。例如，面对越来越大量产生的电子文件，我们应将其及时纳入档案保管制度，制定切实可行的措施，以确保电子文件的真实、完整、可读可用。

（二）档案保管制度的内容

档案保管制度的内容是由档案保管工作的内容和任务决定的，一般表现为以下方面：

（1）说明档案保管制度制定的目的和依据。一般来说，档案保管制度是为了维护档案的完整与安全，规范档案保管工作的行为而制定的，它是在结合本馆（室）实际情况的基础上，将法律法规、政策等对档案保管工作的要求具体化的结果。明确档案保管制度制定的目的和依据，便于相关人员在工作中对制度的理解并遵照执行。

（2）关于档案库房管理的各项规定。具体包括安全保密制度、库房管理人员岗位责任制、档案进出库房登记制度、设备管理制度、清洁卫生制度、库房检查制度等。

（3）关于档案保密的规定。档案的保管工作不仅要确保档案实体的安全，也要保证档案信息的安全，档案保管制度应规定如何确保档案信息不被泄露。例如，规定在查阅利用档案中，如何通过妥善保管而有效地维护档案的安全。

（4）对于不同类型的档案有针对性保管措施。例如，对于馆（室）藏的极其珍贵的档案，应该使之区别于一般档案，有更为完善的保管规定。又如，为确保国家档案安全，各级国家档案馆要通过建立异地备份库等形式，对本级重要档案及电子文件实行异地备份，对重要的电子文件还要实行异质备份，确保电子文件的长期可读，确保档案信息资源的绝对安全。

（5）明确档案保管工作人员的职权和责任。为了确保档案保管工作的顺利开展，在档案保管制度中，应明确赋予档案保管工作人员相应的职权，为其完成工作任务提供支持和保障。同时，制度也应对保管工作人员提出确定的要求，明确规定保管工作人员的责任。

二、档案库房管理

档案库房管理是以实现档案安全为最终目标，采取各种手段和措施，控制和协调库房中各种要素的活动，主要内容有库房编号和排架、库位规划、档案上架和存放、档案存放位置索引、档案出入库管理和全宗卷编制等。

（一）库房编号和排架

1. 档案库房的编号

档案库房较多的档案馆或档案室，需要对档案库房编号，编号的目的在于赋予每一个档案库房一个固定的编码，建筑物和号码一一对应，便于管理。档案库房的编号一般由数字、代码、字符等构成。每个档案馆（室）的建筑不同，档案库房编号应结合本单位建筑物的构成特点，以唯一性、稳定性、易识别、易使用为原则对本单位的档案库房编号。档案库房的编号一般由建筑物号、层号、房间号等要素构成，可根据库房的多少和位置将各要素组合编制。

2. 档案库房内的排架

档案库房内的排架，就是对档案库房内的档案架（柜）、箱等按一定的顺序排放，并编号以固化其排放位置。档案库房内的排架基本原则是有利于档案的保管和利用，有利于空间利用，美观有序。

在档案库房排架中，应遵循以下要求：①避光通风。有窗库房中，档案架（柜）排列应与窗户垂直，以避免强光直射档案；无窗库房中，档案架（柜）排列纵横均可，但不得有碍通风。②空间适度。档案架（柜）的排列应最大限度地利用库房的地面与空间，但也要便于档案的搬运与存放，架（柜）之间的主要过道宽度应以便于档案小型搬运工具（如手推车）的通行为宜，一般为0.8～1.2米。所有的档案架（柜）的排放均不得紧靠墙壁。③整齐有序。不同规格、不同样式的档案架（柜）应该分别排放。④统一编号。等档案架（柜）排放好后，应统一编号，编号方法为自门口起，从左至右编架（柜）号，每个架（柜）子的栏也从左向右编号，每栏的格自上而下编号（如果没有栏，则自上而下编格号）。

（二）库位规划

档案库位规划要求将有信息关联的档案存放在一起，并按照其内在的有机联系顺序排列。档案库位信息的管理交由档案信息管理系统识别和指示，档案材料的库内存在位置仅要求保持不变，不过分要求具有有机联系的档案材料在物理位置上排列在一起。常用的库位规划方式主要有大流水、分类方案和分类流水结合等方式。

1. 大流水方式

档案按接收入库的时间顺序排列。该方法具有排列简单、节省空间、便于统计库存档案总数变化等优势，但需要编制比较完善的检索工具，或者具有较强检索功能的档案信息管理系统，适合档案数量少或档案管理现代化水平高的机构。

2. 分类方案方式

根据档案分类方案的类目体系规划库位，在库房内体现分类表中类目体系的逻辑关系，同时按档案之间的业务关联性排列档案。该方法库位安排精细严密，档案之间的有机联系通过存放位置一目了然，便于精确检索及在实体位置上维系归档材料的成套性和完整性。但需要配备比较充裕的库房，占用和预留空间大，需要根据特定归档材料接收入库的不同时间不断调整档案库位（"空架"或"到架"）。

3. 分类流水结合方式

先按档案类别划分库房区域或柜架，在同一区域内则按照档案材料入库时间顺序排列，不考虑档案材料之间的有机联系。该方法兼顾分类方案和大流水各自的优点，既有相对精细的类别区分，又可在某一类别内体现归档时间顺序，在相对节约空间的基础上简化了排架方法。该方式需要将档案材料之间的有机联系嵌入档案信息管理系统，由系统通过智能方式指引和检索。

（三）档案上架和存放

档案上架就是按照预定的排列方法，将档案摆放在相应柜架上实名定位管理。排架是档案进入库藏状态的具体步骤，也是保证正常库藏秩序的先决条件。机关档案排架应与本单位分类方案一致，排架方法应避免频繁倒架。具体来说，就是按照档案的门类、年度、机构（问题）保管期限等分类要求，根据档案柜架及其栏、格等的编号次序，以"从上到下，从左到右"的顺序依次摆放。档案摆放时要保持适宜的饱和度，避免摆放过挤或太松。

档案的存放方式一般有两种：一是竖放，一是平放。竖放的优点是便于存放和检取档案，是目前被广泛采用的一种档案存放方式。平放的方式虽然不便于档案的取放，但有利于档案的保护，这种方式适合于保管珍贵档案和不易于竖放的档案。平放档案时，为了避免文件承受过重的压力，堆叠的高度以不超过40厘米为宜。

（四）档案存放位置索引

档案存放位置索引是为了便于档案保管工作者随时掌握档案馆（室）档案的存放情况和快速存取档案，将排放好的档案与其所处的位置一一对应而形成的索引。根据作用的不同，档案存放位置索引可以分为两种：第一种是指明档案的存放位置，即以全宗及其各类档案为单位，指出它们的存放地点（表5.1）；第二种是指明各档案库房保存档案的情况，即以档案库房和档案架（柜）为单位，指出它们保存哪些档案（表5.2）。

表5.1　以全宗及其各类档案为单位编制的索引

全宗名称：			全宗号：				
案卷目录号	案卷目录名称	目录中案卷起止号数	存放位置				
			楼	层	房间	档架（柜）	栏	格

表5.2　以档案库房和档案装具为单位编制的索引

楼号：			层号：		房间号：		
架（柜）号	栏号	格号	存放档案				
			全宗号	全宗名称	案卷目录号	案卷目录名称	目录中起止案卷号

上述两种索引，按形式又可分为簿籍式和卡片式两种。第二种存放位置索引还可以采用图表形式，就是把每个库房（或楼，或层，或房间）内档案存放的实际情况绘成示意图。此种图表可悬挂在相应的库房入口处，便于保管和调卷人员随时参看使用。上述两种索引的详细程度和表格中的项目，可以根据档案馆（室）的规模和查找档案的频繁程度等具体情况来决定。

（五）档案出入库管理

在档案保管过程中，要严格档案出入库管理，做好清点和登记工作，并将相关文件材料纳入全宗卷管理。纸质档案以卷或件为清点单位，照片档案以张或组为清点单位，录音录像档案以盘等为清点单位。录音带、录像带、光盘、磁带、硬盘等在清点数量的同时，必须通过相关设备的检测，确保文件可读。

1. 档案出入库房登记

档案出入库登记是库房管理中的明细记录，是在库房管理过程中为了加强管理、更为详细地了解档案数量变动等相关信息的辅助工具（表5.3）。在档案利用、修裱、数字化等工作中，档案每一次出库入库，都应严格清点、检查，开展档案出入库登记。出入库登记一般采用登记本形式，可以放置在库房入口或库房中固定位置以方便随时记录。机关档案出入库房登记簿应与档案交接文据、档案总登记簿内容相互印证。

表5.3　档案出入库房登记簿

序号	档号	题名	页数	调档原因	调档人员	出库日期	入库日期	档案工作人员

2. 档案代理卡

在档案管理过程和档案提供利用中，有时需要将档案库房中已经上架排放好的档案暂时移出档案库。为了便于库房管理，便于档案保管者及时准确地掌握档案的流动情况和安全检查，会填制一种卡片放在档案原来的存放位置上，我们将这种卡片称为代理卡或代卷卡、代件卡。该卡片直观、准确、简明地反映了档案流向。卡片的内容主要包括全宗号、案卷目录号、卷（件）号、移出日期、移往何处、进收人、归还日期、签收人等，其常常被设计为红色、黄色、绿色等醒目颜色以示区别和易于辨认。档案代理卡（表5.4）是一种简便实用的管理工具，当档案调用之时，应及时准确填写、放置代理卡，避免出现能从检索工具中查到，而在架上却取不到档案的情况。当档案归还之时，应及时将档案放回原位并在代理卡上做相关记录。

表5.4　档案代理卡

全宗号	目录号	卷号	调出时间	调出原因	调卷人	归还时间	还卷人

（六）全宗卷编制

全宗卷是由记录和说明全宗立档单位及档案历史和现状的有关文件材料组成的专门案卷，是管理全宗档案的重要工具。《机关档案管理规定》要求："机关应当建立并定期完善全宗卷。全宗卷应当包含全宗背景、档案状况、工作制度、管理记录等内容，编制要求按照《全宗卷规范》（DA/T 12）执行。"《企业档案管理规定》要求："企业应当按全宗管理档案，建立并定期完善全宗卷。全宗卷的编制要求可以参照《全宗卷规范》（DA/T 12）"。《档案馆工作通则》第十一条规定："每个全宗都要建立全宗卷，记载立档单位和全宗历史演变情况。"

1. 全宗卷的编制原则

全宗卷的编制应遵循如下原则：档案馆（室）应以全宗为单位编制全宗卷，收集、保管在档案管理过程中以单个全宗为对象形成的相关文件材料。全宗卷中收集的文件材料应做到齐全、完整、真实，力求全面反映全宗及其管理的历史面貌。全宗卷的整理应做到分类合理、方法科学、格式规范。综合全宗卷可以按馆（室）藏、全宗属类、全宗群或联合全宗编制，收集、保管在档案管理过程中以馆（室）藏、全宗属类、全宗群或联合全宗等多个全宗为对象形成的相关文件材料。

2. 全宗卷内容构成

全宗卷的内容构成通常包括如下九种类型的管理性文件材料：

（1）全宗（馆藏）介绍性材料，包括全宗指南（全宗介绍）、大事记等说明全宗背景和档案状况的文件材料。

（2）档案收集活动形成的材料，包括档案接收和征集工作的办法、标准，档案（资料）交接文据及相关目录，档来源和档案历史转移过程说明材料等。

（3）档案整理活动形成的材料，包括文件材料分类、保管期限和归档范围的规定，档案整理工作方案、整理工作说明和小结等。

（4）档案鉴定活动形成的材料，包括档案保管期限鉴定、档案开放鉴定、档案分级鉴定、档案销毁鉴定、珍贵档案考证鉴定等鉴定工作的制度、组织、方案和标准，鉴定工作形成的报告、请示及批复，鉴定及销毁处置档案的目录（清册）等。

（5）档案保管活动形成的材料，包括档案保管工作制度，档案安全检查、档案破损情况调查与修复（抢救）、重点档案保护、珍贵档案仿真复制件制作等工作的记录和说明材料，档案保管状况分析和工作总结报告等。

（6）档案统计活动形成的材料，包括档案基础统计台账，档案工作基本情况统计报表，档案工作统计分析材料等。

（7）档案利用活动形成的材料，包括档案利用制度，检索工具编制情况，档案开放与控制情况，档案编研与出版情况，档案展览与公布情况，珍贵档案介绍，档案利用效果典型事例等。

（8）新技术应用活动形成的材料，包括应用现代技术管理档案的情况记录、工作报告及说明材料，档案信息化和数字化工作情况，电子档案（文件）创建和应用环境（硬件和软件）及数据格式说明等。

（9）综合全宗卷材料，包括管理馆藏、全宗属类、全宗群或联合全宗的综合性业务工作规范和管理制度，以及上述八类材料中涉及多个全宗的文件材料。

（七）档案保管情况检查

《机关档案管理规定》要求，"机关档案部门应当定期组织人员对档案数量进行清点、对保管状况进行检查，定期对电子档案的保管情况、读取状况等进行检查，发现问题应当及时处理，并建立检查和处理情况台账。"

1. 检查内容

档案保管检查内容通常包括档案数量检查、排架次序检查、损坏情况检查和归库检查等。

（1）档案数量检查。这是核对现有档案数量与登记数量是否相符的检查。要求按照保管单位逐卷或逐件细致、认真清点核对。如发现差错，应及时清查档案的去向或来源，及时归还或追还。

（2）档案排架次序检查。这是定期核查档案排列次序的检查。由于档案的利用和保护需要，库房内的档案要经常取出和归库归架、在这些过程中，难免会出现差错。为了理顺档案的排架顺序，保持档案的有序保管，必须定期核查档案的排架顺序，将排架错乱的档案归位调整。

（3）档案损坏情况检查。这是查找因虫蛀、鼠咬、霉变、磨损、折伤、脆化、字迹褪色等遭到损毁的档案，评估损毁程度的检查，要求细致、认真地逐卷或逐件清查档案，发现问题做好记录，及时向有关领导和部门报告；如发现有虫害、老鼠等现象应及时通知有关部门和技术人员到现场处理，并记录处理经过和结果。

（4）档案归库检查。这是例行检查借阅归还的档案。在借出档案归还时，档案工作人员应当对照档案移出登记核对，同时检查档案的数量和状况，如发现问题应立即提出，并向有关领导汇报解决，并做好记录；如核对无误，即可在档案利用登记簿上签字以示负责。档案归库检查应当面进行，具体检查内容包括归还数量是否相符，卷内文件有无缺页、圈划、涂改或污损，有无水浸、磨损、折伤或火烧痕迹等。

2. 检查方式

档案检查分为定期和不定期两种方式。

（1）定期检查。是根据档案安全和保管的规律规定的周期性检查。如档案数量检查、档案排架次序检查和档案损坏情况检查都是定期的检查。检查周期的确定可以视具体情况而定，如档案数量检查和档案损坏情况检查，由于案卷数量较大，可一年检查一次，一般在年底检查较为适宜；档案排架次序检查相对工作量小，一年可检查两次以上，发现档案排架次序较乱时，还可以随时检查。

（2）不定期检查。这是临时的检查，一般没有检查周期，只要发现问题或现象发生即可及时检查。如归库出现问题即应进行归库检查；发现档案排架次序或数量存在问题就可以进行档案排架次序检查和档案损坏情况检查等。不定期检查可以是全面检查，也可以只检查部分档案。当档案工作人员调换工作岗位时应及时开展交接检查等。

3. 检查记录

检查记录是记录和反映档案安全和保管状况检查情况的一种档案管理文件材料（表5.5）。其内容包括检查时间、检查方式、检查人、检查范围、档案状况或发现问题、采取措施、处理结果、备注等。检查记录应纳入全宗卷管理。

表5.5　档案保管情况检查表

检查时间	年　　　月　　　日
检查方式	□全查　　□抽查（抽查比例　　　%）
检查人	
检查范围	
档案状况或发现问题	
采取措施	
处理结果	
备注	

注：库房中发现虫害等问题必须立即清查库存档案，确认发生虫害的种类、程度及分布，采取有效措施杀虫。对于那些已确认有虫害的档案，应立即加以隔离处理，防止虫害大面积扩散。

第三节　档案的保护

一、档案保护的库房条件

（一）档案库房的温湿度控制

纸质档案库房温湿度控制的要求是，温度应控制在14～24 ℃，相对湿度应控制在45%～60%。特藏库温度应控制在14～20 ℃，相对湿度应控制在45%～55%。音像磁带库温度应控制在14～24 ℃，相对湿度应控制在45%～60%。胶片库中拷贝库的温湿度控制要求同音像磁带库；母片库的温度应控制在13～15 ℃，相对湿度应控制在35%～45%。档案库房的温湿度选定后，还应注意每昼夜的温度波动幅度不大于±2 ℃，相对湿度波动幅度不大于±5%。

（二）档案馆区的防潮和防水控制

档案馆区内应排水通畅，不得出现积水；室内外地面高差不应小于0.5米；室内地面应有防潮措施；档案库应防潮、防水，特藏库和无地下室的首层库房地下库房应采取可靠的防潮和防水措施：屋面防水等级应为1级；地下防水等级应为一级，并要设置机械通风或空调设备。

（三）防光控制

档案库及其他档案用房应具备防光的功能，防止日光直射，并应避免紫外线对档案的照射危害。档案库、档案阅览室、展览厅及其他技术用房的人工照明应选用紫外线含量低的光源。当紫外线含量超过每小时75 μW/lm时，应采取防紫外线的措施。

(四)防尘和防污染控制

档案馆区内的绿化设计,要有利于防尘、净化空气、降温和防噪声等。档案库要防止有害气体和颗粒物对档案的危害。锅炉房、除尘室、消毒室、实验室以及洗印暗室等的位置应合理安排,并结合实际需要设置通风设备。档案库楼面、地面应平整、光洁、耐磨。档案库内装修、档案装具和固定家具等应表面平整、结构简单,并应选用环保材料。

(五)有害生物的防治

管道通过墙壁或楼、地面处,都应采用不可燃的材料填充密实,其他墙身孔洞也要采取类似的防护措施;底层地面要采用坚实的地坪。库房门与地面的缝隙不应大于5毫米,最好采用金属门。档案馆应设立消毒室或配备消毒设备。档案库外窗的开启扇要设纱窗。采用这些设施和措施,可以在一定程度上减少和消除外界有害生物的侵入,保护档案实体的完整与安全。

(六)安全防盗控制

档案馆建筑的外门及首层外窗,要有可靠的安全防护设施,档案馆应设置入侵报警、视频监控、出入口控制、电子巡查等安全防范系统。档案馆的重要电子档案保管和利用场所,要满足电磁安全屏蔽的要求。

对重要的珍贵档案的安全保护应注意:严格限制利用;即便提供利用,一般也不提供原件,只提供缩微品或复印件;利用中要格外注意监护问题,必要时可责成专人始终陪伴。对重要档案的复制也应比一般档案有更严格的限制和保护性措施。

二、档案保护的常规要求

《机关档案管理规定》要求,"机关应当根据档案载体的不同要求对档案进行存储和保管"。开展档案保护工作,需要控制和保护档案制成材料,延长档案寿命。

(一)纸质档案的保护要求

纸质档案的制成材料主要是纸张材料和字迹材料。纸张档案的耐久性取决于纸张材料的耐久性和字迹材料的耐久性。

1. 纸张材料的耐久性

纸张的主要原料是木材纤维、种毛纤维(如棉花)、韧皮纤维(麻及树皮纤维)、草类纤维等植物纤维。其中,棉纤维不含杂细胞,纤维长度、长宽比都较大,纤维之间交结力好,造出的纸张强度高,耐久性最好;禾本科纤维杂细胞含量高,纤维短小,交结力差,造出的纸张强度小,耐久性最差,用于档案时需要更加注意改善档案保管条件。

植物纤维的主要成分是纤维素、半纤维素和木质素。纤维素理化性质比较稳定,其含量越高,纸张的耐久性就越好。半纤维素是由不均一单糖脱水聚合而成的聚合物,适量的半纤维素能在相邻的纤维之间形成柔韧的横向联结,有利于提高纸张强度;但如果含量过多,纸张的耐久性就差。木质素化学性质活泼,容易氧化导致纸张发黄发脆,因而在纸张中含量越少越好。

纤维素虽然是一种较为稳定的化学物质，但在酸、水和一定的温湿度条件下，纤维素会发生水解反应，造成纤维素分子聚合度下降，纸张强度降低，耐久性变差。纸张中酸的来源有四个途径：①造纸生产工艺流程，如化学制浆、漂白、施胶等工序；②酸性字迹材料中含酸的成分，如蓝黑墨水中的硫酸等；③空气中酸性有害气体及灰尘，如二氧化硫、硫化氢、氯气等，与水反应后形成的无机强酸；④霉菌生长过程中分泌的有机酸。因此，纸质档案的保护应注意控制库房的温湿度，做好防潮、防霉的工作，防止酸性物质侵蚀。必要时，对珍贵档案的纸张进行去酸。此外，纤维素在光、高温、高湿和有害气体作为氧化剂的情况下会发生氧化，导致纸张发黄、发脆、强度下降。因此，档案保管和使用过程中，要防止档案库房中的空气污染，并采取防光措施避免纸张受光。档案一旦打湿受潮，切忌在阳光下暴晒，而应采取阴干的办法。

2. 字迹材料的耐久性

评价字迹的耐久性，应综合考虑色素成分和转移固定方式两个因素。色素成分是碳黑，转移固定方式是结膜的字迹最耐久。碳黑是性质极其稳定的无机颜料，它耐水、耐光、耐热、耐酸碱，因而是最耐久的色素。另外，字迹以结膜方式与纸张结合的，既不易被磨掉，又不易扩散，因而此种固定方式耐久。这种字迹色素成分和转移固定方式的综合效果最耐久。此种字迹材料有墨和墨汁、黑油墨。

色素成分是颜料，转移固定方式是结膜或吸收的字迹比较耐久。颜料是一种细小颗粒的有色物质，它的特点是不易溶于水、油和其他溶剂中，耐光性能好，并有一定的耐酸碱性，属于较耐久的色素。另外，字迹被吸收在纸张纤维里，不易被磨掉，但易发生扩散。因而，吸收方式属于较耐久的转移固定方式。此种字迹色素成分和转移固定方式的综合效果较为耐久。此种字迹材料有蓝黑墨水、彩色油墨、印泥、蓝图铁盐线条。

色素成分是染料，无论采用哪种固定方式，字迹均不耐久。染料是一种有色的有机化合物，它易溶于水、油或其他溶剂，并且不耐光、不耐酸碱，属于不耐久色素。因此，无论何种固定方式，其字迹的耐久性都差。此种字迹材料有红墨水、纯蓝墨水、圆珠笔、复写纸、印泥油、重氮盐线条。

3. 保护要求

纸质档案的保护应当从纸张和字迹两个方面着手。其中，档案纸张的保护是保持纸张耐久性和应对档案纸张老化的重要措施与手段，应紧紧围绕下述三个方面开展工作：一是立足于档案造纸原料的优选和造纸工艺的优化；二是为档案纸张的保存创造良好的环境；三是在系统工程思维和理论指导下，实施工程化管理，科学化抢救与修复档案纸张。对于纸质档案字迹保护来说，字迹的耐久性取决于色素成分和结合方式，另外还受外界一些因素的影响。因此，为了保护好档案字迹，延长其寿命，首先，在文件形成时，注意选择耐久性好的书写材料和印刷材料；其次，在档案保管过程中，注意防光、防热、防潮防水、防尘、防有害气体、防酸碱物质。

（二）胶片档案的保护要求

胶片档案对环境温湿度要求较为严格，控制好库房的温湿度在胶片档案的保护工作中占有重要的地位。根据国家档案局《照片档案管理规范》的要求，保存一般胶片的适宜温度为14~24 ℃，相对湿度为45%~60%；保存母片的适宜温度是13~15 ℃，相对湿度为35%~45%；底片、照片应恒温、恒湿保存。长期贮存环境，24小时内温度的周期变化不应大于±2 ℃，相对湿度变化不应大于±5%；中期贮存环境，24小时内温度的周期变化不应大于±5 ℃，相对湿度变化不应大于±10%。所推荐的温度、湿度条件，应在各单独的贮存器具内或整个贮存室内加以保证。

阳光直接照射在胶片上，会使胶片变色、脆裂。保存胶片档案的库房最好选用无窗库房。库房有窗时，可加设外遮阳和内遮阳设施，也可以把窗户密封起来，以防止阳光直接照进库内。

灰尘能随风飘扬而散布到库房的每一个角落，对胶片造成危害。要防止灰尘对胶片造成危害，首先要杜绝灰尘的来源。而要杜绝灰尘的来源，除库房围护结构内表面采取必要的防尘措施外，在库房日常管理中，定期的库房清洁卫生工作必不可少。

胶片制成材料多为易燃性物质，一旦发生火灾，将会造成无法挽回的损失。在胶片保管过程中，胶片库房要远离火源；要禁止将火种，如火柴、打火机等携带进库；严禁在库内吸烟；库内禁止使用明火；定期检查电气设备和线路，发现问题及时处理；库内应设置气体灭火设备和自动报警装置。

胶片进库时，均应严格检查验收。要认真检查胶片有无影响阅读的划伤、手印、污迹，有无受潮、脆裂、生霉现象，对于不符合要求的胶片应采取适当措施及时处理。在库房管理工作中，应建立并严格执行检查制度。可采用定期和不定期相结合的方法，随时观察和发现胶片的异常变化，以免造成胶片严重受损。此外，当库内外温湿度相差较大时，胶片进出库房前应在调节室或调节柜中调节温度和含水量后方能进出库房。

（三）磁带、光盘档案的保护要求

磁带档案的保护要做到以下方面：①防止外磁场的消磁影响，要远离磁场源，同时放入用抗磁介质制成的装具内保存；②防止产生复印效应（可将磁带置于低温环境中，每半年或一年重新绕带一次，最好以正常带速让磁带在一根磁性很弱的磁棒上通过）；③减轻自退磁效应的影响（应选用矫顽力大的磁介质记录材料）；④创造适宜的温度和湿度（最好控制在温度14~24 ℃，相对湿度45%~60%）。

光盘档案的保护主要有以下要求：

（1）减少使用。光盘寿命的长短，与光盘累计使用时间的长短息息相关。激光光能对光盘制成材料稳定性的影响，是随光盘累计使用时间的延长而加大的。为延长光盘寿命，要采取有效措施，减少光盘使用时间。

（2）防污染物。工业区的空气中常有氟化氢、氯化氢等有害气体；在靠近海洋的地方，空气中含有较多的海盐微粒。为了减轻这些卤化物对光盘的影响，光盘保存环境要注意远离以上使用和产生卤化物的场所，必要时采取空气过滤措施。氨气对光盘的寿命有较大的影响。室温下，氨极易挥发成气体。使用氨气的工业区、晒图室等场所的空气中常含有氨。因此，保存光盘的环境同样应注意远离这些场所。用氨气开展纸质档案、文献和图书资料的气相去酸时，以及用磷化铝片剂熏蒸杀虫时（磷化铝片剂中的氨基甲酸铵潮解后会产生氨气），如果库房内同时保存有光盘，应采取隔离保护措施。有机溶剂会使光盘表面产生龟裂，因此，光盘的保管环境要注意远离使用有机溶剂的工厂和实验室等场所。

（3）调控温湿度。低温干燥、恒温恒湿的温湿度环境最适宜光盘的长期保存。由于光盘的构成物质较为复杂，各种组成物质因其性能各有不同，其适宜的温湿度不尽相同。综合考虑各组成物质的特点，光盘保存比较适宜的温度范围是14～24 ℃，较适宜的相对湿度范围是45%～60%，且每天温度的变动不应超过±2 ℃，相对湿度每天的变化范围不应超过±5%。为此，保存光盘的环境最好设置自动恒温恒湿的空气调节装置；库房的外围护结构应采取必要的隔热防潮措施；受条件限制时，可采用通风降湿、除湿机降湿、吸潮剂除湿等与密闭相结合的方法，以调控库房的温湿度。

（4）保持读取面清洁。虽然采用编码技术能够检测和纠正光盘上长达2.5毫米的轨迹误码，但对这一误码的纠正还必须依靠对其同一轨迹前后位置数倍于2.5毫米长的轨迹信息的正确拾取。这就要求必须保证光盘读取面的清洁，不能有过大的脏污和划痕。在每次拿取光盘时，只能接触光盘的内外沿，不能触摸光盘的数据区，以免油渍、汗渍和指纹落在读取面的数据读取区。使用完毕后，应将光盘立即放回盘盒中，避免灰尘、异物的污染。

防标记面机械损伤。由于标记面的保护涂层非常薄，距离信息记录的坑点只有约30微米，即使轻微的划伤都有可能大面积地破坏信息记录的坑点，导致原始记录信息的不可纠正性的损坏。因此，绝对禁止标记面上任何形式的书写、划伤，以免造成信息记录层的损坏。

（四）档案利用中的保护要求

档案频繁调卷、查阅和还卷，会对档案的物质载体造成磨损。因此，档案使用中的保护工作就显得尤为重要。同时，档案使用中还存在其他安全隐患。为此，需制定相应的保护制度。

1. 档案利用中的保护制度

档案在利用中的保护制度主要包括两方面的内容：①档案使用登记和交接制度，要求档案在出入库时，登记调卷、还卷及交接行为，其中的签收手续必须清楚、严格；②档案利用规范制度，主要指对档案利用方式的规范，如禁止在档案上抄写，禁止擅自将档案带离规定的使用场所，对于损毁档案的行为应有严明的惩罚措施。

2. 档案利用中的保护措施

档案利用中的保护措施主要有四点：①数量与顺序的控制。当档案利用数量过大时，应分批定量提供，并要求利用者在使用过程中和交还档案时保持原排列顺序，以免发生混乱。②对档案利用行为的监督和指导。外部利用者利用档案时，档案馆（室）应安排工作人员在利用现场监督和指导，发现问题及时指出和纠正。③档案利用方式及利用场所。档案既可以现场阅览，也可以通过网络、邮政、电子邮件、传真、电话等方式利用和查询，现场阅览的场所应为集中式大阅览室，便于管理。通过档案馆主页网上检索或通过电子邮件咨询的，应采取相关的网络安全保密措施。④珍贵档案利用过程中的保护性措施。珍贵档案在利用过程中应采取严密的保护措施，一般提供缩微品或复制件，不提供原件；利用时应特别监护；复制时应采取严格的限制措施和保护性措施。

三、档案实体的修复技术

（一）档案修复原则

档案修复是一项复杂而细致的技术工作。在整个修复过程中，要遵循以下基本原则：①有利于延长档案寿命。修复中采用的各种材料、方法对档案制成材料不能有损害，应有利于延长档案寿命。②保持档案原貌。档案是历史的原始记录，在修复过程中不能丢掉片纸只字，不能任意涂改字迹，不能损坏档案上的任何历史痕迹。③试验先行。使用的修复方法事先要经过试验，确有把握后，才能着手修复工作。

（二）档案修复技术的种类和方法

档案的修复技术主要包括档案字迹和纸张加固技术、档案去污技术、档案去酸技术、档案修裱技术等，具体抢救修复办法可参照《纸质档案抢救与修复规范 第4部分：修复操作指南》（GB/Z 42468.4—2023）。

1. 档案字迹和纸张加固技术

该技术的主要方法有涂料加固、丝网加固和塑料薄膜加固。涂料的主要成分是成膜物、溶剂和助剂。常用的加固涂料包括乙基纤维素、氟树脂、聚甲基丙烯酸甲酯等。

2. 档案去污技术

该技术的主要方法有水洗法和有机溶剂去污法。水斑、泥斑和一些溶于水的污斑，可以用水洗法去除；对某些不溶于水的污斑，如油斑、蜡斑等，可以用有机溶剂去除；档案上的蓝黑墨水斑等色斑，需使用氧化去污法（如过氧化氢去污、高锰酸钾去污等）。

3. 档案去酸技术

去酸实质就是去除氢离子。去酸方法有液相去酸法和气相去酸法。液相去酸法是使用某些碱性溶液与氢离子反应而达到去酸目的。它可分为碱性水溶液去酸和碱性有机溶液去酸。碱性水溶液去酸有氢氧化钙-碳酸氢钙去酸、碳酸氢镁溶液去酸及缓冲溶液去酸等方法。气相去酸是将档案置于碱性气体或蒸汽中去酸的一种方法。它有氨气去酸、吗啡啉去酸、二乙基锌去酸等方法。以下简要介绍液相去酸法中的氢氧化钙-碳酸氢钙去酸和缓冲溶液去酸。

（1）氢氧化钙-碳酸氢钙去酸。将去酸档案在清水中浸透，然后放入0.15%的氧化钙液中10~20分钟，氢氧化钙溶液中的氢氧根与氢离子发生中和反应生成水。取出档案后放在清水中清洗，以除去纸张上大部分氢氧化钙。然后放入0.15%~0.2%的碳酸氢钙溶液中10~15分钟，碳酸氢钙与氢氧化钙反应生成碳酸钙，这样就去除了残留在档案上的氢氧化钙。将去酸后的档案放在吸水纸中压干。残留在档案上的碳酸氢钙会慢慢分解变成碳酸钙。采用这种去酸方法，最后残留在档案上的是微小颗粒的碳酸钙，它慢慢渗入档案纸张纤维中，既能增加纸张白度，又能防止纸张酸度增高，因为它具有抗酸作用。这是该方法的最大优点。

（2）缓冲溶液去酸。缓冲溶液是一种能够抵制外加少量强酸或强碱稀释的影响，其pH值基本不变的混合溶液。它具有调节、控制酸碱度的能力。缓冲溶液去酸原理是缓冲溶液中存在着大量能吸收、结合外加氢离子的负离子，因此，档案放入缓冲溶液中，纸张中的离子被吸收而得以去除。不同化学物质可组成不同pH值的缓冲溶液。档案纸张经缓冲溶液去酸后，其pH值与缓冲溶液的pH值基本相同。纸张的酸碱度呈中性或微碱性对其耐久性有利。因此，档案去酸时应选择pH值为7~8的缓冲溶液。一般采用磷酸盐组成的缓冲溶液，如磷酸氢二钠-磷酸二氢钾缓冲溶液。

4. 档案修裱技术

档案修裱技术主要包括以下两方面内容：

（1）揭"档案砖"，主要有干揭、湿揭及生物酶解等技术。湿揭又包括水冲法、水浸法、蒸汽法、冷冻法等。

（2）修补技术，主要包括以下几类：①补缺技术，即修补档案残缺或有孔洞处的技术。搭接处不宜宽，约2毫米。②托补技术，主要有溜口（补纸宽度一般约为1厘米）和加边、接后背等技术。③托裱技术，即在整页的一面或两面托上一张纸的技术。托裱技术有湿托和干托两种。湿托技术即把糨糊刷在档案上，然后再上托纸，适用于字迹遇水不扩散的档案；干托技术即把糨糊刷在托纸上，撤潮后再与档案黏合，适用于字迹遇水扩散的档案。干托又包括飞托和腹托两种技术。飞托是把糨糊刷在托纸上，晾至半干后把档案字面向上"坐放"在托纸上。需要注意的是，由于飞托是用棕刷将档案正面刷平在托纸上，棕刷与档案正面直接接触产生的摩擦会对字迹、纸张产生有害影响，稍有不慎会把字迹刷花，或者把纸张刷破。腹托是先将档案纸张正面朝下，拼对好破损档案，反扣使字面朝下；然后把刷有糨糊的托纸晾至半干，浆面朝下腹扣在档案背面（即无字的空白面）；最后用棕刷排平、排实。在腹托的操作过程中，棕刷不直接与档案接触，不会产生摩擦现象。因此，腹托适合于破损严重档案的加固。

第四节　档案安全管理

一、档案安全管理概述

（一）档案安全管理的内容

档案安全管理是各级各类立档单位、国家档案馆为实施"以人为本、服务为先、安全第一"的战略，依据相关安全理论、法规政策、规范标准，为保证档案实体安全和档案内容的政治安全，而采取的各项切实维护档案及档案信息系统安全的活动及相关策略、措施和手段。《流动人员人事档案安全管理规范》（LD/T 04—2020）从场所设备、岗位、档案实体、档案信息化等方面规定了流动人员人事档案安全管理的规范。档案安全管理的基本内容包括以下三个方面：①采取有效保护措施，保证档案实体避免受到自然灾害或人为侵害，并使其处于安全状态；②保证档案信息系统在接收归档、整理鉴定、存储保存、利用服务、风险管控的过程中不被非法访问或修改，对合法用户不发生拒绝服务；③为保证档案安全所采取的专项管理策略、技术措施和手段。

（二）档案安全管理的原则

根据《机关档案管理规定》第六十六条规定："机关应当统筹开展传统载体档案数字

化、电子文件归档与电子档案管理的安全保密工作,采取有效措施严防信息篡改、丢失、外泄。涉密档案数字化、涉密电子文件归档与电子档案管理应当严格遵守保密规定。"基于上述规定,档案安全管理应坚持的主要原则归纳起来包括以下方面:①坚持正确的政治方向。各类立档单位的档案部门、国家档案馆都应按照"为党管档、为国守史、为民服务"的档案管理方向,在新时代的档案管理数字化、信息化、网络化的进程中,把握正确的方向,不断增强档案安全管理意识,提高档案安全管理水平。没有正确的政治方向,档案安全管理的任务和目标就难以实现。②坚持服务为先的原则。在档案安全管理实践中,不能以没有政策、法律法规和相关制度依据为借口,人为地限制档案用户的合法利用需求,片面地强调保密和信息安全。③坚持全程全员原则。着力解决档案工作中的薄弱环节和重点难点问题,是维护档案安全的重要前提条件之一。档案安全管理不只是档案安全保密责任人或责任部门的事情,而是贯穿于整个档案管理过程、需要全员参与的事情。实践表明,任何一个档案管理环节出了问题,都会给档案及其内容的安全造成损害。④坚持安全底线原则。各立档单位和国家档案馆都应把档案安全摆放在档案工作头等重要的位置,坚持实体安全与信息安全并重,切实提升安全保障能力,坚决守住档案安全底线。⑤坚持综合治理原则。一是要突出重点部位治理,对档案库房、设备机房、档案数据库、档案信息系统以及涉密载体、设备、网络等高风险部位,要严格落实各项安防措施和管理制度,并经常巡查设备设施运行等情况;二是突出关键环节治理,对档案交接、整理、利用、运输以及档案信息系统改造、档案数据迁移等容易出现问题的环节,要加强业务培训、严格工作流程、明确操作规范;三是突出薄弱领域治理,对电子档案管理、档案数字化外包、档案社会保管服务、企业资产与产权变动过程中的档案处置、农村档案工作等领域的档案安全问题,要加强研究、完善制度;四是突出特殊时段治理,针对严重自然灾害、极端天气情况、突发公共事件、重大会议活动以及敏感历史事件周年日等特殊时段和时间节点,要提前制定工作预案,密切关注形势发展变化,有针对性地加强防范应对,既要确保档案本身的安全,又要防止有人借助档案炒作敏感话题、制造负面影响。

(三)档案安全管理的任务

(1)档案馆库建设与管理。全面检查档案馆(室)库、后备库安全,督促存在安全隐患问题或不符合面积等要求的进行新建或改造。开展副省级以上综合档案馆绿色档案馆自评工作。改善乡镇(街道)、村(社区)档案保管条件,加快档案安全设施设备配备和更新。完善档案库房内控制度,重点建立健全档案库房日常管理、档案流动过程中安全管理等制度和应急预案,推动档案馆(室)实现精细化管理。推进档案安全风险评估、隐患排查治理和应急处置演练常态化。

(2)档案安全保护工作。完善档案安全管理责任制度,健全档案相关保密审查机制,组织开展经常性档案安全保密教育。完善区域性国家重点档案保护中心运行机制和评估标准,发挥其在档案保护技术研究应用、档案保护修复人才培养储备方面的引领辐射作用。鼓励有条件的省份建立省域档案保护中心。加大纸质档案保护和修复关键技术推广应用力度。建立档案服务外包安全工作监管机制,着力对安全风险较高的寄存托管、数字化、信息系统建设等重点领域实施监管。

(3)档案数字资源安全管理能力。提升档案信息化基础设施设备安全水平,实现系统和信息可管可控。加强对档案信息化软硬件产品适用性验证，引导信息技术在档案管理领域安全应用。健全档案网络、档案信息系统和档案数字资源安全保密防护体系。完善档案行业网络与信息安全信息通报机制，提升行业网络安全监测预警和应急处置能力。扎实做好档案数字资源备份工作，完善备份机制，实现馆（室）藏全部档案数字资源完整备份，重要电子档案异地异质备份，积极探索备份新途径，加强备份工作全过程安全监控，切实保障档案数字资源安全。

二、档案安全管理的制度建设

（一）档案安全管理制度建设的依据

各立档单位和国家档案馆在开展档案安全管理的制度建设实践中，应注意遵循的主要法规政策、规范标准、指标体系依据如下。

1. 法律法规依据

开展档案安全管理，应注意遵循国家的法律、行政法规、行政规章、地方性法规、地方规章及相关的档案安全工作规范性文件的要求。

（1）《档案法》在档案安全管理方面主要有以下要求：

第一，配置安全管理设施设备，要求档案馆和档案形成单位按照国家有关规定配置适宜档案保存的库房和设施、设备；建立健全档案安全工作机制，加强档案安全风险管理，提高档案安全应急处置能力。《档案法》第十九规定："档案馆以及机关、团体、企业事业单位和其他组织的档案机构应当建立科学的管理制度，便于对档案的利用；按照国家有关规定配置适宜档案保存的库房和必要的设施、设备，确保档案的安全；采用先进技术，实现档案管理的现代化。档案馆和机关、团体、企业事业单位以及其他组织应当建立健全档案安全工作机制，加强档案安全风险管理，提高档案安全应急处置能力。"第二十六条规定："国家档案主管部门应当建立健全突发事件应对活动相关档案收集、整理、保护、利用工作机制。档案馆应当加强对突发事件应对活动相关档案的研究整理和开发利用，为突发事件应对活动提供文献参考和决策支持。"

第二，加强档案安全监管处置，发现档案安全隐患的，应当及时采取补救措施，消除档案安全隐患；发生档案损毁、信息泄露等情形的，应当及时向档案主管部门报告。《档案法》第四十四条规定："档案馆和机关、团体、企业事业单位以及其他组织发现本单位存在档案安全隐患的，应当及时采取补救措施，消除档案安全隐患。发生档案损毁、信息泄露等情形的，应当及时向档案主管部门报告。"第四十五条规定："档案主管部门发现档案馆和机关、团体、企业事业单位以及其他组织存在档案安全隐患的，应当责令限期整改，消除档案安全隐患。"

第三，加强电子档案安全管理，《档案法》第三十九条规定："电子档案应当通过符合安全管理要求的网络或者存储介质向档案馆移交。档案馆应当对接收的电子档案进行检测，确保电子档案的真实性、完整性、可用性和安全性。档案馆可以对重要电子档案进行异地备份保管。"

（2）《档案法实施条例》在档案安全管理方面主要有以下要求：

第一，建立健全档案安全管理的制度体系。《档案法实施条例》第十八条规定："按照国家规定应当形成档案的机关、团体、企业事业单位和其他组织,应当建立档案工作责任制,确定档案工作组织结构、职责分工,落实档案工作领导责任、管理责任、执行责任,健全单位主要负责人承担档案完整与安全第一责任人职责相关制度,明确档案管理、档案基础设施建设、档案信息化等工作要求。"

第二,配置完备的档案安全管理馆库设备。《档案法实施条例》第二十二条规定:"档案馆应当对所保管的档案采取下列管理措施:(一)建立健全科学的管理制度和查阅利用规范,制定有针对性的安全风险管控措施和应急预案;(二)配置适宜安全保存档案、符合国家有关规定的专门库房,配备防火、防盗、防水、防光、防尘、防有害气体、防有害生物以及温湿度调控等必要的设施设备;(三)根据档案的不同等级,采取有效措施,加以保护和管理;(四)根据需要和可能,配备适应档案现代化管理需要的设施设备;(五)编制档案目录等便于档案查找和利用的检索工具。机关、团体、企业事业单位和其他组织的档案保管,参照前款规定办理。"

第三,规范档案外包服务安全管理。《档案法实施条例》第二十八条规定了档案服务企业应当具备的基本条件及监督措施:"档案馆和机关、团体、企业事业单位以及其他组织依照《档案法》第二十四条的规定委托档案服务时,应当确定受委托的档案服务企业符合下列条件:(一)具有企业法人资格和相应的经营范围;(二)具有与从事档案整理、寄存、开发利用、数字化等相关服务相适应的场所、设施设备、专业人员和专业能力;(三)具有保证档案安全的管理体系和保障措施。委托方应当对受托方的服务进行全程指导和监督,确保档案安全和服务质量。"

第四,提前与延长移交期限。《档案法实施条例》第二十条规定:"机关、团体、企业事业单位和其他组织,应当按照国家档案主管部门关于档案移交的规定,定期向有关的国家档案馆移交档案。属于中央级和省级、设区的市级国家档案馆接收范围的档案,移交单位应当自档案形成之日起满二十年即向有关的国家档案馆移交。属于县级国家档案馆接收范围的档案,移交单位应当自档案形成之日起满十年即向有关的县级国家档案馆移交。经同级档案主管部门检查和同意,专业性较强或者需要保密的档案,可以延长向有关的国家档案馆移交的期限。已撤销单位的档案可以提前向有关的国家档案馆移交。单位保管条件不符合要求或者存在其他原因可能导致不安全或者严重损毁的档案,经协商可以提前交有关档案馆保管。"

第五,档案与数据出境安全管理。《档案法实施条例》第二十七条规定:"一级档案严禁出境。二级档案需要出境的,应当经国家档案主管部门审查批准。除前款规定之外,属于《档案法》第二十五条规定的档案或者复制件确需出境的,有关档案馆、机关、团体、企业事业单位和其他组织以及个人应当按照管理权限,报国家档案主管部门或者省、自治区、直辖市档案主管部门审查批准,海关凭批准文件查验放行。档案或者复制件出境涉及数据出境的,还应当符合国家关于数据出境的规定。相关单位和个人应当在档案或者复制件出境时主动向海关申报核验,并按照出境申请审查批准意见,妥善保管、处置出境的档案或者复制件。"

第六,电子档案及电子档案管理信息系统安全管理。《档案法实施条例》第三十八条规定:"机关、团体、企业事业单位和其他组织应当加强档案信息化建设,积极推进电子档案管理信息系统建设。机关、群团组织、国有企业事业单位应当将档案信息化建设纳入本单位信息化建设规划，加强办公自动化系统、业务系统归档功能建设，并与电子档案管理信息系统相互衔接，实现对电子档案的全过程管理。电子档案管理信息系统应当按照国家有关规定建设，并符合国家关于网络安全、数据安全以及保密等的规定。"第四十一条规定："档案馆对重要电子档案进行异地备份保管，应当采用磁介质、光介质、缩微胶片等符合安全管理要求的存储介质，定期检测载体的完好程度和数据的可读性。异地备份选址应当满足安全保密等要求。档案馆可以根据需要建设灾难备份系统，实现重要电子档案及其管理系统的备份与灾难恢复。"

2. 政策性依据

新时期我国开展档案安全管理制度建设的主要政策依据包括：

（1）《关于进一步加强档案安全工作的意见》。2016年4月26日，国家档案局印发了《关于进一步加强档案安全工作的意见》（档发〔2016〕6号）。该文件对档案安全管理工作提出了非常明确的要求。其内容包括以下方面：

第一，对档案安全工作提出了总体要求。首先，做好档案安全工作是推动档案事业科学发展的前提，是健全档案工作"三个体系"、构建国家基础性战略资源的重要保证。其次，各部门各单位要充分认识加强档案安全工作的重要性和紧迫性，不断增强忧患意识和戒惧之心，增强责任感和使命感，从推动各项事业科学发展、维护党和国家及人民群众根本利益的高度，把档案安全工作抓实抓紧抓好。

第二，明确了做好档案安全工作的指导思想。要求各级各类档案部门应坚持"安全第一、预防为主"的档案安全工作方针，以高度的政治责任感和使命感，继续强化对档案安全工作的领导，进一步明确档案安全责任，积极开展档案安全风险防控和治理，不断完善档案安全保障，建立健全人防、物防、技防"三位一体"的档案安全工作新格局。

第三，明确了档案安全工作目标任务。建成"党委政府领导、档案部门依法监管各部门各单位全面负责"的档案安全工作机制，各部门和单位建立起档案安全责任清晰明确、档案安全风险治理切实有效、档案安全预防控制完备可靠、档案安全保障健全有力的档案安全体系，有效防范各种档案安全风险。

第四，对档案安全管理的责任提出了原则性要求。要求完善档案安全工作领导机制，加强档案安全工作监督管理，落实档案安全主体责任。

第五，明确了档案风险管理的要求，包括法律政策执行风险治理，制度安全风险治理，资源安全风险治理，档案实体管理风险治理，档案信息管理风险治理，档案保密、开放与利用风险治理等。

第六，强调了档案预防控制要求，包括加大安全检查力度、提高应急处置能力、严肃事故责任追究、完善监督管理约束机制等。

第七，完善了档案保障措施要求。首先，加大档案安全工作投入。其次，推进档案安全人才队伍建设。再次，强化档案安全技术支撑。最后，推进档案安全文化建设等。

（2）《档案馆安全风险评估指标体系》。2018年12月14日，国家档案局办公室印发《档案馆安全风险评估指标体系》（以下简称《指标体系》）。《指标体系》对各级国家综合档案馆开展安全风险评估工作的评估依据、方法、内容做了明确规定。《指标体系》主要从馆库安全、档案实体安全、档案信息安全和安全保障机制四大方面（一级指标）及其具体二、三级指标项设立的安全评估点，分析档案馆安全受到损害的可能性，并确定对档案馆安全可能造成损害的表现与标志。

第一，馆库安全。馆库安全方面从二级指标4项（馆库选址、馆库建筑、功能布局、设施设备）、三级指标15项及安全风险点61项进行评估。馆库安全是档案馆安全的基础性保障。近年来，各地区积极推进馆库建设，大大改善了档案保管条件，基本消除了"无库馆""危房馆"现象。然而，一些馆库还是存在着选址环境差、建筑设计不规范、设备设施不到位等影响档案安全的风险和隐患问题，若问题未被及时发现并加以整改，容易发生档案安全事故，造成较大的恶性社会影响。

第二，档案实体安全。档案实体安全方面从二级指标3项（档案保管、档案流转、档案抢救和保护）、三级指标13项及安全风险点39项进行评估。

第三，档案信息安全。档案信息安全方面从二级指标3项（系统安全、数据安全、档案开放和利用安全）、三级指标13项及安全风险点32项进行评估。当代社会信息化浪潮中网络系统安全、数据安全等安全风险都对档案信息安全带来重大影响，各档案馆要高度重视、积极应对档案信息化建设安全新挑战，守住档案信息安全底线。

第四，安全保障机制。安全保障机制方面从二级指标5项（组织保障、制度保障、应急措施、宣传培训、安全保卫）、三级指标11项以及安全风险点22项进行评估。

（二）档案安全管理制度的主要内容设计

建立健全各项档案安全管理制度是新时代档案事业发展的必要保障条件，也是切实维护档案的完整与安全，保证党和国家及各立档单位的正常档案数据、信息资源供给，促进各项现代化建设事业健康发展的重要条件。在当前形势下，立档单位的档案部门和国家档案馆，应依据国家的法律法规、规范标准的要求，建立和完善以下档案安全管理制度：档案库房安全管理制度、档案保密管理制度、档案数据安全管理制度、档案网络和信息系统风险管理制度、涉密档案信息系统、涉密计算机和涉密载体管理制度、档案工作突发事件应急处置管理制度、档案数字化外包安全保密管理制度、重要档案容灾备份管理制度等。

设计各项档案安全管理制度，应着重考虑做好以下制度内容的安排：

（1）体现"三位一体"的档案安全防护体系建设思想。在国家安全观的指导下，构建一个由人防、物防、技防构成的"三位一体"档案安全体系至关重要。这需要档案馆和档案形成单位不仅要完善档案管理的软硬件设施以保障档案资源和信息系统的安全，还要通过提升信息技术安全保障能力来维护档案资源的安全。同时，档案安全人才队伍的建设也不容忽视，需要通过培训和教育提升政治和业务素养，确保档案部门的领导和档案人员对安全负有明确的责任。随着档案资源数字化和电子化战略的实施，档案安全管理模式、管理对象、设施及技术都发生了变化，这要求档案部门不断创新，引入新技术新手段来应对档案安全风险，加强实体保护技术的应用，提升异地异质备份能力，并利用现代信息安全技术保障档案信息安全，以实现档案的长期安全保存。

（2）加强档案安全管理制度体系的建设，形成整体制度合力。在构建档案安全管理制度体系时，应全面考虑，确保制度设计的科学性、实施的有效性以及持续改进，以形成整体制度合力。该体系应涵盖档案实体、数字档案资源和档案信息系统的安全管理。具体而言，需要不断完善档案实体安全管理制度，包括归档、收集、登记、检查、清点核对、存放、修复、抢救以及涉密档案管理等方面。要确保档案的完整性、系统性、可靠性、可用性和机密性，及时归档和移交，建立健全接收、征集工作制度，以及特殊档案的存放和管理制度。同时，应采取有效措施抢救和修复受损档案，确保档案的完整和安全。对于数字档案资源和档案信息系统，应采取现代信息技术手段，建立和完善电子文件归档、保管、利用过程中的信息安全制度，确保数字档案资源的长期可用性、完整性和涉密内容的安全。这包括电子档案的归档制度、信息安全规范、管理系统的设计和维护、软件的选择和更新、数据备份和转换，以及访问控制等。

（3）加强档案安全管理制度更新与落实。近年来，各级档案部门在完善档案安全制度方面做了大量工作，制定了一系列规章制度，初步形成了比较完善的制度体系。进一步强化制度建设，关键是要做好两个方面的工作：①抓好制度的废改立。全面审视现行的档案安全管理制度，淘汰不适用的，修订不完善的，迅速制定急需的新制度，确保制度无死角。加强制度间的协调，避免出现空白和重复，同时简化制度数量和内容，提高其实用性和可操作性。制定制度要立足实际，将有效的实践经验转化为制度规范。各地区各部门应根据自身情况制定档案安全制度，避免简单复制，确保制度能够真正发挥作用。②抓好制度的执行。制度的生命力在于执行。各级档案部门在抓好制度废改立的同时，务必拿出足够精力抓好制度的执行，决不能"制度如林、落实无人"，让制度成为形同虚设的"纸老虎""稻草人"。执行制度必须持之以恒、杜绝例外，决不能管一阵放一阵、严一阵松一阵，更不能因人而异、因事而异，高度警惕"破窗效应"对制度公信力和约束力的严重损害。

在强化制度建设的同时，对相关的标准规范也要一并考虑，把制度的优势与标准规范的优势结合起来，构建维护档案安全的长效机制，使档案安全工作有章可循、有规可依。

三、档案信息系统安全管理

档案信息系统安全管理主要参照《档案信息系统安全保护基本要求》（档办发〔2016〕1号）（以下简称《基本要求》）。《基本要求》适用于省级（含计划单列市、副省级市，下同）及以上档案局馆的非涉密档案信息系统安全保护工作。涉密档案信息系统的安全保护，按照国家保密法规和标准进行；涉及密码工作的，按照国家密码管理有关规定进行。地市及以下各级档案局馆可参照《基本要求》的规定进行非涉密档案信息系统的安全保护。

（一）工作原则

（1）安全引领。建立档案信息系统，要树立"安全第一"的思想，不安全、宁不建，凡已建、必安全。对于准备建设的档案信息系统，要按照同步规划、同步建设、同步运行的原则，建立健全档案信息安全防护体系。对于已建设的档案信息系统，要按照国家有关信息系统安全的要求，查找安全隐患，堵塞风险漏洞，提升安全防护水平，开展定级、测评、整改、检查等信息安全工作。

（2）管理科学。按照计算机信息系统安全等级保护工作谁运行谁管理、谁负责的要求，遵循国家有关信息系统安全保护相关标准规范，结合档案信息系统特点，完善档案信息系统安全保护的规章制度和操作规程，建立本单位档案信息系统安全管理机制，明确档案信息系统的领导责任和岗位职责。以档案数据为核心，对不同安全级别的档案数据实行区别管理。以预防为主，制定应急预案，定期开展应急演练，妥善应对突发事件。

（3）保障有力。贯彻国家有关文件精神，建立档案信息系统安全管理经费投入机制。配备档案信息系统安全管理人员，定期开展安全培训，为档案信息系统安全保护工作提供有力保障。

（二）主要内容

《基本要求》主要以《档案信息系统安全等级保护定级工作指南》中拟定为二级或三级的系统为对象，从技术和管理两个方面对档案信息系统的安全保护提出了具体要求：在管理方面，从安全管理制度、安全管理机构、人员安全管理、系统建设管理、系统运维管理五个一级指标做出详细规定；在技术方面，从物理安全、网络安全、主机安全、应用安全、数据安全及备份恢复五个一级指标做出详细规定。

第五节 档案馆应急管理

应急处置是档案安全的最后一道防线。国务院2006年发布了《国家突发公共事件总体应急预案》，设立了专门的应急机构，建立了应急管理制度。2007年，国家又颁布了《中华人民共和国突发事件应对法》，从法律层面明确了应急处置工作的要求。2008年，按照国家要求，结合汶川地震救灾工作的经验教训，国家档案局印发了《档案工作突发事件应急处置管理办法》（档函〔2008〕207号），对做好应急处置工作提出了要求。2010年，国家档案局编纂了《档案馆防治灾害工作指南》（档办〔2009〕213号），指导各级档案馆做好防灾减灾工作。2015年，按照国家有关要求，建立了档案行业网络与信息安全信息通报机制和网络安全应急响应机制。2019年，国家档案局颁布《档案馆应急管理规范》（DA/T 84—2019）（以下简称《规范》）。

一、档案馆应急管理概述

（一）应急管理概念

根据《规范》，档案馆应急管理是档案馆为有效预防、控制和处理突发事件而采取的预警、响应、处置与救援、善后处理等系列行为措施。其中，突发事件是在档案馆突然发生的、造成或可能造成危害档案安全和干扰档案馆工作秩序，需要采取应急处置措施予以应对的自然灾害、事故灾难、社会安全、网络安全等紧急事件。灾害预警是档案馆根据国家、属地气象等有关部门的预报，已有的知识、经验和所观测的灾害发生可能性前兆，向上级档案部门发出紧急信号，报告风险信息。

（二）应急管理原则

《规范》指出档案馆应急管理工作应遵循以下原则：①统一领导，明确职责。档案馆的应急管理工作在档案馆馆长统一领导下,档案馆相关部门与人员明确责任与分工,执行具体工作任务。②及时报告,信息畅通。档案馆突发事件的预警信息、灾害信息、响应与处置信息等相关信息应及时上报给属地档案行政管理部门及属地应急管理部门,做到不瞒报、不缓报、不漏报。③以人为本,人档兼顾。档案馆突发事件发生后,应该坚持以人为本原则,在保证档案馆工作人员安全的基础上全力抢救馆藏档案。④系统联动,密切协同。档案馆的应急管理工作以本级档案馆为主,同时建立健全实现跨地区、跨部门、跨档案馆的应急响应和联动机制,共享应急管理资源,协同应对突发事件。⑤防护结合,以防促管。将事前预防与事后应急相结合,把档案馆应急管理工作落到日常管理之中,提升突发事件的应对与处置能力。

(三)应急管理的机构及职责

《规范》指出档案馆应建立档案馆应急管理工作领导小组,馆长为第一责任人,下设档案应急管理工作领导小组办公室,负责应急管理工作的具体执行。档案馆应急管理工作领导小组向属地档案行政管理部门备案。档案馆应急管理工作领导小组的主要职责包括:①制定档案馆应急管理工作规划、制度;制定、管理、启动应急预案;②档案馆应急准备、预警、响应与处置、评估等工作的协调、监督与评价;③档案馆应急管理资源调配;④档案馆应急宣传、培训与教育等;⑤定期组织档案馆人员应急演练。

二、应急管理主要内容

根据《规范》,应急管理主要包括风险管控、管理内容与方法两方面内容。

(一)风险管控

1. 预测评估

档案馆应对档案馆库建筑与环境、馆库设施设备、档案保管、档案流转、档案利用、档案保护、档案信息系统管理等方面开展风险辨识,分析查找风险源,预测评估档案馆及档案潜在风险,并形成预防风险的具体方案(参见《档案馆安全风险评估指标体系》)。

2. 预警分级

根据档案馆突发事件的危害程度、影响范围、控制事态的能力,将预警级别由高到低分为四级:

一级预警(特别重大):地震(七级及以上)、暴雨(红色预警)、台风(红色预警)、高温(红色预警)、特大火灾、总水管爆裂、生物病害暴发成灾、特别重大档案盗抢、信息系统受到严重攻击、特别严重的社会群体事件、社会灾害等,可能导致档案馆库严重破坏、档案业务工作中断、档案实体遭到特别严重损毁、档案信息系统遭到严重破坏、大量电子档案数据丢失或泄露,从而严重危害国家安全,导致档案馆人员伤亡严重。

二级预警(重大):地震(四级以上,七级以下)、暴雨(橙色预警)、台风(橙色预警)、高温(橙色预警)、重大火灾、重大档案盗抢、生物病害普遍发生、电路老化、信息系统受攻击、较为严重的社会群体事件、社会灾害等,可能造成档案馆建筑破坏、档案业务工作中断、档案实体一定程度损毁、档案信息系统受到一定程度破坏、部分电子档案数据丢失或泄露，从而一定程度影响国家安全与正常社会秩序和公共利益，造成少量档案馆人员伤亡。

三级预警（较大）：地震（四级以下）、暴雨（黄色预警）、台风（黄色预警）、高温（黄色预警）、生物病害少量发生、水龙头漏水、电路短路、信息系统受攻击、社会群体事件、社会灾害等，可能造成档案馆建筑破坏、档案业务工作受到一定程度影响、档案实体一定程度受损、档案信息系统受到一定程度破坏、少量电子档案数据丢失或者泄露，但不影响国家安全与正常社会秩序和公共利益，一定程度损害公民、法人或社会组织的合法利益，轻微影响档案馆人员身体健康。

四级预警（一般）：暴雨（蓝色预警）、台风（蓝色预警）、高温（蓝色预警）、档案柜架损坏、水管有轻微渗漏、个别档案滋生生物病害或发现生物病害迹象、计算机设备故障等，可能造成档案馆建筑轻微破坏、档案业务工作受到轻微影响、档案实体部分受到轻微损伤、档案信息系统受到轻微破坏、电子档案数据丢失或者泄露，轻微损害公民、法人或社会组织的合法利益，对档案馆人员人身安全无影响。

3. 预警监测

档案馆应急管理工作领导小组应建立相应的预警监测机制，对档案馆库环境、设备设施运转、档案管理过程、档案信息系统运行等日常情况实时监测分析，及时发布预警信息，保障预警监测工作顺利进行。

4. 预警发布与处置

档案馆收到预警信息后，应立即向相关部门发布预警，立即采取措施进行初步预警处置。

（1）预警发布。一级预警中自然灾害等预警信息参照国家、属地气象等有关部门发布执行；一级预警中档案馆突发事件信息由档案馆应急管理工作领导小组发布，同时上报上级主管部门。二级、三级和四级预警信息由档案馆应急管理工作领导小组发布。

（2）预警处置。档案馆收到国家、属地气象等有关部门发布的预警信息后，档案馆应急管理工作领导小组对预警信息加以分析，做好预防和档案应急抢救各项准备工作，并启动应急预案。对可能演变为严重事故的情况须及时上报属地档案行政管理部门。

（二）管理内容与方法

1. 应急预案管理

应急预案是档案馆应急管理工作的纲领性文件，档案馆必须做好本馆应急预案的管理工作。应急预案管理主要包括以下内容：

（1）应急预案编制。档案馆应根据档案馆突发事件类型与突发事件等级制定突发事件应急预案，具体参见《档案工作突发事件应急处置管理办法》（档函〔2008〕207号）。档案馆应急管理工作领导小组主管、档案馆相关部门工作人员共同参与档案馆突发事件应急预案编制。档案馆应急预案制定应以风险评估与档案馆应急资源调查为基础，档案馆应急预案内容编写参见《档案馆防治灾害工作指南》（档办〔2009〕213号）。

（2）应急预案备案。突发事件应急处置预案应向当地党委和政府、有关主管机关和上级档案行政管理部门备案。

（3）应急预案培训。档案馆应采取多种形式，对档案馆工作人员定期培训应急预案，增强处置应急事件能力。

（4）应急预案评估与修订。档案馆应定期评估应急预案，根据相关法律法规、风险变化、应急资源变化、预案实施过程中的问题修订应急预案。

2. 应急演练管理

档案馆应建立应急演练制度，采用实战演练、桌面推演等多种形式，有计划组织开展档案馆工作人员应急演练，以增强其应对突发事件的实战能力。对于重大自然灾害突发事件的应急演练应联合属地政府相关部门开展。应急演练内容参见《档案馆防治灾害工作指南》。

3. 应急组织管理

档案馆应急管理工作领导小组应与档案馆所属地消防、地震、交通、通信等部门建立联动机制。档案馆应主动与安全、消防、宣传、保密、公安、武警、交通、地震、气象、水利、卫生等部门联系，争取各方力量支持。

4. 应急保障管理

应急保障管理主要包括五方面内容：①资金保障。按照档案馆应急管理工作的实际需要，设置突发事件应对保障经费。②人员保障。档案馆应急管理人员由档案馆工作人员、工程与建筑等相关领域专家组成，建立由计算机、通信、建筑、保密、化学、生物、心理等专业人员组成的档案馆应急管理专业人才库。③物资保障。档案馆应准备自动报警、灭火、去湿、消毒、防火、防水、信息网络硬件、软件、应急救援设备等应急物资，并建立档案馆应急物资信息库，为应对突发事件应急管理提供必要保障。④通信保障。档案馆应急管理工作领导小组设一名联络员，负责应急时期的通信联络和信息传递；档案馆配备专用的电话、手机、传真机等必要的通信设备，定期检查维护，确保信息畅通。⑤技术保障。档案馆应急管理专业人才库专家协助档案馆应急管理工作领导小组完成险情鉴定、险情控制、档案转移、受损档案抢救和数据及应用系统恢复等方面的技术咨询、指导与帮助，为档案馆应急管理提供建议，指导档案受灾情况评估、受灾档案的抢救和保护以及恢复工作，必要时参加应急处置工作。

5. 应急响应管理

应急响应管理主要包括以下内容：

（1）应急响应分级。根据档案馆突发事件预警级别，应急响应工作划分为四个等级：

一级应急响应（特别严重）。档案馆发生预警级别为一级的特别重大突发事件，启动一级应急响应。发生预警级别为一级的自然灾害、特大火灾等时，听从应急管理部领导与指挥，按国家紧急状态处置；发生预警级别为一级的其他档案馆突发事件，启动档案馆一级应急预案，并上报上级主管部门。

二级应急响应（重大）。档案馆发生预警级别为二级的重大突发事件，启动二级应急响应。启动档案馆二级应急预案，并上报上级主管部门，在上级主管部门领导和指挥下开展应急响应工作。

三级应急响应（较大）。档案馆发生预警级别为三级的较大突发事件，启动三级应急响应。启动档案馆三级应急预案，由档案馆应急管理工作领导小组负责应急响应工作。

四级应急响应（一般）。档案馆发生预警级别为四级的一般性突发事件，启动四级应急响应。启动档案馆四级应急预案,由档案馆应急管理工作领导小组负责应急响应工作。

(2)应急响应工作启动。档案馆发生火灾、破坏性地震、洪水等自然灾害,水管爆裂、雨水倒灌、屋顶漏水、网络与信息系统事故、电子数据受损、档案盗抢等突发事件,造成库房或档案损毁、档案信息丢失或者泄露时,应启动应急工作。突发事件发生后,档案馆应立即向属地档案行政管理部门报告,并注意及时上报后续有关情况。档案馆应急管理工作领导小组第一责任人负责受灾现场的统一指挥,启动与突发事件一致的应急预案,在保障人员安全的基础上,安排应急现场的救援行动,先期处置突发事件现场。根据突发事件类型不同,采取以下不同先期处置方式(表5.6)。

表5.6 档案馆主要突发事件先期处置方式

序号	档案馆突发事件种类	先期处置方式
1	火灾	工作人员启动档案馆微型消防站灭火;迅速联系当地消防部门支援;在保证人员安全情况下,根据事先确定的优先级别最大限度搬运抢救档案;采取必要措施,防止余灰复燃
2	地震	联系所属地政府争取人员援助,有序组织挖掘、整理、搬运抢救等工作
3	水灾	迅速查找根源;调度抽水泵,迅速排水;尽快将水淹档案干燥处理,对于重要档案可先行冷冻处理,为今后处理争取时间
4	信息系统灾害	阻断网络通道、关闭计算机、中断有害程序等;同时启动数据备份恢复系统,实施数据恢复
5	社会群体事件及社会灾害	及早控制人群聚散,防止事态蔓延;主要领导发布与沟通信息

(3)应急处置。档案馆应急管理工作领导小组立即转为应急管理指挥部,统一领导和指挥档案应急管理工作。档案馆各类突发事件发生时,应迅速联系档案馆应急管理专业人才库中的专家,完成对突发事件的综合评估,制定科学应对策略;紧急制定档案应急抢救方案,减少突发事件对档案的损坏,并尽快实现对受损档案的抢救修复。根据档案载体形式不同,采取以下应急处置方式:①对于实体档案,应针对不同情况分析灾情,积极组织专家小组,制定具体抢救方案,做好运输工具、转移档案设备、应急抢救用房、应急抢救设备与设施准备工作,确保受损档案的安全转移,尽全力保证转移过程中无档案、人员等受损;②针对网络与应用系统和电子档案载体损坏、数据损坏、设备设施损坏事件,需向备份中心申请回送数据的备份数据清单、时间点要求等,通过离线、在线方式回送数据;③从异地备份中心取回数据和文件清单;④重新配置设备,恢复数据。

应急处置应遵循以下要求:①档案抢救遵循先重点、后一般的原则;②应急通信系统应保持良好状态;③主动与上级有关部门联系,及时通报有关情况;④受灾档案抢救过程中,应顾全大局,部门间相互协作配合;⑤在组织执行任务过程中,现场抢救应急指挥机构应及时上报任务执行情况。

6. 恢复重建

突发事件后,档案馆的恢复与重建主要包括以下内容:①确定档案抢救范围,制定抢救工作方案，实施抢救与保护。②对档案馆建筑及设备损害、档案破损和丢失等情况开展全面清理、统计和登记；分析突发事件的原因，分清责任，评估突发事件或自然灾害的后果及影响；调查、分析事故原因，评估事故后果，并监督检查事故责任处理情况。③档案馆应急管理工作领导小组应及时将事件原因、责任及处理结果公布，接受社会的监督。④建立应急抢救工作档案。将抢救前后的受损档案状况以及抢救原则、方法、材料、时间、人员等信息详细记录归档，形成应急管理档案。

思考题：
1. 简述档案保管与保护的基本内涵。
2. 档案库房管理包括哪些基本内容？
3. 档案保护的库房条件包括哪些方面？
4. 论述档案安全管理的基本内容，以及如何加强档案信息系统的安全管理。
5. 档案馆在面对突发事件时，应如何实现有效的应急响应和恢复重建？

第六章
档案检索

档案检索既是档案资源开发的必要条件,也是档案信息服务的基本环节。本章将着重介绍档案的著录、标引、检索语言与检索工具。第一节介绍档案检索的作用、原理、类型、指标与策略,第二节阐述档案著录的原则、要求以及著录项目和著录方法,第三节介绍档案标引的目的、方式、流程、质量指标及规则,第四节讲解档案检索语言的概念、特点及《中国档案分类法》和《中国档案主题词表》的主要内容,第五节介绍档案检索工具的概念、分类以及档案目录数据库。

第一节　档案检索概述

一、档案检索的概念与作用

档案信息资源开发的形式，依据其开发深度可划分为档案的浅加工与深加工两个层次。档案的浅加工是著录、标引档案，编制检索工具，建立检索系统，将档案信息存储在一定载体上并提供查找途径，即档案信息的检索工作；档案的深加工是根据社会需求，实现庞杂的档案信息的系统化、有序化，制成档案产品，编写参考资料，参加编史修志，撰写文章和著作，等等。

档案检索作为档案的浅加工形式，广义上是指系统地存储档案信息并根据需要查找的活动，涵盖存储和查检两方面基本内容。档案检索的存储工作是以便于准确识别和定位档案信息为目的，通过著录和标引将档案信息进行有序化处理后按照一定格式编织成相应的检索工具的过程，具体包括两个步骤：档案的著录与标引，编制检索工具。档案检索的查找工作建立在存储工作的基础之上，是将查找者的检索需要转化为标准化的检索标识，并与检索工具中的档案信息标识进行相符性比较，获取所需档案信息的过程。这一过程具体包括两个步骤：确定查找内容，查找操作。档案检索是开展档案信息服务的必要条件，也是开发档案信息资源的重要手段。

档案检索的作用体现在三个方面：①推进档案利用的高效性和可及性，促进档案价值实现。首先，档案检索通过提供便捷的查询方式和精准的检索结果，大大节约用户利用档案的时间与精力成本，提高了档案利用效率。在互联网技术的支持下，档案检索系统已经实现在线化和远程访问功能，这打破了档案利用的时间与空间限制，使档案信息的传播范围得到拓展，档案利用的可及性有所增强。其次，档案检索能够通过提供多元化的检索途径满足不同用户对档案信息的需求，从而进一步提高档案的利用效果。②档案检索反映档案管理工作的系统性与规范性，提高档案管理质量。一方面，通过统一的著录、标引规则，档案信息被有序地归入不同的序列中，形成了一个层次清晰、结构合理的档案信息体系。这种系统性不仅使得档案信息更易于被检索和利用，还确保了档案管理工作的连贯性和一致性。另一方面，档案的著录、标引及档案检索工具（如目录、索引等）的设计和使用，都是基于标准化的原则和方法。这种规范性能够降低因操作不当或标准不一而导致的错误和混乱，确保档案管理工作的严谨性和准确性，也有利于提高档案管理工作的效率。③推动档案资源的深度开发与利用。将庞杂的档案信息系统化、有序化是档案深加工的前提。面对丰富的档案资源，通过档案信息的著录和标引，档案工作者能够更加深入地挖掘档案资源的内在价值，为深加工提供体系化的信息原料。此外，档案检索工具的组织能够提高工作过程中档案查找的速度和准确性，为档案资源的深加工提供查找方面的便利性。

二、档案检索的基本原理

档案检索的本质在于对已有档案标识与档案需求标识的匹配和选择。具体而言,档案检索包括组织档案特征标识、提取档案需求标识以及匹配与输出三个环节。

(1)组织档案特征标识。这一步骤是档案检索的基础,发生在档案检索的存储工作阶段。通过对已有档案信息的深入挖掘和细致分析,采集和提炼已有档案特征,并借助档案检索语言转化为档案特征标识。这些标识不仅高度概括档案的内容,还能反映档案之间的内在联系和区别。完成档案特征标识的提取后,需按照一定的逻辑结构和顺序,将这些档案标识有序地存储在特定的载体中,以便于后续的检索和利用。

(2)提取档案需求标识。这一步骤发生于用户提出档案检索需求后,即档案检索的查找阶段。这要求全面而深入地采集与分析利用者各种内容和形态的档案利用需求,并借助档案检索语言标准化表示档案需求,形成档案需求标识。

(3)匹配与输出。将档案特征标识和档案需求标识进行相符性比较,输出相符的检索结果。无论是电子检索系统还是手工检索环境,都需要比对利用者的档案需求标识与档案库中的已有档案特征标识。在电子系统中,这一比对过程通过算法自动完成,并快速输出检索结果;在手工检索中,这一比对过程则更多地依赖档案管理人员的经验储备和工作效率,通过逐一查阅和比对来找到符合条件的档案信息,并输出给用户。这一过程是满足用户信息需求的关键环节,因此输出结果的准确性和高效性尤为重要。

三、档案检索的类型

档案检索具有多样性,以下是几种不同的档案检索类型的分类视角。

(一)手工档案检索、机械档案检索和计算机档案检索

从档案检索媒介的角度划分,可将档案检索分为手工档案检索、机械档案检索和计算机档案检索三种。

(1)手工档案检索。手工档案检索主要依赖于纸质或其他传统的印刷型媒介。这种检索类型主要依靠检索者通过手动翻阅档案目录、索引或使用卡片式检索工具来定位所需档案。这种方式的检索效率受到检索者的专业素质及馆藏档案的数量影响,一般而言检索效率较低。但在某些特定环境或条件下,如在小型档案馆或特定主题的档案收藏中,或是在档案机构的电子档案检索系统出现电力故障时,手工档案检索仍具有一定的实用性。

(2)机械档案检索。机械档案检索主要利用机械设备,如微缩胶片阅读器、卡片索引机等特制的机械装置,通过控制机械运动来辅助识别档案标识。相较于手工检索,这种方式在一定程度上提高了档案检索效率,但其效率仍然受限于机械设备的性能水平,成本也较高。此外,随着档案数量的不断增长,机械设备在处理大规模档案信息时也显得力不从心。随着计算机技术的发展,机械档案检索已逐渐被计算机档案检索所取代。

(3)计算机档案检索。计算机档案检索是现代档案检索的主流方式。这一档案检索方式将档案标识转化为二进制编码,并利用计算机技术和数据库管理系统来进行存储、管理和检索工作。通过关键词搜索、布尔逻辑运算等检索功能,利用者能够快速准确地定位

到所需档案。此外,计算机档案检索还支持多媒体档案的检索,如图像、音频和视频等,这大大扩展了档案检索的范围和效率。随着云计算、大数据和人工智能等技术不断发展,计算机档案检索将迎来更多的创新和应用,如通过应用自然语言处理和机器学习技术,档案检索系统便能够识别利用者的查询意图,并输出利用者理想形式的档案检索结果。

(二)目录检索和全文检索

从档案检索对象的角度划分,可将档案检索分为目录检索和全文检索。

(1)目录检索。目录检索是档案管理中最基本的检索方式之一。这一检索方式主要依赖于档案目录体系,通过查找目录条目来获取档案信息。目录检索的核心是档案目录。档案目录是对档案内容和形式特征的揭示与记录,是联系档案内容与档案利用者之间的桥梁。现较常用的档案目录分为分类目录、主题目录、全宗目录等。目录检索的优点在于检索效率高、准确性高,适用于对档案信息有较为明确需求的用户;其缺点在于目录难以全面地揭示档案内容,无法直接获取档案全文内容,需要额外查找档案实体等。

(2)全文检索。全文检索是随着信息技术发展而兴起的一种新型检索方式。这一检索方式直接检索档案全文,可定位到档案中包含检索词的段落或句子。[①]全文检索的实现依赖于全文数据库和全文检索系统。全文数据库是将档案全文内容以数字化形式存储的数据库,全文检索系统则是用于检索全文数据库的软件工具。全文检索适用于用户对档案信息内容需求较为模糊或需求广泛的情况,其检索效率受到数据库大小、分词技术、同义词替换技术等多方面条件影响。

(三)档案分类检索和档案主题检索

从档案信息内容的组织方式的角度划分,可将档案检索分为档案分类检索和档案主题检索。

(1)档案分类检索。这是基于档案的分类体系进行操作的检索类型。在档案管理中,为方便管理和检索,通常会根据档案的性质、内容、形式等特征,将档案划分为不同的类别,形成一个层次分明的分类体系。利用者分类检索档案时,可以沿着分类体系逐层深入,直到找到所需的档案信息;也可以通过直接输入分类号、类名等信息检索。这种检索方式适合对档案信息有一定了解,或者对所需档案的类别有明确认知的利用者。通过分类检索,利用者能够系统地浏览和查找某一类别下的所有档案信息,从而提高检索的准确性和全面性。档案分类检索面临两个方面的挑战:一是分类体系的维护需要依托前沿专业档案知识持续更新,以适应不断变化的档案内容和用户需求;二是对于大型档案机构而言,分类体系的层级可能会非常复杂,导致利用者在检索时需要经过多层级的浏览,影响检索效率。因此,如何优化分类体系和提升利用者的检索体验,是档案分类检索需要解决的重要问题。

(2)档案主题检索。与分类检索不同,档案主题检索是基于档案的主题词、关键词等工具的检索类型。档案主题检索不依赖于档案的分类体系,而是直接关注档案的内容信

[①] 李明禄. 英汉云计算·物联网·大数据辞典[M]. 上海:上海交通大学出版社,2018:216.

息,优点在于检索的灵活性和直接性,利用者无需了解复杂的档案分类体系,只需输入相关的主题词或关键词等即可找到所需档案信息。这一检索类型适合对档案信息了解不多或者需要跨类别查找相关信息的利用者。这一检索类型的局限性在于,随着档案信息的增长,在输入主题词或关键词后可能会输出大量与检索词相关但并非完全符合利用者需求的结果,需要利用者进一步筛选和判断。

四、档案检索指标与策略

(一)档案检索效率

档案检索的效率主要采用四个指标衡量,分别是查全率、查准率、漏检率和误检率。接下来利用简单的韦恩图(图6.1)辅助说明。

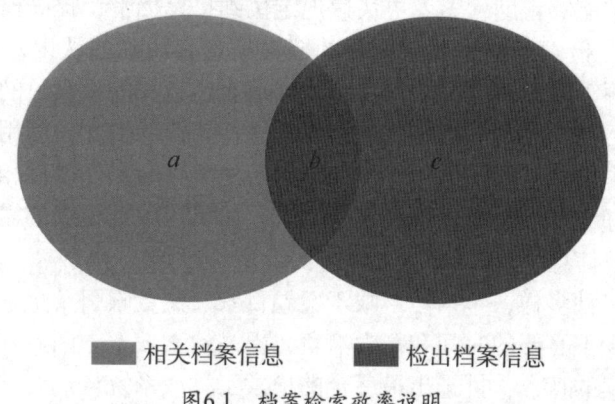

图6.1 档案检索效率说明

查全率(recall ratio,R)是指检索出的相关档案与全部相关档案的百分比,是衡量档案检索系统从档案信息集合中检出相关档案信息成功度的一项指标。查全率计算公式如下:

$$R = b/(a+b) \times 100\%。 \quad (6.1)$$

查准率(precision ratio,P)是指检索出的相关档案与检出的全部档案的百分比,用于反映检索返回结果的精确性。查准率计算公式如下:

$$P = b/(b+c) \times 100\%。 \quad (6.2)$$

漏检率(omission ratio,O)是查全率的补充指标,即指未检索出的相关档案与全部相关档案的百分比。漏检率与查全率之和为1。漏检率的计算公式如下:

$$O = a/(a+b) \times 100\%。 \quad (6.3)$$

误检率(noise ratio,N)是查准率的补充指标,指检索出的不相关档案与检索出的全部档案的百分比。误检率与查准率之和为1。误检率的计算公式如下:

$$N = c/(b+c) \times 100\%。 \quad (6.4)$$

上4式中:a为未检索出的相关档案;b为检索出的相关档案;c为检索出的不相关档案。

在档案检索中,查全率和查准率通常存在一定的互逆关系。追求更高的查全率可能会导致查准率下降,反之亦然。

除上述常用的四个效率指标，还可用检索速度、用户满意度等其他指标来衡量档案检索的效率。①检索速度。检索速度是从发出检索指令到获得检索结果所需的时间。检索速度的快慢直接影响用户的使用体验，高效的档案检索应该能够在短时间内返回准确的检索结果。②用户满意度。用户满意度并不是一个直接的效率指标，而是从用户视角衡量档案检索成功与否的重要因素。用户满意度可以通过调查、反馈或用户行为分析来评估。高效的档案检索应该能够满足用户的期望和需求，提供直观、易用且有效的检索体验。

（二）档案检索策略

为保证良好的档案检索效率，检索者需要应用系统且实用的档案检索策略进行档案检索操作。典型的档案检索策略包括明确检索需求、选择合适的检索工具和确定检索词与检索方式。

明确的检索需求能够帮助检索者更快速地定位到目标档案，提高检索效率和准确性。在实际检索操作前，检索者首先要对所需的档案信息有明确的认识，包括所需档案的主题、生成时间或来源等要素。这要求利用者清晰地表达自身的检索目的，也要求检索者能够准确地接收这一目的，并利用标准化检索语言进行转换。因此，利用者需与检索者保持有效沟通，必要时提供相应的辅助材料（如查阅历史事件时提供事件相关新闻报道）进行说明。检索者需要仔细地倾听并理解利用者需求，如果接收到模糊的需求表述，应及时向利用者询问更多细节信息。

档案检索工具多种多样，包括但不限于案卷目录、文号索引及全宗指南等。选择合适的检索工具能够减少不必要的时间和精力浪费，提高检索效率。因此，需根据档案机构的实际情况和所需档案的特点，挑选出最适合的检索工具或系统。这要求检索者在选择检索工具时，要充分熟悉所在机构的档案检索系统和规则，并对所需档案特征有全面的了解。同时，在检索工具不清或选用工具后检索结果不理想时，可以尝试多种工具，以输出更符合利用者需求的检索结果。

确定合适的检索词和检索方式对于提高检索的精确度至关重要。一方面，在确定检索词时，应针对利用者档案检索需求进行全面的主题分析，并利用标准化的主题词、关键词进行表述。也可以考虑通过添加同义词、近义词或相关词作为检索词来丰富检索结果。此外，合理地使用布尔逻辑运算符编辑检索式，能够更精确地定位到所需档案。另一方面，检索方式包括精确检索、模糊检索等，根据实际情况选择合适的检索方式能够优化档案检索结果。在检索需求表述标准化、追求检索结果完全匹配和处理大量数据时可采用精确检索，而在需求难以标准化表述、进行探索性搜索时，可考虑使用模糊检索方式。这要求检索者具备概念分析、标准词表应用及概念组配能力，拥有良好的档案检索技巧并熟练掌握各种档案检索方式。

第二节 档案著录

一、档案著录的概念

档案著录（description）是为检索和管理档案资源，分析、选择、组织和记录档案内容、结构、背景或管理活动的过程。档案著录的具体内涵如下：

（1）档案著录的核心目的是方便检索和管理档案资源。通过著录操作，档案机构能够将原本繁杂的档案信息转化为结构化、标准化的数据项，进而使得利用者能够更快速地定位到所需档案资源，同时也方便档案管理人员有效地分类、整理和存储档案资源。

（2）档案著录以档案的内容、结构、背景和管理活动为主要内容。①档案内容，通常指的是档案中所包含的具体信息或数据，如一份企业项目档案的内容可能包括项目基本信息、实施过程、财务状况、参与人员等。在著录时，需要分析和选择这些信息，提取出关键的信息点，以便于后续的检索和管理。②档案结构，涉及档案的组织方式和载体形式。内在组织方式包括档案的文种、稿本、附件等著录项。档案的外在载体形式众多，在实体档案中存在纸质印刷型、缩微胶片型等载体形式，在电子档案中也有文本格式（pdf、txt、docx等）、音频格式（mp3、wav等）、图片格式（jpg、png等）等多种外在载体结构。著录档案结构使档案能够被更准确高效地辨识，从而提高档案的检索效率。③档案背景，通常指的是档案产生和存在的环境和情境，包括档案创建的时间、地点、目的以及相关的历史、文化和社会背景。了解这些背景信息有助于更好地理解档案的内容和价值，也能为后续的档案利用提供重要参考。④档案管理活动，涉及档案的创建、保存、利用、处置等各个环节。在著录过程中记录这些管理活动，有利于追踪档案的流动和使用情况，确保档案的完整性和安全性。

（3）档案著录工作包含分析、选择、组织和记录过程。档案著录的实施要按照档案管理的基本原则，在依据一定的档案著录规则的条件下分析档案在内容、格式、背景和管理活动中的基本信息，选择关键信息进行记录和标准化描述，合理地组织这些信息以便于检索和利用，最终将这些信息以固定的格式记录下来。这一系列的步骤都需要著录人员具备扎实的专业知识、敏锐的分析能力和严谨的工作态度。

二、档案著录原则和要求

（一）档案著录原则

1. 客观性原则

档案著录首先要遵循客观性原则。在2022年新发布的《档案著录规则》（DA/T 18—2022）中充分体现了档案著录的客观性原则要求。一方面，《档案著录规则》要求在著录中尽可能保留档案原文的客观性，提出按照档案本身的文字、原题名的用词、排列顺序著录，保留题名中的标点符号；另一方面，《档案著录规则》要求区分自拟著录内容，维护档案著录内容的客观性，包括在自拟著录内容加""，错误的原题名、责任者、形成时间照录，但应另拟题名或将考证出的责任者与形成时间附后，或在附注项说明等。

2. 适应性原则

档案著录还需要遵循适应性原则。随着现代档案管理与利用需求的变化，档案多级著录应运而生。多级著录（multilevel description）是从文件、案卷、类别到全宗分层级实施著录的方法，反映了著录的层级结构。档案的多级著录不仅能够完整地展现档案的特征信息，还能揭示档案之间的有机联系，为档案著录提供层次清晰、结构合理的框架，保障档案著录的灵活性与有效性。这一方法的实施也有利于补充可供检索的档案信息，能够进一步提升用户的档案检索体验。①

关于多级著录，国内外已有相对完善的标准。国际档案理事会（ICA）在1999年发布的《国际标准——档案著录规则（总则）》[ISAD（G）]中明确提出多级著录的概念，并给出了相关的多级著录参考模型。我国的《档案著录规则》中同样给定了多级著录的概念及相关模型（图6.2）。上述参考模型仅为多级著录的一般模型，并未详尽所有可能的著录层级。

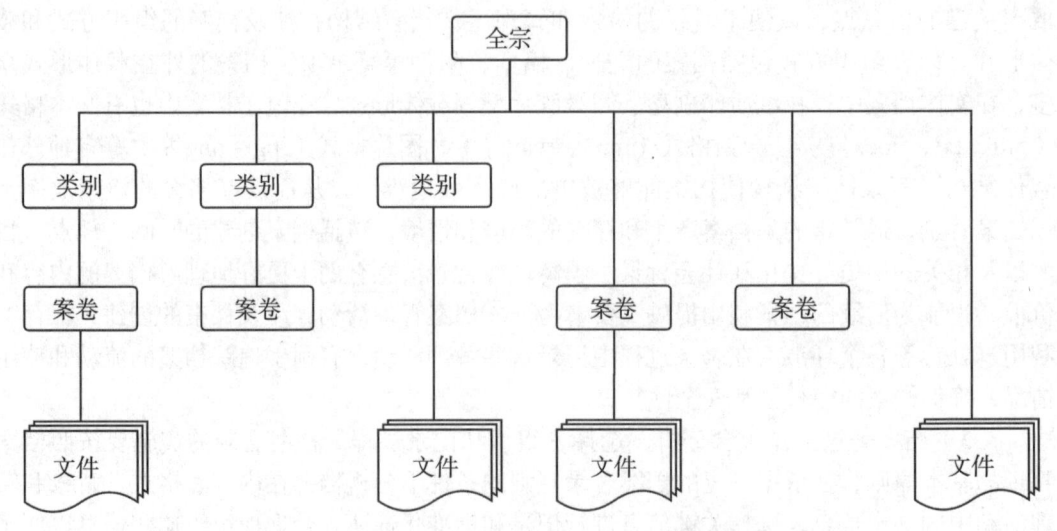

图6.2 《档案著录规则》中的多级著录模型

（二）档案著录要求

档案著录的要求为内容准确，形式一致，符合标准。①著录工作必须忠实于档案原件，确保所记录的信息与档案内容完全一致，无误差、无遗漏。只有内容准确，才能保证利用者在使用著录项检索时得到真实可靠的信息。这要求著录人员具备严谨的工作态度和专业的档案知识，能够准确理解档案内容，并将其用精准的语言著录。②著录工作应遵循统一的著录格式和规范，确保每一层级档案的著录都符合相同的标准。形式一致不仅包括

---

① 马寅源. 国内外档案多级著录的比较研究[J]. 档案学研究，2017（2）：51-56.

著录项目的排列顺序、著录符号的使用一致，也要求著录的文字表述、内容选用标准等方面一致。一致的著录形式有助于实现档案管理的规范化和标准化，也更便于用户检索和利用。③档案著录工作应依据《档案著录规则》这一通用标准，以确保著录的通用性和互操作性。针对内容和形式特殊的档案，还应遵循相应的专门标准规范著录。例如，对于电影艺术档案，就需特别遵循《电影艺术档案著录规则》（DA/T 51—2014）来执行；对于明清档案，应依照《明清档案著录细则》（DA/T 8—2022）开展著录工作。符合标准的著录不仅能够满足当前档案管理的需要，还能够适应未来档案管理的发展趋势。

三、档案著录项目与方法

我国现行的档案著录规则为国家档案局于2022年4月7日发布的《档案著录规则》。该规则于2022年7月1日实施。《档案著录规则》确立了档案多级著录模型和原则，明确档案著录项目及其约束性、著录层级及著录主体，规定各著录项目的著录要求，适用于档案馆（室）对各类档案的著录。

（一）档案著录项目

著录项目指揭示档案内容、结构、背景或管理活动的记录事项。在《档案著录规则》中，著录项目包括标识、背景、内容与结构、查阅与利用控制、相关档案材料、附注、著录控制7个大项，35个小项。具体项目内容如下。

（1）标识项，包括档案馆代码、著录层级、档号、题名、文件编号、日期6个小项。档案馆代码是国家档案主管部门为每个档案馆赋予的唯一代码。著录层级指记录著录单元的著录层级。档号是以字符形式赋予档案的一组唯一代码，用于反映、固定和识别档案排列顺序。题名，又称标题、题目，是表达档案中心内容、形式特征的名称。文件编号是文件制发过程中由制发机关、团体或个人赋予文件的顺序号。日期为著录单元的形成日期或起止日期。

（2）背景项，包含责任者、组织机构沿革/人物生平、档案保管沿革3个小项。责任者是对档案内容进行创造或负有责任的组织机构或个人。组织机构沿革/人物生平简要记录全宗级著录单元责任者的历史沿革或生平传记。档案保管沿革主要记录收集档案的过程及历次保管权转移的情况及时间。

（3）内容与结构项，包含范围和提要、人名、稿本、文种、附件、载体形态、计算机文件大小、计算机文件格式、生成方式、整理情况、保管期限、销毁情况12个小项。范围和提要项是在相应的著录层级上，简要概括并记录著录单元的范围和内容。人名项记录著录单元中具有检索意义的人物姓名。稿本是档案文件的文稿、文本和版本。文种是文件种类的名称。附件是文件正文后的附加材料。载体形态是著录单元的载体类型、数量和单位以及规格。计算机文件大小是电子文件、电子档案和传统载体档案数字化成果的字节数。计算机文件格式是电子文件在计算机等电子设备中组织和存储的编码方式。生成方式是电子档案比特流首次形成的方式。整理情况是著录单元的内部结构、排序及分类体系等信息。保管期限是对档案划定的留存年限。销毁情况是鉴定后对失去保存价值的著录单元进行毁灭性处置的说明。

（4）查阅与利用控制项，包含密级、公开属性、开放标识、语言或文字、主题词或关键词、分类号、缩微号、存储位置8个小项。密级是文件保密程度的等级。公开属性是著录单元的公开审核意见。开放标识是著录单元的开放审核意见。语言或文字是著录单元中使用的语种名称。主题词是在标引和检索中用以表达档案主题内容的规范化的词或词组，关键词是在标引和检索中取自题名或正文用以表达档案主题并具有检索意义的非规范化的词或词组。分类号是对档案进行主题分析，并依照档案的内容和特点分门别类后形成的类目标记符号。缩微号是档案馆（室）赋予档案缩微制品的编号。存储位置是档案的物理或逻辑存址。

（5）相关档案材料项，包含原件存放位置、复制件存放位置、相关著录单元3个小项。相关著录单元是保存在本机构或别处的具有来源联系或其他关联的著录单元。

（6）附注项，包含附注1个小项。附注是其他著录项目中无法展现但需解释和补充的信息。

（7）著录控制项，包含著录者和著录日期2个小项。著录者是完成档案著录工作的责任人员。著录日期是完成著录条目的日期。

（二）档案著录方法

1. 标识项的著录方法

（1）档案馆代码。档案馆代码应照实著录。

（2）著录层级。记录著录单元所在的著录层级。如"文件级""案卷级"。

（3）档号。按照《档号编制规则》的规定，对各著录层级赋予不同的档号。《档号编制规则》规定了按卷整理的档号结构"全宗号-类别号-案卷号/组号/册号-件号/页号"，以及按件整理的档号结构（全宗号-类别号-件号）。在档案馆（室）内管理档案时，采用档号作为档案的唯一标识；馆际交流时，宜采用"档案馆代码-档号"作为档案的唯一标识；国际交流时，宜采用"国家代码-档案馆代码-档号"作为档案的唯一标识。

（4）题名。文件题名一般指正题名，也可能同时存在并列题名、副题名或说明题名文字。

正题名是档案的主要题名。应在相应的著录层级上，拟写或照原文记录著录单元的正题名。文件题名的著录应符合以下要求：①有题名时，一般照原文著录；②原题名不能揭示内容或过于冗长时，原题名照录，并根据文件内容另拟题名附后，加""，如"共青团中央关于纪念一二·九的通知"；③原题名中出现人名但人名不全时，宜补全缺少的人名，有别名的宜注明常用名，如"[毛泽东]《给萧旭东、蔡林彬[蔡和森]并在法诸会友》"（说明：文件原题名为《给萧旭东、蔡林彬并在法诸会友》）"；④无题名时依据文件内容拟写题名，并加""。案卷题名一般宜照原文著录。案卷题名不能揭示内容或过于冗长时，应重新拟写，将原题名修改好后再著录。类别题名一般包括责任者、问题和材料形式，问题可反映职能、活动、主题、地点等。全宗题名即全宗名称，应照实著录。

并列题名是以第二种语言文字书写的与正题名对照并列的题名。必要时并列题名与正题名一并著录，并列题名前加"="。

副题名是解释或从属于正题名的另一题名。副题名一般宜照原文著录，正题名能够反映档案内容时，副题名不必著录。说明题名文字是在题名前后说明档案内容、范围、用途等的文字。必要时说明题名文字照原文著录。副题名及说明题名文字前加"："。

（5）文件编号。文件编号包括发文字号、科研试验报告流水号、标准规范类文件的统编号、图号等。文件编号应照实著录。对于有多个文件编号的档案，应将所有文件编号逐一记录，之间用"；"隔开，如"府事字第11235号；府事字第11236号"。

（6）日期。文件级著录单元，应著录其形成日期；案卷级以上（含案卷级）著录单元，应著录其起止日期。以公元纪年的日期应用阿拉伯数字表示，第1~4位数表示年，第5~6位数表示月，第7~8位数表示日，例如"19810824"。历史档案中的朝代纪年、农历、地支代月、韵目代日，应照原文著录，同时将对应的公元纪年附后，如"清乾隆十年九月二十六日（17451021）"。文件的形成时间一般按表6.1中的规则著录。起始日期应记录著录单元中最早形成的文件的日期，终止日期应记录著录单元中最迟形成的文件的日期。无论是本年度或跨年度，著录起始日期与终止日期时均不应省略年度。

无确切日期的著录单元，应考证并按照以下规则著录，同时在附注项中说明考证前的原日期和考证依据：①没有形成日期的文件，根据其内容、形式特征等考证出形成日期后著录，并加引号（""）。②文件形成日期不完整或部分日期字迹不清时，考证前仍照原文著录，原日期中缺少或字迹不清部分以"□"补之；考证后，著录考证出的日期，并加引号。③文件形成日期记载有误或有疑义时，考证前仍照原文著录；考证后，著录考证出的日期，并加引号。④文件形成日期考证不出时，著录为"□□□□□□□□"或著录文件上的收文日期、审核日期、印发日期等其他日期，但应在附注项中注明著录的是何种日期。⑤若考证出的形成日期根据不足时，在其后加"？"，一并著录于引号内。

表6.1 档案形成时间著录规则

文　　种	著录形成时间
公私文书、信札	发文日期
决议、决定、命令、法令、规程、规范、标准、条例等文件	通过或发布日期
条约、合同、协议	签署日期
技术评审证书、技术鉴定证书、转产证书	通过日期
获奖证书、发明证书、专利证书	颁发日期
科研试验报告、学术论文	发表日期
工程施工图、产品加工图	设计完成日期
竣工图	绘制完成日期
原始试验记录、测定检验数据	记录日期

2. 背景项的著录方法

（1）责任者。责任者只有一个时，照原文著录。文件级著录单元责任者有多个时，应逐一著录；案卷级以上（含案卷级）著录单元责任者有多个时，著录主要责任者，立档单位本身是责任者的必著，其余视需要著录。被省略的责任者用"等"表示。责任者之间以"；"相隔。多个责任者具有同一职责或身份又需著录时，宜将职责或身份置于最末一个责任者后的"（ ）"中，责任者之间以"，"相隔。同一责任者有多个职责或身份又需著录时，宜将多个职责或身份置于责任者后的"（ ）"中，职责或身份之间以"，"相隔。所署责任者为别名、笔名时，应照原文著录，但应将其真实名称附后，并加"（ ）"。

组织机构责任者应著录全称或不发生误解的通用简称。不同时期有不同名称时，著录文件形成时期使用的名称；以往使用过的名称在著录项目"组织机构沿革"中予以说明。历代政权组织机构责任者，著录时其前应冠以朝代或政权名称，并加"（ ）"。

个人责任者一般只著录姓名，必要时在姓名后著录单位、职务、职称或其他职责，并加"（ ）"。文件所署个人责任者有多种职务时，只著录与形成文件相应的职务，如"毛泽东（中共中央主席）""毛泽东（国家主席）"。清代及其以前的个人责任者应冠以朝代名称，并加"（ ）"，如"（清）李鸿章"。少数民族个人责任者称谓各民族有差异，著录时遵照该民族的署名习惯。外国责任者，姓名前应著录各历史时期易于识别的国名简称，其后著录统一的中文姓氏译名。必要时著录姓氏原文和名的缩写。国别、姓氏原文和名的缩写均加"（ ）"。

未署责任者的文件，应著录根据其内容、形式特征考证出的责任者，并加引号；考证无结果时，以三个"□"代之。文件责任者不完整时，考证前仍照原文著录；考证后，应著录考证出的完整责任者，并加引号，如"周恩来（说明：原文件责任者为'周'）"。文件责任者有误，考证前仍照原文著录；考证后，应著录考证出的真实责任者，并加引号。考证出的责任者根据不足时，在其后加"？"，一并著录于引号中。

（2）组织机构沿革/人物生平。对于组织机构责任者，著录其名称、时间、主要职能、隶属关系、全宗构成者主要负责人名录、内部机构设置及其各历史阶段演变情况等。对于个人责任者，著录其姓名、别名、生卒年月日、籍贯、职务、职称、主要业绩、荣誉称号及简历等。

（3）档案保管沿革。根据实际情况记录接收、接受捐献、购买、代存等收集档案的过程及历次保管权转移的情况及时间；对于保管历史不清晰的著录单元，也应据实记录。全宗级著录单元应详细著录档案保管史，其他著录层级的著录单元可根据实际情况选择著录。

3. 内容与结构项的著录方法

（1）范围和提要。在相应的著录层级上，简要概括并记录著录单元的范围和内容，如时间范围、地点范围、主要内容和重要数据（包括技术参数）等。

（2）人名。记录著录单元中具有检索意义的人物姓名，必要时可同时著录人物的身份证号码、职务、出生地、工作简历等信息。涉及多个人物时，应逐一著录，并用"；"隔开。

（3）稿本。稿本包括草稿、定稿、手稿、草图、原图、底图、蓝图、正本、副本、原版、试行本、修订本、影印本等，应照实际情况著录。

（4）文种。文种包括决议、决定、命令（令）、公报、公告、通告、意见、通知、通报、报告、请示、批复、议案、函、纪要、说明书、协议书、鉴定书、任务书、判决书、国书、照会、诰、敕、奏折等，应照实际情况著录。

（5）附件。文件正文后有附件的应著录附件题名。文件正文后有多个附件时，应逐一著录各附件题名,中间以";"隔开。附件具有独立检索意义时,应在附注项中著录附件的文号、责任者、日期等。

(6)载体形态。载体形态是包括著录单元的载体类型、数量和单位以及规格。载体类型包括甲骨、金石、简牍、缣帛、纸、照片、唱片、胶片、胶卷、磁带等。以纸张为载体的档案一般不予著录,其他载体类型据实著录。用阿拉伯数字记录著录单元的数量,用档案物质形态的统计单位记录载体数量对应的单位,如页、件、卷、册、张、幅、个、片、盒、盘、米等。规格方面记录著录单元载体的材质、色彩、尺寸及型号等。

(7)计算机文件大小。计算机文件大小应照实著录,一般以MB为计量单位,如"0.14MB"。

(8)计算机文件格式。记录文件格式的名称,必要时著录格式版本和格式描述。示例:文本格式ofd、pdf、doc、xls、ppt、txt、wps、xml、html等,图像格式jpg、tiff、gif、png、bmp等,图形格式dwg、dxf、igs等,音频格式wav、mp3、mid等,视频格式mp4、avi、wmv、flv、mpg、rm等。

(9)生成方式。生成方式包括原生、数字化、编辑。著录单元为电子档案时,生成方式著录为"原生";著录单元为数字化转换形成的数字副本时,生成方式著录为"数字化";著录单元为在尊重客观事实基础上经剪辑或非线性编辑形成的电子档案时,生成方式著录为"编辑"。

(10)整理情况。类别级以上的著录单元,简要说明其整理情况,如:"该全宗档案(1978年—1985年)共19卷,1309份。文件排列基本齐全,按年度-组织机构分类,直属单位的案卷排列在每年度的最后,历年干部任职存入党委类。"。

(11)保管期限。2006年以前的档案,保管期限一般分为永久、长期和短期3种;2006年以后的档案,保管期限分为永久和定期。应著录原定的保管期限,保管期限有更改的,应著录新的保管期限。

(12)销毁情况。应著录销毁时间和销毁方式。

4. 查阅与利用控制项的著录方法

(1)密级。应著录文件形成时所确定的密级和保密期限,可同时著录保密期限届满年月。已升密、降密、解密的文件应著录变更情况,如新的密级、保密年限和解密日期等。

(2)公开属性。公开属性包括主动公开、依申请公开或不予公开,应照实著录。不予公开的著录单元,宜在附注项中注明理由。

(3)开放标识。开放标识包括开放、控制、延期开放和未审核等,应照实著录。受控的著录单元,宜在附注项中注明受控依据。

(4)语言或文字。应按照《语种名称代码》(GB/T 4880—2009)(所有部分)、《中国语种代码》(GB/T 4881—1985)中语种的汉语名称著录。

(5)主题词或关键词。本著录项目可著录主题词,也可著录关键词。主题词宜按照《中国档案主题词表》及各行业相关规范化的词表标引。关键词可自由取词。多个主题词之间或多个关键词之间以";"相隔。

(6)分类号。分类号应按照《中国档案分类法》和《档案分类标引规则》(GB/T 15418—2009)的规定著录。

（7）缩微号。缩微号应照实著录。

（8）存储位置。传统载体档案，著录其在库房中的存放位置，如"本馆602库房第10排密集架第2列"。电子档案，著录其脱机载体类型、编号和存址，如"光盘，350100-CD-00001，某某省档案馆2号库房（说明：电子档案）"。

5. 相关档案材料项的著录方法

（1）原件存放位置。当著录单元是复制件或包含复制件时，著录其在本机构或别处是否存在原件以及原件的存放位置。如确认原件不复存在，应加以说明。

（2）复制件存放位置。当著录单元在本机构或别处有相应的复制件时，著录其存放位置，如"本全宗异地备份复制件存放在某某市档案馆"。

（3）相关著录单元。记录相关著录单元题名、档号等相关信息，并说明具体的关系，如"参见中共某某省委政法委员会全宗，全宗号X010"。

6. 附注项的著录方法

各著录项目中需注明的信息应按照各著录项目的顺序著录，著录项目以外需解释和补充的信息列在其后。每一条附注都应分段著录。

各著录项目中需要注明的事项如下：①题名附注。注明同一文件的不同题名或其他称谓，如"题名又称'工业三十条'"。②日期附注。注明考证前的原日期和考证依据。当著录的日期为非形成日期时，应注明为何种日期。③责任者附注。注明考证前的原责任者、考证依据。④稿本附注。著录单元有不同稿本者应予注明。⑤附件附注。注明有独立检索意义的附件的文件编号、责任者、日期等。⑥载体形态附注。记录载体发生的重要变化，如破损、残缺、变质、字迹褪变和无法播放等情况，如"中间缺三页"。除上述附注内容外，需要注明的其他事项。

著录项目以外需要注明的事项如下：①著录单元另有其他载体形式者应予注明；②著录单元经考证为赝品者应予注明；③著录单元有重要批示的应予注明；④除上述附注内容外，需要注明的其他事项。

7. 著录控制项的著录方法

（1）著录者。记录著录者姓名及其工作单位名称。著录者姓名与工作单位名称之间以"，"相隔，多个著录者信息之间以"；"相隔。例如"王强，某某市环保局"。

（2）著录日期。著录条目有更新时，应同时著录更新日期。著录日期应按照日期项给出的规则著录。

第三节 档案标引

一、档案标引的概念与目的

档案标引是对档案内容进行主题分析，赋予检索标识的过程。档案标引包含两个核心环节：①主题分析。在了解和分析档案的内容特征及帮助揭示内容的某些外在特征之后，将这些特征概括为主题，并用自然语言表述，同时分析主题概念之间或主要概念因素之间的结构关系。②赋予标识。即利用一定的检索语言用专门的主要概念或概念因素，构成一定形式的检索标识。具体的标引步骤在后文中详细介绍。

档案标引的目的是揭示档案的主题内容，为从内容方面查找档案提供检索途径。档案标引的首要任务是通过对档案内容的分析，提炼出关键信息和核心概念。这一过程旨在深入挖掘档案的内在价值，将其主题内容以简洁明了的方式展现出来。这不仅有助于用户快速理解档案的核心要点，也为后续的研究和利用提供明确的方向。档案标引通过为档案赋予关键词和主题词，为利用者提供多种检索方式。利用者能够利用这些词汇直接定位到包含所需信息的档案，无需逐份翻阅大量资料。这种检索方式不仅提高查找效率，还能降低检索遗漏的风险。

二、档案标引方式

（一）人工标引和机器标引

依据工作方式的不同，可将档案标引分为人工标引和机器标引。

（1）人工标引，又称手工标引，是标引人员亲自分析文件或案卷，给予检索标识的过程。人工标引由专业的标引人员亲自分析文件或案卷，能够根据档案的具体内容和上下文进行精确的理解和分析，因此标引的准确性相对较高；且人工标引可以处理各种复杂的和非标准的档案内容，对于难以用机器自动识别的特殊情况，人工标引具有更好的适应性。

（2）机器标引，又称自动标引，是采用电子计算机等机器给予档案某种检索标识的过程。机器标引采用电子计算机等机器自动处理，速度远快于人工标引，能够高效处理大量档案，效率较高；减少人力资源的投入，降低人力成本；基于预设的算法和规则标引，减少人为因素的干扰，结果客观性强；算法和模型能够随着技术进步不断优化和更新以适应新的需求，可扩展性强。

机器标引和人工标引在现代档案管理中都发挥着不可或缺的作用。机器标引以其高效、自动化的特点满足大规模档案信息的处理需求，人工标引则凭借其准确性、灵活性满足高质量、精准化标引需求。两者相辅相成，共同推动档案标引水平提高。

（二）分类标引和主题标引

依据检索体系不同，可将档案标引分为分类标引和主题标引。

（1）分类标引指对档案内容进行主题分析，赋予分类号标识的过程。可根据标引的程度又分整体分类标引、全面分类标引、分类互见标引。档案的分类标引需依据一定的标准。我国现行的档案分类标引规则为《档案分类标引规则》。在后文中具体介绍档案的分类标引。

（2）主题标引指对档案内容进行主题分析，依据特定主题词表和标引规则，赋予主题检索标识的过程。从采用标引语言是否规范的角度来区分，分为自由标引、受控标引、混合标引。

（三）浅度标引和深度标引

依据提供检索标识的数量，可将档案标引分为浅度标引和深度标引。

浅度标引是以较少的检索标识标引档案的主要主题。浅度标引的优势在于精简高效，因此更适用于有快速筛选和明确检索目标的需求的应用场景中。

深度标引是以较多的检索标识全面地标引档案的主题。深度标引的优势在于全面精确，因此更适合应用于需要深度分析、内容复杂的档案。

三、档案标引流程

（1）查找并利用已有的档案标引成果。在标引操作之前，需查明待标引的档案是否已被本单位、本系统或其他单位、其他系统标引过，如已有标引成果，则可以直接采用或作为后续工作的参考。也需查明是否有相关档案的标引成果可供借鉴。查找、利用的具体对象包括：①复本，要求查看待标引文献是否是本单位收藏并标引过的文献的复本；②统一标引成果，即由一个单位标引而其他单位共享的标引成果；③联合标引成果，即多个单位共同合作形成的标引成果等。

查找并利用已有的档案标引成果能显著提高标引工作的效率。已有的档案标引成果是前人智慧的结晶，通过借鉴这些成果，标引者能够更迅速地掌握档案的主题内容，减少重复劳动，节约标引工作时间。同时，利用已有的相关档案的标引成果能确保标引工作的一致性，使得不同的档案在标引时遵循统一的标准和规范。这对于档案管理的规范化具有重要意义，同时还能够提高档案检索的准确性和效率，为后续构建档案知识网络提供基础。

（2）阅读档案。阅读并梳理档案主题是保障档案标引质量的基础。只有深入理解档案的内容，才能准确提炼出其主题，进而精准地标引。在阅读档案过程中，首先要把握档案的题名。一般而言，题名简明地概括档案的主要内容要素。其次，摘要、前言部分可能更加具体地说明档案内容的主要特征，因而也需要在阅读档案时特别关注。在充分理解题名与摘要、引言等概括性内容后，详细地阅读档案正文，进一步确认主要内容语句，并记录先前步骤中未察觉的关键内容语句。最后，查阅文件版头与附加标记，以了解文件的主题、写作目的、使用范围、参考价值，以及与其他文件的关系等，辅助理解档案内容。

（3）主题分析。主题分析是档案标引的核心环节。首先，在全面了解档案内容后，利用"5W1H"等分析结构将收集而来的主要内容语句梳理为主题内容因素，判定档案的主题数量（单主题、多主题等）。其次，仔细分析各内容要素，明确各要素中哪些是有参考价值的内容。具体从本部门性质任务、检索工具或系统的要求及利用者检索需求三个方面分析。最后，将有价值的内容要素用自然语言概括为主题概念。这一环节中需充分考虑"选择什么概念予以概括最为合适"的核心问题，确保主题概括的精准性。要确保主题分析的质量，应遵循充分析出内容因素、不过度析出内容因素、准确概括与表达内容因素的原则，满足分析客观性、内容一致性和结果实用性的要求。

（4）转换标识。转换标识即用专门的检索语言表达主题概念，形成检索标识。这一工作包含三个环节：辨识检索语言中相关标识的含义，选择能够表达主题概念的恰当标识，给出具体的分类号或主题词标识。转换档案主题标识要求严谨地依据相关检索语言，使用正式且专指的标识词标引。

（5）标引记录。标引记录主要记录两方面内容：①标引成果，即标引所得的检索标识；②标引问题，即标引中遇到的重要问题及处理的方式与结果。详细的标引记录有助于为后续的检索和利用提供便利。

（6）校对审核。校对审核是对前述档案标引工作的考察，目的是保证标引质量、减少标引误差。校对审核的内容主要包括主题分析是否充足、主题概念提炼是否准确、选用的标引是否正确和完整、检索标识的构成是否符合要求等。校对审核的程序分为自校、互校和总校。自校，即标引人员通过对自己标引结果的校对；互校，即标引人员互相校对标引结果，纠正因个人理解不同引起的错误；总校，通过选派熟悉业务、通晓目录工作的人员校对，进一步消除档案主题分析与标引过程中的误差，并综合分析标引工作问题。

四、档案标引的质量指标

档案标引工作质量指标众多，其中网罗度、专指度和一致性是应用较为广泛的评价指标。

（1）网罗度，又称穷举度，指的是档案标引工作中确认档案所有主题的程度。网罗度高，利用者可以更全面地了解档案的内容，查全率就高。不同类型档案的最佳网罗度不同，应从具体情况出发，以适度为宜。不同标引方式对网罗度也有影响，如分析标引、分散标引、全面标引的网罗度通常较高。但值得注意的是，过度追求高网罗度可能增加标引工作负荷，并可能影响查准率。

（2）专指度，指检索标识表达档案内容的精确度。高专指度的检索标识能够更准确地反映档案内容，帮助用户快速定位到所需信息，查准率就会高。标引工作中专指度不高的表现有两方面：一是检索标识的语义范围大于档案的主题概念，二是检索标识的语义范围小于档案主题概念。

（3）一致度，指选用表达档案主题内容所需标引词的一致程度。高一致度有助于确保检索结果的稳定性和可预测性，降低因标引差异导致的检索误差。为提高一致度，需制定统一的标引规则，并定期培训标引人员。

此外，标引工作的组织管理、标引人员的业务水平和引用的检索语言也是重要的档案标引质量指标。标引工作的组织管理方面，须有清晰、规范的工作流程和标引规则保障标引一致性，通过定期的质量检查、反馈和调整机制控制档案标引质量。标引人员的业务水平方面，要求人员具备坚实的专业知识基础、良好的分析能力及丰富的标引经验积累。引用检索语言的质量方面，要保证检索语言词汇的丰富性、准确性，并要求其及时更新和维护词汇内容，以适应新的档案管理环境。

五、档案分类标引规则

以下依据《档案分类标引规则》介绍档案分类标引规则。

（一）档案分类标引的基本规则

档案分类标引以国家机构、社会组织从事社会实践活动的职能分工为基础，结合档案记述和反映的事物属性关系，并兼顾档案的其他特征。分类标引时，应周密地分析档案文件主题，把握所论述的对象，准确地给予分类标识。

档案分类标引应依据《中国档案分类法》及其使用指南。

档案分类标引时，要正确地理解类目含义和范围，避免脱离类目之间的联系和类目注释的限定片面地理解类目含义。

档案分类标引应充分考虑实际检索需求和检索方式，根据档案的具体内容和用途，选定适当的标引深度。凡一份文件或案卷涉及两个或两个以上主题者，除按第一主题或最重要的主题标出确切的分类号外，必要时可对其他主题附加相应的分类号。

档案分类标引必须按专指性的要求，分入恰当的类目，切不可分入较宽的上位类或较窄的下位类。当分类表中无恰当的类目时，可分入范围较大的类目（上位类）或与档案内容密切相关的类目。

档案分类标引应保持一致性。各种文本、载体类型的同一主题档案所标引的分类号均应一致。遇有某些难以分类和分类表上无恰当类目可归的档案，无论归入上位类或归入与其密切相关的类目，以及增设类目，都应做出记录，以后遇有类似情况，均按此处理。

（二）各种类型档案分类标引规则

档案分类表的选用规则如下：①清代档案分类标引使用《清代档案分类表》，清代以前各历史时期档案的分类标引使用该表的一级类目。②民国档案分类标引使用《民国档案分类表》。③革命历史档案分类标引使用《新民主主义革命档案分类表》。④中华人民共和国成立以后的档案分类标引使用《中国档案分类法》。国家档案馆、党政机关档案室所藏的中华人民共和国成立之后的档案使用《中国档案分类法》。其他各类档案馆（室）在使用《中国档案分类法》分类标引时，本专业的档案可使用行业分类表分类标引。

档案分类标引级次规则：一般以文件级、案卷级为单元分类标引。若遇档案内容联系紧密或记述同一事物的几份文件或几个案卷情况，也可作为一个单元分类标引。

（三）各种主题档案分类标引规则

主题的类型依据档案内容可分为单主题和多主题两种。单主题包括单元主题和复合主题（多元主题），多主题则由几个单主题组成。

单主题档案的分类标引规则如下：①单主题文件或案卷，一般依主题主体因素所属的类目标引；若是从一个方面论述主题，就依这方面所属类目标引；若是从多方面论述主题，一般只依主题所属类目作整体标引。②文件或案卷论述的主题内容互相交叉时，应依据《中国档案分类法》关于集中与分散的有关规定标引。③文件或案卷论述的主题涉及国家、地区、民族、时代等因素时，若《中国档案分类法》中注明需要复分的应标出复分号，否则可以省略。

多主题档案的分类标引规则如下：①文件、案卷论述的是两个以上的主题，标引时应充分考虑利用者的检索需要、参考价值大小以及各主题的逻辑关系，加以综合分析，再确定给予一个或几个分类号。②文件、案卷论述的几个主题之间是并列关系，参考价值大，除对第一主题按其属性给予分类号外，第二、第三主题也应按其属性给予分类号，以便充分揭示主题，为利用者提供更多的检索途径。③文件、案卷论述的几个主题之间是从属关系，即上下位关系或整体与部分关系，一般依它们的上位类目做整体标引。若较小的主题具有检索价值，也可依小主题的所属类目做互见标引。④文件、案卷论述的几个主题之间是因果或影响关系，一般依结果或受影响的主题所属类目标引。对于互为因果的、互相影响的主题做全面标引。⑤文件、案卷论述的几个主题之间，一个主题应用于多个主题，一般依被应用主题所属类目标引。必要时可以对其他主题附加相应的分类号。

第四节　档案检索语言

一、档案检索语言概述

（一）档案检索语言的含义

档案检索语言是根据档案检索需求创制的，专门应用于各种手工检索和计算机化的档案检索系统的人工语言，是一种高度人工化且结构严谨的语言形式。其独特之处在于能够准确地表达各类档案的主题概念，同时揭示概念间错综复杂的相互关系，并为这些概念的系统化排列提供便利。

档案检索语言的核心目的在于满足日益增长的档案检索需求。它不仅促使标引人员遵循标准化流程标引档案，确保标识词的规范统一，还助力档案检索者依据具体需求提取标准化需求标识，使得已有档案标识与需求标识能够实现更为精准的相符性比较，进而显著提升档案检索的精确性与效率。

在应用场景方面，档案检索语言展现出极强的适应性与灵活性。在手工检索系统中，它成为档案人员快速导航、精准定位目标档案的关键助手；在计算机化的档案检索系统中，档案检索语言则深度融入程序逻辑，为计算机处理档案信息提供坚实的语言基础，同时支持自动标引功能的实现，推动档案检索向智能化、自动化方向迈进。

档案检索语言的应用功能主要体现在其能够唯一地表达各种主题概念并显示概念间的关系。档案检索语言是一个规范化的概念体系，包括两个组成要素：①构成检索词汇的文字及符号，如分类号、主题词。档案检索语言中的检索词汇严格遵循一词一义要求，能够唯一地表达主题概念。②选词编号和组建词汇关系的逻辑规则。这为揭示主题概念间的相互关系提供便利，有助于档案利用者更全面地了解某一主题或领域的档案知识结构，从而提高档案检索效率与档案利用深度。

（二）档案检索语言的特点

（1）规范性。档案检索语言遵循严格的语法规则，采用标准化的词汇和符号系统，确保标引与检索标识前后一致、自成体系，能够有效减少歧义和误解，提高档案检索效率。

（2）精确性。档案检索语言精确描述与表征档案的主题概念，并清晰展示概念之间的相互关系。这种精确性主要体现在档案检索语言对一词一义的严格要求上。与自然语言相比，档案检索语言更加注重词汇和表达式的单一意义，利用规范词汇和明确词义避免自然语言中语义含混问题。这有助于提高档案检索的准确性和可靠性。

（3）通用性。档案检索语言的应用不受特定档案格式或类型的限制，能够广泛应用于各类档案资源的检索。这种通用性为跨类型、跨格式的档案检索提供便利。

二、《中国档案分类法》

《中国档案分类法》是国家档案局主持制定的，用于中国档案分类标引与检索标准化的工具书。《中国档案分类法》从1983年开始编制，于1987年作为试行本出版。其内容确定了档案分类的原则及分类法的框架，为第二版的编制打下坚实的基础。1989年，《中国档案分类法》（第二版）开始组织编制，修订内容主要包括对第一版类目、条目的延伸和扩充。1997年12月，《中国档案分类法》（第二版）正式出版。为推动其广泛使用，中国档案出版社于1999年出版配套的《〈中国档案分类法〉使用手册》作为使用说明。

《中国档案分类法》构建了以国家机构、社会组织从事社会活动的职能分工为基础，结合档案的内容和特点，分门别类组成的分类表。该分类表及其使用指南为《档案分类标引规则》提供依据，对促进档案分类标引的规范化具有重要意义。[①]

（一）《中国档案分类法》的编制原则

《中国档案分类法》的编制主要遵循以下原则：

（1）分类体系的确立、类目的设置及其序列的先后，都力求具有思想性、科学性、逻辑性、实用性，充分反映我国档案的特点，适应我国社会各项事业利用档案的需要。

（2）分类法的体系和基本类目的设置，是以不同历史时期的国家机构、社会组织从事社会实践活动的职能分工为基础，紧密结合档案内容记述和反映的事物属性关系，采取从总到分、从一般到具体的逻辑体系。

（3）分类法在总体上具有概括性和包容性，能够容纳各个历史时期、各项社会实践活动所形成的各类档案，并力求保持基本类目的稳定性。分类法既适用于档案馆（室）现有档案分类的实际需要，又给今后档案种类增多和内容的变化留有充分的余地。

（4）分类法的类目名称和标记符号力求准确、规范、简明、易懂、好记，便于人们掌握和使用。

（二）《中国档案分类法》的体系结构

《中国档案分类法》主要由编制说明、分类表、附录三个部分组成。

（1）编制说明。编制说明置于分类表前，主要对《中国档案分类法》的编制目的和适用范围、编制原则、体系结构、使用方法等基本内容做介绍。

（2）分类表。分类表是《中国档案分类法》的核心部分，按照不同的历史时期包括四个分类表：《中华人民共和国档案分类表》适用于对1949年10月中华人民共和国成立后档案的分类，该表在四个分类表中的体系最庞大，列类最详尽；《新民主主义档案分类

---

① 该部分内容参考周铭编著的《档案检索：理论与方法》（中国社会科学出版社2015年版）编写。

表》适用于对革命历史档案的分类；《民国档案分类表》适用于对民国档案的分类；《清代档案分类表》适用于对清代档案及清代以前各历史时期档案的分类。

每一个分类表都由基本大类、主表和辅助表组成。基本大类是分类表中的第一级类目，揭示整个分类表的基础框架。《中华人民共和国档案分类表》中的基本大类共19个（图6.3），可分为政治、经济、文化三大部类，其中经济方面设置的大类最多，共11个；《新民主主义档案分类表》设置了13个基本大类，同样可分为政治、经济、文化三大部类，但在政治部类中大类利用了时代术语表述（如"国际共运"）；《民国档案分类表》设置了16个基本大类；《清代档案分类表》设置了18个基本大类，同样可分为三大部类。

```
A 中国共产党党务           M 农业、林业、水利
B 国家政务总类             N 工业
C 政法                    P 交通
D 军事                    Q 邮电
E 外交                    R 城乡建设、建筑业
F 政协、民主党派、群众团体   S 环境保护、土地管理
G 文化、教育、卫生、体育     T 海洋、气象、地震、测绘
H 科学研究                U 标准、计量、专利
J 计划、经济管理
K 财政、金融
L 贸易、旅游
```

图6.3 《中华人民共和国档案分类表》的基本大类设置

主表是分类表的主体部分，由类目概念、类目名称、类目间关系、标记符号和注释组成，详细展现档案分类体系的具体内容。辅助表又称附表、复分表，用于缩减分类表篇幅，是主表类目复分的依据。《中华人民共和国档案分类表》在主表中多设置五级、六级类目，编排综合复分表、世界各国和地区表、中国行政区划表、中国民族表、科技档案复分表五种辅助表；《新民主主义档案分类表》在主表中设置三级、四级类目，并编排通用复分表；《民国档案分类表》在主表中设置三级至五级类目，编排综合复分表、世界各国和地区表、民国时期行政区划表三种辅助表；《清代档案分类表》主表由一级至四级类目构成，编排综合复分表、世界各国和地区表、清代行政区划表和中国民族表四个辅助表。

（3）附录。附录作为结尾部分，记录了《中国档案分类法》（第二版）的编委会名单、组织编审组名单、审定意见及后记。

（三）《中国档案分类法》的标记符号与注释

标记符号即用以表示类目的符号，又可称（分）类号。《中国档案分类法》中的标记符号分为基本类号与辅助类号，基本类号为基本大类及主表中类目的类号，辅助类号为辅助表中类目的类号。《中国档案分类法》中基本类号的编制采用汉语拼音和阿拉伯数字相结合的混合号码制。四个分类表的基本大类及部分二级类目用拼音字母标出，并以字母顺序反映大类的序列。其他下属类目在字母之后采用阿拉伯数字表示下属类的划分并顺序编

号。《中国档案分类法》中应用的辅助符号共11种，具体形态、名称与用法如表6.2。

表6.2 《中国档案分类法》的辅助符号

形态	名 称	用 法
-	综合复分号	综合复分表各类目号码的前置指示符
+	并列符号	连接多个并列主题
:	关联符号	组配处在不同位置、但有密切联系的分类号
/	起止符号	表示一组类目
( )	世界各国和地区区分号	用于依世界各国和地区表对具有国家和地区特征的类目的复分
〔 〕	交替符号	表示某一类目（交替类目）是供选择使用的
=	专用复分号	依专用复分表对分类法中规定的类目进行复分
.	专类复分号	依专类复分表对分类法中规定的类目进行复分
< >	科技档案复分号	依科技档案复分表对具有科技档案特征的类目进行复分
《 》	民族区分号	依中国民族表对具有民族特征的类目进行复分
[ ]	中国地区区分号	依中国地区表（或民国时期行政区划表、清代行政区划表）对具有中国行政区划特征的类目进行复分

《中国档案分类法》的注释也称类目注释，用于补充说明容易混淆或具有特殊含义的类目。

三、《中国档案主题词表》

《中国档案主题词表》由国家档案局主持编辑，是中国档案主题标引与检索标准化的工具书。1988年12月，档案出版社出版《中国档案主题词表》（第一版）作为试行本；1995年修订后的《中国档案主题词表》（第二版）出版。该词表主要供档案馆（室）及文书处理部门标引和检索档案、文件、资料之用。

（一）《中国档案主题词表》的选词原则

《中国档案主题词表》选词以马列主义、毛泽东思想为指导，坚持辩证唯物主义和历史唯物主义观点，力求思想性、科学性和实用性的统一。所选词目能够反映综合性档案馆、机关档案室庋藏档案内容的主题概念，具有实际检索意义，并适当考虑标引和检索的使用频率，词形简练、概念明确、具有单义性。

（二）《中国档案主题词表》的选词范围

《中国档案主题词表》选收明代以来（含明代）反映党、政管理工作的词目，党、政公文中经常涉及的科学研究、生产技术方面的专业词目，反映有影响的新生事物概念的词目。词表具体收词范围主要包括：

（1）中国各民族、各民族文字和语言的名称，世界上其他主要民族及其文字和语言的名称。

（2）政党名称，有影响的学派、学会、群众团体名称，职务、职称名称。

（3）政府、委员会、厅、局、师、团、大学、中学等党、政、军、群组织机构名称的泛指词；中共中央、新四军、陕甘宁边区政府、北洋舰队等在历史上有特殊地位或检索频率高的专称词。

（4）1911年辛亥革命前重大历史事件中的主要人物的真实姓名或通用别名。

（5）节日、节令名称，具有特别重要意义的会议名称。

（6）学科名称，重要的、常见的化学元素、矿物、合金、化合物名称及见于管理性文件、影响大的反映学科具体内容概念的词目。

（7）小说、戏剧、诗词、歌曲、绘画等文学艺术作品的泛称词以及使用频率高的下位词，如京剧、儿歌、农民画等。

（8）田径运动、体操运动、水上运动、冰上运动等体育运动项目名称及其直接下位词。比较普及的项目选收从宽，只有少数人参加的项目选收从严。

（9）与人类生存关系密切的、常见的或名贵的动物、植物、蔬菜、水果、疾病、医药及各类商品（工农业产品）名称。

（10）枪、炮、弹药等武器名称及其直接下位词。

（三）《中国档案主题词表》的结构体例

《中国档案主题词表》主要由主表和范畴索引组成。

1. 主表结构

主表即字顺表，由按拼音结合汉字字形排列的全部词目组成，其具体方法为：先按词目首字的拼音音节顺序排列（参见目次），音节内不分四声，而以汉字笔画多少为序，将同形字集中在一起；词目首字同音同形时，则按词目的第二个字的拼音音节顺序结合汉字字形排列，第二字同音同形时则按第三字排，词目第四字以后，未进行规范化处理；由于特殊原因，加""号的词排在同音节的最后。

2. 范畴索引

范畴索引又称范畴分类索引，是将主表中的全部主题词按照既定的类目分类排列，以满足按类查词和族性检索的要求。

《中国档案主题词表》的范畴索引的类目最多设三级，是参照《中国档案分类法》主表并结合主题词词目的属性设置的，共20个一级类，103个二级类，37个三级类。类目符号采用汉语拼音字母和阿拉伯数字混合结构。一级类用一个拼音字母标识，二级类用双字母标识，三级类目用双字母之后加阿拉伯数字标识。一、二级类目的序列与拼音字母的顺序一致。一词具有两个类目的属性时，在有关类目中重复出现。

3. 词目首字笔画检字表

由主表内款目主题词的首字按笔画顺序排列而成，字后注有该字在主表中最先出现的页码。

（四）《中国档案主题词表》的使用方法

使用《中国档案主题词表》标引档案主题，一般应按照下列方法：

（1）主题分析。通过审阅档案、文件的题名、摘要或全文内容，分析出该档案文件具有检索意义的中心意思（或曰主题概念）及与这一中心意思密切相关的人物、地理、时间等因素。

（2）查表选词。即查阅本表主表或范畴索引，将主题概念转换为本表中的主题词。

（3）著录标引。即将准确反映主题概念的主题词标识于文件或著录的条目中。首先，标引主题词，必须是本表中的正式主题词，书写形式要与本表中词形完全一致。其次，标引的主题词必须能准确地表达档案的主题概念，一般不得以上位词或下位词代替概念专指的最恰当的主题词。此外，当词表中单个主题词能表达档案的主题概念时，必须使用单个主题词，不得使用组配标引。

（4）主题词组配标引。在本表中查不到能确切反映档案主题概念的单个主题词时，可选择最直接相关的几个主题词组配标引，并遵循以下组配规则：①主题词的组配必须是概念组配。即相组配的几个主题词之间，存在概念相交或概念限定的关系。②组配必须选用与主题关系最密切或最邻近的主题词。不要越级组配，即当能用某主题词组配时，不应用其上位词或下位词组配。③当一份档案涉及多个主题，并需要组配标引时，为避免计算机检索可能产生虚假组配现象，应将主题分组，并加以联系符号。例如"经济作物种植和大田作物管理"这一中心意思，其标引形式为：

经济作物①

种植①

大田作物②

田间管理②

（5）当在《中国档案主题词表》中找不到专指的主题词，也无法通过组配标引表达档案的主题概念时，可选用最直接的上位概念或相近概念的主题词进行靠词标引；如仍不合用，亦可选择适当的自由词标引，并将该词报送《中国档案主题词表》管理机构审核，决定是否增补为新的主题词。

第五节 档案检索工具

一、档案检索工具概述

档案检索工具是专门揭示馆（室）藏档案的内容与成分，积累档案线索，科学管理和查检、报道档案的二次文献或者三次文献。[1]档案检索工具在档案检索中发挥着至关重要的作用：①提高档案检索效率。档案检索工具能够大大提高检索者查找档案的效率。在没

---

[1] 周铭. 档案检索：理论与方法[M]. 北京：中国社会科学出版社，2015：161.

有检索工具的情况下，检索者需要在海量的档案中逐一查找所需信息，这不仅耗时耗力，而且容易出现遗漏或错误。有了档案检索工具，检索者可依据分类号、主题词等快速准确地定位到所需档案，从而节省大量时间和精力。②促进档案资源的共享和利用。档案检索工具集中反映已有档案的基本情况，不仅能够服务于本机构或部门的档案管理与利用，还能够方便档案信息的传播与交流，实现档案资源的共享和利用。尤其在互联网技术蓬勃发展的情势下，档案检索工具的传播能够跨越时空限制，这将进一步拓展档案资源的利用范围和影响力。③保护档案原件，延长档案寿命。频繁地直接查阅档案原件可能会对档案造成损坏。利用档案检索工具，检索者可以先查找到所需档案的详细信息，再决定是否需要调阅原件，从而减少对原件的直接接触和磨损，有利于保护档案原件并延长其寿命。

在我国，档案检索工具是对档案部门编制的各种目录、索引和指南的统称。档案目录是档案部门根据档案的内容和形式特征编制的，将档案的著录条目按照一定次序排列而成的一种档案报道和检索工具，包括分类目录、主题目录、全宗目录等。档案目录提供档案的整体视图，有利于快速了解档案资源的分布和内容概况，便于指引档案工作人员管理与利用者检索。档案索引是将档案在内容或结构中的某一部分特征以及出处著录出来，并按照一定次序编排的检索工具，具体包括文号索引、人名索引、地名索引等。档案索引提高检索的灵活性和准确性，使利用者能够根据自己的需求，通过关键词或主题快速定位到相关档案。档案指南则为综合介绍档案信息的一种三次文献，包括档案馆指南、全宗指南、专题指南等。这一工具为档案利用者提供宏观和全面的档案资源导航服务。

二、档案检索工具的分类

由于档案类型丰富且特征多样，利用者使用档案的目标各异，仅仅依靠单种检索工具往往无法充分满足检索需求。为满足利用者从不同视角、层次以及范围查找档案的多样化需求，现已逐渐出现多种类型的档案检索工具。

（一）检索功能角度的分类

按功能划分，档案检索工具可分为指引性检索工具、查找性检索工具和介绍性检索工具三种类型。[①]

1. 指引性检索工具

指引性检索工具是反映馆藏档案分类整理、排列体系、存放位置，为管理馆藏档案而编制的检索工具，包括案卷目录、卷内文件目录等常见形式。

案卷目录是档案馆（室）基本和必备的检索工具。它以案卷为单位，登录案卷的题名，并给每个案卷编定序号（即案卷号），结合其他特征编排组织起来，揭示和介绍一个全宗内容和成分的一种档案检索工具。案卷目录的编制方法是在一个全宗内按保管期限、混年编制。案卷目录的项目包括案卷号（包括档案室编、档案馆编）、案卷题名、起止日

---

① 成都市档案馆. 档案馆检索体系编制指南[EB/OL]. （2014-03-08）[2024-09-11]. https://cdarchive.chengdu.gov.cn/cdarchive/c138094/2014-03/18/content_d75f78a894794186b6ff90de35c86e37.shtml.

期、页数、保管期限、备注（表6.3）。

表6.3 案卷目录

案卷号		案卷题名	起止日期	页数	保管期限	备注
档案室编	档案馆编					

卷内文件目录是把某一案卷卷内文件按照文件形成的规律和有机联系依次排列组织起来，揭示和介绍一个案卷内文件内容和成分并固定文件排列顺序的检索工具。卷内文件目录的项目包括顺序号、文号、责任者、文件题名、文件日期、页号、备注（表6.4）。

表6.4 卷内文件目录

顺序号	文号	责任者	文件题名	文件日期	页号	备注

2. 查找性检索工具

查找性检索工具是以查找档案为目的而编制的检索工具，包括专题目录、分类目录、主题目录等常见形式。

专题目录是按照特定专题以一定次序编排而成的一种查找性检索工具。专题目录以专门题目为对象，把同一属性的文件条目组织在一起。编制步骤为选题、制订计划、选材、填制卡片、系统排列。专题目录的项目包括顺序号、全宗号、案卷号（盒号-件号）、案卷题名（文件标题）、时间、页号、保管期限、备注（表6.5）。

表6.5 专题目录

顺序号	全宗号	案卷号（盒号-件号）	题名	时间	页号	保管期限	备注
1							
2							
3							

分类目录是依据分类表按照分类标志以一定次序编排而成的档案目录。分类目录把档案主题按《中国档案分类法》的逻辑体系组织形成特定的类目体系，目的在于便于档案的

族性检索。分类目录的编制流程为：①条目著录；②组成多套分类目录；③条目的系统排列；④设置指引卡；⑤编制分类目录说明。

主题目录是根据主题词表将主题标识以一定次序编排而成的一种查找性检索工具。其特点在于能够集中地揭示有关同一事物的档案的内容，不受全宗和分类体系的限制，便于特性检索，灵活性强，但系统性不如分类目录。

3. 介绍性检索工具

介绍性检索工具是用来介绍和报道档案内容及其相关情况的工具。其核心功能在于对档案的整体描述和价值评估，以促进档案资源的宣传与利用。介绍性检索工具不包含具体的检索标识，无法直接支持具体的档案查找服务，但它可以向利用者提供一定的档案线索，指导用户如何进一步查找和利用档案。常用的介绍性检索工具有档案馆指南、全宗指南、专题指南等。此处以档案馆指南为例详细介绍。

档案馆指南全面地介绍和报道档案馆的基本情况、馆藏档案和资料内容，是利用者了解和利用档案馆的重要参考资料。关于这一类型检索工具，国家档案局于1992年出台了具体的编制标准——《档案馆指南编制规范》（DA/T 3—1992）。

档案馆指南的编制需遵循内容全面、系统、准确、实用，文字简洁的原则。①全面，即指南应当覆盖档案馆的各个方面，包括但不限于档案馆的历史沿革、类型、隶属关系等基本信息，并应该详细介绍档案馆的馆藏情况，包括档案的种类、数量、时间跨度以及特色馆藏等，以便利用者能够全面了解档案馆的资源和特点；②系统，即指南的编制应具备条理性和逻辑性，各个部分之间应有清晰的逻辑衔接关系，信息的组织和呈现应遵循一定的分类和排列原则；③准确，即指南中的信息必须来源客观、内容真实可靠，不能存在任何误导性；④实用，即指南中的信息应能够指导实践，如介绍档案馆相关信息的服务设置，帮助利用者解决实际问题；⑤文字简洁，即指南应使用简洁明了的语言，避免冗长和复杂的句子结构，以便信息能够直接、清晰地传达给利用者，减少利用者的使用负担。

档案馆指南的结构主要分为三个部分：

（1）提示部分，具体包括封面、扉页、前言和目录，主要阐述编著指南的目的、结构、使用方法，编著指南的简要过程，编著团队人员及其他需要说明的问题。

（2）正文部分，包括档案馆概况、馆藏档案介绍和馆藏资料介绍。正文部分首先简要阐述档案馆的历史沿革，馆藏档案和馆藏资料的来源、数量、种类、分类方法等基本情况，汇编出版档案资料情况及利用工作。其次是馆藏档案介绍。馆藏档案介绍是档案馆指南的核心部分，以馆藏档案的整理体系为单位对档案的数量、内容及特点进行详细介绍。

全宗形式的馆藏档案介绍内容包括：①全宗名称的全称、简称、全宗号。②全宗构成者(立档单位)沿革，包括名称、成立时间(如是已撤销单位，应注明撤销时间)、性质、主要职能、隶属关系、内部机构设置及其演变情况；个人全宗构成者主要介绍个人姓名、别名、生卒年月、简历、籍贯、职务、职称、主要业绩及荣誉称号等。③全宗来源，一般参见档案馆概述中档案的来源、进馆方式说明。特殊情况(如私人捐赠等)应予说明。④全宗内案卷数量、上架排列总长度(米)、起止年代。⑤使用非汉字文字和非纸质载体的档案的情况。⑥全宗内案卷分类排列方法和编制检索工具情况。⑦档案内容介绍，一般按全宗内档案的实际分类体系，结合问题进行介绍。

反映全宗构成者基本职能和主要活动方面的档案，具有全国和国际影响的知名人物、历史事件，具有地方特色和重要科学研究价值的档案，以及馆藏年代久远和特殊载体的档案要详细介绍，需要保密的档案不做介绍。

非全宗形式（按类别、项目等整理、保管）档案介绍内容如下：①非全宗形式档案的名称全称、档号；②档案集中的简要进程、主要档案形成者(或主持单位)的名称、职能；③案卷(册、袋、盒)数及其上架排列总长度（米）、起止年代；④使用非汉字文字和非纸质载体的档案的情况；⑤类别、项目内档案分类、排列和编制检索工具情况；⑥档案内容介绍，一般按类别、项目内档案分类、排列体系，结合重要程度并参照全宗形式档案介绍内容中的相关规定进行。

馆藏资料介绍部分主要对馆藏档案有重要补充作用的资料逐类介绍，一般性资料不做具体介绍。资料介绍的具体内容如下：①资料类目的名称、代号；②资料的数量、起止年代；③重要资料需注明编纂者；④资料内容介绍，按资料的实际分类体系，结合资料涉及的问题并参照全宗形式档案介绍内容中的相关规定进行。

（3）补充部分，包含索引、附录和插图，用于补充说明前文内容。

（二）检索媒介角度的分类

按档案的检索媒介划分，档案检索工具可分为手工检索工具和机器检索工具两种类型。

（1）手工检索工具是依赖人工操作检索档案的工具。这类工具需要通过人工翻阅和查找来获取所需档案信息，不需要机械设备辅助，常见类型包括卡片式目录和索引、书本式目录。手工检索工具为档案利用者提供最基本的检索途径。作为一种可靠的备份方式，当电子系统出现故障时，手工检索工具能提供有效的档案检索手段。

（2）机器检索工具是利用物理设备或软件等来支持档案检索操作的档案检索工具。这类工具利用技术手段来提高档案检索的效率和准确性，为检索者提供更多样化的检索方式和途径。机器检索工具可细分为机械检索工具和计算机检索工具两类。机械检索工具主要利用物理设备或特定机械装置查询，其典型形式是微缩胶卷。计算机检索工具则是充分利用计算机技术和相关软件来支持档案检索操作的档案检索工具，一般专指档案机读目录。档案机读目录指通过加工、处理档案案卷或文件内容、形式特征，并利用计算机档案管理系统录入，最终转化成机读数据所形成的二次文献。这种信息能够被计算机识别读出，用以检索档案案卷或文件内容。档案机读目录的特点在于检索速度快，并支持多途径检索，但对于软硬件设备质量有一定要求。

（三）其他角度的分类

从检索工具的载体形式角度，可以将档案检索工具分为纸张式检索工具、缩微式检索工具和机读式检索工具。①纸张式检索工具，即以纸张为载体的检索工具，包括卡片式和书本式，如全宗文件卡片目录、案卷目录等；②缩微式检索工具，指以缩微摄影方式制作的、以胶片为载体的检索工具，其特点在于存储密度大，体积小，便于复制，但直观性弱；③机读式检索工具，指以特定的编码形式将档案内容存储在计算机中，供检索使用的工具，主要指档案机读目录。

从检索范围角度划分，可分为全宗范围检索工具、档案馆（室）范围检索工具、若干馆范围检索工具和专题范围检索工具。①全宗范围内检索工具是以一个全宗或全宗的一部分档案为对象的检索工具,如案卷目录、案卷文件目录、全宗文件目录等;②档案馆(室)范围内检索工具是以档案馆(室)的全部或部分档案为对象的检索工具,包括分类卡片目录、主题卡片目录、专题卡片目录等;③若干馆范围检索工具是以全国或某一地区若干档案馆的全部或部分档案为对象的检索工具,如《全国明清档案联合目录》《全国民国档案联合目录》等;④专题范围内的检索工具是以档案馆内有关某一专题的档案为对象的检索工具,包括专题目录、专题指南等。

三、档案目录数据库

档案目录数据库是将档案目录信息以一定的组织方式存储在一起的相关数据的集合。《档案法实施条例》中强调县级以上档案主管部门可以依托国家档案馆,对属于国家所有的档案中具有永久保存价值的档案分类别汇集有关目录数据,进一步明确了档案目录数据库建设的重要性与方向性。为确保档案目录数据库建设的标准化,我国制定并实施《中国档案机读目录格式》(GB/T 20163—2006)。该标准规定了与国际和国家相关标准互相兼容的档案计算机机读目录格式,为档案目录数据库的建立提供统一的技术框架与操作指南。依据《中国档案机读目录格式》,中国档案的机读目录著录格式须遵循由记录头标、记录目次区、数据字段区、记录结束符组成的框架结构(图6.3)。

| 记录头标 | 记录目次区 | 数据字段区 | …… | 记录结束符 |

图6.3 中国档案机读目录著录格式的框架结构

(1)记录头标。根据《信息和文件 信息交换格式》(ISO 2709)的规定,每一条记录由24个字符的记录头标开始,记录头标包含有ISO 2709中定义的关于记录结构的数据和作为ISO 2709的执行格式而由本标准专门定义的数据元。这些作为执行格式而定义的数据元包括记录类型、记录级别、记录级别关系、档案控制、著录等级、记录的完整程度以及在编制记录中是否采用《档案著录规则》等。记录头标中的数据元主要是为满足记录处理的需要,并间接地利用其来确认档案著录单位。

(2)记录目次区。在记录头标之后为记录的目次区,目次区中每个目次项由三个部分构成:三位十进制数表示的字段标识符,四位十进制数表示的数据字段的长度以及由五位十进制数表示的字段起始字符位置。除此以外,在目次项中不再允许有其他字符。记录的目次项结构如图6.4所示。

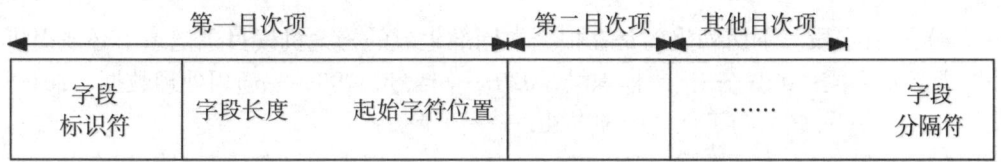

图6.4 记录目次项结构

目次区的第二部分是该字段的字符数,包括该字段的全部字符——指示符、子字段标识符、行文字符或代码数据以及字段分隔符。在字段长度之后,是字段起始字符位置,即相对于记录可变长字段部分的第一个字符位置的字段起始字符位置,第一个可变长字段的第一个字符的位置为0,0字符位置在整个记录中的位置由记录头标中第12~16位置上的数字标明。

字段标识符的长度为3个字符,数据的长度为4个字符,起始字符位的长度为5个字符。所有由12个字符所构成的目次项均对应于记录中的各个数据字段,标识目次区结束的分隔符是GB/T 1988—1998(《信息技术 信息交换用七位编码字符集》)中的IS2。目次区中各目次项是按字段标识符的第一个数字排序的,记录中的数据字段本身不需要排序,因为其位置完全是由目次区确定的。

(3)变长字段。变长数据字段在目次区之后,其通常包括档案目录数据,而不是处理数据。变长数据字段的结构如图6.5、图6.6所示。

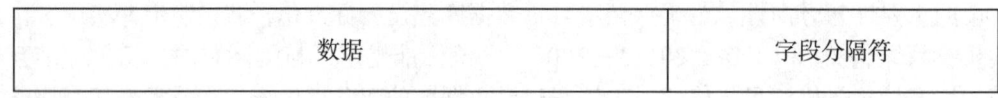

图6.5 数据(控制)字段(00-)的结构

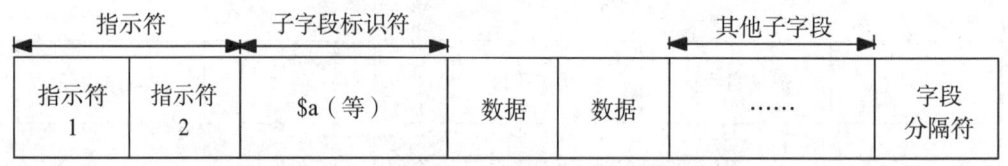

图6.6 数据字段(01-至999)的结构

除在4-记录连接块中嵌套结构字段的字段标识符外,字段标识符在数据字段中不出现,仅出现在目次区中。以00-(如001)值构成字段标识符的字段,仅由数据及字段分隔符构成,其他数据字段由两位指示符及紧跟其后的若干子字段构成。

各个子字段均以一个子字段标识符开始,子字段标识符由一个子字段分界符和一个标识该子字段的代码(一位字母或一位数字)构成。子字段分界符是GB/T 1988—1998中的IS1。在子字段标识符之后紧跟的是代码数据或任意长度的正文数据,但如果在字段中数据长度是固定的,则对其有专门的说明。字段中最后一个子字段是以字段分隔符作为字段的结束,字段分隔符是GB/T 1988—1998中的IS2。在记录最后一个数据字符之后是字段分隔符IS2,在IS2之后则是作为记录结束的记录结束符,记录结束符是GB/T 1988—1998中的IS3。

(4)必备字段。下面列出的是在根据本标准生成的档案机读目录记录中必须提供的字段,即必备字段:001——记录标识号,020——档号,100——通用处理数据,101——档案语种,200——题名与责任说明项,801——记录来源。

(5)记录长度。本标准限定为99999个字符,也可以由交换单位双方协商确定。

(6)记录连接。在实际著录工作中,如果需要将一个著录单位的记录与另一个著录单位的记录连接，可使用4-记录连接块中的连接字段，这些字段就是专门为建立这样的连接而设定的。更详细的说明见该块中对各个字段的描述及该块的引言。

一个连接字段包括与另一相关著录单位的著录信息，无论该著录单位是否具有单独的记录信息。一个连接字段可由若干个子字段构成，各个子字段内含有嵌套的按本标准格式形成的机读目录字段标识符、指示符、子字段标识符及字段内容。

（7）字符集。根据本标准生成的档案机读目录，应该使用国家的字符集标准，或使用由国际标准化组织制定的字符集标准。记录头标、记录目次区、指示符、子字段标识符以及本标准所规定的代码值应该使用GB/T 1988—1998的功能字符和图形字符，该字符集在机读目录记录中被认为是默认的字符集。在100字段的$a子字段中，第26～29和30～33字符位置，是用于指定记录中所使用的字符集的。所使用的字符集应是国家标准的字符集或经国际标准化组织确认或登记过的字符集。

在根据本标准生成的档案机读目录中，允许使用GB/T 1988—1998中的控制功能字符，常用的控制功能字符如下：①IS1，用作子字段标识符中两个字符的第一个字符；②IS2，用作字段分隔符，用于目次区和各个数据字段的结束处；③IS3，用作记录结束符，用于各记录的结束处。

（8）数据重复。有四种情况的数据可能以不同形式重复出现：①数据既以编码形式又以文字形式出现，既以显示形式又以非显示形式出现。②档案中含有不同语言文字的同一种信息。《档案著录规则》规定了在什么情况下、如何对并列数据著录，而在根据本标准生成的档案机读目录中，则使用不同的子字段或重复子字段的方法来实现。③为熟悉多种语言文字的读者提供多种著录语言文字。④为了适应各种复杂的输出要求，同一种信息以不同文字形式重复。

（9）记录块功能。本标准的数据字段区共分为10块，各个字段标识符的第一个数字表示该字段所属的块，各个块的功能划分如下：

0——标识块：著录标识记录或是标识著录单位实体并记载在实体上的号码。

1——编码信息块：著录描述记录或数据各个方面的定长编码数据元。

2——著录信息块：著录《档案著录规则》所规定的著录项目，但附注项和有关代码(如档案馆代号、缩微号等)除外。

3——附注块：著录关于著录单位的任何附注或与之相关的记录的附注，以补充说明著录项目、检索点以及其他内容。

4——记录连接块：著录揭示该记录与其他档案记录之间的关系，包括时间关系、级别关系和平行关系等。

5——相关题名块：著录除正题名以外而又通常出现在档案著录单位实体上的与所著录的档案相关的题名。

6——主题分析块：著录由语词或符号构成的不同体系的主题数据。

7——文件责任块：著录关于对著录单位负有某种责任形式的个人、机关团体和家族。

8——国际使用块：著录国际上一致约定的不适合于0-至7-块的字段。

9——国内使用块：著录与本单位有关的馆藏信息等一些具有交换意义的数据。

思考题：
1. 阐述档案检索的概念与基本原理。
2. 描述档案著录的原则，分析多级著录在档案管理实践中的意义。
3. 论述档案分类标引与主题标引的异同，并阐述其各自的优缺点。
4. 试讨论数智时代档案检索的发展方向。

第七章
档案编研

档案编研是档案部门基于馆藏档案和社会需求，深入研究档案内容，形成多种形式的出版物供社会利用的活动。本章介绍档案编研的过程、成果形式和档案数字编研。第一节说明档案编研的意义、原则与编研成果的分类；第二节阐述档案编研的步骤；第三节介绍现行文件编研的典型成果形式；第四节介绍历史档案编研的典型成果形式；第五节介绍档案数字编研，阐释档案编研在数字化时代的创新与发展。

第一节　档案编研概述

一、档案编研的概念与意义

（一）档案编研的概念

档案编研是为满足档案利用需求，以馆（室）藏档案为主要对象，在研究档案内容的基础上，收集、筛选、加工档案，形成不同形式的出版物供社会利用的活动。

在我国，档案编研一词最早出现在20世纪60年代的档案馆（室）工作当中。当时的档案编研是根据馆（室）藏的文书档案内容，编写档案参考资料，如机关大事记、组织沿革等。20世纪80年代后，随着开放历史档案方针的实施，档案界学术水平提高，编研一词在各级档案部门的影响极大增强，对编研外延的解释也有很大的拓展。编研工作的主要内容包括编写档案参考资料、编纂公布档案文献与利用馆藏档案文献编史修志。迈入信息时代后，信息技术的推广和应用促使档案编研发生变化，呈现新的发展特征，面临新的发展趋势。档案编研工作的观念也在发生转变，编研模式得到完善，编研环境和空间得到拓展，编研资源得到丰富，编研工作的效率得到切实提升，编研工作也更具时代气息。

（二）档案编研的意义

1. 开发利用档案资源的重要方式

档案编研的根本目的是通过对现存档案的整理与加工，提升档案利用服务的质量。档案馆（室）可以借助档案编研来编写档案参考材料、汇编档案文集与编纂档案史料，还能参加历史研究和编史修志，撰写相关文章和著作。通过完成不同类型和层次的档案编研成果，可以深入挖掘档案的潜在价值，优化档案资源的开发与利用，从而扩大档案的影响力，提高档案服务水平。

2. 提高档案管理整体水平

档案编研是提高档案管理工作整体水平的重要途径。档案的收集、整理、保管等基础工作是开展档案编研的必要前提。档案编研可以揭示档案资源在结构和内容方面存在的问题，这既是对以往档案保管与整理工作的检验，又为改进档案的基础工作提供科学依据。此外，档案编研还有效促进档案工作人员业务能力的提升。除了做好基础工作外，档案工作人员不仅要了解档案的形成背景及意义，还要主动掌握社会对档案的利用需求。这就要求档案工作者深入研究馆藏档案的内容，运用特定的形式汇集、整理、公布档案内容，以更好地服务档案利用者。

3. 有利于档案原件的保管

档案编研是保护档案原件的有效措施。在实际利用过程中，频繁使用档案原件容易导致损坏，进而影响档案资料的保存与传承。档案编研工作可以形成多样化的编研成果，这些成果通过内部印发或公开出版提供利用，可以有效减少对档案原件的重复使用，从而延长档案的寿命。迄今，我国保存下来相当数量古代和近现代的档案史料，就是这一措施有效性的有力证明。

二、档案编研工作的原则

（一）编研结合原则

编和研是档案编研工作的两个重要组成部分。编是汇集与整理加工档案材料，研是研究与考证档案内容。在档案编研工作中，每一个环节都需要建立在深入研究的基础之上，从了解馆藏到论证、选择编研课题，再到完成编研结果，都是在研究的基础之上。编是研的深化和外化，是形成编研结果的直接手段。编研工作中的编和研要相辅相成，要编中有研、研中有编、编研结合，不能只编不研，或只研不编。只有这样，才能有效提炼与加工档案信息，形成高质量、高层次的编研成果。

（二）合法合规原则

档案编研工作中的合法合规原则指档案编研工作必须遵守和服从有关的规定与要求。档案编研工作的开展需要遵守《中华人民共和国宪法》、《档案法》、《中华人民共和国保守国家秘密法》（以下简称《保守国家秘密法》）、《中华人民共和国著作权法》（以下简称《著作权法》）等相关法律法规及政策的规定。

（三）存真求实原则

只有坚持存真求实的原则，才能确保档案编研工作不流于形式，不为编研而编研，从而有效维护历史的真实面貌，更好地提供档案信息，为社会服务。档案作为历史的真实记录，具有权威性、凭证性与原始记录性，因此，档案编研成果也被社会各界视为可信赖的依据。因此，档案编研工作必须坚持存真求实原则，坚持实事求是的科学态度，尊重历史，在任何情况下都不能歪曲和篡改档案文件的原文。[①]

（四）编以实用原则

档案编研工作中的编以实用原则强调开展编研工作时应紧密关注社会需求，注重编研成果的实用性。编研工作应立足实际需求，编写出具有较强实用性的参考资料和文件汇集。这样才能更好地满足档案利用者的需求，使档案编研成果更具针对性、有用性与实效性。

（五）方便利用原则

编研成果的传播和利用有利于档案价值和作用的发挥，有利于档案资源的开发与利用。因此，编研过程中要注重编研成果的可读性与易用性，并且能够通过各种途径传播与利用。在信息时代，互联网技术的高速发展为编研成果的传播与利用提供了更广阔的平台与更便捷的途径，充分合理地利用现代信息技术，有利于编研成果的传播和利用。

---

① 聂莹. 浅谈企业档案的编研工作[J]. 兰台世界，2009（S1）：125-126.

三、档案编研成果的分类

档案编研成果可以按照不同的分类标准划分：①按照加工层次划分，可以分为一次编研成果、二次编研成果、三次编研成果。一次编研成果是以原始文件或原始文件的复印件汇集装订所形成的反映档案原文的汇编材料，如各类文件汇编；二次编研成果指通过摘录、缩编、剪辑等手法处理档案原文内容，并按照一定的要求重新组织整理，形成的概要性、介绍性材料，如档案文摘；三次编研成果是在一次、二次编研成果的基础上，通过系统、深入分析与研究，编写形成的一种新的材料，如手册等。②按照表达方式划分，可以分为文字式编研成果、图形式编研成果、数据式编研成果、声像式编研成果等。③按照选题范围划分，可以分为综合型编研成果和专题型编研成果。④按照体裁特征划分，可以分为汇编类编研成果、文摘类编研成果、索引类编研成果、简介类编研成果、史志类编研成果。⑤按照载体划分，可以分为传统纸质载体编研成果，缩微品、电子出版物、网上出版物等新型载体编研成果，展品型编研成果，艺术型档案编研成果，等等。

第二节　档案编研的步骤

一、选题

选题即选择档案编研的题目。选题的科学合理性直接决定后续编研工作的方向与成效。科学合理的选题需要做到"三匹配"。

（1）选题与社会需求相匹配。档案编研的最终目的是更好地为社会提供档案服务，因此，编研选题要紧扣当前社会现实，同时具备长远的利用价值。这就要求编研工作人员不仅要把握群众的档案利用需求，还要通过深入研究档案利用规律，有预见性地选择符合时代发展趋势的题目。为扩大杭州的影响力与宣传杭州的悠久历史文化，杭州市档案馆利用馆藏图片档案出版《杭州记忆》《西湖风景画》，为服务城市记忆工程编研出版《杭州历史上的外国人》《杭城忆昔——档案里的杭州故事》，突出展示杭州作为历史文化名城的整体风貌。

（2）选题与馆（室）藏档案资源相匹配。编研工作的开展离不开丰富的馆（室）藏档案资源作为支撑。不同类型的档案馆（室）应当根据自身的馆藏特色与优势档案资源来确定档案编研的选题。杭州市档案馆依托馆内精品馆藏，编纂杭州地图系列图书《杭州古旧地图集》《清代杭城地形图》等，为了解杭州历史、研究杭州的行政区划和地理地名情况等提供极其珍贵的一手资料，也有利于保护杭州古旧地图这一重要物质文化遗产。

（3）选题与编研团队实力相匹配。编研工作的成功开展依赖于团队的综合能力，包括扎实的研究能力与优秀的文字表达能力。编研团队要能正确理解并合理运用素材，综合分析与系统整理档案，最终形成符合公众需求的信息产品。鉴于不同的选题难度不一，编研工作要在客观认识编研团队实力的基础上，选择与团队实力相匹配的题目。

二、选材

在确定选题后,要通过各种途径查找档案,考察文献真伪,逐篇研究档案内容,判断其价值。在选择编研材料时,一般要注意以下方面:

(1)确保所选材料真实可靠。原始记录性是档案的固有属性,编研成果作为档案加工而形成的信息产品,需要通过真实可靠的材料来反映人或事物的原貌。在选材时应保持实事求是的态度,客观谨慎地分辨素材真伪。特别是在信息时代下,档案编研素材的来源日益广泛,除了传统的纸质档案外,网络上的信息资源也成为编研工作的重要素材来源,这部分电子资源更需要仔细甄别。

(2)确保材料的齐全完整,全面查找,宁多勿漏。在收集相关素材时,需要将与所选题目有关的全部档案尽数收集,并分析档案,做到点面结合,兼顾典型性与多样性。

(3)在选材时需详略得当,突出重点。档案的编研工作并非简单堆砌所有相关文献,而是有针对性地、系统地加工档案文献,使其能够灵活地供利用者利用。因此,材料的选择既要考虑全面性,又要考虑代表性,详略得当,突出重点内容。

此外,档案编研的选材尽可能使用档案原件,不使用已经公布的档案编研成果,避免重复公布时与档案原件有出入的情况出现。

三、考订

考订又称考证或考据。档案文献的考订,指的是鉴定档案自身的真伪,辨别档案内容的正误,判断档案的准确形成时间,校勘档案中的文字。其目的是保证档案的可据性与可读性。档案文献的考订可以分为档案来源的考订、档案内容的考订、档案形成时间的考订与档案文字的校勘。

(一)档案来源的考订

用于档案编研工作的档案首先应该具备合理的来源,查清档案文献的来源是分辨档案真伪的重要方式。一份档案的来历名正言顺、合情合理并经得起考据,在其外形与内容上亦未发现任何破绽,这样的档案才可信。如果忽视考订档案来源,便有可能在档案编研时引用虚假档案,从而丢失档案的凭证作用。

(二)档案内容的考订

档案内容的考订主要指的是考察档案记载的内容是否存在矛盾、是否与档案形成者各方面情况存在出入、档案中的记载是否与史实一致、档案用语与所处时代是否一致等,来确定档案本身内容的可靠程度。

档案内容的考订,首先是考订档案作者。档案内容应该是其形成者思想的真实记录,若某件档案反映出的思想与形成者真实的思想不符,那么很可能是伪作,或是档案形成者刻意掩盖自己的真实思想。考订作者还需要考察档案中有关形成者经历的记载是否符合史实,如果不一致,那么档案不是误记就是伪造的。

档案内容的考订,其次是考订档案史实。档案内容中记载的历史事件与史实经过是否一致，是考订档案内容的重要环节之一。若相符，此档案可能是真品；若不相符，在确定其他史料及文献记载无误的情况下，则可判断该档案为误记或伪造。考订档案史实还可以从时间与人物的考订入手，可以看档案内容上记载的史实发生、发展或结束的时间是否符合史实，也可以看档案中所记载的除形成者外的人物情况同历史上的真实人物事迹是否吻合。

（三）档案形成时间的考订

由于种种原因，档案形成时间有误、不全或缺少的情况时有发生。这不仅影响到档案的系统归类与整理，也影响档案的使用价值。准确掌握档案的形成时间，是理解档案内容、发挥档案价值以及真实反映历史面貌的基础。档案形成时间的考订法可以归为内证法、外证法以及内外证结合法。

1. 内证法

内证法是通过档案本身提供的信息来考证档案的形成时间，包含档案本身的内容信息与外形信息，是考订档案形成时间最可靠、最常用的一种方法。档案本身的内容信息包括史实、时间、组织机构、相关人物与特定名词等，这些信息是考订时需要首先关注的线索。档案本身的内容往往会涉及一些具体事件，而这些具体事件又是在特定的历史时间内发生的。因此，通过对历史事件的分析，可以判断档案文件形成的准确时间，这就是特定史实与特定时间线索。档案的外形信息指被考订档案外在的形态特征，包括所使用的信封、发文登记、用印等，这些都是考订档案形成时间的重要线索。

2. 外证法

外证法是以被考订档案以外的其他档案作为依据，考订档案的形成时间，如以不同档案版本、参照相关史实、参照相关时间等作为考订依据。同一档案在不同时间往往会形成不同的版本，可以通过不同版本的形成时间来考订档案的正确形成时间。还可以从其他档案记载的相关史实里寻找被考订档案的真实形成时间。除此之外，档案中提到的史实会出现在同一时间阶段的报刊或相关档案中，可以广泛利用各种材料考证时间。

3. 内外证结合法

在实际的档案考订工作中，内证法与外证法需要结合使用，在结合被考订档案自身提供的信息线索与其他档案提供的信息线索的基础上来考订档案的形成时间，二者无法割裂。

（四）档案文字的校勘

档案的文字校勘是保证档案可读性与可据性的必要前提。档案在不断流传的过程中，由于种种原因，文字难免出现变化与错误，必须对其进行校勘。档案多为手写本，文字有笔迹、书体、通假等问题，用字不规范和潦草程度要远高于书刊，文字出错概率大。因此，要利用档案文献，首先应该校勘文字。档案文字的校勘可以采用对校法、本校法、他校法与理校法。对校法是以档案原件（定稿、正本）为准与抄件校对；本校法是利用同一档案中前后文字与篇章的各种对应关系校对，包括用字、用语、语音、语法的校对；他校法是通过引用其他档案来校勘，包括引前人之文、引同时代之文、引后人转述之文；理校法是通过推理校勘，直接推论现有档案文字的正误，适用于前三种校勘方法条件均不具备的情况，难度最大。

四、加工

经过选题与选材后，就要加工所选档案文献材料。根据最终形成的编研成果的不同，加工档案文献的过程也有所不同，一般表现为对档案文献的转录加工、划分段落与标点、标题修拟与对档案文献的编排等。

（一）档案文献的转录加工

档案加工必须在复制件或抄件上进行，因此档案文献加工前必须将档案原文献转录到其他载体上，并根据特定的要求处理字体、行款格式、批语标注等。在档案文献的转录加工中，必须遵循以下基本要求。

1. 字迹清晰工整，使用规范字抄录

由于转录后的档案是用来作为加工的稿本，因此只有书写工整，才能便于后续排版、校对等工作的开展。要避免因为底稿书写模糊、混乱甚至无法识别，导致正文与原文不符，最终影响档案编研成果的质量。抄写时需要使用规范字抄写，按编辑要求统一使用简化字或者统一使用繁体字。

2. 细致转录，防止字句颠倒脱漏

抄录档案是一项非常细致的工作，无论是手工抄录还是计算机录入，都是逐字逐句抄录，稍有不慎就可能会出现缺漏、误改、漏改等情况，影响到最终出版的档案编研成果。因此，档案转录时必须细致认真，不能急于求成。

3. 准确辨别文字

在档案转录工作时，需要具备一定的古文字书法知识，便于辨认历史档案中经常出现的繁体字、异体字、古体字以及草书、行书等。除此之外，还需要掌握一些历史典故，便于辨认文字结构的分合、相似字及重文符号。要用自己的已有知识来辨识涂改增删与书写不规范之处。

4. 研究语义，界定是非

历史档案中常有出现语义前后不明或语义不合逻辑之处，也有不能表达档案原意的句子，需要认真研究、考察，使档案文献的原貌和原意符合历史真实。对于文献的原意不能反映客观历史真实的，应该通过注释的方式，使其达到统一。

5. 加强校对，保证转录档案质量

无论是手工录入还是计算机录入，都要确保最后形成的档案编研成果上的档案信息与档案原文信息保持一致。要做到这点，除了以上几点要求外，还需要加强档案校对工作，在每一次转录后都要仔细校对。

（二）段落与标点的划分

中国历史档案大多无标点且不分段，如果要利用，在档案的加工与编写时就要对档案原文进行标点与分段处理。在标点工作时，应反复阅读正文，并结合前后文连贯地整体理解。同时，还要注意文言文讲究对仗工整的特点，以此来把握档案原文的正确标点。在给档案分段时，可以采用三段式分段，即依据、引申、归结三段结构。除此之外，若原文是一文多事，可按所叙事件分段；若原文是按时间的发展顺序叙述，可以按时间顺序分段；若原文的逻辑关系清晰，可以按逻辑推理关系分段。

（三）标题的修拟

标题是对档案内容的精准概括。档案原件大多无标题，或已有标题但不符合使用要求，因此需要修改或重拟标题。标题的修拟首先需要认真阅读档案原文，抓住档案原文的核心要义，反映档案原文的主要问题。其次需要能够揭示档案的实质，便于使用者正确、客观地理解档案内容。最后是需要用精炼的词语对档案内容加以高度概括，在编拟标题时也需要体现历史档案的时代特征。

（四）档案文献的编排

档案文献的编排，即确定汇编内档案分类及按类排列的过程，目的是把入选的档案史料予以有序的编次，使之成为有机的系统整体，便于利用。

汇编内的档案可以按照档案的形成时间顺序、按汇编题目包括的几个基本问题、按历史事件发展的阶段、按汇编题目涉及的不同地区、按档案作者或通讯者等标准来排列。

汇编体例也可以分为不设类编排、单层分类编排与多层分类编排三种层次。①不设类编排指的是汇编内全部档案按照其形成时间的顺序依次排列，这样可以很自然地看出一个问题的发展过程，同时也便于编排，是目前最常见、最基本也是最简单的编排体例。②单层分类编排是按照一种分类特征设一层类别的编排形式。最常见的单层分类编排包括历史时期—时序、问题—时序、地区—时序、作者—时序、文种—时序等五种。先按前者的分类特征设类，在此基础上再根据后者的分类特征排序，如历史时期—时序的编排指的是按历史事件或机构的各历史时期设类，对每类内的档案按照时间顺序排序。③多层分类编排是按照两个或两个以上的分类特征逐级分层设类的编排形式。常见的形式包括历史时期—问题—时序、文种—问题—时序、问题—问题—时序、问题—文种—时序、历史事件—地区—时序等。先将前两者的特征结合后设类，再根据第三者的分类特征排序，如历史时期—问题—时序的编排指的是按历史发展阶段结合问题性质设类，每类下又以时为序排列。

无论以什么方式加工档案文献，都应维持档案文献的原貌，忠于档案文献的原意，在保持真实、客观的基础上加工。经过加工的档案文献，须按照一定的体例系统化编排和格式化处理，形成便于利用者利用的编研成果。

此外，编研工作的开展还包括辅助性材料的编写、审校等环节。不同编研成果的编写既应该遵循编写过程中的统一要求和规律，又应满足各自的形式和特点，才能形成有价值、高质量的信息产品。

第三节　现行文件编研

一、法规性文件汇编

法规性文件汇编是系统性整理与编排党和国家各级权力机关及具有一定权限部门颁布的，以强制力推行的规范行为的文件，并附以注释的档案文献汇编。汇编的文件包括法律、法令、条例、规则、章程等。法规性文件汇编具有权威性、系统性、准确性、实用性等显著特点。

按照汇编的范围和目的，现有法规性文件汇编可以分为综合性法规文件汇编和专题性法规文件汇编两种类型。综合性法规文件汇编指将某一级别政府机关颁布的各种法规性文件加以汇集，涵盖广泛的法规内容，适用于全面了解某一时期或某一地区的法规体系，如《中华人民共和国法规汇编》等。专题性法规文件汇编指将某一专业领域的法规性文件加以汇集，这种汇编形式针对某一特定领域和行业，提供更为专业和深入的法规内容，如《中华人民共和国卫生法规汇编》等。

二、政策性文件汇编

政策性文件汇编指由一定的组织机构、社会团体或个人，将围绕某一领域或某一主题的方针政策方面的规定性、领导指导性文件汇集成册，用以指导相关工作的开展。政策性文件汇编的目的是为特定工作的推进指明方向，并提供参考依据。例如，《2024年重庆市招商投资政策汇编》集中梳理重庆市现有惠企政策，便于不同行业的企业快速了解适用于自身的支持政策。

三、会议文件汇编

会议文件汇编是将重要会议中形成的具有查考利用价值的文件，经过系统整理、分类与汇编，形成的具有完整性和系统性的档案文献汇编。会议文件汇编包括会议通知、会议议程、工作报告、领导重要讲话、大会重要发言、提案、选举办法、选举结果、会议讨论通过的决议、会议纪要及大会照片等内容。这些文件是会议活动的全面记录，反映会议的基本内容与精神实质。会议文件汇编能让公众和会议各方全面系统地把握会议内容和精神，有利于各项工作的开展，保障公众的知情权。在会议文件的编制过程中，根据会议召开的实际情况，可将一次会议的文件汇编为一册，也可以将若干会议的文件汇编为一册。例如，《中国共产党第十七届中央委员会第五次全体会议文件汇编》中收录《中国共产党第十七届中央委员会第五次全体会议公报》《中共中央关于制定国民经济和社会发展第十二个五年规划的建议》等重要文件。

四、政府公报

政府公报是由各级政府机关或法定机构编辑、出版，用于发布法令、方针、政策、宣言、声明、人事任免等各类政府文件的连续出版物，主要包括中央政府公报和地方各级政府、各机关公报。政府公报既是政府信息的法定载体，又是政府工作的重要记录，不仅具有法定的权威性，还是政府决策、管理和服务公众的重要工具，也是公民利用现行文件的重要途径。例如，《中华人民共和国国务院公报》集中准确刊载国务院公布的行政法规与决定命令、国务院各部门公布的重要规章和文件、行政区划变动和人事任免规定等重要文件。

五、发文汇编

发文汇编是将某一单位或组织在某一时间段内发出的全部文件，按照特定的分类标准（如发文字号、发文时间、发文单位等）整理、编排和汇编，形成的系统的文件集合。发文汇编一般以年度为单位，将一个年度内的全部发文加以汇集，便于利用者按发文字号查找利用。发文汇编一般包括三个部分：①封面，包括单位名称、起止时间、编制单位、编制时间等要素；②文件目录，包括顺序号、发文字号、发文单位、题名、发文时间、页号等要素；③汇编文件，即按文件字号排列的文件，是发文汇编的主体。此外，根据具体需要，发文汇编还可能包括附录与编纂说明。

六、专题文件汇编

专题文件汇编是根据利用者和本组织工作的需要，将反映某一专题的现行文件汇编成册，以便查找和利用。这样的档案编研成果基本保持档案原文，主题单一，内容系统、全面，针对性强。

除此之外，档案馆（室）应根据社会利用需求与自身馆藏资源汇编现行文件，形成形式多样、载体多样、便于传播和利用的现行文件编研成果。《中华人民共和国政府信息公开条例》第六条提到，"行政机关应当及时、准确地公开政府信息"，各级档案馆要履行好公开政府信息的职责，通过对现行文件的开放与编研，将政府信息公开落到实处。

第四节　历史档案编研

一、大事记

（一）大事记概述

大事记是按照时间顺序，简要、系统地记载一个组织、一个地区或一个人物在某一特定时间段内发生的重大活动或事件的参考资料。大事记系统扼要地记录一定时间的历史发展事实，揭示重要事件、重要活动发生、发展的过程以及它们之间的联系，是一种常见的档案编研成果。大事记的作用主要体现在：①大事记可以帮助组织或个人回顾过去，了解本地区、本机关工作的发展历史和变化过程，便于总结经验教训，更为科学高效地开展工作；②大事记不仅是编写档案志、规划志等编史修志的重要档案参考资料，从某种意义上说，大事记也是具有检索功能的工具书，能为查找相关档案史料提供线索[①]；③大事记可以作为宣传教育的好素材，传承与弘扬本组织、本地区的优秀文化；④通过编写大事记，可以检验档案馆（室）的馆藏档案是否齐全，内容是否充实，从而推动馆藏建设和各项基础工作的发展。

根据记录的内容和范围，大事记可分为以下几类：①机关工作大事记，记载一个机关在一定时期内的重要活动；②国家或地区大事记，记载全国或某个地区在一定时期内的重大事件；③专题大事记，按照专题记载国家或某一地区、某一机关在一定时期内某一方面的重大事件；④个人生平大事记，记载著名人物的生平重要活动，通常也被称为年谱。

（二）大事记的选材

某一组织、地区在某一特定时期内发生的事件繁多，而大事记并不能将所有事件事无巨细全部记录。因此，在大事记的编研工作中，选材尤为重要。大事记的选材一般有以下几个注意要点。

1. 明确大事的选择范围

大事记主要选择影响深远的事件或意义重大的事件。影响深远的事件指的是在发生时便受到极大的关注和重视，且事后对本组织、地区或人物的发展，甚至在更大的范围内都能产生一定影响的事件。例如，历史性的会议，重要的法律、方针、政策的制定和颁布实施，重大的经济变革、重大突发事件等。意义重大的事件指的是所选大事在行政、业务、文化、法律、教育等方面的作用突出，主要表现为能够为今后的工作提供借鉴和参考，能够为历史研究提供强有力的支持，能够为教育宣传、文化传承提供具有说服力的素材。以北京市海淀区为例，海淀区的大事记应包括：本区召开的重要会议，参加中央、上级召开重要会议的情况；本区的重要决定、决议、规划、部署以及发布的重要文件，党政领导人的任免、奖惩及其重要活动；本区隶属关系和职能范围的变化情况，人大、政协换届情况，重要人事任命；等等。[②]

2. 把握大事的特点

评判某个事件是否值得作为大事时，要立足本地区，把握时空范围、事件的特点及相互联系，综合考虑事件的地域性、时间性、典型性、层次性以及与其他事件的关联性等，从事件、活动的影响、特色、背景等方面综合分析。而且编入大事记的必须是大事，周期性、规律性、定期性的普通常事通常不予记录，仅对其中意义重大的常事予以记载。

3. 大事是相对重大的事件

大事记编写的类型与性质不同，所选择的材料也各不相同。因此，在大事的选择上，需要充分考虑大事记编写的目的、大事记的作用、大事记的类型等因素，并与之相吻合。

---

① 田晓晶. 浅议大事记的编写[J]. 城建档案，2012（4）：29-30.
② 于华. 地区年度大事记的编写工作探析[J]. 北京档案，2016（3）：21-22.

例如，对某一机关自身的发展具有里程碑意义的重要政策的出台，在编写机关工作大事记时，必须将其作为大事收录；在编写某一地区的大事记时，根据需要，该政策不一定作为大事被收录。

二、组织沿革

（一）组织沿革概述

组织沿革是系统记载一个机关、地区或专业系统的组织机构、人员编制、体制变革情况的一种参考资料。

组织沿革的内容主要包括：①机关或地区、系统的历史概况，包括其成立背景、历史沿革等；②行政区划的演变情况，如行政区划的划分、调整等；③建制变更情况，包括机关名称的改变、地址迁移、成立、合并以及撤销时间等；④职权范围、隶属关系的变化情况；⑤领导人的任免情况及编制发展情况；⑥内部组织机构的设置变化情况，如部门的设立、撤销、合并等。

组织沿革的作用主要体现在：①组织沿革便于人们研究和考察一个机关、专业系统或机关内部组织机构和人员编制的发展、变化情况，进而从整体上完整系统地认识该组织；②组织沿革是研究国家机关史、地方史、专业史的重要参考材料，是历史研究不可或缺的宝贵素材；③组织沿革可以帮助档案馆（室）工作人员熟悉本地区的历史与党政机构的演变等情况，以便更好地开展档案整理、编目、鉴定等基本工作。

（二）组织沿革的体例形式

组织沿革的体例形式主要包括编年法、系列法和阶段法三种。

（1）编年法，指按年代顺序逐年列出该机关及内部组织机构设置与人员任免等情况。其优点是较为清晰地反映出组织机构产生与发展的变化脉络。该体例形式适用于组织系统经常有重大变化的机关；若组织机构较稳定，就会出现大量重复内容。

（2）系列法，指以组织机构为主线，将每个机构及主要领导成员的变化作为一个系列来编写，机关内有多少个机构就要相应地编排多少个系列，组织机构可以按照成立时间的早晚或重要程度排序。其优点是较为清晰地反映机关的整个组织体系和每一个机构及其主要领导成员变化的历史线索；但在组织机构变化较大时，会将每个系列拉得很长，往往难以安排编写的章节，也不便揭示关于变动的情况。

（3）阶段法，指根据机关自身的重大变革划分为若干阶段，在每个阶段内以组织机构为主线编写。阶段的划分较为灵活，可以根据各机关的具体情况而定。其优点是符合党政机关发展的阶段性和阶段内相对稳定的特点，能够较为完整地反映机关内部机构、人员编制、领导成员以及主要职能、隶属关系的沿革等历史线索。

三、统计数字汇集

（一）统计数字汇集概述

统计数字汇集又称基础数字汇集，是历史档案编研工作中十分重要的编研成果之一。

它以数字的形式系统准确地反映一定地区或某一方面的基本情况，具有数据集中、简明扼要、形式灵活多样、便于利用等特点，为了解情况、研究问题、总结经验、预测未来、决策事项提供参考和依据，是积累可靠数字资料的重要形式。

一个完整的统计数字汇集必须具备时间、空间、内容三大基本要素。按照不同的分类标准，统计数字汇集可以分为以下几种：①从时间来看，可分为一年的、多年的、某一阶段的或迄于某一标准时刻的统计数字汇集；②从空间来看，可分为一个单位的、一个地区的或一个系统的统计数字汇集；③从内容来看，可分为综合性统计数字汇集与专题性统计数字汇集，前者是记载和反映一个地区、系统、机关、单位全面情况的数字汇集，后者则是针对某一特定问题或领域汇集相关的统计数字。

（二）统计数字汇集的编写

统计数字汇集的编写一般包括封面、编写说明、目录和正文四个部分。

（1）封面。封面由标题、编制单位、编印年月等要素构成，其中标题包括数字的来源单位、内容名称、内容的时间范围等。

（2）编写说明。要说明编写的原因、目的、任务与所编材料的用途、选编范围、取材标准以及存在的问题等。

（3）目录。目录一般由顺序号、题名和页号组成。

（4）正文。正文的内容一般包括统计对象、时间与空间范围、统计项目、统计指标、数值等内容，且需要尽量采用档案文献中的原始数据，所选数据要具有典型性与代表性，要确保数据的真实性、准确性、权威性与一致性。

四、专题概要

专题概要是按一定的主题，以文章叙述的形式，简要说明和反映某一方面工作、现象的产生、发展、变化的过程与状态的一种档案参考资料。它能集中、系统地提供关于某一方面的资料，以便利用者有针对性、方便快速地熟悉和了解某一专题的内容。

专题概要的编写首先要注意选题，要与馆藏和社会需求相匹配。因为丰富的馆藏是专题概要编写的基础，且要满足社会的需求，专题概要的编写才能充分发挥其价值与意义。其次要根据不同的选题和档案文献来确定专题概要的内容，再将内容按照一定的逻辑体系排列。专题概要的编写源于档案文献，但又不拘泥于档案文献，它是综合整理、系统分析档案内容的结果，具有较强的可读性，但是不得主观臆断以致其偏颇失真，失去客观性。

第五节　档案数字编研

一、档案数字编研的概念

档案数字编研指的是在数字环境下，以数据化、知识化档案数据为主要对象，充分运用数字手段赋能，形成不同形式的数字出版物，实现档案价值开发的业务模式。

开展档案数字编研不仅是时代发展的必然要求，也是档案工作发展的必然选择。在档案利用上，人们对档案信息利用的时效性、便捷性以及档案信息产品视觉的直观化、内容的专业化、载体的多元化、服务的个性化等方面都提出更高要求。随着时代的发展与科技的进步，大力开展档案信息资源整合与开发，为档案利用者提供更为系统、全面、专业化、集成化的档案信息产品成为现代档案工作者的重要任务。开展档案数字编研，不仅能提高档案编研的效率，对档案工作的可持续发展也具有重要的现实意义。

二、档案数字编研的特点

（一）数字编研的多元化

在数字化时代，档案编研走向多元化，分别体现为编研主体的多元化、档案来源的多元化和专业技能的多元化。

（1）编研主体的多元化。我国档案编研工作在很长一段时间内都由档案部门主导，因为档案部门保管着大量档案并对档案内容较为熟悉，且拥有较多专业管理人员，有较强的档案编研能力，其他部门或个人则对档案和档案编研了解较少。随着数字时代的到来，档案资源的开发与利用也走向数字化与网络化，传统单一的闭门造车式编研方式已经很难适应新时代的需求，以档案部门为核心，以党政机关、社会团体、企业事业单位为依托，开展全方位、多层次、广视角的合作编研，已经成为新时代下开展档案编研工作的有效方式。传统档案部门可以与其他保存档案信息资源的主体联合编研，更好地挖掘档案信息资源的潜在价值。

（2）档案来源的多元化。传统的档案编研工作选材来源基本为档案馆（室）内保管的纸质档案。在数字化时代，除馆藏档案外，还可通过互联网、数据库、政务数据共享交换平台、业务系统等获取权威业务数据信息或政务信息资源。除传统纸质档案素材外，音像、音频、图像、电子文档也成为档案编研素材的重要类型。

（3）专业技能的多元化。传统的档案编研工作只要求具有档案编研的专业知识。在数字化时代，档案的数字编研更多是利用计算机技术处理档案资源信息，再加以加工和利用。在传统档案编研专业知识的基础上，档案数字编研还需要具备数据挖掘、数据处理等更为先进的专业技术能力。

（二）编研选题的社会化

数字技术的发展推动档案编研选题的社会化。受档案本身性质与历史因素的影响，传统的档案编研选题带有强烈的目的性与政治色彩，编研成果也以某一时期某方面主题的文件汇编、大事记、组织沿革等为主，所服务的目标群体也较为单一。在新时代，人民对物质文化的需求日益增长，对档案信息的获取与利用也提出更高的要求。档案数字编研在为传统选题服务的同时，也更靠近大众的需求。档案编研工作者在选题时需要更多地参考社会公众的利用需求。此外，档案编研工作者也可以通过互联网挖掘社会关注的焦点话题，为档案编研的选题提供参考。

（三）编研过程的数字化

档案管理活动的日益数字化带来档案编研过程的数字化。传统的档案编研工作开展对象为档案部门保存的纸质档案资源，且编研方式以手工式编研为主，通过人工来收集与整理大量的档案信息，再基于对档案信息的了解开展研究，深入挖掘并提炼出有价值的信息，形成可供利用者使用的成果并加以传播。这样的档案编研工作开展周期长，人力物力资源的消耗较大。在数字时代，档案资源由传统的纸质档案走向纸质档案与电子档案并重，档案编研工作也走上由手工式编研向数字化编研转变的道路。档案编研工作人员可以摆脱时间与空间的限制获取电子文件或其他数字化档案资源的信息，并借助计算机与数字化技术来开展选题论证、资料采集、文献编辑和加工等档案编研工作，所形成的档案编研成果也有丰富的表现形式。

此外，传统的档案编研平台体现为手工作坊式，具体表现为档案机构设置档案编研科（处/室），使编研人员集中在一起开展编研工作。这种模式仅适合小型的档案资料汇编，但凡涉及大型的综合性档案编研，传统档案编研平台的局限性便日益凸显。而且，档案编研程序烦琐复杂，仅依靠"智力+手工"的模式，档案编研工作效率低、周期长。在数字化时代，档案编研平台发生变革，从传统的手工作坊式向半自动化生成转型。档案编研工作不再局限于仅在某处开展，而是可以通过数字技术实现档案资源的快速获取、整合与输出，再人工把关信息的考订、注释、编辑等环节。编研人员可以通过网络平台相互沟通，交流编研的过程与体会心得，使得数字化技术以另一种形式介入档案编研的过程。

（四）成果展示的多样化

传统档案编研成果多以纸质书刊的形式展示，类型单一，缺乏吸引力。随着数字技术的发展，档案编研成果的展示也有了更为丰富的选择。数字化的出版方式将多种类型的档案信息集为一体，展示效果也从平面向立体化发展，给社会公众带来更多的视觉冲击与感染力。除了传统的纸质书刊外，数字化时代的档案编研成果不仅可以通过文艺创作的方式展示，也可以通过网络数据库、线上网站等方式展示，还可以通过实体场景再现与虚拟场景再现等方式来展示。

文艺创作作为数字化时代最为常见的档案编研成果展示方式之一，其主要形式包括纪录片、电视剧、音乐剧等，以生动形象的方式讲述过去发生的故事，让社会公众看到过去没有参与的事件，听到来自过去的声音。国家档案局和中国国际广播电台共同打造的365集系列电视纪录片《抗战史上的今天》，运用了大量权威翔实的影音胶片、同期录音、珍贵历史档案。中法合拍的纪录电影《康熙与路易十四》运用与展示了许多十分珍贵的历史档案，向我们还原300多年前两位伟大君主的交往细节，重现这段中法文明双向奔赴、互相成就的历史佳话。

网络数据库、线上网站等同样作为档案数字编研成果的主要展示方式，可以突破时间与空间的限制，社会公众可以直接通过网络获取与利用这些编研成果。广州市国家档案馆在其官网上设有展示编研成果的网上展览版块，展示《同心抗"疫"共克时艰——广州抗击新冠肺炎疫情展》《蝶变中的小谷围——广州大学城建设20周年档案文献展》《档案见证小康路——广州脱贫攻坚展》等一系列体现馆藏档案特色又体现编研社会化选题的档案编研成果。

场景再现作为档案数字编研成果的一种重要展示方式，可以使社会公众在参观时更有代入感，也可以更好地接收档案中所蕴含的信息。东莞市规划展览馆从历史照片和规划设计图纸中抽取主体结构形式、建筑外观、建筑布局、占地面积等建筑数据，构建岭南园林模型，展示岭南园林建筑的风格与特色。佛山市城市展览馆运用20世纪90年代初旧城拆迁时收集的地砖，再现佛山老街的场景，展现佛山老街的建筑风格。除此之外，VR/AR虚拟现实技术、3D显示技术、3D建模与打印技术等也能够支撑起场景再现的运用。广州市城市规划展览中心以《广州市经界图》为底图，在参考历史照片、外销画等档案材料的基础上，应用3D技术对长堤的建筑建模并打印，复原20世纪初的长堤风貌，展现广州近现代商贸金融文化的兴盛。

三、档案数字编研的过程

档案数字编研的过程包括选题、资源搜集、信息挖掘与整合以及成果展示四个重要步骤。

（一）选题

档案数字编研的选题与传统档案编研相似，都需要遵守"三匹配"原则。在此基础上，档案数字编研的选题还应该遵循系统化、时效性与特色化原则。[①]

（1）系统化。档案数字编研选题的系统化要求档案数字编研的开展依托现有的馆藏档案资源，整理筛选并深入挖掘所有与主题相关的档案资料，系统反映主体内容，使档案编研成果的价值得以提升。在编研的过程中，还可以利用大数据、云计算、物联网等信息化技术聚类整合现有档案资源，通过构建元数据、索引标志等建立与档案文件目录、档案文件简介、档案文件原文有关的数据库，为档案编研提供数据化参考。

（2）时效性。档案数字编研选题的时效性要求编研选题立足于党和国家现行方针和政策，围绕党委、政府的中心工作，创造出符合社会发展并可为经济建设做出贡献的编研成果。例如，广州市国家档案馆以开发馆藏抗战时期粤港澳迁徙办学特色档案资源为切入点，策划"抗战时期粤港澳迁徙办学档案资源多元开发利用"专题项目，呈现抗战时期粤港澳三地教育界守望互助、共克时艰的动人历史，增强粤港澳三地的文化认同感。在选题的过程中，还可利用网络舆情信息采集技术和信息抽取技术跟踪政策的最新动态，围绕国家出台的政策专题，从馆藏档案中选取最前沿的档案文献资料，以进一步确定编研主题。

（3）特色化。档案数字编研选题的特色化要求编研选题体现馆藏档案特色和地方特色，通过深入挖掘具有特色的馆藏档案资源，使档案编研成果既具有使用价值也提高利用率。在此过程中，可以利用自然语言处理技术、语义分析技术抽取并排序关键词，以馆藏档案为基础，确定体现馆藏特色和地方特色的编研选题。广州市城市规划展览中心依据《广州港和广州府城图》的内容，以数字化形式再现19世纪广州珠江岸边的繁华景象，展现古广州城的城市布局。

---

① 孙宝辉，张晓晓，张卫东. 数字人文视域下高校校史档案编研路径研究[J]. 档案与建设，2022（7）：54-57.

（二）资源搜集

档案数字编研的资源搜集途径包括对内建设馆藏资源检索工具和数据库，对外向图书馆、档案馆、博物馆等单位、专家以及社会公众征集档案资源，征集方式包括与其他单位的交流征集、定向征集、口述档案征集等。此外，还可以通过情报学中的布拉德富定律和引文网络来丰富现有的资源搜集方法。

布拉德福定律由英国文献学家布拉德福在1934年提出。该定律指出，如果将科技期刊按其刊载某专业论文的数量多少以递减顺序排列，则可以在这些期刊中区分出载文率最高的核心区和包含着与核心区同等数量论文的后继区。此时，核心区和后继各区中所含的期刊数成$1:n:n^2$……的关系。该定律主要用于描述文献分散规律，可以使研究者更加有效地定位和获取所需的信息资源。档案数字的编研中，可以利用布拉德富定律来统计分析既定主题相关领域的某些核心图书馆、档案馆、博物馆等，根据核心机构的排序依次查找主题档案，借助定量化手段科学地获取核心领域的资料，这样能在提高资源搜集效率的同时，聚焦核心与重点，保证编研的质量。

引文网络是引文分析的研究对象，是施引文献与引证文献之间因引用关系而形成的一种网络，主要由引文和引用组成。引文包括施引文献与引证文献，如图书、论文等；引用指文献间的参考、援引关系。可以运用引文网络来梳理具有引用关系的文献，有效扩展相关文献的搜索范围。此外，还可以用节点代表引文，用有向链接代表引文之间的引用关系，即可绘制引文网络图，进而运用图论的相关知识分析得到辅助文献资料的主题。

（三）信息挖掘与整合

信息挖掘与整合指的是面向档案编研的信息加工。所谓加工即按照编研方案的要求，对入选的编研信息进行技术处理，形成编研成品最基本的信息单元。

在信息的挖掘与整合中，一个十分重要的环节是档案信息的语义组织。档案的语义指的是所有档案本身的数据和描述档案的数据的含义，包括档案内容数据、背景数据和结构数据的含义。与传统档案文本内容的含义或元数据的含义不同，档案的语义使用形式化语言表达，含义明确且机器可理解。档案的语义组织指的是将档案内容、背景与结构数据含义明确化、编码形式化、关联链接化的过程，包括识别、理解、分析和表达档案的语义，并建立起多级档案语义之间的关联。

档案语义的识别、理解、分析与表达主要针对档案内容数据、背景数据与结构数据。档案的内容指的是档案中所包含的表达作者意图的信息，集中体现在时间、人物（机构）、地点、事件（主题）和实物五大方面。识别档案内容的语义，就是识别文本中的词语及其代指的概念之间的对应关系。可以通过标注文本中这五大要素加消歧的方式来获取档案内容中最重要的语义。档案内容的语义的标注颗粒越细，内容中语义关系的揭示程度越高，档案中所蕴含的知识被发现、聚合、挖掘的深度越深，效果越好。档案的背景指的是档案所处的环境，任何档案都有其机构背景、业务背景、程序背景与文件背景。其中，机构背景指的是档案生成者所属的机构体系，业务背景指的是生成档案的业务职能、活动和事务，程序背景指的是文件生成、转递、归档与管理的程序，文件背景指的是文件所属的档案全宗或档案汇集内与其他文件之间的关系。识别与获取档案的背景语义，对建立档案与其来源机构、业务、程序等关联具有极为重要的作用。档案的结构指的是档案内容信息的组织方式与表达方式，组织方式包括正文和附件，表达方式包括格式、载体、版本等。在数字化背景下，档案内容与结构逐渐分离，且相互之间的影响度逐渐缩小，档案的结构语义已经由机器自动设定且机器可理解。在这种背景下，档案结构的语义更容易被独立识别并获取。档案结构的语义也是建立起档案内容语义与背景语义之间关系的重要桥梁。

在完成档案语义识别、理解、分析与表达的基础上，根据档案语义间的关系进行分类、聚类、关联等处理，建立语义之间的联系。还可以依照档案汇集的各个层级，建立不同层级档案之间的关联，从而形成多层级的数据和语义网络。完成语义组织的档案资源能够支持知识单元的结构化提取、语义化表达和智能化计算，能更好地开展档案编研工作。

信息挖掘与整合可以通过档案资源本体模型构建、知识图谱技术、关联数据技术、GIS地理可视化技术等实现。档案资源本体模型构建分为四个步骤：①汇总梳理资源形式特征和内容特征的元数据标准，根据主题选取所需元数据元素；②构建术语词表，包括定义人物信息、统一角色术语、依托项目定义摘要、说明版权信息等；③以术语词表为基础定义本体的类和属性，通过专家交流不断修正、充实所列类和属性；④利用自动化编辑工具转换本体模型，选取合适的描述语言，以RDF资源描述框架为基础实现对档案资源的组织。

知识图谱技术是通过实体关系抽取及构建来形成多维度数字编研知识单元网络，根据不同的利用需求来析出不同维度，形成不同需求下的编研知识图谱，并从中发现编研脉络及关联的相关资源。关联数据技术指的是通过标志信息资源及建立非信息资源的元数据系统建立数据关联，通过聚合与核心特征相关的档案资源构建知识网络。GIS地理可视化技术的量化功能可以将档案资源转化为具有明确空间属性的标准结构数据，并跨越时空将内部档案资源与不同外部档案资源关联。一方面，新型技术的运用能为更多形式的新型编研成果提供依据与基础；另一方面，部分新型成果如知识图谱等作为动态的呈现，也是一种更新型、更前沿、更能满足数字用户认知需求的数字编研成果形式。

（四）成果展示

在数字档案资源服务过程中，可视化满足信息检索过程中用户追求内容多样化、途径复杂化的趋势，可以为数字档案资源的传播提供技术支持。档案数字编研也需要根据用户的利用需求、编研数据特点、成果体例等，对叙事可视化技术展开探索，包括但不限于数字孪生技术、VR技术、数字可视化技术等。

数字孪生技术、VR技术等都是通过红外测距和3D扫描仪等设备收集场景图像，再将收集到的数据导入计算机处理，可以利用算法对扫描数据进行自动化去噪、平滑及对齐处理，并生成完整的3D模型，最后将3D模型导入VR系统，为用户提供立体式虚拟场景的再现，使之体验身临其境的感觉。此外，还可以与微博、微信等社交终端关联，用户可以随时随地通过PC端、手机端访问，实现档案的文化传播。广州市城市规划展览中心就应用VR和AR技术，以泮塘五约的手绘图为基础，利用计算摄影机影像的位置和运用图像技术，将虚拟的街巷在现实展现，使参观者领略西关人文风情和老城记忆的魅力。

数字可视化技术主要应用于档案展示平台，要求平台不只为用户提供档案检索与下载功能，更要注重和用户的数字化互动。最简单的数字可视化技术体现在平台页面的可视化，指的是在服务入口和资源展示方式上力求为用户提供优良视觉体验。在这些档案展示平台上，可以用色彩丰富的图片导航、分类检索清单、图文引入等；也要注意网页的引导性与交互性，可以在页面上增设游戏、测试等元素，增加用户的参与感。复杂一些的数字可视化技术能够帮助用户身临其境体验场景并允许用户标注感兴趣的档案，既提升用户对档案平台的黏度，也为档案平台的个性化服务提供依据。在以著名档案学家吴宝康先生的档案数据为研究对象形成的档案数据数字人文研究案例中，研究者对档案数据开展分析与可视化，开发一个用户交互平台，并设置用户意见调查与用户留言模块，同时给予用户自行完成吴宝康照片档案叙事的权限。

除此之外，还可以在展示的媒介上充分调动用户的各种感官，综合运用音视频和数字可视化技术传达档案数字编研成果，要充分利用音视频媒体的趋势与优势。与此同时还可以拓宽推广渠道，利用社交媒体助力可视化，推动成果的传播。例如，档案馆可以尝试在各社交平台展示与分享档案数字编研成果，积极引导用户参与评论和转发活动，充分利用用户的号召性与感染力来推动档案数字编研成果的传播。

四、档案数字编研的挑战

（一）档案来源复杂的挑战

数字技术的发展推动档案载体形式的转变，大数据集成技术的推广也改变了传统档案的来源渠道。除了源于档案库房、报纸、书籍等传统渠道，数字编研还可以拓展到广播、电视、互联网平台等新兴数字渠道。信息来源的广泛性与复杂性为档案编研提供了更为丰富的素材，但也带来不小的挑战。在海量档案信息中筛选出有价值的信息，是档案编研工作的重要环节之一。但是，在数字化时代，由于信息来源的多元化，档案编研工作者要面对的信息量呈指数级增长，且这些信息内容繁杂、质量参差不齐，导致信息筛选与甄别的难度大大增加。

（二）档案信息安全的挑战

数字化背景下，数字化档案信息的存储、传输和处理都依赖于计算机网络和信息技术，在便于档案编研工作人员快速检索的同时，也增加了档案信息所面临的安全风险，如人员操作失误造成的档案信息泄露、数字设备发生故障导致档案数据损坏或丢失等。与此同时，档案编研成果在发布前的审核环节意义重大，如果编研成果中含有不宜对外公开的敏感信息或涉密信息，若未经加工处理便发表，会造成公众对于相关信息的误解或误读，偏离档案编研成果发行的初衷。

（三）编研人员能力的挑战

数字化时代对档案编研工作人员的业务能力与专业素养都提出了更高的要求。在传统的档案编研工作中，一般只要求工作人员具备档案编研的相关知识。数字化时代的档案编研工作将更依赖于计算机程序与数字技术，编研工作的过程也较以往发生许多变化。在这种变化下，档案编研工作人员不仅需要具备专业知识，而且需要认知和了解数字信息、网络传播等前沿数字科学领域的知识与技能，才能跟上时代发展的脚步，不断将数字信息技术引入编研工作的各环节。

思考题：

1. 简要阐述档案编研的概念、意义与档案编研工作开展的原则。
2. 阐述档案编研的步骤，并简要概括与说明每个步骤。
3. 对比传统的档案编研过程与档案数字编研过程，谈谈这两种档案编研过程有什么区别。
4. 数字化时代下档案的编研工作依旧面临许多挑战，请你为档案编研工作的开展提出建议与策略。

第八章
档案提供利用

　　档案提供利用是衡量档案服务水平的重要标准。本章探讨档案提供利用的内涵、作用、要求、趋势,以及提供利用的主要方式和档案开放。第一节阐述档案提供利用的含义、作用、基本要求与发展趋势;第二节介绍档案提供利用的具体方式;第三节介绍我国档案开放的要求与措施,以及档案公布这一开放形式的具体表现。

第一节 档案提供利用概述

一、档案提供利用的含义

档案提供利用的核心目标在于确保档案信息的合法、有效传播与利用，以满足社会各界的需求，并服务于社会的发展。为此，档案管理机构需通过合法、规范的途径，主动、积极地向需求者提供所需的档案信息。档案提供利用的基本内容包括：①熟悉馆藏档案信息的内容与构成，掌握各种档案检索工具的使用方法；②分析和预测社会对档案信息的需求特点，把握档案利用需求的发展规律；③向档案用户介绍馆藏档案信息，提供档案咨询服务；④向档案用户提供所需的档案文献。档案提供利用的主体是档案部门，它是档案部门的一项基本职能活动，主要通过有效的档案用户服务活动来实现。[1]

利用档案和档案提供利用是既有区别又有联系的两个概念。利用档案是档案用户为研究和解决某种问题而使用档案，档案提供利用是档案部门为满足利用需要向用户提供档案及其信息产品的职能工作活动。因此，有利用档案的需要才有档案提供利用这项活动，有档案提供利用才能实现用户对档案及其信息产品的利用；这两种行为往往先后或同时发生，表现为一个过程的两个环节。

二、档案提供利用的作用

档案提供利用是档案工作服务于社会各项事业的直接手段，它是沟通档案工作内外关系的一个重要环节，在档案工作中占有突出地位。其作用主要表现在两方面：①信息传递与咨询服务。档案提供利用通过向各行业提供信息、数据和文献供应咨询服务，集中体现档案工作的方向和价值。它是档案工作与社会联系的窗口，其工作质量是衡量档案部门业务水平和工作质量的重要指标。②检验与推动作用。档案提供利用能够反映外界对档案利用的需求，对档案工作的各个环节具有检验和推动作用。通过这项工作，可以发现档案工作中的不足，促进档案工作的整体提升。

档案提供利用是档案工作的根本目的。档案的社会效益和经济效益影响档案的保存价值。要充分发挥档案利用的价值，最重要的是提供利用，了解档案的价值。档案利用工作是档案工作的出发点和归宿，服务于社会主义现代化建设的各个方面，包括政治、经济、科学、文化以及党和国家的其他各项事业。

档案利用工作对档案工作具有促进作用。一方面，档案利用工作具有宣传功能，能够使人们在利用档案的过程中认识档案的价值和档案工作的重要性，扩大档案工作的影响，增强人们的档案意识；另一方面，档案利用工作体现档案工作的成果，是衡量档案工

---

[1] 王英玮，陈智为，刘越男. 档案管理学[M]. 5版. 北京：中国人民大学出版社，2021：295.

作水平的主要标志。因此，做好档案利用工作能够促进档案工作的发展，提升档案工作的水平。

档案利用工作能够直接联系群众，具有很强的服务性，是档案工作最重要的一环，也是其中最富有活力的一项职能活动。一方面，档案利用工作主动地向社会公众提供档案服务，满足档案用户的利用需求；另一方面，档案用户不断对档案利用工作提出新的要求，推动档案利用工作与时俱进。实践证明，只有做好档案利用工作，档案工作才能顺利开展；反之，则难以打开局面。档案工作要开创新局面，最重要的一环就是要做好档案利用工作。

三、档案提供利用的要求和趋势

（一）档案提供利用的要求

1. 建立档案利用体系

档案工作者应以人民为导向，树立服务意识，建立方便人民群众的档案利用体系。"建立方便人民群众的档案利用体系"是习近平新时代中国特色社会主义思想指引下，档案利用工作中的基本要求，体现出"以人为本"的服务理念和服务方向。[①]档案工作者需转变服务观念，将最广大人民群众纳入档案工作的体系当中，并作为体系的中心，围绕人民群众这个中心来确定档案利用体系的终极目标，[②]了解用户的需求和期望，以友好、专业、耐心的态度为用户提供服务，才能有效地开展符合用户需求的档案利用工作。

档案部门可以通过电话访谈、调查问卷、数据分析等方式，主动地深入了解和调查查档人员的需求，以确保服务的全面性、精准性和时效性。提供定制化档案服务，根据不同用户的需求，分类提供服务。例如，在南京市启动退役军人优待证申领工作之际，南京市栖霞区档案馆积极响应，及时增加查档接待人员，科学安排，明确分工，形成查找目录、信息调档、复印盖章出具证明、完成归档等一体化工作流程。派专人值守不见面审批系统，在线上完成档案的检索、浏览和打印等程序，提高查档效率，减少群众等待时间。同时，通过线上远程办、掌上快递办、预约送件办等查档方式，提供优质、便捷、精准的查档服务。[③]

2. 熟悉档案业务

档案工作者应具备扎实的档案业务知识和技能，熟悉馆（室）藏档案的收集、整理、鉴定、保管、检索和利用等各个环节，了解用户的利用需求。在为用户提供档案利用服务的过程中，档案工作者应当高效地处理用户的查询请求，准确快速地找到所需的档案信息，并为用户提供专业的解答和建议。这就需要档案工作者熟悉档案业务、了解用户需求。通过不断提高自身的业务能力和工作效率，档案工作者可以把档案利用工作由被动变

---

① 丁华东，黄琳. 中国特色档案利用服务体系的建设与完善[J]. 档案学研究，2022（1）：51-57.
② 杨冬权. 档案部门怎样进一步贯彻以人为本建立"两个体系"：在2008年档案工作者年会上的讲话[J]. 档案学研究，2008（6）：4-7.
③ 付茹，何岛. 信息化发展趋势下民生档案查询利用探索：以南京市栖霞区档案馆为例[J]. 档案与建设，2023（11）：79-81.

为主动,及时、准确地满足档案用户需求,确保档案资源得到充分的利用。

3. 平衡利用与其他业务的关系

(1) 平衡档案利用与档案基础工作的关系。档案利用的过程是档案为各项工作服务的过程,也是档案自身价值体现的过程。[①]档案利用工作至关重要,但档案的收集、整理、保管、鉴定等基础工作同样不可或缺。没有扎实的基础工作,档案利用将失去根基。档案基础工作的不完善,如档案收集不全、整理无序、保管不当、鉴定不精确,将直接影响档案的利用效果;反之,若只注重基础工作而忽略档案利用工作,不积极主动地开发档案信息资源,档案工作则无法全面发挥其作用,其目的也将变得模糊。档案利用工作和业务基础工作的关系是辩证统一的关系,二者互相联系,互相依存。基础工作是利用的前提,利用是基础工作的最终目的。两者必须协调发展,以确保档案工作的完整性和有效性。

(2) 平衡档案利用与档案保护工作的关系。档案因其社会价值与经济价值需要得到妥善保护,以实现长期乃至永久的保存,以供党和国家以至整个社会的长远利用。然而,档案的物理寿命是有限的,频繁地利用会加速档案的损毁。从可持续发展来看,档案利用工作必须保证档案的物理安全,力求档案(尤其是珍贵档案)实体不受损坏,尽量延长档案寿命。因而,档案利用不能只强调档案利用工作而忽视档案保护工作,但也不能只讲档案保护工作而限制档案利用。有些档案不仅当前利用较为频繁,而且在很长时间内都有重要的作用,绝不能单纯追求当前的利用效率而忽视长远的保护需求。档案部门应积极采用现代科技,提升档案利用的现代化水平,优化档案利用方式,在不影响利用效果的情况下,推荐使用档案复制件或研究成果代替原件提供服务。

(3) 平衡档案利用工作与档案保密工作的关系。国家保存档案是为了维护党和国家各项事业建设的历史原貌,同时为各行各业提供服务,充分发挥档案本身的凭证价值和情报价值。若将档案长期禁锢在档案馆(室)中,这就使得保存档案失去意义。然而,档案的利用需严格遵守保密原则,特别是涉及国家秘密的档案。《档案法》第二十条明确规定:"涉及国家秘密的档案的管理和利用,密级的变更和解密,应当依照有关保守国家秘密的法律、行政法规规定办理。"档案部门在提供服务时,需明确档案利用与保密的界限,根据档案的性质和重要性,划分可公开利用和需保密的档案。在保障国家利益和公共利益的前提下,尽量扩大档案的利用范围。同时,对于需要保密的档案,应根据其保密等级和实际情况,制定合理的保密期限。在保密期限内,严格控制档案的查阅和使用;保密期限结束后,及时解密并公开利用。此外,还应加强档案保密管理,建立健全档案保密管理制度,加强档案库房的安全保卫措施,确保档案在存储、传输和使用过程中的安全。在做好以上工作的同时,还应加强档案工作人员的保密意识教育和培训,提高其保密工作能力和水平。

---

① 黄世喆. 档案管理学[M]. 北京:高等教育出版社,2016:160.

（二）档案提供利用的发展趋势

1. 利用主体的社会化趋势

随着人们档案意识的增强及对档案利用需求的增加，档案利用工作发生很大转变，档案用户已经涉及社会各个阶层，档案利用对象出现社会化的趋势，公民因涉及个人切身利益问题到档案馆利用档案的情况不断增多，利用人数明显提高。[①]档案信息利用主体的转变，折射出国家政策落实到公民个体档案查询利用已被广大普通公民普遍接受的现实状况。

2. 利用内容的民生化趋势

从利用档案的内容类型来看，近年来，随着政府在劳动与社会保障、医疗卫生等方面一系列民生政策、措施的出台，以及群众因购房、出国、诉讼等个人事务的需要，档案信息的利用热点涉及与市民生活密切相关的劳动和社会保障、房屋产权、市政动迁、历史问题平反、独生子女、婚姻登记、支内支边等多方面。以知情维权为目的的利用上升明显，个人维权查阅档案占总量近30%。鉴于公众在办理事务时通常被要求出具相应的凭证性材料，这往往是市、区（县）档案部门中群众利用率较高的内容。即使是工作查考利用的内容，其中也有50%左右是用于解决信访、落实政策、职称认定等民生问题。2020年，依托北京市政务外网开通的北京市民生类档案跨馆利用系统启用。截至2023年年底，全市可提供跨馆利用的民生类档案达11种，累计接待跨馆查阅19005人次、复制档案20714件。[②]以上案例足以见得我国档案利用内容的民生化趋势。

3. 查阅范围的广泛化趋势

在政府信息公开背景下，随着政府民主建设和透明化建设的逐渐深入，公众提出的档案利用需求较以往更为广泛深入，查阅内容范围呈广泛化趋势。一方面，人们要求提供的档案内容延伸到社会生活的各个方面。为适应此要求，档案部门的档案收集范围也广泛扩散到各个民生领域。社保档案、健康档案、人事档案、房产档案、科技档案等与人们日常生活密切联系，逐渐成为档案利用的重要部分。另一方面，公众从维护自己切身利益的目的出发，依申请利用未公开档案在利用中占比呈上升趋势。这种依申请公开需要利用的信息通常内容比较分散，不具有普遍性，在很大程度上甚至是个别的特殊需求，但对公民而言，却因所需信息是获取个人切身利益的必要条件而显得格外重要。例如，因为涉及历史遗留问题产生的房屋产权、动拆迁纠纷矛盾，要求查阅合营、代管和经租等私房产权、政策等档案。很多档案查阅需求是在政府相关部门申请信息公开后，根据告知书来档案馆查阅，但是此类档案在馆藏中多数并未开放。

4. 利用服务的个性化趋势

服务的个性化趋势包括三个方面：一是服务时间的个性化，即在档案用户希望的时间和希望的地点得到档案信息服务；二是服务方式的个性化，即根据档案用户爱好及特点提供档案信息服务；三是服务内容的个性化，即有针对性地开展档案信息服务，使档案用

[①] 张林华. 我国档案馆公共服务研究[M]. 上海：上海世界图书出版公司，2019：78.
[②] 梅佳. 拓展利用服务领域 提升档案惠民利民能力——北京市国家综合档案馆民生类档案利用调研[J]. 中国档案，2024（4）：16-18.

户各取所需,各得其益。在今后的档案利用工作中,档案利用服务个性化将成为很重要的一部分。例如,新加坡国家档案馆致力于提供卓越的档案服务。①该馆不仅提供传统的档案查询和借阅服务,还通过社交媒体和移动应用等现代通信工具,为用户提供个性化的档案推荐和信息更新服务。这些举措有效提升了档案服务的质量和效率,赢得用户的广泛好评。

5. 利用方式的数字化趋势

随着互联网与信息技术的迅速发展,网络已经成为社会公众获取信息的主要渠道之一。采用调阅电子档案的方式提供档案利用,既能大幅提高服务效率,也有利于保护档案实体,成为档案利用工作的发展方向。②近些年来,各地档案馆积极推进数字档案馆建设,数字档案利用的比例逐步提高。以广州市档案馆为例,2023年共利用档案72040卷(件),同比增长82.04%。其中实体档案为17137卷(件),档案数字化复制件为54903卷,2023年数字化复制件的利用量已大大超过了实体档案的利用量。③

6. 利用模式的远程化趋势

近年来,公众民生档案远程共享利用要求不断提高,上海、天津、浙江、江苏、广东、长春、武汉、青岛、成都等越来越多省市开展民生档案远程服务的探索。实践成果表明,远程服务极大地改善了公众民生档案利用状况,基于网络的民生档案远程共享利用越来越受到公众的关注和欢迎。以北京市档案事业发展为例,北京市及各区档案馆提供的民生类档案利用服务,可分为查阅本馆馆藏和跨馆利用其他档案馆馆藏档案两种形式。2021年,北京市档案馆推出全市综合档案馆开放档案目录一站式检索查询服务,还与市民政局签订《北京市婚姻登记档案信息跨部门共享协议》,实现全市婚姻档案跨部门网络共享利用。截至目前,全市有15家档案馆可提供的跨馆利用民生类档案类别达馆藏民生类档案类别的50%以上,有10家区档案馆达70%以上。在做好本市档案跨馆利用的同时,北京市档案馆与天津市档案馆、河北省档案馆、成都市档案馆等多家省市档案馆签订异地跨馆利用协议,6家区档案馆也与京外档案馆签署异地跨馆利用协议,部分民生类档案可以根据协议办理异地查询。手续齐全的条件下,各档案馆民生类档案的查档利用时间均在10分钟以下。2022年7月,全国档案查询利用服务平台开通,北京市档案馆第一批加入平台提供档案利用服务。截至2023年年底,共办理完结1466件查档申请和286条留言咨询,档案利用服务的覆盖面进一步拓展到了全国各地。2023年12月,16个区档案馆全部接入全国档案查询利用服务平台。2023年6月,北京市依托"京通"小程序建立的"北京市档案移动服务"平台(即"掌上查"平台)投入使用,实现档案利用从线下查、网上查到"掌上查"的转变,市、区两级档案馆提供利用的方式进一步得到拓展。④

---

① 祝一,陈建. 参与共治与开放共享:新加坡国家档案馆档案众包项目实践及启示[J]. 北京档案,2022(10):43-47.
② 张林华. 我国档案馆公共服务研究[M]. 上海:上海世界图书出版公司,2019:80.
③ https://www.gzdaj.gov.cn/gzdt/gnxw/content/post_250067.html.
④ 梅佳. 拓展利用服务领域 提升档案惠民利民能力:北京市国家综合档案馆民生类档案利用调研[J]. 中国档案,2024(4):16-18.

第二节 档案提供利用的方式

根据档案利用所采用档案的不同内容特征，可分为两种利用方式：①直接利用，包括档案原件与复制件的利用。档案资源管理机构根据用户的利用需求，为其提供查阅、复印、证明、外借等利用服务。用户可以直接到档案资源管理机构，通过阅览、复制、摘录等方式直接获取档案原件、副本或档案材料。在特定情况下，如学术研究、司法调查等，可依据相关规定和程序，将档案原件暂时借出使用。②开发性利用，是档案资源管理机构深度加工、整合、研究档案信息后，形成更高层次的档案产品或成果，如展览、研究报告、汇编、编研资料、文创产品等，满足用户对档案深层次利用的需求，为用户提供具有增值价值的档案产品。还有就是通过在线平台提供档案检索、浏览、下载等服务，使用户能够方便、快捷地获取和利用档案信息，满足用户对档案信息快速获取和远程访问的需求。

一、直接利用

（一）阅览服务

阅览服务是档案馆（室）在特定的场所开辟阅览室，提供档案信息的利用服务方式，是我国档案部门的一种基本服务方式。[1]档案馆（室）大都建立阅览室，它是档案馆（室）为利用者开设的查阅和研究档案的场所。

档案作为历史记录的原始材料，通常以单份形式存在，部分内容可能涉及机密性。因此，档案一般不外借，而是在馆内阅览，以保护档案的完整性和机密性。阅览室内利用档案具有多方面优势：①有专人监护档案的利用，便于保护档案材料，能减轻毁损速度，延长档案寿命；②允许多名利用者同时查阅原件，提高档案的周转率和利用率；③档案工作人员在阅览室有较多的机会接近利用者，能及时了解利用需要和利用效果，便于研究和掌握利用工作情况，有针对性地开展服务工作；④利用者在阅览室可以同时利用许多档案材料，从中查阅某一卷某一份文件、某一数据、某一图表，而不受数量的限制；⑤利用者可以查阅许多不外借、不出版交流的内部的和珍贵的档案材料；⑥利用者可以利用阅览室提供的条件和各种特殊设备，如查阅各种工具书、参考资料，使用缩微阅读设备、视听设备等。由于阅览室有良好的设备、安静的气氛和清洁的环境，便于阅览和从事研究工作，在阅览室利用档案，对利用者和档案工作人员都较为便利。

阅览室是档案馆（室）对外工作的窗口，代表着档案馆（室）与利用者直接发生关系，利用者通过它可以了解档案馆（室）的馆藏、管理和服务水平，档案部门通过它可以直接体察服务对象的要求和评价。因而，做好阅览室工作十分重要，一般应注意以下

---

[1] 王英玮，陈智为，刘越男. 档案管理学[M]. 5版. 北京：中国人民大学出版社，2021：301.

几点:

第一,阅览室的设置需兼顾优质服务和严格管理两个方面。阅览室既要适于阅览和从事研究,便于调卷,又要求明亮、宽敞和安静。一般应有服务台、阅览桌和存物处等服务设施。阅览桌以无抽屉为宜,以便于管理人员必要的监护。为方便利用,还应准备历史、地理、政治、经济、文化和语言等方面的工具书以及与所读档案密切相关的参考材料。

第二,为维护阅览室秩序和档案的安全,阅览室应建立必要的规章制度。其内容包括严格掌握阅览室接待对象、档案材料的阅览范围、批准权限,并办理人事、档案索取和归还手续,档案用户爱护档案的若干具体规定等。

第三,管理人员需要有良好的工作作风和扎实的业务基本功。管理人员既要精通业务,有较高的职业道德修养,又要主动热情,善于对外接待。同时,还要有认真负责的精神,注意提醒档案用户遵守有关规定,在借出和收回档案时,仔细检查材料状况,维护档案的完整与安全。

第四,为了保密和保护档案,利用者不能借阅与其利用目的无关的档案。各级、各类档案馆提供社会利用的档案,应当逐步以缩微品代替原件。档案缩微品和其他复制形式的档案载有档案收藏单位法定代表人的签名或者印章标记的,具有与档案原件同等的效力。对于残旧、易损害和特别珍贵的档案,最好提供复制本,一般不借给原件;必须利用原件时,用毕应立即归还。尚未整理的零散文件一般不外借,特殊情况必须借阅时,要逐件登记。对已整理编目尚未装订的案卷,也要采取类似的控制。利用者不得将档案带出阅览室外,阅毕归还时管理人员需仔细检查档案材料的状况,如发生污损、涂改、遗失等情况,立即报告领导人,酌情处理。

(二)档案外借

档案外借指的是档案资源管理机构在满足用户特定利用需求的前提下,经过一定程序,将档案原件暂时借出以供使用的服务方式。[1]档案原件通常不提倡外借使用,但在特定情况下,如满足本单位或上级单位工作需要,或特定机构需以档案原件作为证明材料等,可暂时借出使用。

档案外借服务需要注意其适用场景。在立档单位内部,将档案原件借予本单位领导及相关业务部门使用,是档案提供利用的一种常见形式。同时,档案资源管理机构亦需根据各职能部门的工作计划和进度,主动提供档案原件的外借服务。然而,对于某些特殊类型的档案,如珍贵、残破、脆化的常规文件、古籍、照片、影片、录像带、录音带等,因其独特的价值和保存状态,不宜外借使用。

档案外借服务必须确认以下制度性要求:

第一,提供外借服务的批准与登记。档案外借需经过严格的批准流程,并详尽登记。登记内容包括借阅人信息、借阅时间、档案题名与编号、预计归还时间等,涉及关键数据的档案原件需特殊登记,以确保档案安全。

第二,外借服务的借出期限。档案外借的期限应合理控制,避免长时间借出导致的档

---

[1] 黄世喆. 档案管理学[M]. 北京:高等教育出版社,2016:163.

案失控、遗失或泄密风险。

第三，外借档案的数量控制。一次外借的档案数量应适当限制，避免大量档案同时外借可能带来的管理风险。

第四，提供外借服务的责任与保密。在档案外借时，应强调借用单位的保密和保护责任，确保档案的完整和安全。档案利用单位和借用单位需对所借档案的完整性和保密性承担全部责任。

第五，档案管理人员对借出档案的监控与回收。档案资源管理机构相关管理人员应实时监控档案的借出情况，督促借阅者按期归还。在档案回收时，应详细检查，如发现档案受损、涂改、抽换或散失等问题，应立即报告并妥善处理。

（三）档案复制品制发

档案复制品制发，又称复制供应，是档案资源管理机构为满足用户需求，利用现代复制技术制作档案复制品，以替代档案原件供用户使用的服务方式。[1]随着社会对档案利用需求的增长和档案服务条件的改善，档案复制品制发已成为档案馆等档案部门提供利用服务的重要发展趋势。

档案复制品制发利用方式具有诸多优点：①便捷性。用户无需亲自到档案资源管理机构，即可通过复制品获取所需档案信息，极大地提高了利用的便捷性。同时，也满足多个用户在同一时间内对同一档案信息的并发性利用需求。②保护档案原件。通过提供复制品，减少档案原件的直接使用，有利于档案原件的保护和流传，延长档案原件的使用寿命。③节省资源。复制品的使用避免用户进行重复性的劳动和投入，有效节省人力、物力和财力资源。④促进信息交流与共享。档案复制品的广泛传播促进档案信息的交流与共享，有助于档案信息进入技术市场，提高科技成果的转让能力。

当然，档案复制品也存在一定的局限性，其质量影响着档案利用服务的水平。为进一步为利用者提供更加优质的复制品利用服务，档案资源管理机构可从以下四个方面优化复制品制发的实施与管理：①提高复制技术水平。为满足不同用户的复制利用需求，档案资源管理机构应不断提高复制技术水平，确保复制品的清晰度和准确性。②合理确定制发范围和权限。在制发档案复制品时，应合理确定制发范围和批准权限，确保复制品的合法性和规范性。③与阅览工作相结合。档案复制品的制发有时可与阅览工作相结合，为用户提供更加全面的服务。同时，也可单独规划与组织复制品的制发工作。④仔细校对并注明信息。档案复制品必须与档案原件仔细校对，确保内容一致。同时，应注明档案资源管理机构的名称、档案原件的档号等信息，必要时还应加盖公章，以示对复制品真实性和可靠性的负责。

（四）档案证明制发

档案证明是档案资源管理机构根据组织或个人的询问和申请，为了核查某种事实，依据所保存的档案中有关记载而编写的书面证明材料。这种证明材料旨在满足机关、团体和

---

[1] 王英玮，陈智为，刘越男. 档案管理学[M]. 5版. 北京：中国人民大学出版社，2021：304-305.

公民在处理、解决特定问题时，需要档案资源管理机构提供档案中所记载的有关问题和事实的证明材料的需求。档案证明广泛应用于多个实践场景，如公安、检察、司法机关在审理案件时，以及个人在申请工龄、学历、财产等认定时，均需要档案资源管理机构提供相应的证明材料。

制发档案证明是一项政治性很强的工作，需要严格遵照相关的工作流程：

（1）申请书审查。制发档案证明的前提是组织或个人的申请。申请书中应明确写明申请的目的、要求证明的事项及其发生的时间、地点等关键信息，以便审查申请书和查找与编写证明材料。

（2）材料依据。档案证明应根据档案正本或可靠的抄本编写。在特殊情况下，如没有正本或可靠抄本，可根据草案、草稿来编写，但应在证明材料上注明其来源和性质。

（3）编写原则。档案证明的文字要求确切明了，内容范围要限定，不能超出申请证明的问题而列入其他材料。档案证明以引述或节录档案原文为主要方法，如需综合或摘要叙述，必须确保表述的准确性和真实性。

（4）注释与说明。对于一般人不易了解的某些名词、术语或事件，可做必要的注释和说明。档案证明中还应包含接受者（申请者）以及制发档案证明的档案馆的名称和证明制发日期。

（5）审查与批准。档案证明写好后，须经认真校对、审查批准，并加盖档案馆或机关公章发出。

在制发档案证明时，档案资源管理机构及其工作人员需注意以下问题：首先，档案资源管理机构不是国家公证机关，所发档案证明仅证明某种事实在档案中的记载情况，不直接对事实下结论或赋予权利；其次，档案工作者在编写档案证明时，不能擅自解释材料，以保证证明材料的真实性和凭证作用。此外，如发现档案材料互相矛盾，应将不同材料同时列入档案证明中，以供使用者分析研究。

二、开发性利用

（一）档案展览

档案展览是为传播档案信息，将档案信息以主题或专题形式系统展示档案信息的一种方式，旨在满足用户对特定档案信息的需求。

档案展览这一利用方式具有以下特点：①集中性与系统性。档案展览为用户提供一个集中获取档案信息的场所，用户能够由此系统地获取相关材料，甚至发现珍稀的档案线索。②广泛的服务面。档案展览能吸引众多观众参观，服务范围广泛。③原始性、真实性与形象性。通过典型材料的展示，档案展览以其原始性、真实性和鲜明的形象性给观众留下深刻印象，发挥宣传教育作用。

档案展览的类型多样，依据不同的标准可以分为长期性展览与临时性展览、综合性展览与专题性展览、档案馆举办的展览与各单位举办的内部展览、内部档案展览与社会性档案展览、固定展览、巡回展览与网上展览等。档案展览有助于提升档案意识，加深公众对档案的认识和兴趣，进而促进档案工作的推广。网上档案展览则拓展档案信息的传播范围，提高社会影响力，同时节约成本，满足用户的个性化需求。

档案展览发展至今，已有多元化的展览内容与多样化的活动方式。如苏州中国丝绸档案馆于2023年开展以丝绸档案为主题的"第七档案室"沉浸式互动体验活动，结合丝绸文化故事，通过"时光进度条"档案沉浸展、互动密室揭牌、"东观梦"行进式实景演绎推理等创新方式，使观众在"润物细无声"中了解档案知识、丝绸文化和红色历史，起到爱国主义教育和文化教育作用。除了传统的线下展览外，档案展览还有着多样化的线上形式。例如，由新华社摄影部、新华网、新华社全媒报道平台联合制作的微纪录片形态的可视化全媒体产品——《国家相册》栏目，从2016年9月开播至今已更新至第五季。该栏目取材于新华社中国照片档案馆，以微纪录片的展览形式，将档案内容以生动、形象的方式呈现给公众，让档案文化更加贴近大众生活，提高档案信息的传播效果。

（二）档案咨询

档案咨询是档案工作人员基于档案信息内容，解答用户提出的问题，满足其对档案信息的需求，主要通过口头、书面或网络服务等形式，向用户提供档案信息及相关信息。该工作是档案资源管理机构的重要服务形式之一。

档案咨询具有一定的工作范围与程序。在工作范围上，档案咨询主要包括解答咨询与协助检索。解答咨询即通过各类渠道解答用户关于档案信息的疑问；协助检索则是引导用户使用检索工具，查找所需档案。在工作程序上，具体包括以下步骤：首先，接受咨询问题。明确咨询目的、内容、范围和要求，审查本馆（室）是否具备解答条件，并尽快给出答复或约定答复时间。其次，查找档案及相关材料。根据咨询内容，确定查找范围，选定检索工具，查找相关档案材料。然后，答复咨询问题。采取直接提供答案、提供档案复制本或介绍查找线索等方式答复用户，并注明档案材料的出处。最后，建立咨询档案。记录重要的、有参考价值的咨询问题和解答过程，形成咨询档案，以备后续参考。

随着数字化、信息化和网络化技术的发展，网络档案咨询工作逐渐成为重要的服务方式。通过电子邮件、在线检索系统等方式，用户可以远程获取档案信息，提高查询效率。目前，美国国家档案与文件署作为联邦政府的主要档案机构，提供包括在线检索、数字档案浏览、电子邮件咨询、视频平台在内的广泛在线服务，其官方网站（archives.gov）是用户获取美国联邦政府档案信息的重要窗口。[1]英国国家档案馆作为英国政府官方档案机构，其网站（national archives.gov.uk）提供丰富的在线档案资源，包括数字档案、在线目录、研究指南等，并支持在线咨询服务，以保护和提供英国历史和文化记录。[2]澳大利亚国家档案馆的官方网站（nla.gov.au）提供在线档案检索、数字资源浏览等服务，并设有在线咨询服务台，解答用户疑问。[3]我国国家档案局官方网站（http://www.saac.gov.cn）提供档案法规、标准、公告等信息，并设有在线咨询服务，支持用户通过电子邮件等方式咨询档案问题。同时，各级档案馆也积极开展网络档案咨询工作，为用户提供便捷的档案信息服务。

---

[1] 赵梦媛，魏莹莹，杨航，等. 北美国家档案馆网站用户参与特色模块分析：以美国国家档案与文件署DocsTeach与加拿大国家图书档案馆Co-Lab模块为例[J]. 北京档案，2020（2）：37-41.
[2] 彭忱. 用户参与视角下英国国家档案馆服务特点与启示[J]. 中国档案，2023（6）：70-71.
[3] 澳大利亚：国家档案馆完成超100万份二战档案的数字化工作[J]. 陕西档案，2023（6）：9.

（三）文化创意服务

文化创意服务是档案提供利用的新趋势。档案作为重要的文化资源之一，其创意产品开发和推广有利于社会记忆的传承和国家文化的传播，是创新档案服务形式的重要途径。《档案法》明确规定，国家鼓励档案馆开发利用馆藏档案。《"十四五"全国档案事业发展规划》明确提出，要"加强档案文化创意产品开发，探索产业化路径"。中国档案学会也成立了档案文化专业委员会，探索档案文化建设的新趋势和新方向。

档案文化创意服务是档案馆依托馆藏资源，以创新管理方式、传承档案文化为目的，融合多元文化重新认知、转化和再创造档案，开发档案历史文化价值，满足公众个性化需求的公共服务，具有强化机构合作、注重互动开发、聚焦公众需求的特点。

在服务主体上，档案行业内资源共享，行业间优势互补。随着知识经济飞速发展和产业交融逐渐深入，档案界在开展档案文化创意服务时，体现出强烈的合作意识。一方面，档案机构与文化机构合作实现资源整合。例如，荷兰国家档案馆、荷兰文化遗产局、荷兰国立博物馆和荷兰皇家图书馆共同推出在线数据库"共同遗产地图集"（AMH）。该项目整合来自全球28家档案馆、图书馆和博物馆的8500多张图像与1500个地点信息，形成历史知识地图。另一方面，档案机构与专业机构合作实现优势互补。例如，苏州市工商档案管理中心与丝绸企业共建"苏州传统丝绸样本档案传承与恢复基地"，通过馆企联合实现传统丝绸档案资源的产业化创意开发，是档案机构与专业机构合作共赢、优势互补的鲜活例证。

在服务呈现上，文化创意服务形式趣味多元，推广互动高效。呈现方式直接关系档案文化创意服务的效果，是国内外档案界关注的重点之一。从实践可以看出，档案文化创意服务的呈现方式具有关注互动性、注重趣味性的特点。一方面，注重激发创意思维，打造多元化服务形式。例如，苏州中国丝绸档案馆推出国内首款档案知识普及型解谜书《第七档案室》，通过趣味探索的方式，将丝绸档案元素融入"解谜"，让读者在解谜书中接触档案、了解档案。另一方面，善于运用社交媒体进行交互式宣传推广。例如，美国密歇根州犹太档案馆Temple Beth El的档案管理员劳拉·戈特利布一改传统档案借阅、展览、编研手段，发起"开箱即用"项目，借助社交媒体Facebook Live、TikTok向社会公众讲述其在档案中发现的有趣或不寻常的故事。

在服务内容上，文化创意服务贴近公众需求，个性化与普适性兼备。档案文化创意服务实践在内容上重视对档案中文化要素和文化符号的提取，满足公众多样化的文化需求。一方面，提供普适性服务。例如，2021年12月，由北京市档案馆、北京奥运城市发展促进中心、北京冬奥组委秘书行政部主办，首都体育学院、北京联合大学协办的"我们的奥运"主题展览在北京市档案馆隆重推出，展示100多年来32届夏季奥运会和23届冬季奥运会的精彩瞬间，回顾奥林匹克运动的起源和发展历史，展现中国体育从被蔑称为"东亚病夫"到创造辉煌、再到建设体育强国的奋斗与拼搏历程，全面呈现全民参与奥运、支持奥运、助力奥运的精神和力量。另一方面，提供个性化服务。档案馆细分目标群体，针对特定群体推出特色文创活动，提升目标用户的好感度和参与度。例如，北京市档案馆"游学堂"是针对中小学生开展的亲子活动和文化教育的品牌课堂，先后举办的"档案中的传统文化""寻找档案中的北京中轴线""档案馆中的快乐六一""燃情冰雪、助力冬奥"等活动受到社会广泛关注。

档案文化创意服务的开展不仅能提升档案机构的社会影响力，而且能有效发挥馆藏资源所蕴含的社会文化价值。要加强宣传引导，积极总结推广档案文化创意服务经验，积极发挥"领头羊"机构的示范效应，由点带面，推动更多档案机构主动寻求合作，加大文化创意服务开发力度，满足公众多样化的文化需求，为档案文化创意服务开辟更广阔的发展空间。

（四）线上查询利用

2024年国务院发布的《档案法实施条例》要求国家档案馆创新档案利用服务形式，推进档案查询利用服务线上线下融合，不断强化档案馆服务功能，积极为档案的利用创造有利条件。除了优化上文中提到的线下场所利用服务，还要创新线上数字化档案的提供利用服务。

（1）建立档案数据库。建立数据库是网络信息资源组织的重要方式。这种方式就是将要处理的数据经合理分类和规范化处理后，以记录的形式存储于计算机。建立数据库组织信息资源可极大地提高信息的有序性、完整性、可理解性和安全性。主要可建立以下两种数据库：①以馆藏档案数字化为基础的馆藏档案数据库。这种数据库在国外被称为公用数据库，通常用于馆藏档案的数字化建设项目，代表项目有美国杰斐逊档案数字化项目（Jefferson Digital Archives）、英国国家档案数据集数字化项目（UK National Digital Archive of Datasets）。后者建立数字化平台，以数字化形式展示英国历史上的重要文件和档案，通过虚拟展览的形式让更多的人了解英国的档案文化。②以归档电子文件为基础的电子文件数据库。这种数据库在国外被称为公用信息系统，通常用于电子文件和电子档案的数字化建设项目，代表项目有美国的电子文件档案馆项目（ERA）和联邦政府文件管理数字转型项目。

（2）建立网络档案检索系统。档案网络利用涉及多方面的内容，其核心和关键环节是信息资源的有效检索。网络档案检索系统面临许多新的课题，如前期基础工作的组织与实施、信息检索系统的功能、适用于网络信息组织与管理的方法和技术、网络环境中对信息的筛选与过滤等。只有建立高效的网络档案检索系统，才能满足档案用户的需求。这些需求包括：①档案用户查找信息的求全和求准需求。对查找信息的求全需求是档案用户为了达到解决问题的目的而查找相关档案信息，需要尽可能掌握这一问题的全部材料，通过对这些材料的全面分析研究而得出结论。无论是出于查证还是参考的需要，档案用户都希望所获得的档案信息是最具有针对性、是和利用目的最有相关性的，这就是对查找信息的求准需求。②档案用户对利用速度的求快需求。档案用户为了能够顺利地解决问题，总是希望尽早地获得所需的档案信息。这种在最短的时间内查找到最全面、最准确信息的时效性需求，就是档案用户对利用速度的求快需求。网络档案检索系统的快速反应在一定程度上可以满足档案用户的这种需求。③档案用户对利用途径的求易需求。档案用户对利用途径的求易需求被称为"档案用户需求心理的求便规律"。求易需求具体可以表现为：档案用户希望通过网络档案检索系统和预约调卷系统远程查阅档案；希望在利用档案时所要办理的手续相对简便；希望检索系统界面友好，能够容易地获取档案信息。例如，浙江省档案馆推出"浙里档案"便民服务应用，该应用依托浙江省一体化智能化公共数据平台，贯通人社、民政、教育、卫健等涉及民生部门业务档案数据接口，开展省、市、县级档案馆开放档案和民生档案资源归集与共享，率先构建起省域范围内各档案馆之间、档案馆与其他部门之间的档案数据深度融合和互通共享机制，有效解决了海量档案分散管理、群众查档利用困难、档案信息资源共享性差等问题，是创新开展档案数字化改革的生动实践。

第三节 档案开放

一、档案开放概述

（一）档案开放的概念和特点

档案开放就是档案管理单位根据档案价值实现的客观规律和特点，依法向社会公众和组织公开未列入保密与豁免公开范围的档案文件信息内容，并通过有效方式及时提供给有关组织或个人，满足其合法利用需求的社会化服务政策与措施。《档案法》及其实施条例为档案开放提供最基本的法律法规依据，《国家档案馆档案开放办法》（2022年国家档案局第19号令）也为档案开放提供更为具体的指南。档案开放的特点有主体性、全面性和期限性。

1. 主体性

档案开放的主体是各级国家档案馆。所谓各级国家档案馆，指负责接收和保管档案的中央、省、市、县级国家综合档案馆和专门档案馆，不包括部门档案馆和企业事业单位的档案馆，也不包括其他组织内部的档案保管机构。

2. 全面性

档案开放的范围是向社会全面开放。所谓向社会开放，是指把档案的广泛使用权不再局限于某些特定的单位和个人，而是面向全社会。所谓全面开放，是指不仅要开放新中国成立前的档案，而且新中国成立后的档案也要分期分批开放，同时公布开放档案的目录。

3. 期限性

档案开放的期限需遵从《档案法》的规定。《档案法》第二十七条区分不同类型，对一般性档案、与民生息息相关且社会利用需求较高的档案、涉及国家安全或者重大利益的档案、其他到期不宜开放的档案提出了不同的开放期限要求。

（二）档案开放的意义

1. 档案开放有利于促进我国民主与法治建设

在信息化和互联网高速发展的今天，公众对信息的需求和期望日益增长。档案开放有助于实现政务信息的公开透明，满足公众对知情权的需求，有助于提升政府的透明度和公信力。同时，档案开放也意味着档案部门承担向社会公众开放档案的义务，公民获得查阅档案的权利。在司法领域，档案开放可以揭示历史真相，为法律案件的审理提供坚实的证据基础，从而促进司法审判的公正性。档案开放是公众享受国家法律所赋予的民主权利的具体体现，它映射出我国社会文明的进步，并为推动民主与法治建设提供坚实的支撑，是法治精神在档案管理领域的具体实践，对于构建开放、透明的社会治理体系具有重要意义。

2. 档案开放是档案管理领域的一项重大改革

档案开放是档案利用制度的一大变革，对充分挖掘档案信息资源的潜力、加速民主与法治的进程具有深远影响。同时，档案开放促进档案馆从传统的封闭或半封闭管理模式向更加开放的管理模式转变。这种转变不仅推动学术理论的发展，还加强国际科技与文化交流，从而充分发挥档案在社会发展中的多重作用。此外，档案开放不仅简化利用档案的流程，开拓利用档案的领域，有效满足档案用户的利用需求，也推动档案利用手段的改进和利用服务方法的创新，持续提升档案管理的专业水平。

3. 档案开放有利于推动科学文化事业发展

档案是机关、组织和个人社会活动的原始记录，具有凭证和参考价值。档案翔实地记载着人们社会实践活动中形成的各类数据、事实，是个人、机关乃至国家长期积累的知识宝库，对历史和科学研究具有不可替代的作用。档案开放对于科学文化事业的发展至关重要。它不仅是科学探索和文化教育的源泉，也是确保历史真实性和知识传播的基础。没有档案的开放，科学文化事业将失去其发展的根基。档案馆作为档案的永久保存基地，同样承担着科学文化事业机构的职能，档案开放可以为科学文化事业发展提供各种需要，如提供原始凭证以维护历史真实面貌，提供原始记录以进行爱国主义教育，提供原始数据以进行科学知识传播，等等。此外，档案作为国家和民族历史记忆的载体，蕴含着深厚的文化价值。开放档案有助于加强文化传承，提升公众对历史和文化的认识，增强民族认同感和凝聚力，对于构建社会文化共同体具有重要作用。

（三）档案开放的影响

1. 档案开放对社会的影响

档案开放对社会各个方面都产生重要的影响，大批档案的开放为维护党和国家历史真实面貌提供重要凭证，为党和国家制定方针政策提供决策依据，为一个单位乃至公民个人解决经济纠纷和个人证明等问题提供可靠的证据。档案开放显著提升社会的信息透明度，使公众能够深入了解政府工作和历史发展，从而增强政府的公信力。公众通过查阅开放档案，能够更积极地参与到社会事务的讨论和决策中，促进社会公正与透明。同时，档案开放也促进民主参与和监督机制的建立，使公民能够更直接地参与社会治理，加强公民的民主权利。此外，档案开放促进档案的广泛利用，产生可观的经济效益。增强全社会的档案意识，提高档案工作的社会地位，使得档案得到更有效的利用，充分发挥档案的社会价值。因此，档案开放可以促进社会各项事业的发展。

2. 档案开放对档案工作的影响

档案开放是我国档案工作的一项重大改革。在此之前，档案馆的核心职能集中在档案的收集、整理与保管，导致大量档案资源未能得到充分利用，未能充分发挥其潜在价值，有时甚至被视为无用之物。档案开放政策的实施使得各级国家档案馆能够向社会公众开放档案资源。这不仅扩大档案的利用范围，也使得档案的功能得到充分发挥。档案部门在提供档案原件的同时，通过编辑出版档案史料、组织档案展览、提供咨询服务等多元化手段，不断扩展档案服务的广度与深度。在此情况下，档案开放对档案工作提出更高的要求，推动档案工作的创新与发展。为响应社会对档案信息的广泛需求，档案管理部门需采用前沿技术与先进管理策略，加速档案资源的数字化与智能化转型。这不仅极大提升档案工作的效率和品质，也为档案资源的共享与应用提供更为便捷的途径，为档案事业的持续进步注入动力。

3. 档案开放对档案利用的影响

档案开放符合档案利用工作的根本性质和发展规律。档案的保存旨在服务于其利用，档案的价值在其被利用的过程中得以体现。档案开放程度的深化不仅改变传统的档案利用观念，而且显著扩展档案的利用范围和方式。档案的利用范围呈纵向和横向扩展。从时间维度看，档案利用不再局限于新中国成立之前，而是扩展到新中国成立之后；从空间维度看，档案利用从国内扩展到国际层面。这种扩展反映档案利用的多元化和国际化趋势。档案的服务对象也发生转变，从最初的为党政机关服务逐渐向为全社会服务转移。根据现行规定，所有持有合法身份证明的中华人民共和国公民，均有权利用已开放的档案。这一转变打破档案仅供官方使用的传统限制，实现档案利用的民主化和普及化。因此，档案开放对促进档案利用工作的发展有着重要的理论和实践意义。

二、档案开放的要求与措施

（一）档案开放的要求

1. 档案开放期限

档案开放的期限是档案从形成到开放的时间。根据我国《档案法》的规定，一般情况下，县级以上的档案在形成后的25年内不会对社会开放；对于经济、教育、科技、文化等类档案，由于其与民生息息相关且社会利用需求较高，通常不涉及国家安全或者重大利益，因此其向社会开放的期限可以少于25年；涉及国家安全或者重大利益以及其他到期不宜开放的档案，为了保障国家和社会的安全稳定，其向社会开放的期限可以多于25年。此外，国家鼓励和支持其他档案馆也向社会开放档案。档案开放的具体办法由国家档案主管部门制定，并报国务院批准。

2. 档案开放审核

《档案法》与《档案法实施条例》建立健全档案开放审核机制，明晰各单位档案开放审核职责。《档案法》规定馆藏档案的开放审核由档案馆会同档案形成单位或者移交单位共同负责；尚未移交进馆档案的开放审核，由档案形成单位或者保管单位负责，并在移交时附具意见。《档案法实施条例》进一步细化这一规定，提出国家档案馆应当建立馆藏档案开放审核协同机制，会同档案形成单位或者移交单位进行档案开放审核。档案形成单位或者移交单位撤销、合并、职权变更的，由有关的国家档案馆会同继续行使其职权的单位共同负责；无继续行使其职权的单位的，由有关的国家档案馆负责。尚未移交进馆档案的开放审核，由档案形成单位或者保管单位负责，并在移交进馆时附具到期开放意见、政府信息公开情况、密级变更情况等。县级以上档案主管部门应当加强对档案开放审核工作的统筹协调。

3. 档案开放与保密

正确处理档案开放与保密的关系，明确档案开放的具体范围，必须解放思想，提高认识，树立档案开放与保密观念相统一的思想。应该看到，我国各级国家档案馆保存的25年以前形成的档案，特别是历史档案，绝大多数已不涉及现在党和国家机密。这批丰厚的档案信息资源只有及时地开放利用，才能充分发挥档案的作用，为党和国家各项事业服务。同时也必须明确，档案开放并不是无条件和无限制地开放，对损害党和国家、民族、公民权利等各方面利益的档案，要严格实行限制。对档案既实行开放又进行必要的限制，这也是世界上许多国家普遍实行的做法。

（二）档案开放的措施

1. 建立和健全档案开放的管理制度

开放档案是一项严肃而细致的工作，必须有严密的制度保证。各级国家档案馆应根据《档案法》及其实施条例、档案馆开放档案办法的有关规定，制定实施细则及其他规章制度，具体规定开放档案的利用要求、利用方式、利用手续，以及复制、公布等事项。根据国家有关文件规定，我国内地（大陆）公民持有身份证明材料，可直接到国家档案馆利用开放档案；港、澳、台同胞及海外侨胞，如查取本人及其亲属的历史证明，可持本人回乡证或身份证等有效证件，直接到档案馆利用；但利用其他开放档案，须经内地（大陆）邀请单位、合作单位或接待单位介绍，提前向档案行政机关或档案馆提出申请，说明身份、利用目的及范围等情况。档案用户必须服从档案馆安排，遵守利用规定，承担保护档案的义务，如在利用中损坏档案，应予赔偿或接受其他处理。档案用户如需复制，必须填写复制申请单，经馆长批准后，由档案馆负责办理。

2. 做好档案的解密划控工作

根据1991年国家档案局、国家保密局发布的《各级国家档案馆馆藏档案解密和划分控制使用范围的暂行规定》，各级国家档案馆保存的1991年1月1日前形成的涉密档案，由档案馆负责进行解密工作；1991年1月1日前形成的未进馆涉密档案，其解密工作由各档案形成机关、单位负责进行；1991年1月1日后形成的涉密档案，未接到保密期限变更通知的，自保密期限届满之日起，即自行解密。对形成将满30年的涉密档案，原档案形成者认为仍属国家机密的，应当自该档案届满30年之日前6个月，以文件形式通知有关的档案行政机关和档案馆；逾期未通知延长保密期限的，由档案馆按照国家有关规定，确定是否解密和划控。各级国家档案馆保存的经济、科学、技术、文化类的涉密档案，有必要提前向社会开放的，应向档案形成机关发出要求提前解密的通知，有关机关在接到通知的半年内应予以答复；否则，档案馆可根据有关规定办理。原档案形成机关、单位已被撤并的，对其所形成的涉密档案的处置工作，由承担其原职能的单位负责；如无相关的承担机关或单位，则由档案馆负责处理。

3. 建立健全档案开放审核机制

档案开放审核是档案开放的关键环节。档案形成单位或者保管单位在开展尚未移交进馆档案的开放审核时，需要建立未进馆档案开放审核衔接机制，将机关单位开放审核与馆藏档案开放审核有机联系起来，避免重复审核、无效审核。从长远来看，要积极研究未进馆档案与馆藏档案开放审核一体化工作模式，探索建立全国一体统筹、左右互通、上下联动的档案开放工作体系，支持更高水平开放审核工作，不断提高档案开放工作水平。

三、档案公布

档案公布是档案开放的一种形式。作为档案开放的重要组成部分，档案公布指档案所有者或其授权的机构和个人，通过报刊、图书、电视、网络等多种媒介，向社会公众披露档案的全部或部分信息。档案公布旨在增进公众对档案资源的了解和认识。公布开放档案的内容广泛，覆盖政治、经济、文化、科技、社会等各个领域的历史与现实记录。这些记录可能源自政府机关、企业事业单位、社会团体等组织，或是个人创作并具有重要保存价值的各类载体材料。在公布时，需要对档案内容进行筛选和审查，确保公布的内容符合法律法规和政策要求，同时尊重个人隐私和知识产权。

根据《档案法实施条例》第三十五条，可以通过下列形式首次向社会公开档案的全部或者部分原文：①通过报纸、期刊、图书、音像制品、电子出版物等公开出版；②通过电台、电视台、计算机信息网络等公开传播；③在公开场合宣读、播放；④公开出售、散发或者张贴档案复制件；⑤在展览、展示中公开陈列。

公布开放档案的权限指对档案公布活动的管理和控制权力。在公布档案时，需要遵守有关法律、行政法规的规定，不得损害国家安全和利益，不得侵犯他人的合法权益。同时，还应处理好档案开放与保密的关系，应遵守有关保守国家秘密的法律、行政法规的规定。根据《档案法》第三十二条，属于国家所有的档案，由国家授权的档案馆或者有关机关公布；未经档案馆或者有关机关同意，任何单位和个人无权公布。非国有企业、社会服务机构等单位和个人形成的档案，档案所有者有权公布。根据《档案法实施条例》第三十六条，公布属于国家所有的档案，按照下列规定办理：①保存在档案馆的，由档案馆公布；必要时，应当征得档案形成单位或者移交单位同意后公布，或者报经档案形成单位或者移交单位的上级主管部门同意后公布。②保存在各单位档案机构的，由各单位公布；必要时，应当报经其上级主管部门同意后公布。③利用属于国家所有的档案的单位和个人，未经档案馆或者有关单位同意，均无权公布档案。

档案馆对寄存档案的公布，应当按照约定办理；没有约定的，应当征得档案所有者的同意。

思考题：
1. 档案提供利用的核心目标是什么？结合实际案例，说明档案提供利用如何满足社会需求并服务社会发展。
2. 请简述档案提供利用的基本要求，并结合实际说明如何平衡档案利用与档案保护、保密工作的关系。
3. 在数字化时代，档案提供利用方式呈现出哪些发展趋势？结合实际案例，分析这些趋势对档案工作的影响。

第九章
科技档案管理

　　科技档案管理是保障科研成果和技术资料系统化保存与利用的关键环节，对于推动科技进步和促进社会创新具有不可替代的作用。本章阐述科技档案的收集、鉴定、保管、利用等核心环节。第一节介绍科技档案的概念和管理，明确科技档案管理的范围和对象；第二节分析不同机构在收集科技档案时的内容、要求及方法；第三节探讨科技档案的整理，包括档案分类和编制的基本方法；第四节说明科技档案的鉴定过程，讨论鉴定工作的内容、组织、依据及鉴定的质量管理；第五节阐述档案保存的具体要求和维护制度；第六节展望科技档案的开发利用，强调通过科技档案的合理开发与使用，推动科研活动的持续创新与发展。

第一节 科技档案管理概述

一、科技档案概述

（一）科技档案的定义

科技档案是科学技术档案的简称，是组织机构或个人在科技生产活动中直接形成的保存备查的信息记录。[1]这一定义包含以下四点内容：①科技档案形成主体众多、来源广泛，包括各种组织机构还有个人。②科技档案产生领域主要是科技生产活动，如工业生产、农业科技、科学研究、基本建设、医疗卫生、气象观测、地震监测、地质测绘、环境保护等领域和行业产生的档案大都是科技档案。③科技档案一方面具有凭证参考价值，要保存备查；另一方面需要经过鉴别、筛选，初步整理并履行归档手续。④科技档案作为信息记录，记录形式多样，包括文字、图样、声像实物等。如今大数据时代，产品数据、三维数模、BIM数据逐渐成为科技档案的主要形态。这些数据形态的科技档案与以往以纸张为主要载体的科技档案有着很大的区别，其管理思想和方法都要转变，从而拓展了科技档案研究的领域。

（二）科技档案的特点

作为档案的一大门类，同其他档案特别是一般文书档案相比较，科技档案来源于不同的专业技术领域和项目环境，种类多样，且往往成套形成，具有很强的现实效用性。在内容构成、形成规律、管理与作用特征上，科技档案呈现出四个较为突出的特点。

1. 专业性

专业性是科技档案最突出的特点之一。首先，科技档案都产生于科学技术活动的专业领域。任何一项科研、生产项目都是在一定的专业领域进行的，科技档案作为科研、生产活动的记录，都产生于特定的专业科技领域，是相应的专业科技活动的记录和产物。例如，气象观测档案是在气象观测中形成的，会形成气象分析和预报、气象记录等科技档案，反映出气象观测活动的内容。

其次，科技活动具有较强的周期性和阶段性，一般是按照其特定流程开展。科技活动的过程就是科技档案的形成过程，不同专业科技活动的流程不一样，科技档案的形成过程也不一样。科研档案在申报、立项、实施研究、形成成果、结项、验收等科研活动流程中形成，基建档案则在立项审批、设计、施工、监理、竣工、验收等基本建设活动中形成。

最后，科技档案的记录方式也具有明显的专业技术性。科技档案是特定专业活动的历史记录，在记录和反映科技活动时，往往采用特定的专业技术语言。而这种专业技术语言是特定的、标准化的，不同专业领域之间存在明显差异，如不同领域的调研报告和方案论

---

[1] 朱兰兰. 科技档案管理学[M]. 郑州：郑州大学出版社，2022：1-6.

证就有很大不同。

科技档案的专业性特点不仅使它们与文书档案和其他专门档案相区别，也使不同专业领域形成的科技档案之间相互区别。因此，专业性特点是科技档案管理的重要依据。科技档案工作管理体制的建立、科技专业档案馆的组建、科技档案的整理分类等，都是以科技档案的专业性特点为基础和依据的。

2. 成套性

科技档案的成套性是由科技生产活动的特点决定的。任何科技生产活动都以一个独立的项目或某一特有的现象为对象，如一项课题研究、一个工程项目、一个新产品的研发和生产等，围绕这个项目或对象形成一系列相关的科技文件材料。这些科技文件既因为产生于不同工作阶段相区别，又因属于一个项目而紧密关联，记录和反映该项科技生产活动的全部过程和成果，从而构成一个反映该项科技、生产活动的档案材料有机整体。这样构成的档案有机体在全宗理论中称为项目全宗，体现科技档案的成套性特点。

科技档案成套性对科技档案的科学管理有重要的规定和制约作用。例如，科技档案的完整性要求科技项目齐全完整，即开展的每一个科技项目都应该形成一套科技档案；也要求套内科技档案齐全完整，并以此作为科技档案归档、收集、分类、整理等管理过程的依据。同时，科技档案的成套性也扩展了档案工作实践与理论的研究，如客体全宗、新来源观等。

3. 多样性

科技档案种类繁多、类型复杂。科技档案种类多样性来源于科技活动的专业性以及记录方式的多样化。随着人们对客观世界认识的不断深化，各专业领域在高度分化的同时又高度综合，出现气象档案、水文档案、基本建设档案、设备档案、科学研究档案等各种科技档案。同时，科技活动专业多样、手段复杂，这在客观上要求必须以多样的载体材料和记录方式来适应。例如，新产品开发从提出任务需求、调查研究到投入市场的全部过程中会产生总体图、各种方案设计、材料产品明细表等各种形式的科技档案。

科技档案种类和类型的多样性，要求科技档案在收集、整理、保管、开发利用等方面必须结合科技档案这一特点，采取相应的管理措施，以保证各种科技档案都能得到科学管理和有效利用。

4. 现实效用性

科技档案直接记录科技生产活动的过程和成果，对现实科技活动的开展具有极大的推动作用。其他门类档案一经归档，就基本上完成了现实使用功能，取而代之的是凭证、历史查考等功能；但是，科技文件归档后，仍然有较长的现实服务周期。科技活动都是围绕一个独立的客体对象展开。有些客体对象是有形的实体，如一个产品、一个建筑物、一台设备等；有些对象是无形的，如水文、地震、气象等观测活动以某一自然现象为对象，有些科学研究以社会现象、规律为对象。其中，围绕有形实体所形成的科技档案具有长期现实使用性。一般来讲，科技档案的现实使用期限与实体对象的生命周期一致，不会因科技文件归档移交而受到影响。例如，对于设备档案而言，只要设备还在使用阶段，在设备的使用、维修、改造等活动中就需要发挥设备档案的现实使用价值。

由于科技档案具有现实效用性，科技档案会因客体对象使用、更改、补充等而处于变动之中。而科技档案的完整性、准确性要求科技档案与其所记述和反映的科技对象保持一致。这就要求建立健全更改、补充制度,加强版本控制和管理,维护科技档案的完整、准确、系统。

(三)科技档案的种类

科技档案的种类可以依据档案的内容性质划分,也可以依据档案的载体形式划分。一般情况下多以内容性质来划分科技档案的种类。①

1. 依载体形式划分

依载体形式划分,科技档案可以分为纸质文本档案、电子档案、底图档案、蓝图档案、模型档案等。其中,底图档案是以硫酸纸为载体的图样,一般是由绘图仪将设计稿输出在硫酸纸上而形成;蓝图档案是把硫酸纸底图铺在重氮盐感光纸上,用玻璃图板夹紧,在阳光或强光下暴晒,然后用氨水熏制而形成的图样;模型档案主要是科技人员运用三维建模软件处理构建而成的数字虚拟空间或数字产品形态,也称三维数模或BIM(building information model,建筑信息模型),是数据时代科技档案的新形态。

2. 依内容性质划分

依内容性质划分,科技档案可以分为五大类,包括生产技术档案、建设项目档案、设备档案、科研档案、专门业务档案。

(1)生产技术档案。生产技术档案包括工业生产技术档案和农业生产技术档案两种。

工业生产技术档案也叫工业产品档案,是工业产品在设计、研制和制造活动中形成的科技档案。它的主要特征是按型号成套,也就是围绕一个型号工业产品的设计、研制和制造活动形成的有保存价值的文件构成一套产品档案,也称型号档案,其内容构成可以按产品的生产流程来认识。例如,产品的生产流程可分为计划立项、设计、试制、生产、销售服务等阶段,每个阶段都会形成产品文件。

农业生产技术档案主要是在农、林、牧、渔各业的生产技术活动中直接形成的具有保存价值的科技档案。由于农业生产的特殊性,农业生产技术档案具有三个明显的特点:一是种类繁多、涉及面广,二是外业形成量大、周期长,三是依赖自然条件、地域性强。农业生产技术档案主要包括种子档案、作物栽培档案、植物保护档案、林业档案、畜牧档案、水产档案、农业生态环境和农业区划档案等。

(2)建设项目档案。建设项目指建筑、安装等形成固定资产的活动中,按照一个总体设计施工,独立组成的,在经济上统一核算、行政上有独立组织形式、实行统一管理的单位。建设项目档案也称基建档案,是建设项目立项、审批、招投标、勘察、设计、施工、监理及竣工验收等活动中形成的科技档案。其主要特点是按工程项目成套,即围绕一项工程项目所形成的具有保存价值的文件形成一套建设项目档案。

建设项目档案的内容构成按照基建程序来看,可分为前期准备阶段、设计阶段、施工阶段、竣工阶段等阶段的档案。①前期准备阶段,主要有项目立项、审批、招投标等活动中形成的文件。②设计阶段,主要有项目设计文件,如初步设计、施工图设计等。③施

---

① 相关内容参考朱兰兰编著《科技档案管理学》(郑州大学出版社2022年版)编写。

工阶段，主要形成施工文件和监理文件。施工文件包括施工管理文件、施工技术文件、施工物资文件、施工记录、施工试验文件、施工质量验收文件。施工文件是项目档案的主体部分，数量最多。监理文件包括监理管理文件、进度控制文件、质量控制文件、造价控制文件、工期管理文件、监理验收文件等。④竣工阶段，主要产生竣工文件包括工程验收文件、交工验收证明、施工技术总结、竣工验收报告、竣工图等，其中竣工图是非常重要的项目档案。

（3）设备档案。设备档案也称设备仪器档案，是各种机械设备、车辆、船舶和仪器、仪表的档案材料，主要特征是按型号成套。为便于设备的管理和使用，往往是围绕一台设备的购置、使用和维修活动形成的有保存价值的文件组成一套设备档案，即按单机成套。其内容构成按来源不同，可划分为外购设备档案（包括国内购置与国外购置）和自制设备档案。外购设备档案主要包括设备购置文件、随机文件、设备安装使用过程中形成的文件；自制设备档案主要包括设备在设计、研制、试验、制造过程中形成的文件，以及设备安装、使用、维修、改造过程中形成的文件。固定资产投资项目建设中，往往也包含设备仪器项目的实施，形成大量的设备仪器档案。

（4）科研档案。科研档案是在科学技术研究活动中形成的科技档案。其主要特点是按课题成套，即围绕一项课题研究活动所形成的具有保存价值的文件构成一套科研档案。其内容构成可以按科研活动的一般程序划分，即研究准备阶段、研究试验阶段、总结鉴定阶段、成果申报阶段、应用推广阶段，每个阶段都会形成相应的科研档案。由于科技生产活动的流程与科技档案形成有密切联系，科技档案内容构成可以分阶段来认识。因此，要想深入了解科技档案，做好科技档案管理工作，必须了解科技生产活动的对象，深入梳理清楚科技生产活动的流程。

（5）专门业务档案。专门业务档案是在专门的业务领域中产生的科技档案，包括气象档案、天文档案、水文档案、地震档案、地质档案、测绘档案、环境保护档案、医药卫生档案等。

第一，气象档案是在气象观（探）测、气象预报和气象业务技术管理活动中形成的科技档案，包括气象记录档案、气象业务技术和服务档案、气象业务技术管理档案。

第二，天文档案是在天文观测、研究活动中形成的科技档案。天文观测档案主要包括三种：一是在天文观测活动中形成的各种原始记录、图表和照片；二是根据原始记录，经过综合、分析整理的各种定期报表和图件；三是观测规范和仪器设备的常数记载文件。

第三，水文档案是在水文观测（测验）和水情预报等水文工作活动中形成的科技档案，其主要内容有站网规划和测站文件、水文测验文件、水情预报文件等。

第四，地震档案是在地震监测、地震分析研究和地震预报活动中形成的科技档案，主要有地震监测档案和地震分析预报档案。地震监测档案由观测台网文件和野外流动测量文件组成，包括地震台网的规划设置工作和监测工作中形成的科技文件，以及在野外流动测量和监测活动中形成的科技文件；地震分析预报档案包括提供预报的原始数据文件、各种重要的预报意见、分析预报部门各种手段的监视记录、分析预报程序及管理文件等。

第五，地质档案是在地质调查研究、矿产勘探等活动中形成的地质工作活动记录和成果。地质找矿工作一般划分为区域地质调查、地质普查和地质勘探三个大的阶段。在每一个地质工作阶段，一般都按以下五个主要程序开展工作，即地质设计、野外勘测、室内综合分析整理、编制地质成果报告、审查批准地质成果报告。地质档案就是遵循着上述地质工作程序有步骤地形成的，一般可划分为区域地质调查档案、固体矿产地质档案、石油地质档案、海洋地质档案、物探和化探档案、水文地质和工程地质档案。

第六，测绘档案是大地测量和地图绘制活动中形成的科技档案。测绘工作在国家经济建设中是一项基础性、超前性的工作，它在全国范围内提供各种控制点的精确坐标、高程数据、重力数据和各种比例尺的地形图、专题图和图集等。测绘档案是测绘活动过程和测绘成果的直接记录。按照使用性质的不同，测绘档案可分为基本测绘档案、专业测绘档案、特业测绘档案和现势参考档案。

第七，环境保护档案是环境管理和环境监测活动的直接记录，包括环境管理档案和环境监测档案两个基本部分。环境管理档案是在环境的规划、管理、监督、仲裁等活动中形成的环境保护档案；环境监测档案是在对水质、大气、土壤、生物、噪声、放射性等方面造成污染的监测，以及各种污染源的调查、评价等活动中形成的环境保护档案。

第八，医药卫生档案是在各种疫病的预防、治疗、护理以及药品、生物制品的监督、检定和生产技术活动中形成的科技档案，包括医疗技术档案、卫生防疫和卫生监督档案、妇幼卫生档案，以及药品和生物制品监督、检定、生产技术档案。

二、科技档案管理概述

（一）科技档案管理的定义

科技档案管理是国家科技工作的重要组成部分，也是国家档案工作的组成部分。承担科技档案管理的主体是基层科技档案管理机构和科技专业档案馆，主要内容是对科技档案收集、整理、鉴定、保管、统计和开发利用等。其任务是组织协调科技专业档案馆和基层科技档案管理机构的各项业务建设，制定科技档案管理的业务原则和标准，选择和采取管理技术与措施，从而实现科技档案的科学管理和有效利用。

（二）科技档案管理的性质

总体而言，科技档案管理的性质主要体现为专业性、从属性、服务性和机要性。

1. 专业性

首先，科技档案管理有其特有的、专业性较强的管理对象——科技档案。科技档案是在各个行业领域科技、生产活动中产生的，其内容为科技人员科技思想的显性化，具有一定的专业性。不同领域的科技档案在内容上有着很大的区别；即便同是设计档案，基本建设活动中的设计档案与产品研发中的设计档案在内容上也是完全不同的。

其次，科技档案内容和管理方法具有专业性。一方面，科技档案与文书档案的内容和形成领域不同；另一方面，不同领域科技档案的内容也不同。因此，从微观上要求科技档案的收、管、存、用的方法必须符合科技档案的形成规律和内容特点，从宏观上要求科技档案的管理体制机制的设计应与科技档案的管理需求和利用需求相吻合。因此，而其管理内容和管理方法具有较强的专业性。

最后，科技档案管理经过多年的实践探索和理论研究，形成包括基础理论和应用理论在内的完整的理论体系，如基于科技档案管理需求，探索出科技档案的"三纳入、四参加、四同步"等行之有效的管理制度,科技档案的价值论,科技档案的分类、鉴定、保管等理论,以指导实践的发展。

2. **从属性**

科技档案管理从属于组织机构的科技管理。科技档案是科技生产活动的产物,也是科技生产活动持续性开展的基础,科技档案的科学管理对于提高组织机构科技管理水平,提高科技生产活动的质量起着举足轻重的作用。因此,无论是专业主管机关制定的有关科技管理的法律、规范、制度,还是组织机构的业务流程设计、人员考核,都将科技档案管理纳入其中。

科技活动除形成物质形态的科技成果,还会形成一套记录科技活动的过程和结果的科技档案。科技档案不仅是当前科技活动的指导和依据,也同科技图书、科技情报一样,为其他科技活动提供参考和支撑,是科技创新"站在巨人肩膀上"的前提和保障。

3. **服务性**

完整地保存、科学地管理科技档案,是为了通过向国家、组织机构提供服务以充分发挥科技档案的作用。科技档案管理的服务性,微观上体现为是一项服务于组织机构的科技生产活动,为科技生产活动提供依据、参考和凭证;宏观上体现在为国家科技档案事业的计划、组织、控制、指挥、协调提供支撑,为国家现代化建设提供引导和支持。科技档案管理只有在宏观和微观的服务中,才能真正体现出其价值和意义。

4. **机要性**

科技档案管理的机要性主要源于科技档案的内容。科技档案是科技活动过程和结果的映射,是国家、组织机构重要的知识资产和战略资源,不少档案中蕴含着国家机密、商业秘密、个人隐私。任何主观因素或客观因素导致科技档案资源的意外散失或传播,都可能会造成个人利益、组织机构利益、国家利益甚至国家和人民安全受到威胁。《档案法》第二十条、第二十二条、第四十三条等多个条款提出了涉密档案管理、利用的规定。《科学技术档案工作条例》第十四条规定:"各单位应当定期对科技档案的密级进行审查,根据上级的规定,及时调整密级,扩大利用与交流的范围。"第三十四条规定:"各单位要经常对科技档案干部进行保守国家机密的教育,检查遵守保密制度的情况。"上述规定既体现了科技档案利用的重要性,也明确提出了保守科技档案中国家秘密的要求。

(三)科技档案管理的原则

1. **集中统一管理**

集中统一管理是科技档案管理的核心原则,规定了科技档案管理的组织原则和管理方式。集中统一管理的内容主要包括三个方面:

(1)国家对科技档案资源的统一控制。这种控制既包括实体控制,也包括信息控制;既包括对国有科技档案的控制,也包括对非国有科技档案的控制。其中,对非国有科技档案的控制,指的是个人和集体所有的,对国家、社会具有保存价值或者应当保密的科技档案,如果所有者保管不善,应由档案主管部门代管或向国家档案部门寄存或出售。

(2)对科技档案按专业实行统一管理。即除了档案主管部门分级对档案工作监督、指导和检查,各级专业主管机关也要加强对所属企业事业单位和本专业系统科技档案工作的领导和指导。这是由科技档案的形成规律和内容特点决定的。在企业事业单位内部,由科技档案部门对本单位的科技档案工作实行集中统一管理,重要的、需要长久保存的科技档案按有关规定集中在科技专业档案馆。

（3）科技档案管理要遵循统一的标准规范。各组织机构科技档案管理应以国家档案主管部门和专业主管机关制定的标准规范为依据,从而保证整体上科技档案的管理制度和工作方法的统一。

2. 科技档案的完整、准确、系统、安全

科技档案的完整、准确、系统、安全是对科技档案的质量要求。

（1）完整。完整是科技档案准确和系统的前提,即科技档案齐全成套,种类完备。完整性的要求体现在三个方面:①就一份科技档案而言,其内容、结构和要素应该是齐全完整的,如科技档案的附件,应包含的签字、签章等应该是一应俱全的;②就一项科技活动而言,该活动中形成的所有具有保存价值的科技文件应按成套性的要求做到齐全完备;③就一定的库藏范围而言,科技档案的套数应该与单位科技活动范围一致,进而从个体到整体保证科技档案的完整和不可分散。

（2）准确。准确是要求科技档案必须是真实的历史记录,在内容上始终与它所反映的科技对象一致。科技活动一般历时较长,科技档案具有较强的现实性,科技活动中的主观、客观原因导致科技档案归档后仍有可能更改。因此,科技档案的准确性,一方面要求科技文件、科技档案是科技活动过程中形成的真实的历史记录,如实地记录和反映科技对象的历史过程;另一方面要求动态地把握科技档案的准确性,动态地反映科技对象发展变化情况,使科技档案为历史研究和现实使用提供可靠的依据与凭证。

（3）系统。系统要求保持科技档案之间的内在有机联系,既包括套内科技档案的系统性,也包括一定的库藏范围内有序化的科技档案整体。

（4）安全。安全包括科技档案的实体安全和信息安全。一方面要选择合适的载体形式,尽可能延长科技档案的自然寿命;另一方面要保护科技档案的信息安全,保护科技机密,保护知识产权。

3. 实现科技档案的有效利用

实现科技档案的有效利用是科技档案管理的目的。科技档案的价值是客观存在的,但只有在实践中满足主体需求才能得以显性化。科技档案是科技人员智慧的结晶,是具有较高的使用价值的重要资源。检验和衡量科技档案管理效果的重要标准是能否有效地发挥科技档案的作用。因此,科技档案管理应该创造条件,将科技档案这一客体与利用者这一主体有效衔接,使科技档案的潜在价值显性化。

有效利用是通过科技档案的利用获得一定的经济效益或社会效益,强调的是利用的实际效果,而不仅是提供利用这一行为,不能仅用提供利用的人数、次数来衡量,更要强调利用的有效性,是否真正满足客观需要及其满足的程度。为此,科技档案工作者必须研究科技活动的规律,掌握各种需求及特点,积极开发科技档案资源,使科技档案部门真正成为科技管理的决策支持系统或科技生产的信息保障系统。

科技档案管理的基本原则是相互联系的有机整体。其中,集中统一管理是基本原则的核心,体现社会主义国家的优越性,是档案资源完整、准确、系统、安全和有效利用的保障;完整、准确、系统、安全是科技档案管理质量要求的集中体现,是有效利用的前提;有效利用是科技档案管理的最终目的,同时也不断推动科技档案管理水平的提高。

第二节 科技档案的收集

科技档案收集工作是基层科技档案部门和科技专业档案馆根据国家和专业主管机关的规定,通过接收、征集等方式,把具有保存价值的科技文件或科技档案集中到科技档案部门统一管理的一项业务管理活动。科技档案收集工作标志着科技文件性质的变化与科技档案自身运动的一个新的阶段,是丰富科技档案馆(室)藏的重要手段,在科技档案业务管理活动中发挥着基础性作用,对于整个科技档案管理工作而言都具有重要意义。

一、科技档案收集工作的内容

科技档案收集工作可以依据收集工作的层次、形式和渠道划分为不同的类型。

(一)依收集工作的层次划分

科技档案收集工作按照层次高低,可以划分为基层科技档案部门的收集工作和科技专业档案馆的收集工作两种类型。基层科技档案部门的收集工作是企业事业单位的科技档案机构按归档制度的有关规定接收本单位各部门在科技、生产活动中形成的有保存价值的、经过整理的科技文件;科技专业档案馆的收集工作是各级各类科技专业档案馆根据进馆范围,有计划地接收有关单位科技档案部门及其他科技档案所有者移交的科技档案。在这两个层次中,前者所实现的是科技档案在具体单位范畴内的集中,后者则实现科技档案在国家规模层面的集中。

(二)依收集工作的形式划分

科技档案收集工作按照基本形式,可以划分为常规收集和补充收集两种类型。常规收集是按照有关接收、归档制度,成套地接收科技档案的一种典型形式,表现为科技业务部门对科技文件的筛选和初步整理、基层科技档案部门对归档科技文件办理接收手续、科技专业档案馆按照进馆范围将科技档案收集进馆;补充收集是科技档案部门为保证馆(室)藏科技档案的质量,在常规收集的基础上,对与库藏内容有关的零散科技文件或其他相关科技资料进行的再收集。一般而言,成套科技档案的常规收集形式只经历一次,补充收集则可依据实际情况多次进行。

(三)依收集工作的渠道划分

科技档案收集工作按照实施渠道,可以划分为接收、征集、征购或购买、寄存、实测补制等五种类型。接收是基层科技档案部门和科技专业档案馆按照归档制度,无偿接收移交归档的科技文件或移交报送的科技档案;征集是科技档案部门通过协商、接受委托、动员捐赠、复制副本等方式,向不同所有制单位或个人收集科技档案;征购或购买是科技档案部门根据实际需要,向不同所有制单位或个人计价收购科技档案;寄存是科技档案部门暂为代存相关单位或个人委托管理的科技档案；实测补制是通过对科技档案反映的物质对象的变化情况进行实际测量，重新绘制出相应的科技文件，以弥补库藏科技档案的短缺。这些收集渠道中，接收具有制度性和无偿性特征，是科技档案收集工作的主体，征集、征购或购买与寄存均属于有偿性质，实测补制则是科技档案补充收集的一种特殊方式。

二、科技档案收集工作的要求

（一）在法律法规的指导下进行

《档案法》明确规定集中统一管理档案。企业事业单位的科技档案应该由科技档案部门依法收集，统一管理。科技档案集中统一管理实质是对无形资产的集中管理，还必须注意遵守《知识产权法》《企业法》等有关政策和法规的规定。特别是在市场经济条件下，科技档案收集的范围必须与相应的所有权相适应，即征集和征购科技档案必须以自愿为前提。要处理好不同所有制科技档案的收集工作，尽可能地使科技档案财富在合法的原则下得到妥善保管，为国家和民族的长远利益服务。

（二）遵循科技档案工作的基本原则

科技档案工作基本原则的核心为集中统一管理，收集工作是实现集中统一管理的根本途径。同时，基本原则提出科技档案资源的质量要求和管理要求，即完整、准确、系统、安全，达不到质量要求的科技档案会影响现实指导或历史参考作用的实现。基本原则明确科技档案工作的目的——有效利用，这也是科技档案收集工作的终极目的，为科学制定收集范围、方式、时机等提供引导。

（三）收集工作要遵循科技档案的形成规律

科技档案收集工作是一个承前启后的环节，对于基层科技档案部门而言，其连接着科技、生产活动和科技档案管理活动；对于科技专业档案馆而言，其联系着科技档案形成单位和科技专业档案馆的各项业务管理活动。特别是在基层企业事业单位，科技文件的归档实际上是科技、生产活动的一个具体程序或一项工作内容。这就要求科技档案收集工作必须遵循科技、生产活动的规律和科技档案的形成规律，照顾到前后左右的工作关系，确定适当的收集归档制度，提高收集工作的科学性。这样才能既保证科技档案集中统一管理和科技档案的完整、安全，又不影响现行工作的使用。

（四）收集工作要保证科技档案的质量

收集是保证科技档案质量的重要关口，只有完整、准确、系统的科技档案才能充分发挥其应有的作用。这就要求科技档案收集工作必须把好质量关，除做好科技文件归档前的监督、指导工作外，还要特别加强接收归档的质量验收工作。尤其是科技档案载体类型越来越多，特殊载体的文件如缩微胶片、录像带、录音带、光盘等，其质量已不像文字材料和图样材料的质量那么直观。因此，科技档案工作者要认真研究掌握各种载体科技档案质量的基本鉴别方法，确实保证归档科技文件的质量。

三、基层科技档案部门的收集工作

（一）收集本单位科技业务部门形成的科技档案

对于基层科技档案部门而言，科技档案大多是由科技文件转化而来的，科技文件则是各业务部门的业务人员在科技活动中产生的。因此，科技档案的收集应以本单位科技业务部门形成的科技档案为主。

首先，接收归档的成套科技档案，这是基层科技档案部门收集科技档案的主要渠道。一般情况下，科技业务部门每开展一项科技生产活动，都要按归档制度的规定，把形成的具有保存价值的科技文件经系统整理后向科技档案机构归档移交。这包括三种情况：一是科技活动正常结束，取得成果的全套文件；二是科技活动因故中断（即负结果项目），截至中断时已产生的全部文件；三是与外单位协作，按协议由协作单位移交来的全部档案。

其次，向本单位科技部门或科技人员收集零散的科技档案。零散的科技档案是相对于成套档案而言，不成套的、零散的。零散科技档案的产生主要包括两种情况：一种是正常情况，即对已归档的成套科技档案的零星补充。由于科技活动一般持续的时间较长，科技活动中形成的实体对象存在时间跨度较长，成套科技档案移交归档后，还会有零散的科技档案源不断地产生。另一种是非正常情况，是应该集中保存的科技档案没有被集中起来，如散落在科技部门或科技人员手中的科技档案或者因保管不当、使用不当等导致科技档案被损坏或丢失，通过实测补制等方式补态的科技档案。无论正常情况还是非正常情况，收集零散的科技档案是档案收集工作中不可忽视的一条重要渠道。

（二）征集本单位工作人员非职务活动中形成的科技成果档案

科技人员的非职务活动主要是科技人员的非职务发明和其他业余科技活动。非职务活动中形成的科技成果一般应属于个人，形成的科技档案也归个人所有；但是，由于某些非职务活动与本单位职能活动有密切联系，许多单位已经将这类科技成果视为有关人员工作业绩和水平的标志，是予以肯定或奖励的依据。因此，如本单位认为其中某些科技文件有保存价值，可以与科技文件的所有者协商，经本人同意征集或代管其原件或复制件。

（三）收集和接收外单位转让或移交的有关科技档案

企业事业单位科技档案部门收集档案的主要渠道是单位内部的各有关部门，但也会涉及外单位。例如，对于建筑物的使用单位而言，当基建档案残缺不全时，常常需要向原设计单位或施工单位收集有关图样或文字材料。再如，设备的使用单位向外单位补充收集有关设备档案的情况更多，因为购买设备时所提供的随机文件是有限的，在设备维修改造过程中，常常会感到随机文件不能满足其利用需求，特别是当设备档案散失或残缺不全时，更需要向设备生产单位补充收集有关科技文件。企业事业单位向外单位甚至外国公司购买科技成果时，接收有关科技成果转让单位提供的科技文件，也是收集科技档案的一条渠道。

另外，某些企业破产或被兼并，应该按照相关规定向兼并或接收的企业移交其全部或者部分档案。在企业产权变动过程中，按照一定的原则接收相关企业的科技档案，有以下三种情况：一是按有关政策规定或事先签订的合同协议接收科技档案，二是向外单位购买以弥补本单位科技档案的不足,三是外单位或个人赠送。

四、科技专业档案馆的收集工作

(一)科技专业档案馆的进馆范围

进馆范围是科技专业档案馆业务建设的基础,是合理构成科技专业档案馆馆藏结构的依据。科技专业档案馆的进馆范围是由其性质和任务决定的,即着眼于保存社会科技档案资源,为国家长远需要服务。确定科技专业档案馆的进馆范围应考虑价值、专业、分级管理和综合性原则。

1. **价值原则**

科技专业档案馆是永久保存科技档案的基地,应接收具有重要价值并需要长远保存的科技档案。为了确保科技专业档案馆的功能,对接收的档案应当有比较高的价值要求:①历史研究价值要求,即将那些反映本专业各个历史发展阶段的、具有代表性的科技档案集中在科技专业档案馆中,以便客观地反映本专业科学技术发展的历史脉络,使科技专业档案馆成为专业史研究的基地;②现实查考利用价值要求,即应适应现实利用的需要,接收反映重要或重大科技、生产活动和具有普遍的社会利用价值的科技档案,使科技专业档案馆成为科技信息的利用服务和决策支持中心。

2. **专业原则**

科技专业档案馆在确定进馆范围时,应该根据学科和专业分工的要求,保存本专业重要的科技档案和其他相关的科技资料:①反映本专业重要科技、生产活动的科技档案为馆藏主体,即为保证我国科技专业档案馆事业的整体最佳功能,档案馆馆藏内容的范围应有一定的分工,以实现对科技专业档案馆的宏观管理和科技档案资源的科学合理配置;②从科技档案的来源上保证科技专业档案馆的专业特点,即应从合理构建国家科技专业档案馆的馆藏结构、充分发挥科技档案的作用出发,将科技专业档案馆建设成为国家某一专业科技档案资源的保存基地,如地质档案资料馆负责接收各专业系统形成的地质成果档案;③科技专业档案馆还应保存本专业重要的科技资料,即为了有效地储存和开发利用本专业的科技信息资源,科技专业档案馆有必要承担搜集和保管反映本专业内容的其他重要信息载体,如年鉴、国际交流资料等科技资料或科技出版物的职责。

3. **分级管理原则**

我国科技档案是在集中统一管理的原则指导下,按专业实行分级管理。确定各科技专业档案馆的进馆范围时,必须根据分级管理的原则通盘考虑:①对科技档案移交单位应有层次之分,即为保证馆藏内容的合理分布,各级科技专业档案馆原则上只接收同级专业主管部门及其直属企业事业单位的科技档案;②对科技档案成套性的要求应有详略之别,即科技专业档案馆是面向社会服务的,以满足历史研究和部分现实查考的需要为己任,在接收成套科技档案的内容和成分方面应与基层科技档案部门有一定差别,特别是科技档案进馆后,只需保存最基本的部分,而不需要全部接收。

4. **综合性原则**

科技专业档案馆是各专业系统以科技档案为主体的综合性档案馆,应保存本专业需要长远保存的重要科技档案和需要永久保存的其他档案。科技专业档案馆虽然是由各专业主管部门设置的，但任何一个科技专业系统，其各项工作活动都是密切联系的，在这些活动中形成以科技档案为主体的、互相紧密联系的各种档案成分。为遵循其形成规律和管理利用规律，并且客观地反映该专业系统的历史面貌，发挥档案的整体功能，科技专业档案馆除接收反映本专业科技、生产活动的科技档案外，还应同时接收反映其他活动的需要永久保存的档案资料。

（二）科技专业档案馆的接收制度

1. 无偿进馆制

科技专业档案馆接收科技档案，是对国有科技文化财富实行集中统一管理的手段，不是科学技术的转让，科技专业档案馆不向档案的移交单位交费或提供补偿。无论在计划经济条件下，还是在社会主义市场经济条件下，科技档案的主体都是国家支持或投资的科技、生产活动的知识成果，在其产生和形成的过程中，国家已经投入相应的人力、财力和物力，使这些科技档案早已成为国家财产。因此，科技档案实行无偿进馆制。

2. 相关单位主送制

主送制是科技专业档案馆接收进馆的特殊方式。科技档案与其他档案相比具有特殊性，即由于一种产品科技档案、一项基建工程档案等往往不止一个单位拥有，同一型号设备的随机文件更是广泛保存于各设备使用单位，这就决定并非任何单位永久保存的科技档案都应一律进馆，而是实行相关单位主送制。对不同种类乃至不同项目的科技档案，按照国家和专业主管部门的有关规定，分别确定其主送单位，对科技档案采取重点接收的进馆方式。实行相关单位主送制，能够在丰富馆藏的过程中避免科技档案内容的大量重复，提高馆藏的综合效益。

3. 补送制

科技档案的原移交单位负责补充报送反映其进馆项目发展、变化的科技档案材料，以保证馆藏科技档案的质量。如进馆产品的改型换代，进馆基建工程项目的重大改建、扩建等，都属于科技档案原移交单位补送的范围。具体可采取重大变化随时补送、一般变化定期补送的办法。科技档案补送制是科技专业档案馆收集工作的重要制度，有助于适应科技档案的形成特点，保持馆藏科技档案的完整性和准确性，实现科技专业档案馆的职能。

第三节 科技档案的整理

一、科技档案整理工作的概念和内容

科技档案接收后仍处于无序状态，无法有效地提供利用。为使其与原有库藏整合成有序的集合体，需对其加以整理，即通过科技档案的分类、归类，确定科技档案在库藏体系中的位置，并以编号的形式将其固定下来。从科技文件、科技档案的生命过程来看，其形成后需经历以下三个系统整理的阶段。

（1）在科技文件归档前，科技文件形成者和科技业务部门在档案部门的协助、指导

之下，对科技活动中形成的科技文件开展鉴别、鉴定、分类、组卷、编目、保存等工作，系统整理分散、无序的档案。

（2）科技档案部门对各业务部门移交归档的科技档案进行分类、归类、案卷排列、编目、上架存放、现代化管理，使档案部门所保管资源成为一个有序的整体，进而才能以更有效的手段和方式向各业务部门或相关单位提供利用，发挥科技档案价值。

（3）科技专业档案馆按照进馆范围，接收各基层单位档案部门移交的档案后，为保证馆藏整体的系统、科学，保证各全宗档案完整、准确、有序，需要系统整理各单位移交的科技档案，包括分类、归类、上架、现代化管理等，以使科技专业档案馆实现其作为专业档案储备中心、利用中心的使命。

以上三个阶段的系统整理密切联系又相互区别，虽然整理的对象、工作内容、责任者、最后结果各不相同，但是与科技文件和科技档案的自然形成规律相一致，与国家的有关要求和规定相一致，有利于科技档案为社会创造更好的经济效益和社会效益。

二、科技档案的分类

科技档案分类是根据科技档案的内容性质和形成特点，把一定范围内的科技档案划分成不同的类别层次，从而形成具有一定从属关系和平行关系的不同等级的科技档案库藏系统。科技档案分类是科技档案整理工作的第一步，也是整理工作的中心工作。科学的分类是组织案卷和编制目录的基础，并能为编制档案检索工具、做好提供利用工作创造有利条件。

科技档案分类的方法很多，用不同的分类标准和依据去分类就会形成不同的分类方法，导致不同的分类结果，形成不同的类别体系，达到不同的管理效能。因此，分类方法是科技档案分类的关键所在。不同专业、系统和单位应根据其科技档案及其管理的实际，慎重选择和确定符合本专业系统和本单位科技档案分类基本要求的具体分类方法。

（1）按科技档案种类分类。按科技档案种类分类就是根据科技档案内容、专业、性质和产生领域来划分科技档案类别。科技档案种类名称即为类别名称，通常作为科技档案类目体系的一级类目。例如，一个企业的科技档案通常按种类分为基建档案、科研档案、设备档案等大类。此外，在实际操作中，为便于一些综合性档案的归类，通常按科技档案种类名称设类后，还可另设"综合类"以容纳各科技档案种类类别不包容的综合性档案。

（2）按产品（或设备仪器）型号分类。按产品（或设备仪器）型号分类就是在全部产品档案（或设备仪器档案）范围内，以各个独立的产品（或设备仪器）档案为基础，按其型号逐级划分类别的方法。通常以一个型号或一个型号系列为一个类别，较适用于复杂产品（或设备仪器）档案的分类。型号分类法便于按不同型号的产品或设备仪器提供成套的科技档案。

（3）按工程项目分类。按工程项目分类就是在全部基建档案范围内，以工程项目为分类单元划分其档案类别的方法。通常以一个工程项目名称或代号为一个类别，主要适用于基层企业单位的基建档案分类。对于工程设计单位、施工单位、城市建设档案馆等的工程项目档案，因数量较多，可以工程项目分类方法为基础，结合工程性质、用途、专业等设置类、属类、细类等。工程项目分类法便于将一个单项工程的档案全部集中在一起，成套地提供利用。

（4）按科研课题分类。按科研课题分类就是在全部科研档案范围内，以各个独立的科学研究课题为单元，划分科技档案类别的方法。通常以一个科研课题名称或代号为一个类别，主要适用于基层企业单位科研档案分类。对于专门的科研院所，由于科研档案数量多，可以以课题分类为基础，结合专业、问题等分类。课题分类法将同一科研课题的全部档案集中在一起，便于按课题成套地提供利用。

（5）按专业分类。按专业分类就是根据科技档案内容所反映的不同专业性质、特征来划分科技档案类别的方法。通常相同专业性质、特征内容的科技档案为同一类别，专业性质或特征名称即为该类别名称，主要适用于通用化、标准化较强的科技档案分类；但通常在同一科技档案种类范围内的档案分类中使用。按专业分类可以将同一专业性质和特征的有关科技档案集中在一起，便于专业人员从本专业角度去查找利用科技档案；但容易破坏科技档案的成套性。

（6）按地域分类。按地域分类就是根据科技档案内容所反映的地域特征划分类别的方法。科技档案内容所反映的地域特征可以是自然地理的地域（如水系、流域等），也可以是经济地理的地域（如棉产区、水稻产区、小麦产区等），还可以是行政区划（如省、市、县等）。通常地域名称即为类别名称，地域间的逻辑关系即为相应类别间的逻辑关系。地域分类法主要适用于成套性中地域特征较突出的科技档案（如地质、测绘、水利等类科技档案分类）。

（7）按时间分类。按时间分类就是根据科技档案内容所记载和反映的时间特征划分科技档案类别的方法。这里的时间特征通常为时期、年代、年度、季度、月份等，有时也为科技档案内容记载的时间幅度（如时线图、日线图、周线图、月线图等的分类）。时间分类法主要适用于气象观测、水文观测等时间性很强的专门科技档案，有时也用于产品检验、设备仪器运行的记录档案分类。

（8）按阶段（或工序）分类。按阶段（或工序）分类就是根据科技活动的程序对其产生形成的相应科技档案划分类别的方法。科技活动程序的阶段（或工序）名称对应相应的科技档案类别名称，且科技档案类别秩序应与科技活动程序相对应。这种分类方法适用范围较为广泛，实际工作中应用较普遍。

（9）按结构分类。按结构分类就是根据产品或设备实体的结构组成特征，对相应的科技档案划分类别的方法。通常产品或设备的结构名称即为相应科技档案的类别名称，结构间的关系决定相应科技档案类别的秩序与逻辑关系。结构分类法主要适用于成套产品（或设备）及较为复杂的产品（或设备）的档案分类。

（10）按用途分类。按用途分类就是根据科技档案记载和反映的科技活动对象的使用性质、范围对科技档案分类的方法。通常按用途分类适用于同种类科技档案较多的情况，且主要在较大类别科技档案的细分中运用。

以上基本分类方法在实际应用时，要根据本专业、本单位的性质、特点及形成的科技档案的实际状况灵活运用，既可以使用某一种分类方法，也可以多种基本分类方法结合应用。总之，科技档案分类应保持各大类科技档案内部之间的联系，能反映科技档案的形成规律，有利于管理和提供利用，通过分类能够使全部科技档案形成一个有机体系。

三、科技档案号的编制

科技档案号是科技档案案卷的编号或代号，是科技档案部门用以反映案卷内容特征和管理特征的一组符号。科技档案号反映科技档案的分类管理情况和积累情况，主要有分类式科技档案号和累积式科技档案号两种类型。

分类式科技档案号是反映科技档案分类层次及案卷排列顺序的科技档案号，反映科技档案的内容特征，便于科技档案的分类排列和按内容性质调卷，适用于对科技档案实行分类排架管理的单位。这种档案号的作用主要是：指导科技档案案卷排列，固定排架的位置；指示科技档案案卷在科技档案目录中的位置；反映科技档案的内容特征和分类层次，提供调卷的依据。分类式科技档案号的编制是由科技档案的分类结构代字（代号）和案卷顺序号联合组成，比较适合于生产连续性较强的设备或装置档案的分类。

累积式科技档案号是反映科技档案总量与接收顺序的科技档案号，也称为总号或流水号。它是在登记科技档案时，按其接收顺序编注。这种编号简单易行，适用于对科技档案实行流水排架管理的单位。这种档案号的作用主要是：指导科技档案案卷排列，固定排架的位置；反映科技档案接收总数量与入库顺序；随时反映科技档案当前的数量，便于总量统计。累积式科技档案号是反映案卷流水排序和库藏总量的科技档案号，因此只采用单纯号码制，即以阿拉伯数字按库藏排序，以案卷为单位依次累积编注。

在科技档案管理工作实践中，科技档案业务部门根据自己的需要，有的选择其中一种作为科技档案号；有的则是两种形式的科技档案号兼收并蓄，合二为一，形成一种既反映库藏情况又反映分类情况的综合号。但是，从编制科技档案号的目的出发，科技档案号应该简洁、易记、便于识别和使用。

第四节 科技档案的鉴定

科技档案鉴定就是根据一定的原则和标准，科学地判定科技档案历史与现实的价值，确定其保管期限，以及通过价值核查和质量核查，对失去保存价值，或者内容失真和不完整的科技档案，按照规定手续处理的科技档案业务管理活动。

一、科技档案鉴定工作的内容

科技档案鉴定工作包括科技档案价值鉴定、质量鉴定和有效性鉴定三方面内容。

（1）价值鉴定。其实际上是对科技档案保存价值的鉴定，即根据科技档案历史和现实价值的鉴定和预测，确定其保管期限。对于超过保管期限的科技档案，在进一步判定其保存价值的基础上，确定继续保存还是剔除销毁。

（2）质量鉴定。即根据科技档案动态性的特点，甄别与核查其准确性和完整性状况，以便采取相应的措施保证库藏科技档案的质量。

（3）有效性鉴定。对于电子科技档案而言，在原有价值鉴定和质量鉴定的基础上，还要充分考虑价值实现的物质基础,即电子科技档案的有效性。有效性鉴定就是要判断需要归档保存的电子科技档案是否能够在保管期限内具备真实性、完整性和可用性。只有有效的电子科技档案才能充分发挥其作用。

二、科技档案鉴定工作的组织

科技档案鉴定工作涉及科技档案的存毁,是一项具有技术性和政策性的十分严肃的工作。科技档案鉴定的科学与否,不仅受专业技术水平的影响,还受到科技管理水平的制约。为客观地判定科技档案的价值,需要科学、规范地组织鉴定工作。

鉴定小组是从事科技档案鉴定工作的临时机构。根据其职责分为两种情况:①科技档案鉴定领导小组,一般由有关的技术领导组成,由于其人数比较少,一般不承担具体的鉴定任务,只负责领导科技档案鉴定工作和提供技术、业务指导;②承担全部具体任务的鉴定工作小组,其任务是研究、编制本单位科技档案保管期限表,定期进行库藏科技档案价值和质量的鉴定工作,负责处理剔除失去保存价值的科技档案。

关于鉴定工作小组的组成,《科学技术档案工作条例》第十七条规定:"鉴定工作要在总工程师或科研负责人的领导下,由科技领导干部、熟悉有关专业的科技人员和科技档案人员共同进行。"实践证明,了解本单位的全面情况和科技发展的方针政策,熟悉科技档案的形成过程和利用价值,并且掌握科技档案鉴定工作的一般要求和方法,是正确鉴定科技档案质量、判断科技档案价值、提出合理的存毁意见的保证。上述鉴定小组"三结合"的组织形式,适应鉴定工作的实际需要,是科技档案鉴定工作经验的总结。

鉴定小组中的科技人员对保证鉴定工作的质量起着重要的作用。因此,要特别注意聘请有较高的思想、政策水平,工作认真负责,具有较高的业务技术水平,熟悉本单位科技、生产活动的历史发展情况等与鉴定内容有关的部门和专业的科技人员参加鉴定工作小组。

三、科技档案鉴定的依据

(一)科技档案鉴定的理论依据

科技档案的价值是客观存在的,鉴定工作是人们对科技档案价值的认识和评价,带有很强的主观性。为使这种主观认识最大限度地符合实际,保证鉴定工作的质量,必须建立明确的科技档案价值鉴定标准。具体而言,科技档案的价值量是由以下六种重要的相关因素规定或制约的:

(1)技术因素。指科技档案内的技术水平或其所反映的科技对象的技术价值。一般情况下,技术因素是影响科技档案价值量大小的决定性因素。科技档案所记载和反映的对象和内容的技术水平越高,科技档案的价值量就越大,保管期限也越长。科技档案价值量大小、保管期限长短通常与所记载和反映的对象及内容的技术水平呈增函数关系变化。

(2)功能因素。指科技档案所具有的不同功能对其价值大小和保管期限长短的影响和制约作用。以同一项工程的建筑设计图样和基建竣工图来说,二者都是围绕同一项建筑工程形成的科技文件,性质相近,关系十分密切,且在内容上大多相同或相互交叉,但建筑设计图样是为新设计复用或供新设计参考，基建竣工图则是为建筑物的使用、维修、改建、扩建等提供依据。

（3）时间因素。科技档案与其他档案一样，其价值同样受时间因素的影响。目前，我国不少科技、生产机构都以1949年10月为限，在此之前形成的科技档案一般不予销毁。

（4）典型因素。指科技档案记载和反映的科技内容或科技对象所具有的典型意义。在科技活动和生产力水平不断发展的历程中，形成了许多具有典型性和代表性的科技成果。这些科技成果虽然就技术水平而言，要低于在它们之后发展起来的新的科技成就，但却代表相关技术发展的时代，具有奠基作用。因此，必须考虑典型因素对科技档案价值量的影响，把对本单位科技、生产发展中具有典型意义的科技档案保存下来。

（5）作者因素。作者因素对科技档案价值量也有较大影响。例如，个人作者中的名人作者，某些著名的学者、专家设计、绘制的图纸，演算的公式数据等，除技术水平的因素外，作者因素将赋予它们以额外的价值增值。

（6）名称因素。指科技档案的不同名称对科技档案价值大小的制约和规定作用。科技档案的名称反映科技档案的内容，不同的名称反映其不同的内容及价值。例如，一般成果报告、部件图、竣工图要比阶段小结、零件图、施工图价值大，其保管期限应当相应从长。

（二）科技档案鉴定的实践依据

1980年国家颁布的《科学技术档案工作条例》第十六条规定："国务院所属各专业主管机关，应当编制本专业的科技档案保管期限表。科技档案的保管期限，分为永久、长期、定期三种。"科技档案保管期限表是鉴定科技档案价值，划分科技档案保管期限的依据性文件。它是根据国家关于划分科技档案保管期限的原则，列举科技档案材料的名称、种类、来源、形式，并注明保管期限的表格式文件。

（1）科技档案保管期限的设置。判定科技档案的价值大小，是通过保管期限的长短表示的，主要有三种方法：①三分法，将科技档案的保存价值区分为永久保存、长期保存和短期保存三个档次，较为常用；②标时法，根据实际情况，分别规定科技档案保存的具体时间；③两分法，将科技档案区分为永久保存和定期保存两部分，对定期保存的科技档案再按实际需要划分若干保管期限（如每10年为一档）。

（2）科技档案保管期限表的类型。①专业系统科技档案保管期限表，是国务院各专业主管机关根据《科学技术档案工作条例》和其他有关规定，结合本专业科技档案的具体情况制定的一个专业或行业科技档案价值鉴定工作的指导性文件；②基层单位科技档案保管期限表，是各企业事业单位根据《科学技术档案工作条例》和本专业系统科技档案保管期限表，结合本单位具体情况研制的，适用于本单位的科技档案保管期限表。

（3）科技档案保管期限表的结构。①说明部分，介绍编制和使用科技档案保管期限表的有关问题，包括编制依据、适用范围、表内条款的分类及排列方法、保管期限计算方法、批准时间等；②条款部分，是保管期限表的主体，具体指明各种不同的科技档案材料应划定的保管期限，一般由顺序号、条款名称、区别依据、保管期限、备注等构成。

（三）科技档案鉴定的法规依据

对于科技档案的鉴定工作，各专业主管机关除编制相应的科技档案保管期限表外，还制定了许多专业性科技档案管理规章、规范与条例。这些规章条例是指导科技档案鉴定工作的重要法规依据，如《科学技术档案工作条例》《国家重大建设项目文件归档要求与档案整理规范》《科学技术研究档案管理规定》《中国农业科学院科学技术档案管理办法》《地质行业地质科技档案工作条例》《气象业务技术档案归档管理办法》《医学科学技术档案管理办法》等。

四、科技档案价值鉴定的程序

（一）鉴定准备

1. 制定鉴定工作计划

为使科技档案鉴定工作既不影响各科技业务部门工作，又不影响科技档案的日常管理和利用，在开展鉴定工作之前，应制定切实可行的工作计划，并得到主管领导的批准。鉴定工作计划的内容包括：库藏科技档案状况的统计分析，本次鉴定工作的目的和要求，计划鉴定科技档案的内容范围，鉴定工作同其他有关工作的衔接和协调，计划工作量及所需的人员与时间，鉴定工作的后勤保障，等等。

2. 做好鉴定的组织准备和物质准备

成立鉴定工作小组是鉴定工作重要的组织准备。鉴定工作小组的成员要按照选配条件，经过认真的酝酿和挑选，在征得本人同意后报请领导批准。鉴定小组成立以后，首先要学习国家关于科技档案鉴定工作的各项有关规定、上级主管机关制定的保管期限表，以及有关科技档案鉴定工作的经验材料。此外，还要做好必要的物质准备，如落实科技档案鉴定工作用房等。

3. 编制和研究科技档案保管期限表

对于没有科技档案保管期限表的单位，在开展鉴定工作之前，要根据有关要求和规定，制定本单位的科技档案保管期限表。已经编制科技档案保管期限表的单位，则要认真研究保管期限表，以便掌握鉴定标准，并对其中不适合的内容进行一定的修订和补充，确保科技档案保管期限表科学、适用，保证鉴定工作的质量。

（二）价值判定

1. 个人初步鉴定

鉴定工作小组成员根据分工，直接审阅科技档案的内容，根据实际情况提出鉴定意见，并将其填写在科技档案鉴定卡片上，具体包括卡片编号、案卷名称、科技档案号、项目名称、归档时间、原定保管期限、张数、鉴定人意见鉴定人签字和签字时间、鉴定小组意见、鉴定小组负责人签字及时间等。其中，鉴定人意见最为重要，它是价值判定的依据和初步结论。一个完整的鉴定意见一般应反映科技档案形成的背景情况、科技档案内容的技术经济水准及其历史与现实使用价值、利用情况的分析与预测、其他与鉴定结论有关的情况、鉴定人对该案卷的保管期限与存毁的具体建议等内容。

2. 集体审查

在个人初步判定的基础上，召开鉴定工作小组全体成员会议，听取每个鉴定人的说明，逐张审查鉴定卡片，综合平衡，形成集体的鉴定意见，由鉴定工作小组负责人将意见填入鉴定卡片。集体审查一般只分析讨论鉴定卡片内容，如果有不同意见或遇到不明确的问题，才需要调出有关科技档案再次鉴定。必要时还可以请总工程师、技术负责人等专家评判。

（三）销毁和后处理

1. 销毁工作

经过鉴定，可以销毁确实已失去保存价值的科技档案，但必须遵循严格的手续：①编制科技档案销毁清册，内容主要包括序号、科技档案号、科技档案名称、形成单位、数量、鉴定卡片编号、备注等；②撰写科技档案鉴定报告，涉及鉴定目的和要求、鉴定范围、鉴定小组成员名单及有关情况、鉴定原则、鉴定方法与过程、鉴定中调整保管期限和销毁科技档案的数量、鉴定工作取得的经验和存在的问题、其他同本次鉴定有关的问题；③实施销毁，由档案部门具体实施，并应指派专人监销，可根据科技档案内容的保密程度，采取就地销毁、回收和移交等不同方式。

2. 后处理工作

科技档案价值鉴定的后处理工作即善后工作，因各单位情况而有所不同，一般应做好注销、变更、调整案卷、调整排架、组织鉴定工作卷等工作。

五、科技档案质量鉴定的内容与方法

（一）科技档案质量鉴定的内容

科技档案是科技、生产活动的直接记录，客观地反映科技、生产活动的历史过程和科技对象的实际面貌，完整、准确是科技档案质量的集中反映，也是科技档案质量鉴定的基本内容。科技档案失去完整性和准确性，也就失去了发挥作用的基本条件。科技档案的准确性首先表现在相关科技档案材料之间互相对应，彼此协调、内容一致；其次还要能如实地记载和反映科技对象的变化，同科技对象的实际面貌保持一致。

科技、生产活动的不断发展和科技对象自身的变化，会对科技档案的完整性和准确性产生很大影响。一方面，静态的科技档案内容难以反映科技活动的动态变化；另一方面，相关的科技档案总是在不断地形成，致使原有的科技档案从相对的完整、准确变为不够完整、准确。因此，必须核查与甄别科技档案内容，以保证科技档案的完整、准确，这可以说是科技档案鉴定工作的特殊任务。

（二）科技档案质量鉴定的方法

科技档案质量鉴定既是科技档案鉴定工作的内容，又是企业事业单位科技管理的必然要求。企业事业单位的技术整顿、企业升级等工作都对科技档案的质量提出具体要求，使科技档案质量鉴别经常与上述工作一并进行。具体鉴定方法如下。

1. 核对鉴定

通过与科技项目相核对、与有关目录相核对，鉴定科技档案的完整性和准确性。其中，作为鉴定依据的目录包括产品或工程的设计图样目录、设计文件清单、有关明细表、底图登记簿、科技档案总目录和分类目录等。具体鉴定过程中应注意：①保证科技文件目录和档案目录的质量；②以目录为依据，逐项（套）、逐卷、逐张（件）地仔细鉴定科技档案材料的内容；③对鉴定中发现的短缺材料，凡是具有保存价值，应想方设法予以补齐。

2. 核查鉴定

通过与科技对象现实相核查、同一项目不同档案材料之间相核查和按科技生产活动的程序相核查，鉴定科技档案的准确性。科技档案材料不准确主要表现为：实物与科技档案不一致，底图档案与蓝图档案不一致，库藏科技档案同科室、车间使用的相同文件不一致，相关科技档案材料如产品图纸、技术条件、工艺文件相同内容之间不一致，等等。造成这些不一致问题的重要原因是科技文件更改制度不健全，更改管理不规范。因此，科技档案材料之间的核查应特别注意有关文件的更改凭证，掌握其更改、变化情况，有重点地核查，这是提高科技档案质量鉴定效率的重要方法。

上述科技档案质量鉴定的方法各具特点、各有侧重，又密切联系、互为补充。但无论采用哪种方法，在科技档案质量鉴定后，都需要采取相关补救措施：①补收补绘，即对于核查发现有项目不完整或文件不成套的情况，可通过补充收集的措施，把应该收集的档案文件收上来；②外出收集，即对有关工程项目、外购设备档案的不完整问题，可以到有关设计单位、设备制造单位采取征购或复印的办法补充收集；③更改，即科技档案应随着科技生产活动的变化及时加以更改补充。

六、电子科技档案的技术鉴定

电子科技档案产生于各类业务系统，并广泛用于机构，尤其是企业的各项生产活动。由于电子科技档案的形成、流转、保存和利用都必须依赖于一定的软硬件环境，为保证电子科技档案在保管期限内的有效性，就需要在原有鉴定工作的基础上，对电子科技档案的价值实现状况即技术条件进行鉴定。

（一）真实性鉴定

即利用技术、标准、制度等措施和手段，通过考察电子科技文件的本质要素及其相关背景信息，来认定其是不是当时当人当事形成的，或者说通过分析其本质内容和属性是否与原始状态一致，来鉴别和评定电子文件是否真实。具体方法有：平时鉴定，接收、转发、存储时的鉴定，归档鉴定，采用数字签名技术、消息认证技术鉴定，等等。

（二）完整性鉴定

即鉴定电子文件存在的整个过程中，其内容、结构和背景信息没有缺损。影响电子科技档案完整性的主要因素是介质（脆弱）、技术（过时）、系统特性。具体鉴定可以分为检查档案要素和检查要素集中手段两个方面：前者是利用有效的技术手段，对照元数据模型，检查一份档案各个要素是否完备；后者是分析联系一份档案各个要素的手段是否有效。

（三）可用性鉴定

即确认电子科技档案中的内容是否可以正常检索到、正常读出并被人所理解，主要有以下方面的工作：①检查电子科技档案是否具有唯一的检索标识、是否有具备检索意义并符合命名规则的档案名称；②检查配套软件、相关电子科技档案文字材料是否齐全、完整；③检查电子科技档案的信息存储格式是否符合归档要求；④检查归档或迁移时填写的科技档案运行的软硬件环境、版本号是否正确；⑤检查加密科技档案的密码是否能可靠保存；⑥检查在指定环境平台上能否准确读出电子科技档案等。

第五节　科技档案的保管

一、科技档案保管工作的内容和要求

科技档案保管工作是在科技档案的日常管理中，创造适合科技档案保管的条件与环境，妥善保护科技档案，建立和维护良好的科技档案库藏秩序的科技档案业务工作，主要包括以下内容：

（1）科技档案日常维护工作，主要包括科技档案的排架和检索工具的排检、温湿度监测、库房保洁和库房的安全保卫等工作。

（2）实施保护性措施，主要是围绕防火、防盗、防潮、防高温、防虫、防鼠、防光、防尘、防污染而采取的保护性方法与治理手段。

（3）科技档案的修复，即对损毁和老化的科技档案采取的修补、复制等工作。

（4）库房及设备的管理，包括库房的规划与使用、档案设备的购置与维护以及档案装具的选择等。

做好科技档案保管工作，应注意以下要求：

（1）保管人员要有强烈的事业心和高度的责任感。做好科技档案保管工作，人这一因素的影响尤为重要。保管条件再好，而保管人员缺乏责任意识，也难以做好保管工作；反之，即便是保管条件差些，但保管人员认真负责，便可以在有限的条件下提升保管质量。强烈的事业心和高度的责任感，是做好科技档案保管工作的思想基础。

（2）要为保管工作提供必要的物质条件。科技档案保管工作的效果和水平受保管条件的制约，做好保管工作需要一定的物质条件。同时，随着科技生产的发展，科技档案的保管条件也应不断得到改善。

（3）分析和掌握造成科技档案损毁的原因。造成科技档案损毁的原因主要包括两方面：①制成材料与记录材料性能是影响科技档案寿命的内在因素。例如，质量好的描图纸有韧性、透明度好、耐磨，其保管寿命较长；质量差的则纸薄、透明度低、质脆易碎，保管难度就大。②保管条件和保管方法是影响科技档案寿命的外在因素。库房环境适宜、设施设备齐全、保管方法科学有效，科技档案寿命就能得以延长。分析和掌握影响科技档案保管寿命的内外因素，才能据此探索科学有效的保管措施。

二、常见科技档案的保管方法

（一）底图档案的保管方法

底图档案具有复制工具的功能。底图纸生产过程中采用的特殊原材料和工艺措施成为影响底图档案耐久性的不利因素。此外，底图历经多次复印和反复高温照射，机械强度和耐久性有所降低，很容易脆裂破碎。因此，保管底图档案应严禁折叠，这是因为折叠处容易断裂，影响底图的保管寿命，同时还会造成底图不平整，影响图面复印的清晰度。

底图档案应存放于特制的底图柜中，主要有两种存放方法：①平放，即按整理顺序将底图平放在多层抽屉的底图柜中。这种方法能较好地保护底图的平整，存取比较方便，有利于底图的保护，也便于查找利用。②卷放，即将底图按套或按卷卷成筒状排放在底图柜中。具体可以将底图卷成小圆筒或者用薄木板、纸板做衬，将底图卷成扁平卷。重要的和加长的底图卷好后可放进特制的底图筒里。卷放的优点是节约库房面积和空间；但与平放相比取放不够方便，经常卷绕会增加底图磨损。特大特长幅面的底图以卷放为好。

保护底图可采用边缘加固的方法，如将底图四边折为双层，使用缝纫机扎边；或者通过压边机将胶纸粘在底图四周。底图周边强度增加，会明显减少底图的破损。总之，底图应保证在不撕、不折、不受挤压以及尽量减少磨损的条件下保管。

（二）蓝图及复印图的保管方法

蓝图及其他复印图的制成材料，机械强度比较好，特别是蓝图幅面大小不一，应采取折叠组卷保存的方法。蓝图一般以"手风琴"式，折叠成A4图纸（297毫米×210毫米）幅面大小。折叠时右下角的标题栏应露出，以便查阅；如果需要装订，左边应空出装订线。蓝图折叠后装入用牛皮纸板双裱压制的卷盒或卷皮中保存。其中，图样文件一般采用散装的形式，文字材料一般采取装订的形式。

（三）感光材料的保管方法

科技档案中的感光材料主要有底片（胶片）和照片，其中以底片的保存更为重要。底片是母片，一旦损毁就无法制作照片，应严格保管。具体方法：底片采用密封包装的方法保存，珍贵的底片应存放在隔热、密封的容器内或防火柜中；存放时底片平面应与水平面垂直；底片应分类存放，即母片与拷贝片、永久保存与非永久保存的，要分库存放；长期不用的底片每隔一至两年要检查一次，发现异常，应弄清原因并及时处理；除其他一般保管条件外，应严格控制底片库房的温湿度。

另外，底片在入库前要严格检验其外观质量、影像质量和硫代硫酸钠的残留量，并且要将底片水洗后入库以防污染。还要注意，底片出入库必须经过温湿度的调节过渡。

（四）磁性材料的保管方法

科技档案中的磁性材料主要有录像带、录音带和机读文件，其保管方法包括：防磁，即应把磁带放入金属柜中保存，磁带库要远离散射磁场，周围不能有变压器、电动机、电视机等电气设备；磁带要立放；定期检查，每隔6~12月需要重新卷绕一次，发现问题应及时重新转录，重要的机读文件每3~5年应复制一次；长期不用的磁带要加隔磁材料卷绕，以防止相邻磁带互相磁化。

三、科技档案库房管理

库房是保管科技档案的处所。为合理利用库房面积，便于对科技档案的存放与查找，提高科技档案工作的效益，应加强库房管理。其主要内容包括：

（一）库位管理

科技档案库房中供存放科技档案的空间位置称为库位。库位管理的任务是规划库房的建筑面积和柜架数量，对库房合理布局，以便对科技档案实行定位管理，主要包括：库位规划，即以科技档案数量的发展预测为依据，一般以20年为一周期，提出科技档案库房面积和柜架的需要量及费用的预算；库房布局，即对库房的使用安排以及对库区房间和保管区段的划分，要为科技档案日常管理创造条件，应考虑适应各项科技档案工作活动的要求、方便科技档案工作者的管理活动；库位编号，即为方便管理科技档案库房而分别编制的库位号和库位索引，其中库位号一般由房间号、柜架号和隔板号三部分组成。

（二）柜架排列

柜架是库房内存放档案的设备装具。库房内柜架的排列对科技档案的保护与利用，以及日常工作秩序都有直接影响。排列柜架应遵守以下要求：各种柜架应分类集中；档案柜架的排列应与窗户垂直，与墙壁保持一定距离（不小于0.08米），以防阳光直接照射，避免库外温湿度对档案的直接影响；档案柜架之间的通道应保持0.9~1.2米的合理宽度，便于档案存取以及在突发情况下抢救和转移档案；每层柜架的隔板或抽屉都应注明存放科技档案的类别和档案号的范围，以便于科技档案案卷的提取与归位。

（三）科技档案的排架

即根据预定的排架方法，将科技档案案卷摆放在相应的柜架上实行定位管理。排架是科技档案进入库藏状态的具体步骤，也是保持正常的库藏秩序的先决条件。排架的主要方法有二：①流水排架法，分为大流水排架和小流水排架。其中，大流水排架是完全按照科技档案接收归档的先后顺序（登记号）排列案卷的方法；小流水排架也叫分类流水排架，是将科技档案初步分类以后，在各类内实行流水排架。②分类排架法，是在科技档案实体分类的基础上，按照科技档案的类别、项目及项目内案卷排列顺序（档案号）排列案卷的方法。其特殊形式是按科技档案幅面的规格或制成材料的性质分别排架，是特殊载体档案常用的排架方法。此外，科技档案排架时，还应注意：一般应按从上到下、从左到右的顺序统一排架；保持适宜的饱和度，并根据实际情况做相应调整。

（四）科技档案的出入库管理

库存科技档案总是处于流动和变化之中，应随时掌握其库藏情况，如借出量、阅卷量、移出量、封存量、销毁量等，特别应加强出入库管理工作。案卷调出时，要在代卷卡上登记；案卷返库时，应在代卷卡上注销并及时回归库位，保持账、物、卡、位一致。这是保持科技档案库藏秩序的重要措施。

四、科技档案保管制度

科技档案保管制度是完成科技档案保管任务的依据和控制手段，是档案管理制度的组成部分。

（一）科技档案库房管理制度

科技档案库房管理制度主要包括：

（1）保管人员的岗位责任制。科技档案保管人员应对科技档案质量和库藏秩序负责，有权要求为科技档案的保管创造必要的物质条件；科技档案保管人员要对科技档案的完整与安全负责，指导、监督利用者按规定方式利用科技档案，有权拒绝不符合规定的利用要求，对违反科技档案管理制度的行为提出劝告、进行制止。

（2）库房管理的分工。库房管理的分工包括库房客区段或房间管理的分工、温湿度监测的分工、库内设备仪器使用与保养的分工，以及处理紧急情况的分工等。

（3）库房纪律。库房纪律包括不准在库房内吸烟和使用明火，不允许在库房内种花和存放杂物、食品，不准带照相机进库房，不准无关人员进入库房，不允许在库房内开会、谈话、休息，等等。

（二）科技档案保密制度

保密是在科技档案工作中保护国家和集体利益，保证科技档案信息合理交流的重要措施，是保管工作中不可忽视的重要内容。制定科技档案保密制度的依据是《中华人民共和国保守国家秘密法》《科学技术保密规定》，以及各级科技主管机关的有关规定。具体制定保密制度时，要同本单位保密和保卫部门取得联系，相互协调配合。保密制度的内容应包括：

（1）关于科技档案的保密范围和机密等级。要以科学技术的特点和科技机密的划定原则，作为划定科技档案保密范围的依据，机密等级一般分为绝密、机密和秘密三级。同时还应根据科技档案的具体情况，考虑适当增加"内部使用"级和"国内使用"级，以保护各单位的知识产权。

（2）关于机密等级的调整，随着科技、生产的发展和具体科技活动的变化，应及时调整科技档案的机密等级。

（3）关于保密档案的管理与使用，保密档案特别是绝密档案应该单独或由专人管理，对保密档案应控制使用，并且必须经过有关领导批准。此外，保密制度还应规定保密档案摘抄与复制的审批手续、失密的惩处办法和保密检查的内容与方法。

（三）科技档案检查制度

科技档案检查分为定期检查和临时检查两种形式。一般情况下科技档案部门每年应该定期对科技档案保管状况进行一次全面检查。检查的内容包括科技档案的保管状况、库房管理状况、保密工作状况以及借阅制度的执行情况等。其中应以科技档案的保管状况为检查的重点。除定期检查外，遇到特殊需要或发生意外事故，则应立即组织检查，这种检查就是科技档案的临时检查。

为了做好科技档案的检查工作，以检查促进保管工作质量和水平的提高，要选择好定期检查的时机和统一检查的方法。应组织专门的检查小组，检查时要做好记录，检查后应将检查情况和检查结果写成报告，对保管工作中存在的疏漏提出补救措施、限期改正，并且针对保管工作的薄弱环节，进一步健全和完善保管制度。

五、科技档案修改与补充的监督

科技档案部门有责任监督归档以后的图纸修改和补充。政务文件归档后绝对不能允许修改，否则就会失去档案的真实性，失去档案凭证和依据作用的基础。但某些科技档案则存在修改的问题，只要符合制度要求，经过一定的批准手续，不但允许修改，而且必须修改才能保证科技档案的准确性。这是因为科技档案与政务档案的准确性、真实性的标准是不同的。

文书档案只有一个历史标准，即反映历史面貌和历史的真实性。科技档案则不然，衡量科技档案准确性的标准有两个，即历史标准和现实标准。这就要求科技档案不仅要反映一定条件下的科学技术或科技对象的历史面貌，而且要反映它们的现实状况，使科技档案同它反映的科技对象保持一致。为了维护科技档案的准确性，保证科技档案的凭证作用和依据作用，必须在更改制度和更改要求的规范下，相应地修改和补充有关科技档案，使科技档案同它所反映的科技对象的实际情况保持一致。例如，一个单位的基建档案是这个单位基本建设活动的真实记录，它一方面要忠实地记录基本建设活动的历史过程，另一方面还要客观地记录和反映建筑物的现实情况。只有这样，基建档案才能在基本建设活动中起到凭证和依据的作用。

科技档案的修改、补充工作原来由技术部门和技术人员承担，科技档案部门监督和协助。随着科技档案工作者素质的提高与科技档案人才结构的完善，目前有些单位已经由科技档案工作者直接承担修改、补充工作。科技档案的修改程序：先改底图档案，后改蓝图档案，最后再改生产用图。具体修改方法可以根据各单位的特点而定，但修改原则是一致的，即科技档案的修改既要保持它的历史面貌、发展过程，又要反映出科技对象或科技生产活动变化的现状。这是科技档案修改的原则，也是科技档案部门做好监督修改工作应切实掌握的基本要求。

第六节 科技档案的开发利用

一、科技档案资源开发利用的内涵

科技档案资源开发利用指以推动档案工作围绕中心、服务大局为出发点，采取专业技术和方法全面深入组织、挖掘、揭示科技档案信息及其价值，通过各种科学有效的方式服务于国家各项事业,满足各种利用需求的一项科技档案业务工作。大数据时代的到来,社会环境和技术发展驱动科技档案资源形态、用户需求与开发利用模式产生巨大变化,赋予科技档案资源开发利用工作新内涵。

(一)科技档案资源的数据化

档案数据化是档案管理部门面向人工智能时代的精准化、智能化服务需求,运用数据科学理念与方法驱动档案管理和服务创新的战略框架,致力于解决档案文档内容信息碎片化问题,构建多元主体参与、多模式协同的"档案数据生态",推动粗粒度档案文档服务向细粒度、智能化档案数据服务模式转型。随着信息技术与行业领域的深度融合,数据化成为社会发展的新范式,深刻影响着人类生产方式与社会演化发展规律,推动传统思维模式、技术创新范式的巨大变革,驱动全社会数据化转型的加速演进。作为新型的生产要素,数据在未来必将成为国家安全、企业发展、技术创新的重要引擎。科技档案资源是科技活动主体的核心资源和重要资产。大数据时代,科技档案资源数据化是面向用户的一种集数据、信息、技术、知识、服务、安全于一体的思维转变和服务模式转变。

(二)开发科技档案编研成果

科技档案编研成果是档案部门紧密结合科技、生产活动及其管理、创新发展的客观需求,在全面、深入研究分析科技档案资源结构、类型等实际情况的基础上,围绕某一选题,按照存真、求实的原则,科学组织与编辑加工相对分散的、数量众多的科技档案信息,形成系统的、优质的、形式多样的科技文献或科技信息产品。

开发科技档案编研成果是科技档案工作发展到一定阶段,为更好地满足科技活动主体的利用需求,充分挖掘科技档案资源的价值,实现科技档案信息开发服务社会化、精准化的一项科技档案资源共建共享工作。在科技档案编研工作活动中,在科技档案资源整合的基础上,通过选题、拟制编研方案、选材、档案信息加工与编排、编研成果审校与批准等一系列具体的专业化操作,形成多类型科技档案资源开发成果,从而实现科技档案信息增值,拓宽科技档案信息服务的形式与途径,构建科技档案资源开发共享的资源建设生态。

(三)提供科技档案智慧化服务

科技档案服务在科技档案工作的业务流程中处于主导地位,是一个复合概念。从其服务内容、服务模式和服务效果看,科技档案服务正在经历直接提供科技档案服务—科技档案信息服务—科技档案知识、智慧服务三阶段发展。科技档案服务是直接提供科技档案原件或者复制件(数字化副本)以满足用户需求的服务。随着信息化技术的不断发展,科技档案利用服务由传统科技档案服务向科技档案信息服务转变,这也是科技档案开发利用工作的主要目的。

科技档案信息服务是利用不同渠道不同方式提供用户所需服务和信息的一项活动,它是以信息为主要内容的科技信息服务业务。对科技档案信息服务内涵的理解可以从两个视角予以审视。

从开发利用内容看,科技档案信息服务包含两方面内容:①科技档案信息服务是科技档案信息管理的过程,包括收集、保存、加工、选择、组织分散在不同载体上的科技档案信息，使无序的科技档案信息有序化以便于利用；②科技档案信息服务是调查研究用户及其信息需求，以便向其提供有价值的信息服务。这种视角的理解主要基于传统档案信息服务，也可以理解为传统意义的科技档案编研。

从技术应用发展看，科技档案信息服务正在向科技档案智慧化服务发展深化。为应对互联网等信息技术发展带来的全新挑战，档案部门纷纷利用现代通信技术开展科技档案资源开发利用服务，形成"互联网+"科技档案知识智慧服务。即依托互联网、云计算、大数据、物联网等现代信息技术的渗透和扩散，促进信息网络技术与传统科技档案信息服务的纵向融合，通过跨领域多元主体参与合作，优化重构科技档案信息服务理念、开发模式与方式，精准化满足各种科技档案利用需求的过程。

无论是直接提供科技档案服务，还是传统科技档案信息服务，或是正在成为主流趋势的科技档案智慧化服务，其最终目的都是一致的，即满足用户的需求，实现科技档案资源价值。只有持续创新科技档案资源开发，科技档案的作用才能充分发挥，其价值才能最大限度地实现。

二、科技档案资源开发利用工作原则

（一）存真求实，遵循法律原则

存真求实，尊重并维护档案的历史真实性，是档案工作者的基本自觉。科技档案资源开发利用过程中应始终保证档案资源的真实性，尊重档案间的历史联系。新修订的《档案法》为新时代的档案工作提供法律遵循，同时也为档案开发利用提供有力支撑。科技档案资源开发利用过程中要坚决遵守法律法规，始终把档案安全放在首要位置，加强档案开发利用过程中对档案资源的保护，明确权责范围，为科技档案资源开发利用工作提供保障。

（二）锚定需求，主动开发原则

（1）档案利用需求是开发档案新资源，实现档案价值的重要动力和根本目标。信息化时代，用户利用需求呈现个性化、差异化特征。为了保证科技档案资源价值最大化，以用户利用需求为导向的档案资源开发利用势在必行。因此，科技档案资源开发应锚定用户需求，全面、深入分析组织发展的需要，以及业务工作中利用档案的目的，积极主动探索开发新模式、新方法。

（2）主动开发是档案信息资源开发利用工作发展的必然要求，也是档案工作生存和立足的根本。目前，面临科技发展日新月异，行业领域发展场景的新变化、新需求，传统的被动式档案信息服务已经成为科技档案工作发展的主要阻碍，甚至可能使档案工作被边缘化。因此，档案部门和人员应积极发挥主观能动性，深刻领悟科技档案信息资源的价值、科技档案工作的重任，转被动为主动，充分利用数字技术挖掘科技档案信息资源价值，并实现自我价值和职业发展。

（三）技术驱动，理念创新原则

新一代信息技术已经成为推动档案资源开发创新的重要动力引擎。以技术为抓手，创新档案资源开发内容、开发载体形式以及开发成果传播途径等趋势愈加明显。例如，基于网络和数字媒体技术的应用开发声像档案资源,设计基于360°全景技术的档案虚拟展览,提供科技档案知识图谱,等等。

在技术支撑下,档案部门和人员还应树立创新理念,形成开发新动能。一是摒弃传统独立开发观念,联合各机构、学术组织以及社会公众多方力量等开发主体,构建多元合作协同关系,各主体优势互补,共同促进档案资源的有效开发;二是创新档案服务方式,基于用户需求,借助信息技术开展个性化服务,使档案服务更具有针对性和准确性,如充分利用微博、微信、App等方式开展新型档案信息服务,实现信息实时推送、用户答疑、馆藏查询、在线预约等多项在线服务。

三、科技档案资源开发利用的知识产权保护

科技档案资源中包含大量知识产权信息,开展科技档案资源开发利用工作必须遵守国家知识产权相关法律规范,自觉践行国家知识产权战略,重视知识产权保护。

(一)知识产权释义

知识产权是基于创造成果和工商标记依法产生的权利的统称。最主要的三种知识产权是著作权、专利权和商标权,其中专利权与商标权也被统称为工业产权。《中华人民共和国民法典》(以下简称《民法典》)第一百二十三条规定,民事主体依法享有知识产权。知识产权是权利人依法就下列客体享有的专有的权利:作品,发明、实用新型、外观设计,商标,地理标志,商业秘密,集成电路布图设计,植物新品种,法律规定的其他客体。

知识产权信息反映人们在科学技术活动中因智力成果而获得的财产权与法律保护的权利,几乎涉及人类智力活动的所有领域。其含义有广义与狭义之分。广义的知识产权信息指相关权利发生、运动、变化过程中所形成的信息,即一切公开的涉及知识产权内容的信息,如国家的知识产权法律法规信息、知识产权发展动态信息、知识产权声明信息等;狭义的知识产权信息一般指体现知识产权主体、客体、法律、经济及技术特征的知识产权信息,即知识产权保护客体形成的一切相关信息。

(二)科技档案资源开发利用中的知识产权

科技档案资源开发利用的客体对象——科技档案,科技档案资源开发利用的过程,以及科技档案资源开发成果都包含知识产权信息。

1. 科技档案包含丰富的知识产权信息

依据狭义知识产权信息的理解,科技档案中包含大量的知识产权信息。作为科技主体在科技活动中直接形成的原始记录,科技档案真实地记录科技主体应用科学技术和科学知识形成科技成果的全过程,形成包含大量著作权、专利技术、技术诀窍等知识产权信息,如建筑设计图、工艺设计图、发明创造的记录等。

2. 科技档案资源开发成果具有知识产权

科技档案资源开发是科技档案资源开发主体运用一定的技术方法,对科技档案资源进行研究分析、搜集提取、序化处理,形成系统的知识成果的过程。在此过程中,凝结着科

技档案资源开发主体的知识劳动和智慧，形成的科技档案资源开发成果正是其智力劳动成果的体现与承载物。因此，根据国家知识产权法律规定，在尊重科技档案原有知识产权的前提下，该成果也享有其规定的知识产权。

3. 科技档案资源开发技术的知识产权

科技档案资源开发技术的知识产权应根据知识产权法及相关法律规范，对开发技术的创新程度进行鉴定后方可确立。一旦通过法律规范程序鉴定，如为开发系统或平台申请计算机软件著作权或专利保护，那么科技档案资源开发技术就受到知识产权法的合法保护。在现实中，也存在未申请知识产权尚未获得知识产权法保护的开发技术，但具有独有的开发技术诀窍或者技术秘密，则受到《民法典》《中华人民共和国反不正当竞争法》《中华人民共和国科学技术进步法》《保守国家秘密法》等法律的合法保护。

（三）科技档案资源开发利用中知识产权的保护措施

1. 依法保护知识产权

科技档案开发利用并不是不顾科技档案的涉密性、信息敏感性和知识产权专用性而无限制地共享和开发利用。《档案法》第二十八条明确规定："利用档案涉及知识产权、个人信息的，应当遵守有关法律、行政法规的规定。"《科学技术研究档案管理规定》第二十二条强调，"科研档案的开发利用应当严格按照制度执行，符合知识产权保护要求，涉密科研档案的开发利用应当遵守国家有关保密规定"。

科技档案资源开发利用必须依法保护知识产权。一方面，严格按照《民法典》《著作权法》《中华人民共和国商标法》《中华人民共和国专利法》《中华人民共和国反不正当竞争法》《中华人民共和国科学技术进步法》《档案法》《保守国家秘密法》等系列法律中的具体规定，依法实施科技档案资源开发利用中知识产权保护行为。另一方面，科技档案资源开发利用应以法规遵循正确处理科技档案保密与开发的关系，找准科技档案资源开发利用的恰当节点。首先，应依据保密规定和知识产权管理要求，通过严格设定利用者权限、重要利用事项严格审批程序等，对科技档案之中的知识产权信息加大保密、保护力度；其次，应根据科技活动发展规律，实时掌握科技活动主体利用需求，及时挖掘能开发利用的科技档案资源，避免因过度保护而丧失挖掘科技档案资源知识信息价值的最佳时机。

2. 提升知识产权保护意识

科技档案的形成过程与科技档案工作的目的决定了科技档案资源开发利用中，必须全面提升相关主体的知识产权保护意识，从源头、管理到开发利用筑牢科技档案开发利用中的思想防线。

科技档案开发利用工作不是单一的、封闭的档案部门和档案人员的工作，而是以满足科技档案形成主体为主的用户需求、助力科技创新为主要目的的涉及多元主体的工作。因此，科技档案形成者、开发人员、用户都是科技档案知识产权保护主体。在科技档案资源开发中，应全面增强所有涉及主体创造、运用、保护、管理和服务知识产权的系统化保护意识。

3. 提升知识产权保护能力

科技档案形成主体是科技档案资源开发利用中知识产权保护的主力，决定了知识产权保护有效机制的建立,以及技术创新和核心竞争力的形成。科技档案资源开发利用有利于促进科技成果转化,提升科技成果应用价值。作为知识产权保护主力,科技档案形成主体应积极制定相关政策,尤其是科学技术为主要业务活动的企业事业单位应将知识产权保护纳入企业发展战略,积极实施知识产权战略,鼓励技术研发和技术创新,塑造核心竞争力,并以此为基础,形成科技资源开发利用治理合力,提升知识产权能力。

思考题:
1. 阐述科技档案的概念与管理范围。
2. 结合科技档案收集工作的内容和要求,分析不同机构在收集科技档案时面临的挑战和应对措施。
3. 解释科技档案的分类方法及编制原则。
4. 探讨在鉴定过程中如何确保科技档案的真实性和完整性。
5. 简述科技档案质量鉴定的方法。

第十章

特殊载体档案管理

特殊载体档案是以非纸质形式保存的重要历史和信息资源，这些档案通过多样的物理形态和技术手段记录大量的社会、文化和科技信息。随着信息记录技术的不断发展，声像档案和缩微档案逐渐成为档案管理中的重要组成部分。本章系统介绍声像档案和缩微档案的管理方法，为特殊载体档案管理提供必要的理论知识和实际操作指南。第一节讨论声像档案的管理，重点介绍声像、照片及录音档案的分类、管理流程和保护措施；第二节聚焦缩微档案，介绍其特点、整理与保管方法，以及缩微档案的检索手段。

第一节 声像档案的管理

一、声像档案概述

（一）声像档案的定义

声像档案，又称音像档案、视听档案、音频视频档案，是以摄录手段记述和反映党政机关、企业事业单位及其他社会组织或个人在履职或从事政治、经济、科学、技术、文化艺术等活动中直接形成的，有利用和保存价值的，以记录声音、图像数据和信息为主，并辅以文字说明的历史记录。声像档案在类型上包括照片文件、唱片文件、影片文件、专题片文件、录音文件、录像文件，以及存储在光盘、磁带、磁盘、软盘等载体中的音频、视频、数码照片等数字类型的文件。作为各立档单位和国家档案馆档案资源的重要组成部分，声像档案是总结历史经验、传承历史文化、延续人类文明的宝贵信息财富，构成生动形象的社会历史记忆。

声像档案的内涵可以从五个方面来理解：

（1）来源于机构或个人的各种社会活动。并非所有的声像资料都是声像档案。声像档案的产生和积累来源于机构或个人的各种社会活动，且要能反映机构或个人的发展历程。

（2）载体具有多样性。区别于纸质档案，声像档案的载体不仅有胶片、幻灯片等感光材料载体，也有磁带、录像带、硬盘等磁存储载体，以及光碟、光盘等光存储载体。

（3）档案信息与载体具有可分离性。不同于纸质档案的书写记录无法与书写载体相分离，声像档案所要记载和传输的信息是可以在不同介质间传送和复制的；在网络环境下，数码声像档案还可通过通信网络传播。

（4）记录信息的多维度。传统的纸质档案只能通过文字、图画和符号记录信息。声像档案能以图像、声音和视听结合的方式记录信息。可以说，如果传统纸质档案是以二维的形式记录现实和历史，那么声像档案就是以三维的形式更加生动形象地记录事物和事件的样貌。

（5）利用价值具有丰富性。一方面，声像档案记录人类各种社会活动中产生的信息原貌，具有原始的参考凭证作用；另一方面，声像档案利用图像和声音来记录档案信息，具有一定的艺术欣赏价值。

（二）声像档案的特点

声像档案有以下五个方面的特点：

（1）纪实性。声像档案能直接记录客观事物和事件的现场样貌。声像档案的纪实性特点表现在：其一，声像档案都是在现场实地记录得到的；其二，声像档案记录的内容虽然尺寸、记录符号与实景不同，但它所呈现的或经过专业设备读取后的档案内容反映的是真人真景，真实可信。相对于文书档案来说，声像档案能将各类社会活动的过程和画面生动、连续地再现给档案利用者。

（2）形象性。相较于文字符号记录形成的纸质档案，声像档案可以直观地将事物和事件展现在读者面前，同时如实记录各种事物的声音，再现各种社会活动和客观事物的发展变化过程，具有突出的生动形象特征。

（3）易复制性。由于存储载体与存储内容可分离的特性，声像档案容易复制，且难以区分原件与复制件。例如，原版磁带与制作精良的磁带复制件、原版底片与制作精细的翻拍底片，很难辨别原件与复制件。同时，声像档案上的信息可以在载体间转移，转录到感光胶片、磁带和光盘。

（4）易损性。声像档案载体材料化学成分复杂、质地脆弱，比纸张更易受光、热、湿、污染物等环境因素的影响，记录在其上的声像信息会随载体的损坏而失真、减弱甚至消失。因此，声像档案需要根据其载体的特殊性质实施针对性保管与保护。

（5）设备依赖性。声像档案从最早的照片档案、磁带档案到现在的数码声像档案，虽然内容信息可以在多种设备上复制和传输，但必须依赖一定的读取设备和技术环境。这一特性使得声像档案对读取设备具有很强的依赖性。如果相应的读取设备停产或消失，相关的声像档案将会因无法读取而失去使用价值。因此，不同载体声像档案的转录也成了声像档案管理需要研究和解决的问题。

（三）声像档案的种类

根据声像档案的概念界定，只要是用特殊载体材料记录的，以图像和声音真实记录档案信息的，都属于声像档案。声像档案按记录符号的差异、载体材料的不同，可以划分为不同的类型。

1. **按记录符号差异划分的类型**

根据信息记录符号的不同，声像档案可划分为照片档案、录音档案和录像档案。

（1）照片档案，是指用图像符号记录档案信息的声像档案，分为底片和照片。

（2）录音档案，是指用声音符号记录档案信息的声像档案，其种类有唱片、录音磁带、录音光盘等。

（3）录像档案，是指以图像和声音符号相结合的方式记录档案信息的声像档案，其种类主要有录像、影片、视频等。

2. **按载体材料差异划分的类型**

声像档案最明显的特点是载体材料的多样性，根据载体的不同可分为以下四种类型：

（1）感光材料声像档案，指用感光材料记录以图像和声音符号记录档案信息的声像档案。感光材料是照相中所使用的胶片、胶卷和相纸等材料的总称，一般分为黑白感光材料和彩色感光材料两大类。感光材料的特点是在无光的状态下呈绝缘性，在有光的状态下呈导电性，主要用于照片档案和影片档案。

（2）磁性材料声像档案，指用磁性材料记录图像和声音信息的声像档案，如录音磁带、录像磁带、磁盘、软盘、硬盘等。

（3）塑料材料声像档案，指用塑料材料记录声音信息而产生的声像档案，主要有唱片档案。根据记录信号的不同，可以分为通过音纹记录模拟声频信号的传统模拟唱片档案和以唱片上的凹槽数码信号来记录档案信息的激光唱片档案。

（4）合金材料声像档案，指用合金材料记录图像、声音信息而产生的声像档案，有唱片金属模板和光盘两种载体。前者是以铬、镍、铜等制成的合金材料及音纹声频信号记录信息，适用于长久保存；后者主要用铋、锗、硒等物质作为记录介质，通过烧蚀、光泡、合金点、相变、磁光等方式记录图像、声音信息。

随着科学技术和网络信息的高速发展，各类新型声像档案载体材料不断问世，很多机构已经拥有自己的服务器和云存储用于管理声像档案，极大地丰富了声像档案的种类，对声像档案标准化、规范化管理带来新的机遇和挑战。

二、照片档案的管理

（一）照片档案的定义

《照片档案管理规范》规定银盐感光材料照片档案的管理规范。根据《照片档案管理规范》，照片档案是国家机构、社会组织或个人在社会活动中直接形成的以静止摄影影像为主要反映方式的有保存价值的历史记录。在此标准的基础上，国家档案局2014年针对数字成像设备拍摄而成的数码照片，发布国家档案行业标准《数码照片归档与管理规范》，指出数码照片档案是机关、团体、企业事业单位和其他组织在处理公务过程中形成的对国家和社会具有保存价值并归档保存的数码照片。因此，照片档案不仅包含银盐感光材料的传统照片档案，而且包含数码照片档案。

（二）照片档案的构成

在构成上，传统照片档案主要由底片、照片及文字说明材料所构成，数码照片档案由照片及其元数据构成。

1. **底片**

底片是拍摄过的胶片，包括原版底片和翻版底片。原版底片是照片在形成过程中最初产生的底片，是照片档案最原始的材料，为照片档案中最珍贵的部分。为了避免在频繁使用过程中受损，一般情况下原版底片不提供利用。翻版底片即"复制底片"，是为保护原版底片和满足多方面对原版底片的利用要求制作而成。如果某一原版底片不慎损坏或遗失，可用翻版底片补充。

2. **照片**

照片是照片档案的主体部分，显像清晰真实，是提供利用的主要物质载体，分为传统照片和数码照片。传统照片是用感光纸放在照相底片下曝光后经显影、定影而成的人或物的图片。一般情况下，归档的每张底片均要附一张照片。在底片损坏或遗失时，可根据照片翻制。数码照片则是采用数码相机制作的摄影作品，是数码技术与照相摄影技术相结合的产物。

3. **文字说明材料**

文字说明材料是整个照片档案的有机组成部分，指的是照片的题名和文字说明。由于照片所表现的形象只是事件的一个或几个片段，所记录和说明的事实具有一定的局限性，就需要文字说明材料进行补充，以全面完整地反映客观事物的全貌。文字说明材料主要包括拍摄题名（事由内容）、主要被拍摄人物、拍摄时间、拍摄地点、拍摄人、张数等要素。

4. 元数据

元数据主要包括照片的文字说明与EXIF（exchangeable image file format，可交换图像文件）信息。EXIF信息是镶嵌在图像文件格式内的一组拍摄和扫描参数，形成于数码照片拍摄和扫描过程，主要包括摄影和扫描时的光圈、焦距、分辨率、相机品牌型号、日期、时间等各种与摄像和扫描条件相关的信息。

（三）照片档案的收集

照片档案的收集工作，指按照国家颁布的《照片档案管理规范》、有关部门的规定和行业标准，通过例行的接收制度和专门的征集办法，把分散在各机关、部门和个人手中或散失在其他地方的照片档案，有组织有计划地分别集中到各级各类档案馆、各机关照片档案室或综合性档案室，实现集中统一管理的活动。

1. 照片档案的归档

照片档案的归档，是负责照片拍摄工作的部门将工作过程中形成的照片整理立卷，定期移交给本单位、部门档案馆（室）集中保存的活动。

（1）归档质量要求。用于归档的照片，首先要求清晰、完整、不模糊；其次要突出事件或事物的主题，能反映拍摄意图；最后，归档的数码照片要归档拍摄原片，可读取、无病毒，不能归档压缩图片文件。

（2）归档范围。根据《照片档案管理规范》和《数码照片归档与管理规范》的要求，照片档案的归档范围为：①记录本单位主要职能活动和重要工作成果的照片；②记录本单位、本地区重大事件、重大事故、重大自然灾害及其他异常情况和现象的照片；③记录本地区地理概貌、城乡建设、重点工程、名胜古迹、自然风光以及民间风俗和著名人物的照片；④其他具有保存价值的照片。不同职能的机构、单位和部门，所需要归档的照片档案也不同。因此，各单位可参考国家和省、市、行业的标准，根据本单位实际情况制定出本单位的照片档案归档范围，避免在归档时出现误差，遗漏重要的照片档案。

（3）归档时间。对具有归档价值的照片，摄影者和承办单位应及时整理，向档案部门归档，一般不应跨年度，最迟必须在第二年6月底前完成归档。对于数码照片档案，如果单位有数码照片档案管理系统，可以做到随办随归。

（4）保管期限与密级。照片档案的保管期限划分为长久和定期，其中定期分为30年和10年；也可以划分为永久、长期和短期。照片档案的密级划定应按照《保守国家秘密法》、《中华人民共和国保守国家秘密法实施条例》（以下简称《保守国家秘密法实施条例》）、《文献保密等级代码与标识》（GB/T 7156—2003）及有关规定执行。

（5）归档要求。①对属于归档范围的照片，应按照规定定期向本单位档案部门归档，集中管理，任何单位或个人不得据为已有。②对存有真伪疑义的照片应采取必要措施鉴定后归档。③对反映统一内容的若干张照片，应选择其主要照片归档。主要照片应具备主题鲜明、影像清晰、画面完整、未加修饰剪裁等特点。④传统照片的底片、照片和文字说明应齐全，底片应与照片影像相一致；数码照片档案的文字说明应提供电子版。⑤传统照片档案中，对无照片的底片应制作照片，对无底片的照片应制作翻拍底片或数字化扫描。⑥归档的数码照片应是用数字成像设备直接拍摄形成的原始图像文件，不能修改和处理数码照片的内容和EXIF信息。⑦归档的数码照片应为JPEG、TIFF或RAW格式，推荐采用JPEG格式。⑧数码照片和传统照片的数字化扫描件可通过存储到符合要求的脱机载体上离线归档，也可通过网络在线归档。⑨数码照片归档时，应参照《电子文件归档与电子档案管理规范》对其进行真实、完整、可用和安全方面的鉴定、检测。

2. 照片档案的接收

照片档案的接收，是机构、单位档案部门按照国家规定接收本机构、单位部门归档的照片，各级各类档案馆接收下一级档案部门移交的具有永久性或长期保存价值的照片档案。

（1）接收原则。①纪实性，指照片档案所记录的人物、时间、事件、环境都应是真实存在的，对于虚构、造假的照片档案不予接受。②完整性，指照片档案接收时照片、底片和文字说明以及数码照片元数据必须齐全完整。四项内容相辅相成，不可或缺。③无损伤性。对于传统照片档案来说，无损伤性原则要求接收的照片除画面清晰外，形体不应损伤，同时应特别防止受污染的照片入库；对于数码照片档案来说，无损伤性原要求接收的数码照片档案及其EXIF信息不能被修改，数码照片文件不能被压缩。

（2）接收方法。①检查成套性。检查归档的照片档案是否具备照片、底片和文字说明，文字说明是否符合规范要求。②检查真实性。对照文字说明逐一检查照片所反映的人物、事件、环境是否真实客观，照片和底片影像是否一致。③检查归档照片、底片质量。照片的检查包括观察照片是否有折痕、虫蛀、霉变（黄霉、蓝霉、水纹霉），照片上的图像是否消退。如对已损坏的照片仍需接收，应修复、翻拍或重印处理照片、底片。检查数码照片时，看照片是否可读取，检测图像文件是否有病毒，拍摄是否清晰、完整。底片的检查则需要观察底片是否有手印、磨痕、折痕、虫蛀、发霉、变色（变黄、变红、变蓝）、斑点薄膜等。④检查文字说明材料质量。检查照片的题名和文字说明是否与照片内容一致，文字说明材料是否包括拍摄题名、事由内容、主要被拍摄人物、拍摄时间、拍摄地点、拍摄人、张数等方面的内容。以上内容必须准确无误，且内容不宜过长。

（3）移交与接收。照片档案归档部门向单位档案部门移交照片档案时，归档部门形成移交清单，交接双方应根据照片档案目录和移交清单清点核对。核对无误后，双方签字，履行交接手续。

3. 照片档案的征集、自拍、补拍与翻拍

（1）照片档案的征集。照片档案的征集是指将散存在社会上、保存在个人及其他组织中的具有保存价值的文件，以捐赠、购入等方式收集进馆的一种方式。征集的照片档案多是历史档案，如不及时征集，恐有遗失的危险。

照片档案的征集渠道主要有部门协作征集和民间征集。一方面，档案馆可以到与本单位业务职能相关的博物馆、展览馆等有关部门了解情况，协作征集。另一方面，由于照片拍摄具有个性化、自主性特点，照片档案分散在个人手中的现象非常普遍。采用民间征集的方式，往往能收集到很多部门归档时缺少的照片。

（2）照片档案的自拍、补拍与翻拍。照片档案的自拍和补拍，指的是在有条件的档案部门，可以与有关部门合作，由档案工作人员发挥档案鉴定专业优势，直接参与照片拍摄和记录，有效地丰富照片档案馆藏。照片档案的翻拍，指档案部门在与其他单位合作时，或是在画报、杂志、书籍或其他地方发现与本单位有关的有价值的珍贵照片，可以进行翻拍。但需要注意的是，翻拍主要是补充照片档案收集时的不足，不应把大量的翻拍照

片作为档案保存。

（四）照片档案的整理

照片档案的整理是档案工作人员根据一定的原则和方法，把收集来的零散、不系统的照片，科学地分类编目，使之条理化和系统化，为照片档案的保管和利用打下基础。照片档案的整理应遵循有利于保持照片档案的有机联系、有利于保管、有利于提供利用的原则。照片档案的底片、照片应分开存放，传统照片档案和数码照片档案因其照片成像方式和影像存储介质不同，整理的方式也不一样。下面将分别介绍底片、传统照片、数码照片三类档案的整理方式。

1. 底片的整理

（1）底片的分类。①按尺寸大小分类。例如，2寸的底片为一类，4寸的底片为一类，特大号的底片为一类。其优点在于保管底片方便，可按照底片大小统一制作保管装具，一般适用于底片数量大、规格多的立档单位。②按制作底片的片基材料分类，可分为软质底片（胶片）和硬质底片（玻璃板底片）。其优点在于底片保管环境一致，便于底片保管，一般适用于收藏软质底片和硬质底片较多的立档单位。③按品种来分类，将底片分为原版底片和翻版底片，或者分为负片和反转片，或者分为黑白底片和彩色底片。其优点在于可以更好地保护底片，并且便于使用翻版底片复制照片。④按拍摄的年代来分，可以按不同的历史时期划分底片的大类，再在每个大类下按年代顺序划分小类。其优点在于不同年代的底片收集在一起，便于查找数量多、年代跨度大的底片。⑤按拍摄者来分，即按照片的作者来分类。其优点在于便于按拍摄者集中保管和查找底片，多适用于科研和专业摄影部门。⑥按内容分类，如工程中产生的底片、科技项目中产生的底片等，便于按问题来集中保管和查找底片。⑦按拍摄部门来分，便于查阅每个底片拍摄单位的所有底片。

底片如何分类，应根据单位照片档案的实际情况灵活选择。但要注意底片的类别设置不宜过多过细。对于常规照片档案，建议按底片的种类分类。对于底片不多的单位，底片可以不分类，按底片收到的先后顺序依次流水编号，以一张底片或一组底片为一个保管单位，编一个顺序号；对于底片产生数量较多的单位，可采用两种或两种以上的分类方法相结合进行管理。

除按以上分类方法分类外，还需要注意以下问题：新中国成立前与新中国成立后的底片分开，革命历史底片与旧政权底片分开，彩色底片与黑白底片分开，机密底片与一般底片分开。

（2）底片的编号。底片的编号是通过一定形式，按照一定的要求，固定底片分类整理的成果。底片分类方法确定后，就应该在全宗范围内对底片编号。底片编号主要有底片流水号和分类档案号两种方式。①底片流水号。以全宗为单位，在全宗内编流水号。编号顺序按底片收到或发出的先后顺序排列，格式为：全宗号-顺序号。例如2-100，即为全宗号为"2"的第100件底片档案。一张底片或一组底片为一个保管单位，编一个流水号；若是一组底片，在底片的顺序号后加编一个分号。格式可为：全宗号-顺序号（分号），例如2-100（1）或2-100（1/3），前者表示全宗号为"2"的第100件底片档案的第一张底片，后者通过"/"显示出此件底片档案共有三张底片，此为第一张底片。②分类档案号。已分类的底片要编制分类档案号，底片档案号由全宗号、底片分类号和顺序号组成。

在编制分类号时还可加入保管期限的标识，即格式为：全宗号-问题-保管期限-顺序号。例如2-3-Y-15，"2"是全宗号，"3"是某类问题的代码，"Y"代表永久保存（可用Y、C、D分别代表永久、长期和短期保存），"2-3-Y-15"表示某单位全宗号为"2"的某类问题的永久保存的第15件底片档案。

如单位内部已实现部门立卷，为了便于各类型档案号的编制和管理，分类档案号的格式可为：全宗号－年度－形成部门代码－声像档案类型－保管期限－顺序号，照片档案代码为SX1，底片类型代码为SX1.1，传统照片类型代码为SX1.2，数码照片类型代码为SX1.3。例如1-2019-13-SX1.1-Y-1所表示的内容为：全宗号为"1"的代码为"13"的部门在2019年归档的需要永久保管的第1件底片档案。

（3）底片编号的标注。《照片档案管理规范》要求，底片编号应用钢笔横排刻写在胶片乳剂面的边片处，不得影响画面；也可采用其他方式将底片编号附着在胶片乳剂面片边外，不得污染胶片，如135胶片可将底片号刻在齿孔之间。

（4）底片的编目。底片整理入册后，要根据整理的底片档案的情况登记编目（表10.1）。

表10.1　底片目录

序号	底片号	内容	拍摄者	拍摄地点	拍摄时间	底片数量	技术状况	来源	收到日期	对应照片号	备注
1	2-3-Y-1	××	××	××	××	××	××	××	××	××	
2											
3											

（5）放置备考表。底片册、底片夹、底片资料袋等底片装具中应放置备考表，其内容包括本册/夹/袋情况说明、立卷人、检查人、立册/夹/袋时间。其中，本册/夹/袋情况说明用于填写册/夹/袋内底片缺损、补充、移出、销毁等情况，并由档案管理人员对底片之后发生或发现的问题填写说明、签名、标注时间。

2. 传统照片的整理

根据单位保存照片档案的数量和利用情况不同，整理的方法也有不同。对于照片档案不多的单位，可采用每年流水编号的方式编目，或是将照片档案与相对应的文书档案一起整理立卷，统一编号和存放。但以流水编号的方式管理照片档案，在按问题查找照片档案时，不容易找全所需档案。同时，照片档案与文书档案一同立卷保管的方式虽然有图文结合的效果，但由于照片档案的保管条件与文书档案不同，不利于照片档案的长久保存。《照片档案管理规范》中提出，照片应分类后统一存放。

（1）照片的分类。①按拍摄年度来分，即根据照片拍摄所属年度分类。这种分类方法一方面反映照片档案归档部门每年工作的内容和发展情况，便于利用者按年度查找照片档案；另一方面同机关文书档案管理制度相契合，便于照片档案的管理。②按内容来分，即根据照片所拍摄的内容或是照片反映的事由分类。这种分类方法可以使内容性质相同的照片相对集中，更好地保持照片之间在内容方面的联系。③按拍摄者来分，即根据照片的拍摄作者分类。这种分类方法可以使同一拍摄者的照片相对集中，有利于利用者按照片拍摄者查找和利用照片。④按照片形成的部门来分。随着照片拍摄设备的普及，不同机构的不同部门都配有照相机等拍摄设备。各工作部门在工作中可以随时通过照相机、手机等设备记录该部门工作的影像。按照片形成的部门来分，可以使同一部门产生的照片档案相对集中，一方面能更好地反映该部门工作和发展情况，另一方面便于该部门照片档案的查找和利用。

不同的分类方法有不同的优势。在照片档案分类的实际工作中，可将几种分类方法结合使用，以便于照片档案的保管、查找和利用。

（2）照片的编号。照片分类后，就可以按照类别编号。照片号是固定和反映每张照片在全宗内分类与排列顺序的一组字符代码，根据单位的具体情况，照片号可由全宗号、保管期限代码、册号、全宗号、保管期限代码、张号等内容组成。一般有以下几种不同的编号方式：

第一，全宗号-保管期限-张号。例如1-Y-25，即为全宗号为"1"的永久保存的第25件照片档案。

第二，全宗号-保管期限-册号-张号。册号是在某一全宗某一保管期限内照片册的排列从"1"开始的顺序编号。例如1-Y-2-3，即为全宗号为"1"的永久保存的第2本照片册中的第3件照片档案。

第三，全宗号-年度-部门代码-保管期限-张号。例如1-2018-13-Y-3，即为全宗号为"1"的代码为"13"的部门在2018年形成的需要永久保存的第3件照片档案。此种编目方式较适合数码照片档案管理中使用，优势在于单位档案管理部门更好地掌握单位内部每个部门照片档案的归档情况。

第四，全宗号-年度-部门代码-声像档案类型-保管期限-张号。若单位的声像档案类型比较复杂，为了便于各类型档案号的编制和管理，可选用此种方式编号。首先规定照片档案代码为SX1，其中底片类型代码为SX1.1，传统照片类型代码为SX1.2，数码照片类型代码为SX1.3。例如1-2019-13-SX1.2-Y-1，即为全宗号为"1"的代码为"13"的部门在2019年归档的需要永久保管的第1件传统照片档案。

第五，全宗号-档案门类代码·年度-保管期限-张。2022年，国家档案局发布《关于全面推行机关档案分类方案、文件材料归档范围和档案保管期限表三合一制度的通知》（以下简称"三合一"制度），要求规范机关档案门类划分，明确文件材料归档范围，准确划分档案保管期限。"三合一"制度中建议照片档案以张为单位整理归档，档号结构如上。例如A001-ZP·2022-Y-0001，表示全宗号为A001号的单位或部门于2022年归档的需要永久保管的第1张照片档案。

（3）书写文字说明和入册。《照片档案管理规范》对照片档案的文字说明和入册规范做详细说明。其中，照片册一般由297毫米×210毫米大小的若干芯页和封面、封底组成。芯页以30页左右为宜，有活页式和定页式两种。照片册中包含文字说明的各个要素，照片档案入册时，即可填写文字说明材料。

文字说明与照片互为印证和补充，便于使用者查找和利用。照片档案的说明由两部分内容组成：符号说明和文字说明。符号说明指照片档案的照片号、对应的底片号和参见号。档案查阅者可通过检索工具查到所需照片的照片号。找到照片后，如果需要底片进行复制，可通过符号说明中的"底片号"找到对应的底片。参见号是与本件照片档案有联系的其他类型档案的档案号。文字说明是用简洁的语言概括出照片所反映的内容，主要包括照片的拍摄题名（事由内容）、主要被拍摄人物、拍摄时间、拍摄地点、拍摄人、张数等要素。一般来说，文字说明以"张"为保管单位编写，每张照片都应有文字说明。一组或若干张联系密切的照片还应加以总说明。

（4）照片的编目。照片整理入册后，要根据整理的照片档案的情况进行登记，编制目录。照片档案的目录主要包括册内目录、基本目录、分类目录、主题目录、摄影者目录等。对于照片档案不是特别多的机构来说，编制册内目录和基本目录即可满足利用需要。工作人员也可根据照片档案保管的具体情况编制分类目录、主题目录和摄影者目录，满足不同的查阅需求。

（5）放置备考表。照片入册后，需放置照片册内备考表。备考表的内容包括本册情况说明、立册人、检查人、立册时间。其中，本册情况说明用于填写册内照片缺损、补充、移出、销毁等情况，并由档案管理人员对照片之后发生或发现的问题填写说明、签名、标注时间。照片册内备考表版式可参考底片册备考表制作。

3. 数码照片的整理

在数码照片拍摄过程中，数字成像设备自动采集并保存与照片相关的包括数字成像设备制造厂商、型号、拍摄日期和时间、分辨率等信息，即EXIF信息。EXIF信息不可修改，它是照片形成最初的基本信息，对照片档案的可读性、真实性具有重要的意义。

数码照片档案的整理受计算机技术和网络技术的发展影响较大。在具体的工作过程中，需要根据数码照片整理单位的需求选择合适的整理方式。目前主要有单机本地整理和声像档案管理系统整理两种方式。

（1）单机本地整理。单机本地整理是不通过网络传输，只在计算机存储或移动存储上管理数码照片档案的方式。单机本地整理较适合数码照片来源不多且数量较少的机构和单位。具体的整理方式在国家档案局发布的《数码照片归档与管理规范》中有相应的要求和规范。

第一，分类和排列。同一全宗内的数码照片档案按"保管期限-年度-照片组"分类，同一照片组内的数码照片档案再按档案形成时间排列。

第二，命名。数码照片整理过程中，应重命名数码照片文件，以方便查找和排列照片。数码照片文件采用"保管期限代码-年度-照片组号-张号.扩展名"格式命名。其中，保管期限可分为永久、长期和短期，分别用"Y""C""D"表示；或是分为永久、30年、10年，分别用"YJ""30""10"表示。年度用四位阿拉伯数字，如2018年产生的数码照片年度代码即为"2018"。

为满足单位数码照片存储数量需求，照片组号可用相应位数的阿拉伯数字作为代码标识。如每年的数码照片档案在千套以内，可用三位阿拉伯数字标识，同一年度内的照片组从"001"开始顺序编号；如每年的数码照片档案在万套以内，则可用四位阿拉伯数字标识，同一年度内的照片组从"0001"号开始顺序编号。张号则是有密切联系的若干张数码照片组成的照片组中照片的序号。一般来说，可用四位阿拉伯数字标识，同一照片组内的数码照片从"0001"开始顺序编号。

第三，著录。数码照片档案经过分类和命名后，即可对数码照片档案进行著录，用以记录数码照片的相关信息,以便于保管和利用。数码照片档案的著录项目至少应包括全宗号、保管期限、年度、部门、照片组号、张号、底片参见号、摄影者、时间、组题名、文字说明、文件格式、开放状态等。

数码照片档案的著录可通过EXCEL表格或是建立数码照片档案目录数据库来实现。如果以EXCEL表格进行数码照片档案的著录,应在相应的数码照片存储文件夹中附入"照片组目录"和"照片组内目录",以方便检索和使用。

(2)声像档案管理系统整理。由于数码照片、数码录音和数码录像档案都是档案与现代技术结合的产物,三类声像档案的管理可通过一个声像档案管理系统集成管理。在声像档案管理系统中,归档人员只需根据系统要求上传照片填写系统列出的相应信息,即可生成相应照片档案号和照片档案目录。通过档案工作人员的检查与接收,即可完成数码照片档案的在线归档、保管和利用。

声像档案管理系统中数码照片档案的著录项目同单机本地整理相同,至少应包括全宗号、保管期限、年度、部门、照片组号、张号、底片参见号、摄影者、时间、组题名、文字说明、文件格式、开放状态等。

(五)照片档案的鉴定

照片档案的鉴定是对照片档案价值的鉴别判定,决定照片档案的存毁。鉴定工作的任务是确定照片档案的保管期限,剔除无保存价值的照片档案并按规定程序造册销毁。

1. 照片档案鉴定工作的内容

照片档案的鉴定工作主要涉及照片档案管理的两个阶段。

(1)照片档案归档的阶段。鉴定主体为照片档案的形成部门,鉴定对象为部门形成的将要归档的档案。鉴定内容包括两方面:①鉴定照片档案有无保存价值,确定照片档案的取舍,剔除无保存价值的照片档案;②根据照片档案价值的大小确定其保管期限。

(2)照片档案移交档案部门以后的阶段。鉴定主体是档案部门,鉴定对象为部门移交的照片档案。鉴定内容包括三个方面:①对归档的保管期限不当的照片档案重新鉴定价值;②审查照片档案的密级,确定保管的方式;③对已过保管期限的照片档案重新审查鉴定,把失去利用价值的照片档案剔除,造册销毁。

2. 照片档案鉴定工作的组织

由于鉴定工作不仅需要档案专业知识,还需要相关工作人员和单位领导的意见和建议,为了保证照片档案鉴定工作的质量,保证有价值的照片档案能更好地保管,无价值的照片档案能被剔出,需要建立专门的鉴定组织开展鉴定工作。一般来说,如果机构内设有档案鉴定工作小组,可由鉴定工作小组会同相关部门负责人开展照片档案鉴定工作。照片档案鉴定工作小组的主要任务有:①组织制定照片档案的保管期限表;②组织开展照片档案的鉴定工作;③审定筛选出需要销毁的照片档案,并组织办理报批销毁事宜。

3. 照片档案的鉴定原则

在照片档案的鉴定过程中,一般需要遵循以下三条原则:

(1)功能原则。功能原则是鉴定照片档案的根本原则。它是在鉴定照片档案的价值时,要具体分析它们在各个领域能发挥的作用。例如,反映一定时代或历史时期,并在工作查考、宣传教育、科学研究等方面具有长远利用价值的照片档案应重点保存;反映一个单位成立或撤销的照片档案也应重点保存。

（2）宏观原则。宏观原则是在照片档案的鉴定工作中，不能只根据一个单位的业务来确定照片档案的价值，还要从全系统、全社会的需要来确定照片档案的价值。有的照片在本单位的功能作用可能不大，但它在本系统甚至全社会范围内能发挥重要的参考凭证和宣传教育作用。

（3）长远原则。长远原则是在照片档案的鉴定工作中，不仅要考虑照片档案的现实功能作用，还要预设照片档案在将来的利用价值，从保存档案为后人利用的角度判定照片档案的价值，划定照片档案的保管期限。例如，某单位的某部门即将撤销，全体工作人员在即将搬离的办公地点的合影照片，虽然照片并未记录此部门的工作内容，但它反映某一特殊阶段特殊背景下的画面，很好地展现该单位该部门的一段历史，值得保存。

4. 照片档案鉴定工作流程

（1）制定鉴定工作计划。制定有效的鉴定工作计划，可以使鉴定工作更加高效地开展。工作计划的内容包括以下方面：库存照片档案状况的统计分析，本次鉴定工作的目的和要求，鉴定照片档案的内容范围，鉴定工作同其他有关工作的衔接与协调，计划需要动用的工作人员和时间，需要协调的其他工作事宜。

（2）组织鉴定工作。根据工作计划的内容准备好相关材料，相关工作人员到位后，鉴定工作可分两个步骤。

第一，初步鉴定。由鉴定小组的成员按分工分别审阅照片档案的内容和文字说明材料，根据照片档案的实际情况填写照片档案鉴定卡。照片档案鉴定卡如表10.2所示。其中，"初步鉴定意见"一栏应包括照片档案的形成背景、历史、现实及长远价值等内容，还应对其保管期限和是否存毁给出建议。

表10.2 照片档案鉴定卡

鉴定卡编号：

保管单位名称			照片档案号	
归档时间		张数	原定保管期限	
初步鉴定意见： 鉴定人： 鉴定时间：				
鉴定小组意见： 鉴定小组负责人： 时间：				

第二，集体审查。在初步鉴定的基础上，由鉴定小组全体成员对鉴定卡逐个审查，形成集体意见，由鉴定小组负责人将最终结论填写在鉴定卡的"鉴定小组意见"内。

另外，如果是在数码照片档案管理系统中，可根据系统的设置依次完成鉴定工作。与传统照片档案的鉴定工作相比，数码照片档案的鉴定工作时间更为灵活。

（3）照片档案造册销毁。经过照片档案鉴定工作小组的鉴定，对于不需要归档和保存的照片档案，须经过有关领导的审批，编制销毁清册后方可销毁。具体销毁工作由档案部门执行。销毁时应同本单位的保密或保卫部门联系，并指派专人销毁和监销。其中，销毁清册封面需包括清册名称和报批单位、鉴定小组负责人签名、销毁照片档案审批人签名、鉴定时间、销毁时间、销毁人签名和监销人签名。销毁清册内容应包括销毁照片的档案号、题名、数量、鉴定卡编号和其他需要说明的事项。

（4）撰写照片档案鉴定报告。照片档案鉴定工作结束后要撰写照片档案鉴定报告。鉴定报告的内容包括：①鉴定工作的目的和要求；②鉴定照片档案的范围，包括照片档案种类、题名、时间、数量等；③鉴定工作小组成员名单及有关情况；④鉴定工作的过程；⑤鉴定工作中调整的保管期限和销毁照片档案的数量；⑥鉴定工作取得的基本经验和存在的问题；⑦本次鉴定工作中其他还需说明的问题。

（六）照片档案的保管

照片档案的保管是运用科学技术方法，采用各种有效措施，保护照片档案的完整可读，使照片档案得到安全保管，同时便于查阅者利用。

1. 传统照片档案的保管

传统照片档案的保管主要包括提供良好的库房管理条件和修复损坏的照片档案两个方面。传统照片档案由感光材料制成，由于保管条件的变化，相应的银、明胶、染料等物质会产生变质作用，从而使照片出现变色、褪色和形体损伤等情况。适宜的库房管理条件能更大程度地降低空气、水分、温度等对照片档案的伤害。照片档案库房管理的要求如下：

（1）温湿度控制。库房环境中的温湿度条件是影响照片、底片耐久性的主要因素。如果库房内温度过高，底片容易黏合；如果湿度过大，底片则容易受潮、发霉和变质，照片也容易卷曲变形。为此，控制好库房内的温度和湿度是照片档案保管的首要条件。《照片档案管理规范》中对温湿度的控制给出了推荐范围（表10.3）

表10.3 推荐的存储最高温度和相对湿度

类型	中期贮存		长期贮存	
	最高温度/℃	相对湿度/%	最高温度/℃	相对湿度/%
黑白底片	25	20～50	21	20～30
			15	20～40
			10	20～50
彩色胶片	25	20～50	2	20～30
			-3	20～40
			-10	20～50
黑白照片	25	20～50	18	30～50
彩色照片	25	20～50	2	30～40

说明：①中期贮存是指胶片、照片在表中规定的温湿度条件下至少能保存10年，长期贮存是指胶片、照片在表中规定的温湿度条件下至少能保存100年。②推荐值内较低的温湿度环境更能延长胶片、照片的寿命。

除此之外，照片档案库房应尽量恒温、恒湿保存。中期贮存环境中，24小时内温度的周期变化不应大于5 ℃，相对湿度变化不应大于10%；长期贮存环境中，24小时内温度的周期变化不应大于2 ℃，相对湿度变化不应大于5%。现代库房的恒温、恒湿系统能很好地保障照片档案的存储条件。如果无法配备恒温、恒湿系统，可通过安装空气调节机、加湿设备和除湿设备，以控制库房内的温湿度，最大限度地延长照片档案的寿命。

（2）防火。火灾对照片档案的危害最大，除直接烧毁外，火灾造成的高温高湿也会使底片和照片档案变形、粘连。因此，库房应执行严格的防火制度，如严禁吸烟、禁用明火，定期检查电气设备、电线线路等运转情况，发现问题及时处理。在库房内，还应配备灭火和自动报警设备。存放照片档案的设备应全部采用金属材料制成的柜架。

（3）防尘。空气中的灰尘中吸附有大量的霉菌孢子，进入库房后很容易以底片上的明胶为营养物，在底片上滋生繁殖细菌并腐蚀底片；灰尘与底片接触，与底片摩擦，还会使得底片表面划伤产生划痕；若灰尘吸附在底片表面，会使胶片影像模糊不清。因此，库房要做好防尘工作，同时保持库房的清洁。首先，保存照片档案的库房最好不设窗户，或对窗户密封处理；其次，库房内应配备除尘设备，防止灰尘等黏附在照片档案上。

（4）防光。如果照片档案长期被阳光直射，会造成照片的发黄褪色和底片的发脆断裂。为了防尘和防光，库房应不设窗户或对窗户遮光密封处理，防止阳光直接照射照片档案，避免紫外线对照片档案的伤害。

（5）有害生物防治。有害生物包括微生物和害虫。有害微生物主要有霉菌和细菌，其中霉菌会在照片档案表面形成霉点、霉斑和霉层，影响照片档案的耐久性；害虫则会携带脏物、排泄物黏附在感光材料上，污染档案。因此，做好有害生物的防治工作尤为重要。一方面，应保持库房清洁，消除有害生物的滋生地，控制好库房的温湿度，破坏有害生物繁殖和生长的环境；另一方面，在照片档案入库前应做好检疫和处理工作，并利用防虫药物，防止有害生物进入库房。

（6）定期检查。为了控制库房管理情况，掌握照片档案保管情况，档案部门要建立库房定期检查制度。检查的内容主要包括：①检查接收入库的照片档案的接收手续是否齐全；②检查入库的照片档案质量，如发现问题要及时修复处理；③检查外借的照片档案的审批和登记手续是否完整，是否按期归还入库；④定期重点抽查和全面检查照片档案的保管情况，发现丢失或损坏的照片档案及时报告、处理，发现照片档案质量问题，及时采取相应措施修复处理，以便于更好地保护照片档案。

2. 数码照片档案的保管

数码照片档案可存储在硬盘、磁盘、光盘等存储载体上。数码照片档案的保管就是为存储数码照片档案的存储载体提供适合的保管库房，定期检查和转存，以保证数码照片档案的长期可读。

（1）存储载体的选择。存储载体有闪存、磁盘、移动硬盘、硬磁盘、光盘、磁盘阵列等类型。基于数码声像档案的特点和保存要求，我国国家档案行业标准《数码照片归档与管理规范》推荐使用硬磁盘、磁带和一次性写入光盘作为数码照片档案长期保存的存储载体。其中，硬磁盘是使用以铝或玻璃为基材的表面溅射磁性材料的圆盘状材料作为主要记录介质的数据存储载体，具有体积小、容量大等特点，但是价格相对较高；磁带是利用磁性存储介质存储信息的记录载体，其读取需要专用的磁带读取设备，现在较少使用；一次性写入光盘可以满足用户一次写入、多次读出的信息使用需求，使用寿命在10年以上。

（2）存储要求与保管条件。数码照片档案存储时应一式三套保管：一套用于封存保管，一套提供查阅利用，一套用于异地保存。目前，数码照片档案的存储方式有在线存储和离线存储。对不同的存储方式，需要具备不同的条件来保管数码照片档案。

第一，在线存储。指将数码照片档案数据存储在网络上。由于网络存储与传输存在安全方面的隐患，档案管理部门需配备自己的档案数据存储服务器，并有专门的维护人员和机房。在线存储的数码照片档案的保管条件应符合《计算机场地通用规范》（GB/T 2887—2011）相关标准的要求。

第二，离线存储。指将数码照片档案数据存储在磁性载体上或是一次性写入光盘上。其中，磁性载体的保管应符合《磁性载体档案管理与保护规范》（DA/T 15—1995）的要求，一次性写入光盘的保管应符合《档案级可录类光盘CD-R、DVD-R、DVD+R技术要求和应用规范》（DA/T 38—2021）的要求。除此之外，还应注意对存储数码照片档案的磁性载体每满2年、光盘每满4年要进行一次抽样机读检验，抽样率不低于10%，如发现问题及时采取措施。对存储在磁性载体上的数码照片档案，应每4年转存一次，原载体同时保留时间不少于4年。

（七）照片档案的提供利用

照片档案的提供利用是档案管理部门以收藏的照片档案为依据，开发档案资源，通过一定的方式与方法，提供档案信息，为社会各项事业服务的一项业务活动。照片档案的提供利用是照片档案管理工作的根本目的。只有满足档案用户对档案信息资源的利用需求，才能使档案实现其本身的价值，发挥其积极作用，为社会创造更多的物质和精神财富。

1. 照片档案提供利用的工作原则

（1）全面性。全面性原则是档案工作人员在档案用户提出利用需求时，要基于本馆馆藏，通过多种方式和方法，为其提供所需档案信息相关的多种途径和线索，以期为档案用户提供尽可能全面的照片档案信息，满足档案用户的利用需求。

（2）准确性。准确性原则应从两方面理解。一方面，档案工作人员要准确地分析和理解档案用户提出的利用需求。遇到档案用户不能准确表达利用需求时，档案工作人员应根据其利用目的，引导其明晰利用需求，尽量避免误检和漏检。另一方面，档案工作人员应准确地为档案用户提供所需照片档案。

（3）及时性。是否快速获得所需照片档案是档案利用者评价档案服务质量好坏的一个重要因素。及时性原则指档案工作人员应熟悉照片档案馆藏情况和查阅方法，提高档案查阅效率，及时地为档案用户提供所需档案信息。

（4）主动性。主动性原则指档案部门要主动为档案用户查找照片档案及相关资料，提高照片档案利用服务工作的质量。同时，应该主动研究馆藏、挖掘馆藏，大力开发库存照片档案资源，编辑出版档案史料汇编，建立完善的检索系统，提高档案部门的服务能力。

（5）保密性。保密性原则指档案部门在提供利用服务时应正确处理好档案利用与保密之间的关系。密级程度不同，查阅范围也不同。提供利用时，档案用户应手续齐全，使用过程中严守档案保密要求，以保障党和国家及人民的根本利益。

2. 照片档案提供利用的方式

（1）照片档案阅览服务。照片档案阅览服务是档案管理部门在档案阅览室向有关档案用户提供照片档案信息的一种服务方式。它是档案阅览服务的一部分，也是档案部门提供照片档案信息服务的一种重要方式。

照片档案的阅览包括照片阅览、底片阅览和数码照片阅览。提供照片档案阅览服务的档案部门一方面应在档案阅览室中设置专门辨视底片的桌子，以供档案用户查阅底片。为了保护底片，档案用户需经过相关部门的审批，并遵循底片保护的相关制度。另一方面，档案部门还需在档案阅览室中配备电脑，供到馆（室）档案用户查阅数码照片。随着互联网技术的发展，有的机构和单位已建成声像档案管理系统，在局域网中为档案用户提供利用服务。档案用户获得授权后，不用到馆即可在个人电脑端查阅所需照片档案，经档案馆同意后方可复制使用。

（2）编制检索工具。检索工具是查找照片档案的重要手段。通过编制符合实际的检索工具，可以提高照片档案的利用效率，更好地实现照片档案的价值。传统的照片档案检索工具包括照片档案案卷目录、卷内目录、专题目录、拍摄者索引、风景索引、重大事件索引及照片档案总登记目录等。照片档案管理部门还可以汇编专题性目录或照片内容一览表，以便各类型档案用户查阅。

计算机技术和网络技术的普遍运用，使照片档案的管理也日趋现代化。在档案管理系统中，通过对照片档案的完整著录，可以多途径检索馆藏照片档案，大大提高照片档案的查准率和查全率。如果使用专门针对声像档案管理设计的声像档案管理系统，还可在线检索和阅览照片档案，大大提高照片档案利用的效率。

（3）提供照片档案复制服务。根据档案用户提出的照片内容需求，经过一定的审批手续，档案工作人员可以为用户复制所需要的照片档案。对于传统的照片档案来说，底片一般不提供外借服务，档案部门可根据用户需求为其冲洗照片；对于数码照片来说，经过审批手续，档案部门可根据用户需求，为其提供所需照片档案的下载保存服务。

（4）举办照片档案展览。照片档案本身就具有直观形象的特点，特别适合用作展览素材。利用照片档案举办各种类型的展览是一种有效利用方式，能以纪实性、艺术性的形式，更好地体现照片档案的文化传播价值和历史教育价值。例如，由国家档案局中央档案馆、新加坡国家档案馆主办，云南省档案局馆承办，云南省飞虎队研究会协办的《飞虎·驼峰纪事——纪念中国空军美国志愿航空队援华抗战七十周年档案图片展览》，以"飞虎队""驼峰航线"为主题，通过云南省档案馆、新加坡国家档案馆和美国国家档案馆藏照片档案的展示，呈现中美两国人民关系史中的重要事件，展现照片档案的历史教育价值。

（5）编辑出版画册。档案部门根据挖掘馆藏照片档案价值，编辑出版各种综合性或专题性的画册，也是照片档案提供利用的方式之一。通过画册的编辑出版，档案用户可以直观地看到某一主题相关的重要珍贵的照片档案，不仅具有凭证参考和宣传教育作用，还有较高的艺术审美价值。例如，云南省档案局馆编著出版《图说云南老戏台》一书，用简短的文字和436张照片集中展现云南老戏台的风貌，是目前云南省收录老戏台数量最多、图片最为精美的研究介绍云南老戏台的图书，具有较高的历史文化价值，对于研究戏曲在云南的传播发展及戏台建筑有重要意义。

三、录音录像档案的管理

（一）录音录像档案概述

录音档案是用专门的器械和材料记录声音的一种特殊载体的档案。录像档案是用专门设备记录声音和动态影像的一种特殊载体的档案。录音录像档案是声像档案的重要组成部分，是国家机构、社会组织或个人在社会活动中形成的有保存价值的声音记录和动态影像记录。

按录音记录方式和存储介质的不同，录音档案可分为蜡筒录音档案、唱片档案、钢丝录音档案、磁带录音档案、光盘录音档案和数码录音档案，录像档案则可分为磁带录像档案、光盘录像档案、数码录像档案。

目前，我国录音录像档案管理的规范标准主要有以下三个：①1996年3月1日，由国家档案局发布的国家档案行业标准《磁性载体档案管理与保护规范》；②2017年8月2日，由国家档案局发布的国家档案行业标准《录音录像类电子档案元数据方案》（DA/T 63—2017）；③2017年8月2日，由国家档案局发布的国家档案行业标准《录音录像档案数字化规范》（DA/T 62—2017）。

此外，还有《档案数字化规范第5部分：录音档案数字化加工》《档案数字化规范第6部分：录像档案数字化加工》等地方制定的管理规范。各机构、单位可以结合自身情况，参考这些标准与规范，制定本机构、单位的管理办法。

（二）录音录像档案的收集

录音录像档案的收集工作是指按照国家、有关部门的规定以及行业标准，把分散在各机关、部门和个人手中和散失在其他地方的录音录像档案，有组织有计划地分别集中到各级各类档案馆、各机关档案室，实现集中统一管理。收集工作主要包括档案归档和档案接收两个方面。

1. 录音录像档案的归档

录音录像档案的归档是指各单位、部门工作人员将工作过程中产生的录音音频、录像视频整理立卷，定期移交给本单位、部门档案馆（室）集中保存的活动过程。

（1）归档的质量要求。①归档的录音录像磁带、录音录像光盘等应是原版，数码录像也应完整且画质和音质清晰可读；②录音音频和录像视频应有配套文字材料，其中背景材料应简明扼要地揭示录制的主要内容、录制时间和时长、带长、主要责任者等信息；③归档的录音音频和录像视频应真实可信。

（2）归档范围。国家并未出台统一的录音录像档案归档范围标准，其归档范围可参照《照片档案管理规范》，还可根据机构职能、机构的工作内容特征等制定相关规范，为录音录像档案管理的前期工作做好规划。需要归档的录音录像档案大致包括以下几类：①记录本单位主要职能活动和重要工作的录音录像；②本地区、本单位领导人和著名人物参加本地区、本单位有关重大活动的讲话或演讲的录音录像；③记录本地区民间风俗、人文风情的录音录像；④其他具有保存价值的录音录像。

广播电台、录音室等录音档案产生较多的部门，可根据机构情况细化或者补充归档范围。

（3）归档时间。录音录像档案的归档时间和照片档案一致。对于有归档价值的录音音频和录像视频，应及时整理，最迟在第二年6月底前完成归档。如果单位有声像档案管理系统，可以做到随办随归。

（4）保管期限与密级。录音录像档案的保管期限划分为长久和定期，其中定期分为30年和10年；也可以划分为永久、长期和短期进行管理。

录音录像档案的密级划定按照《保守国家秘密法》《保守国家秘密法实施条例》《文献保密等级代码与标识》及有关规定执行。

（5）归档要求。①对属于归档范围的录音音频和录像视频，应按照规定定期向本单位档案部门归档，集中管理，任何单位或个人不得据为已有；②对存有真伪意义的录音录像应采取必要措施进行鉴定后归档；③归档的数码录音录像应为原始版本，录音推荐采用WAV格式，录像则转化为MPEG-2格式后归档移交；④磁带、光盘等录音录像数字化后推荐转化为WAV格式和MPEG-2格式归档；⑤数码录音录像和数字化的磁带、光盘等可通过存储到符合要求的脱机载体上离线归档，也可通过网络在线归档；⑥录音录像档案归档时，应参照《电子文件归档与电子档案管理规范》鉴定及检测其真实、完整、可用和安全，参照《录音录像类电子档案元数据方案》和《录音录像档案数字化规范》进行数字化。

2. 录音录像档案的接收

录音录像档案的接收是机构、单位档案部门按照国家规定，接收本机构、单位归档的录音和录像视频，各级各类档案馆接收下一级档案部门移交的具有永久或长期保存价值的录音录像档案。

（1）接收原则与方法。录音录像档案的接收原则与照片档案一致，需遵循纪实性、完整性和无损伤性原则。其具体方法包含以下三个方面：①核对录音录像登记表或归档目录，检查各项内容是否填写完整、清楚。②检查原带、播映带、文字材料是否齐全，文字材料要审查背景材料是否记录清晰，内容材料是否与录音录像内容一致，数码录音录像视频也需要核对文字材料的记录情况。③检查录音录像视频的放映质量，对档案进行技术检测。技术检查的内容包括磁带物理性能检查、磁性能检查、电磁性能检查和磁带的消磁程度及复印效应等。一般来说，保存磁带录音录像档案的部门应配备必要的听音设备和放映设备。接收时需放映检查录音录像文件，确保归档的录音录像画质清晰，声音清楚。

3. 移交与接收

录音录像档案归档部门向单位档案部门移交录音录像档案时，归档部门形成移交清单，交接双方根据录音录像档案目录和移交清单清点核对。核对无误后，双方签字，加盖公章，履行交接手续。

（三）录音录像档案的整理

录音录像档案的整理是录音录像档案管理的关键环节。只有按照一定的原则和方法，科学地管理录音录像档案，才能更好地发挥录音录像档案的作用，满足档案利用者的需求。

1. 录音录像档案的分类

（1）按内容分类。按录音录像的内容即按题材分类，大致可以分为政治、经济、文学艺术、科技和教育等。不同单位的档案部门可根据单位性质将本单位的录音录像档案划分为更具体的类别。这种分类能使内容性质相同的录音录像相对集中，方便按问题查找。

（2）按年度分类。即按录制的年度来分，一方面，便于档案利用者按年度查找录音录像档案；另一方面，同机关文书档案管理制度相契合，便于查找与录音录像档案相关的其他类型档案。

（3）按形成部门分类。按录音录像形成的部门来分类，可使同一部门的录音录像档案相对集中，更好地反映部门工作情况，同时便于日后的查找和利用。

（4）按载体形式分类。录音录像档案的载体有磁带、光盘，以及数码文件。按档案形式分类，便于不同载体类型的录音录像档案集中保管和使用。

录音录像档案的分类方案需根据单位工作内容、档案数量等情况来确定，必要时可将几种分类方法结合使用，更好地保持录音录像档案之间的内部联系，更科学地组织和管理录像档案。

2. 录音录像档案的编号

档案工作人员应根据录音录像档案的数量和分类情况，确定录音录像档案编目的方式。如果数量较少，且内容相对单一，可以按照录音录像档案归档的时间编制流水号；如果数量较多，且内容相对复杂，可根据分类的情况编制录音录像档案号，录音录像档案号由全宗号、录制年份代码、声像档案类型、保管期限、录制题材代码、录制部门代码和顺序号等内容组成。

第一，全宗号-年度-声像档案类型-保管期限-顺序号。录音录像档案的存储载体多样，可通过下位类分类法进一步区分，如录像档案代码为SX3，数码录像档案代码为SX3.1，磁带录像档案代码为SX3.2，光盘录像档案代码为SX3.3等。例如1-2019-SX3.1-Y-01，即为全宗号为"1"的2019年产生的需要永久保管的第1份数码录像档案。这种编目方式适合录像档案产生较少，且内容单一的单位。

第二，全宗号-年度-录制部门代码-声像档案类型-保管期限-顺序号。在数码录音像设备便携化的背景下，各个工作部门相对来说都更加容易记录下工作中产生的音像资料，录音录像档案的数量也可能随之相应增加。在编号中加入录制部门代码，这种编目方式便于档案管理部门掌握单位内部各类录音录像档案的来源，便于档案利用者按部门职能和工作内容来查找和利用录音录像档案。例如1-2019-13-SX3.1-Y-3，即为全宗号为"1"的代码为"13"的部门在2019年产生的需要永久保管的第3份数码录像档案。

第三，全宗号-档案门类代码·年度-保管期限-件号。"三合一"制度中建议录音录像档案以件为单位整理归档，档号结构如上。其中，录音、录像档案的档案门类代码分别为LY、LX。例如A001-LX·2022-Y-0001，表示全宗号为"A001"的单位或部门于2022年归档的需要永久保管的第1件录像档案。

3. 录音录像档案的编目

录音录像档案经过分类和编号后，还需要登记录音录像档案，编制档案目录。录音录像档案的著录项可根据保管录音录像磁带的具体情况来确定，大致可包括录音录像档案号、录制时间、录制内容、录制时长、录制地点、录制人、录制单位/部门、录制格式、适用设备、基本参数、技术状况、备注等。

录音录像档案目录的编制可通过EXCEL表格或建立录音录像档案目录数据库的方式

来实现。在有条件购买数码声像档案管理系统的单位，可使用数码声像档案管理系统来管理录音录像档案，系统自带的编号生成模块和目录生成模块可以实现录音录像档案的编号与编目，不仅著录全面，而且便于统计和检索。

（四）录音录像档案的鉴定与保管

1. 录音录像档案的鉴定

录音录像档案的鉴定是对录音录像档案价值的鉴别判定，以决定录音录像档案的存毁。录音录像档案鉴定工作的任务是确定和调整录音录像档案的保管期限，剔出无保存价值的录音录像档案，并按规定程序造册消磁销毁。录音录像档案鉴定工作的组织、鉴定原则和工作流程大致与照片档案鉴定工作相同。

档案管理部门在鉴定录音录像档案时需成立鉴定小组，鉴定小组成员可与照片档案鉴定小组相同，但需加入具备录音录像技术的专业人员，以提供专业意见。同时，录音录像档案的鉴定也应遵循功能原则、宏观原则和长远原则。鉴定人员应从后人利用的角度，从整个国家、社会的角度，具体分析录音录像档案信息在各个领域能发挥的作用，以更好地保存重要的录音录像档案记录历史。

与数码录音录像档案略有不同的是，磁带录音录像档案在保管一段时间后，工作人员要对其复查。内容较为重要的磁带录音录像档案要复录或者数字化，以达到长久保存的目的。

2. 录音录像档案的保管

录音录像档案的保管对象包括磁带录音录像档案和数码录音录像档案。数码录音录像档案的保管可以参照数码照片档案保管的内容，以下主要介绍磁带录音录像档案的保管。

磁带录音录像档案的保管是运用科学的技术方法，通过控制各种条件，以更好地保证录音录像档案的完整可读，使磁带录音录像档案可以更好地读取，便于档案查阅者利用。磁带录音录像档案的保管条件主要有以下六个方面：

（1）温湿度控制。以磁带等磁性物质为载体的录音录像档案受温湿度影响很大，以光盘、硬盘等形式为存储载体的录音录像档案也要严格控制库房温湿度，以保证录音录像档案的音质画质和长期可读。温度过高，磁带容易老化变形，复印效应加快，磁性容易消失；温度过低，磁带容易发脆和起皱。湿度过高，磁带带基容易膨胀、变形、霉变和卷曲；湿度过低，磁带容易发脆易碎。《磁性载体档案管理与保护规范》中建议，最佳环境温度是18 ℃、相对湿度是40%，并规定库房温湿度的变化范围：应在温度为15～27 ℃、相对湿度40%～60%范围内选定一组值，一旦选定，在24小时内温度变化不得超过3 ℃、相对湿度变化不得超过5%。为了使录音录像磁带在适宜的温湿度环境中保管，档案部门应配备适合的温湿度调控设备，做好温湿度记录工作，以更好地控制录音录像磁带保存环境的温湿度，保证录音录像磁带档案的长久可读。

（2）防火。火对于各类档案的危害不言而喻，对于录音档案同样如此。档案管理部门应制定并严格执行库房防火制度，《磁性载体档案管理与保护规范》中有如下规定：①保存磁性载体档案的库房及装具应使用耐火材料，库房内及附近不得有易燃物品；②保存磁性载体档案的库房内严禁出现明火；③保存磁性载体档案的库房中应备有二氧化碳灭火器；④保存磁性载体档案的库房中物品如纸张、木材、洗涤液等应尽量少，并且应摆放整齐，不能有路障；⑤对于重要的档案应专柜存放。

（3）防尘。灰尘中含有各种霉菌孢子。如果霉菌孢子附着在磁带表面，不仅会把磁带弄脏，还有可能破坏磁带磁层，影响磁带的播放。因此，档案管理部门在有条件的情况下应配备吸尘器等专门除尘设备，档案工作人员应定期打扫，保持库房清洁。同时，应该把用完的磁带及时放入磁带盒内，存放在档案柜里，严防灰尘侵染，保护磁带录音录像档案。《磁性载体档案管理与保护规范》中提到：不要使磁带接触不清洁表面，如地面、桌面等；装磁带的装具应洁净无尘；吸尘器的排出气应通向专用容器或库房外。

（4）防光。光线的长期照射会损害磁层的稳定性，使磁带变脆变形，影响磁带的录音录像质量和使用寿命。《磁性载体档案管理与保护规范》中明确提到"不允许紫外线直接照射磁性载体档案"。因此，应当做好防光工作，避免光线照射磁带。保管录音录像磁带档案的库房如有窗户，窗户应小且少，且应加设遮光窗帘或遮光板。另外，使用后的磁带应及时放入档案柜保管，减少光线的照射。

（5）微生物和有害气体防治。对磁带有危害的微生物主要有霉菌和真菌。在一定的温湿度环境中，霉菌和真菌容易繁殖生长。对磁带有危害的有害气体主要有二氧化硫、硫化氢和二氧化氮等。这些有害气体在潮湿条件下，会分解出具有腐蚀作用的酸性物和破坏带基的氧化物，从而使磁带出现带基变形、磁粉脱落等损伤。因此，要按照库房管理规范控制温湿度并保持清洁，避免磁带受到有害微生物的损伤；注意库房空气的通风、过滤和控制，避免有害气体对录音录像磁带的损害。

（6）远离磁场。磁带录音录像档案以磁性材料作为载体，对磁场非常敏感。《磁性载体档案管理与保护规范》中明确提出防磁要求：①磁性载体档案与磁场源（永久磁铁、马达、变压器等）之间的距离不得少于76毫米；②可使用软磁物质（软铁、铁淦氧、镍铁合金等）构成容器、箱柜，屏蔽磁场；③磁性载体档案如装入有磁屏蔽的容器中，应距容器内壁至少26毫米；④使用无屏蔽的容器运输时，磁性载体档案距容器外壁至少76毫米；⑤不得将任何磁性材料及其制品（包括磁化杯、保健磁铁、磁铁图钉等）带入库房；⑥在存有重要档案的库区，应设置测磁设备，以查出隐蔽的磁场。在录音录像磁带档案保管数量不多的档案管理部门，可以购置防磁性金属档案柜存放磁性录音录像档案。

（五）录音录像档案的提供利用

录音录像档案的提供利用是指档案管理部门以所收藏的录音录像档案为依据，开发档案资源，通过一定的方式与方法，提供录音录像档案信息，为社会服务的一项业务活动。

1. 提供利用的方式

（1）播放服务。录音录像档案播放服务是档案部门档案阅览服务的一部分。对于保存有录音录像档案，特别是保存有磁带录音录像档案、光盘录音录像档案等需要特殊播放设备来播放的档案部门，应设置专门的播放室，配备专业播放设备来满足档案利用者的需求。同时，录音档案利用者应根据档案部门要求准备相关证件，掌握录音录像档案播放的基础知识，按照档案部门的录音录像档案利用登记制度登记后方可利用录音录像档案。对于已建立声像档案管理系统的档案管理部门，利用者经过身份审核，获得授权后，也可在个人电脑端利用所需数码录音录像档案。

（2）编制检索工具。对于磁带录音录像档案等未经数字化的录音录像档案，档案管理部门可根据录音录像档案的内容和利用者的具体需要，编制相应卡片目录，便于录音录像档案的查找。如责任者卡片和分类卡片。责任者卡片是指以具体人物为检索词编制的卡片，具体人物如报告人、演讲发言人、歌唱者、作曲者、表演者、制作人等；分类卡片是为表述录音录像档案内容而编制的卡片，可以以录音录像档案的主题内容为检索词分为大类，大类下的卡片再以形成时间排列。

数码声像档案管理系统会在著录录音录像档案时提取关键词作为档案检索的途径之一，以提高录音录像档案的查准率和查全率。最理想的情况是，档案管理部门将磁带录音录像档案等其他载体形式的录音录像档案数字化以后，统一在声像档案管理系统平台上管理。这一方面有利于档案部门更好地掌握所藏录音录像档案的情况；另一方面有利于档案利用者更好地检索和使用所需录音录像档案，最大程度地体现录音录像档案的价值，发挥录音录像档案的作用。

（3）为各类档案展览提供音视频资料。录音录像档案真实记录历史进程中的声音影像，具有生动性和纪实性等特点。在多媒体技术已能很好地运用于档案展览的现在，录音录像档案也可以作为档案展览的一部分，发挥录音录像档案的历史教育作用和文化传播作用。

（4）为影视作品提供素材。录音录像档案因其真实性和生动性具有教育价值和艺术价值。各类纪录片和教育片剪辑过程中可使用已公开的录音录像档案，给予观众情节真实、内容丰富的作品，在产生新的有价值的艺术作品的同时，更好地发挥录音录像档案的历史价值、教育价值和艺术价值。

2. 磁带录音录像档案利用注意事项

（1）为磁带录音录像档案利用者提供使用说明。在使用说明中应详细介绍录音录像磁带的使用方法，如拿磁带时要拿带盘的中心孔或盘缘，不能挤压带体；避免用手指触及磁带带体表面；磁带使用完后，要观察磁带的卷绕状态，如太松或弯曲，应重新倒带卷绕等。

（2）母带不提供阅览利用。为了让原始磁带（即母带）能更好地保存声像档案，原始磁带，不提供利用。档案利用者可使用复制带查阅录音档案内容。

（3）录音录像档案放音室的环境及设备管理。录音录像档案放音室配备的放音设备应定期维护，以降低放音设备故障对录音录像档案带来伤害的风险。另外，根据磁性载体保管相关规范的要求，录音录像档案放音室的温度、相对湿度与库房的温度、相对湿度的相差范围应分别控制在±3℃、±5%以内，放音室应做好防火、防光、防水等工作。

（4）应定期复制和卷绕磁带。长期保存的磁带如果不重新卷绕，磁带带体容易变形，且内容信息容易失真。一般来说，长期保存的磁带应半年或一年重新卷绕一次。根据磁带自身的情况，可5~10年转录复制一次，以更好地保存录音录像档案的信息。目前，对于磁带为载体的录音录像档案，档案管理部门可按照国家相关规范和要求，开展录音录像磁带数字化工作，以更好地保存录音录像档案信息。

第二节 缩微档案的管理

一、缩微档案的特点

缩微档案是应用缩微技术制成的档案缩微复制品,具有以下六方面的特点:

(1)信息的高度浓缩性。缩微胶片一般可缩小到原件的1/48~1/7,超缩微胶片能缩小到原件的1/250~1/90,这就使得缩微档案能以较小的体积存储大量的档案信息,大大节省档案的保管空间。

(2)记录档案信息的准确性。档案缩微品可以准确地记录下原件的信息内容,真实地再现档案原件的风貌和细节,是档案原件的精确影像。缩微档案的这一特点,使它在很大程度上可以代替档案原件使用。

(3)长久保存性。只要冲洗和保管适当,缩微胶片可长久保存,比保存纸质档案安全,适合于档案材料的长期保存。

(4)规格的统一性。缩微档案的质量、形状和尺寸是统一的,缩微处理可以将种类繁多、外形不一的纸质档案统一为固定形式,达到标准化,从而易于管理、易于传递,为档案管理的机械化创造条件,有利于档案信息的迅速、广泛交流。

(5)便于同计算机等先进技术相结合。档案缩微品规格统一,易于机械化管理,借助计算机和缩微胶片检索设备能迅速处理大量档案信息,进行自动化或半自动化快速检索;借助传真技术、计算机网络可以实现档案信息的远距离传输,为利用者查找和利用档案信息提供方便。

(6)可读性差。缩微档案用肉眼无法阅读,需通过缩微阅读器等设备将缩微图像放大后才能阅读和查找。

缩微品的种类和规格很多,在制作缩微档案时选用何种类型和规格的缩微品,受档案原件尺寸和卷数、形体状况、装订和贮存方法、使用频率、信息复制要求、设备条件、经济条件等各种因素的影响。较常用的有缩微胶卷、缩微封套片、缩微平片、窗孔卡片和不透明缩微卡片等。

二、缩微档案的整理

缩微档案的整理包括两个方面的内容:一是对缩微品的整理,包括对缩微品的分类、排列和编目等工作;二是对缩微品制作过程中形成的文字材料和技术数据的整理立卷,形成缩微品制作档案。

(一)缩微品的整理

缩微档案是经过整理的纸质档案的复制品,其内容与原件完全相同,因此,可以沿用原有的整理体系。对于缩微档案的整理只需要根据缩微品的不同种类以及缩微号对其分类排列，并做必要的编目工作。对缩微档案种类单一、数量不多的单位，只需按缩微号顺序排列并登录，而无需分类；对缩微档案数量多、种类全、规格不一的单位，则须先对档案缩微品分类，再按号码顺序排列，并编制档案缩微品目录。

档案缩微品可分为卷式和片式两大类。①卷式缩微品按尺寸分为16毫米、35毫米、70毫米、105毫米卷式胶片，按保管方式分成盘式和盒式两种。卷式缩微品制作成本低，保管空间小，适于保存大量的档案信息，很少出现丢失、散落、次序颠倒、误贮存等现象，易于管理，是目前档案缩微品的主要形式。但卷式缩微品一盘（盒）中记录档案数量多，内容复杂，难于增删和更正。因此，要做好原件的编排工作，将同一案卷的文件集中拍摄在同一盘胶片上，以便检索和利用。②片式缩微品是卷式胶片被切成一个或几个画幅制成的缩微品，分为条片、封套片、开窗片及缩微平片等。片式缩微品的优缺点正好与卷式缩微品相反，其贮存次序可以变动，便于档案材料的增删、修正、复制分发，使用方便；但易出现贮存错误，容易丢失、散落、占用空间大，成本较高。其整理比卷式缩微品复杂一些。片式缩微品适合在档案利用频繁或内容经常变动和补充的情况下使用。

档案缩微品是按缩微号的顺序排列的。缩微号是档案缩微品的编号，指明缩微品的贮存地址（位置）。缩微号由两部分组成：一是由一盘卷片或一张平片为单位编制的顺序号，另一部分是为一卷或一张缩微胶片中的每个画幅所编的连续号码。

缩微品目录或索引则是将缩微影像的位置、缩微号及其存放地点（库房、柜、架号）著录在登记簿上或存入计算机磁盘里，形成可供查询的检索工具，以备查找。

（二）缩微品制作过程中材料的整理

缩微品经过检查合格以后，应将其在制作过程中各环节的文字材料和技术数据整理归入制作档案，其内容包括：①拍摄任务书；②拍摄前整理编排作业单；③拍摄作业单；④冲洗作业单；⑤拷贝作业单；⑥质量检测单；⑦更正补拍说明；⑧缩微品移交资料；⑨其他在缩微品制作中具有查考价值的资料。缩微品制作档案以档案全宗为单位，按档案年度或问题立卷。立卷的缩微品制作档案，其内容应完整、齐全、准确。为便于查考，应编制案卷目录、卷内目录、页次号并填写备考表。

三、缩微档案的保管

缩微档案的保管应参照档案行业标准《档案缩微品保管规范》（DA/T 21—1999），该规范详细规定了档案缩微品的贮存环境、贮存设备、包装的技术要求和保管要求。

（一）贮存环境

1. 温度和相对湿度

缩微品贮存环境的温度和相对湿度要求如表10.4所示。缩微品贮存环境的温湿度应相对稳定，24小时内温度变化不大于2 ℃、相对湿度变化不大于5%。

表10.4　缩微品贮存环境的温度和相对湿度要求

感光层	中期贮存		长期贮存	
	最高温度/℃	相对湿度/%	最高温度/℃	相对湿度/%
银-明胶、干银	25	20～25	21	20～30
微泡			15	15～40
重氮			10	10～50
彩色	25	20～50	2	20～30
			−3	20～40
			−10	20～50

2. 空气净化

空气中的尘埃、化学污染物和微生物等易使缩微胶片擦伤、产生霉斑及影像褪色，因此输入胶片库的空气应经过净化。一般要求使用过滤器滤掉输入胶片库空气中的尘埃，除尘率不低于90%。常见的对缩微胶片有害的化学污染物有二氧化硫、硫化氢、三氧化硫、臭氧、酸性气体、氨和氧化氮、过氧化物和油漆的挥发性气体等。

中期保存时，一般办公室的环境条件即可。最佳保存时，胶片库的化学污染物的净化需注意以下几点：①缩微胶片库要远离有害气体源，库内物品不得释放对缩微胶片有害的气体；②通过过滤或吸收装置将有害气体从空气中除掉，如用活性炭可吸附二氧化硫和硫化物；③银-明胶型缩微胶片与重氮胶片、微泡胶片、硝酸纤维素片基胶片不能同室存放，档案缩微品不能与纸质档案、磁性载体档案同室存放；④缩微胶片库不能远离有害气体源时，胶片要采用密封保存；⑤用强制通风的办法使库房空气流通。

3. 防火

（1）存放缩微品的库房耐火极限应符合《建筑设计防火规范》（GB 50016—2014）中规定的一、二级耐火等级要求。

（2）应备有无二次危害的自动灭火装置。

（3）档案缩微品如有副本，应另行安排存放地点。

（4）缩微胶片包装物应达到经受150 ℃干热达4小时不燃烧，即使发生变形，也不会损坏其中的胶片或妨碍胶片从包装物中取出的要求。

（5）制作片盘、片轴、片盒等的材料不得比胶片更容易燃烧和分解。

（6）为了防止在发生火灾时引起胶片着火或对胶片造成危害，应采用密封式包装，并将密封式包装的胶片存放在防火库中或隔热的胶片柜内。

4. 防水

必须采取防水措施。不应采取依靠产生水雾而获得隔热效果的防火措施。

5. 防光

档案缩微品应避光保存。

（二）包装

档案缩微品的包装可分为密封式包装、密闭式包装和开放式包装三种。当胶片库能满足上述贮存环境的要求时，缩微品可以用开放式包装存放在密闭的柜橱内，或以密闭式包装保存；当胶片库不能达到上述贮存环境的要求，或在低温下保存时，缩微品必须以密封式包装保存。

不同类型的缩微品应分别包装，不得混杂在同一卷或存放在同一片袋内。有关包装物及包装材料的要求参见《缩微摄影技术 银-明胶型缩微品的冲洗与保存》（GB/T 15737—2014）。档案缩微品在密封式包装前，必须按规定的时间将其存放在上述贮存环境所规定的温湿度环境中加以平衡。各类缩微品调整平衡需要的时间如表10.5所示。从低温环境中取出的缩微品，应先进行温度平衡，且要打开密封包装进行湿度平衡，时间为2～4周。

表10.5 各类缩微品调整平衡需要的时间

缩微品类型	平衡时间（大约）	
	平衡到80%	平衡到100%
单页胶片	30分钟	9分钟
16毫米卷片	5天	3周
35毫米卷片	7天	4周

（三）缩微档案的放置与贮存用具

（1）原底片、中间片与工作片应分柜存放，并在柜外用标签注明。

（2）卷式胶片应卷绕适度，存放时应平放（片轴的轴心线垂直水平面），对卷绕在片盘上的卷片也可竖放。

（3）片式胶片（平片、封套片、开窗片等）应垂直存放。

（4）制作贮存容器、柜、架等，都应使用耐腐蚀的、不易燃烧的材料。

（5）贮存用具的材料、表面涂层及它们挥发出的气体不得对缩微品构成损害。

（四）缩微档案在保管中的检查

对保存的档案缩微品应定期检查，以便掌握保管情况，及时发现问题，防止进一步的损害。

1. 检查内容

（1）缩微品的物理形态（卷曲、变形、脆裂、粘连、乳剂层脱落等）是否有变化。

（2）缩微品的技术指标（密度、解像力等）是否有变化。

（3）缩微品是否有其他可见性（微斑、变色、生霉等）变化。

（4）包装材料是否有变形、脆化、发霉等现象。

2. 检查方法

（1）每隔两年，应选取一定数量的缩微品做抽样检查。

（2）如发现保存环境的温湿度较长时间偏离所规定的范围，应不定期检查。

（3）每次至少应抽取全部缩微品中的20%进行检查，其中2%左右为以前已经检查过的。

（4）检查室的温湿度应与贮存室的温湿度相近。

检查中如发现问题，应及时报告和登记，并查明原因，采取有效措施。

四、缩微档案的检索

《档案法实施条例》第三十二条规定："档案馆提供社会利用的档案，应当逐步实现以复制件代替原件。数字、缩微以及其他复制形式的档案复制件，载有档案保管单位签章标识的，具有与档案原件同等的效力。"这条规定承认了档案缩微品的合法性，为缩微档案的充分利用提供法律保障。目前，我国档案缩微工作处于抢救、备份、保存珍贵档案阶段，档案缩微品主要用于保护档案原件，很少直接提供利用，其作为信息载体的作用尚未得到充分发挥。因此，在缩微档案的管理中，要加强缩微档案的检索和利用工作，使档案缩微品的利用率得以提高。

（一）缩微档案的检索方法

缩微档案的检索方法很多，可以手工检索，也可以自动检索。不同类型的档案缩微品有不同的检索方法。

1. **卷式缩微品的检索**

（1）编码检索法。将胶卷的每个画幅依次编码，利用事先编好的索引进行检索。画幅的连续号码一般是自动拍摄在各个画幅上。

（2）闪光靶标法。将一盘缩微胶片记录的档案信息区分为若干单元，在每个单元之前拍进大写的号码或符号，作为闪光靶标。检索时，将缩微胶片放进阅读器，快速输片，当闪光靶标通过屏幕时，会像闪光一样明显闪现，便于区分所需要的档案的位置。按照事先编好的索引查到特定的闪光靶标后，可降低输片速度，直接阅读这一单元的内容。

（3）指示线检索法。在缩微胶片的画幅之间空白处拍进具有不同高度的横线，用横线的位置代替原始档案号码。检索时，用带有刻度尺的专用阅读器与指示线高度索引对照检索，当横线与刻度尺上代表所需特定档案的编码一致时，即可检出所需档案。

（4）长度扫描法。将胶卷上每幅影像距胶卷起点的长度尺寸与其所记录的档案材料编成索引。检索时，先从索引中查到所需档案的位置，然后用装在阅读器上的长度测量仪自动显示胶卷的传输长度，输片到指定位置，检索出所需档案。

（5）光点检索法。在每个画幅下面自动拍上一个长方形的光点，使用装有光电计数器和数字键盘的阅读器检索。检索时，先按索引表查到所需文件图像对应的光电顺序编码号，再将该号输入数字键盘，启动输片机后，光电计数器会自动记录它扫描过的光点。当光点数与键盘输入数字一致时，即查到所需档案材料。这种方法可以与电子计算机相结合，具有高效的自动检索功能。

（6）二进制编码检索法。将通过键盘输入的数码自动转变为二进制编码，并以机读方式与原件一起摄入胶卷。检索时，只要输入所需档案的数码，阅读器屏幕上即可显示原件影像。这是一种先进的自动检索方法。

（7）条形编码法。使用专用摄影机拍摄原件时，把检索所需要的条形编码同时拍摄在原件画幅下边。检索时，通过专用阅读检索机的检索键盘输入编码，就能自动在屏幕上显示特定的档案材料。

2. 片式缩微品的检索

（1）标题检索法。将揭示档案内容、符合著录规则的标题登载在片式缩微品的上方或左侧。检索时，直接查阅标题检索。

（2）颜色分类法。在片式缩微品的上部边缘，按照类别涂上不同颜色，检索时按颜色分类查找。这种方法适用于分类较少的缩微胶片。

（3）槽口检索法。在片式缩微品的上端切制小的槽口，按槽口位置分类。检索时，根据槽口位置分类检索。

（4）金属夹槽口检索法。在缩微胶片袋上方装上带齿的金属夹，编码存储在检索箱中。检索时，通过事先编好的索引查到所需档案的编码，把选择器的转盘号对上特定档案的编号，放在检索箱的托架上拖动，利用磁铁将所需的档案缩微品吸出。

（5）底部开槽检索法。在装缩微平片的透明夹套或开窗卡片的下部以编码方式截齿，并在其边缘镶以一个金属片，供电磁检索器检索用。检索时，将编好码的缩微品放入托盘，再输入所查卡片编码，电磁检索器即可将卡片吸出。

（6）金属齿自动检索法。将带金属齿的平片，金属部分朝外竖立着收藏在圆筒形容器中，再把它放进专用阅读器中。检索时，旋转圆筒形存储器，从中抽出所需缩微平片，自动装入阅读器，屏幕上就会自动显示出所需要的档案材料。

（二）缩微档案计算机辅助检索系统

缩微档案计算机辅助检索系统是由计算机存储缩微档案的地址和各种数据，提供自动检索功能，与缩微胶片的存储功能相结合而构成的全文自动检索档案缩微品的检索系统。

与前面介绍的手工检索和自动检索方式相比，计算机辅助检索系统具有较高的检索效率。具体来说，缩微档案计算机辅助检索系统有以下特点：

（1）输入速度快，成本低。该系统利用缩微胶片存储档案信息，由计算机检索，较之一般的计算机检索系统，输入速度快，成本要低得多。

（2）节省存储空间。该系统将档案全文存储在缩微胶片上，索引事项存储在数据库中，可以有效地利用计算机的存储空间。

（3）检索速度快，可实现远距离查询。该系统利用计算机的逻辑运算能力，只需几秒钟就可查出所需档案信息。通过计算机网络，还可实现远距离联机检索，扩大缩微档案的利用范围。

（4）可以实现档案的全文存储和检索。一般的档案计算机检索系统只能存储和检索档案的目录信息，而缩微档案计算机辅助检索系统将缩微技术与计算机检索技术相结合，能够方便、迅速地记录、还原和检索档案全文信息，并忠实地反映档案材料的原貌，大大提高了检索深度。

思考题：
1. 阐述声像档案的特点与管理方法，并讨论在实际操作中如何确保声像档案的长久保存和有效利用。
2. 结合照片、录音录像等档案的管理要求，分析在声像档案管理过程中常见的问题及其解决方案。
3. 解释缩微档案的特点，讨论其在现代档案管理中的价值与前景。
4. 探讨缩微档案的整理、保管与检索的具体方法，并分析这些方法对档案信息资源利用效率的影响。

第十一章
档案信息化

档案信息化是国家信息化建设的重要组成部分，构成档案事业发展的坚实基础。本章通过介绍档案数字化、数字档案馆及档案数据化来阐述档案的信息化趋势。第一节说明档案数字化的要求、相关标准规范、工作流程、安全管理；第二节阐述数字档案馆的建设内容；第三节说明档案数据化的任务与方法，阐释档案数据治理的概念和体系。

第一节 档案数字化

一、档案数字化的概念与要求

数字化（digitization）是利用计算机技术将模拟信号转换为数字信号的过程。为适应技术环境变革，2013年全国数字档案馆（室）建设推进会提出实施"存量数字化，增量电子化"的信息化发展战略。在这一战略指导下，各级各类档案馆（室）开始有计划、有步骤地数字化处理已有的传统载体档案。

档案数字化的概念有狭义和广义两种。狭义的档案数字化是将非数字化形式的模拟形态档案通过一定的技术处理转化成为数字形态的档案[①]；广义的档案数字化是通过一定的技术手段将模拟形态档案转化为以数字形态存在的档案，并加以存储、组织、检索、维护的过程[②]。本书采用狭义的档案数字化定义。

实行档案数字化工作需满足以下三点要求。

1. 目标明确

在档案数字化的实施过程中，确立明确且合理的目标对于保障其科学规划与效益实现具有核心意义。档案数字化的总体目标在于提高档案的管理与利用效率。一方面，档案数字化通过技术手段有效保护档案原件的完整性和安全性，防止因频繁使用或不当管理导致的物理损害。数字化档案管理系统的应用有利于提升档案信息化管理水平。另一方面，档案数字化为后续构建高质量、易于检索和使用的数字化档案资源体系提供基础，有利于提升档案信息的利用效率和服务水平。在总体目标的指导下，档案数字化工作单位还需根据本单位发展需求、档案状况、基础设施条件等因素规划具体的档案数字化工作目标。

2. 方案清晰

应在充分调研的基础上，制定科学合理的工作方案，确保档案数字化工作达到预期目标。档案数字化工作方案应包括数字化对象、工作目标、工作内容、成本核算、数字化技术方法和主要技术指标、验收依据、人员安排、责任分工、进度安排、安全管理措施等内容。

3. 合法合规

在法律框架内规范操作、确保不侵犯任何人的合法权益是档案数字化的最基本要求。档案数字化工作首先必须严格遵守《档案法》及相关的档案数字化规范，确保数字化过程的合法性和规范性。数字化过程中，由于涉及对原始档案的信息采集、复制和传输等操作，可能存在误判著作权、超出合理复制范围、隐私泄露等风险，将无意中侵犯到著作权、隐私权等法律所保护的权益。因此，在数字化工作开始前，必须深入了解并充分遵循

---

① 钱毅. 技术变迁环境下档案对象管理空间演化初探[J]. 档案学通讯，2018（2）：10-14.
② 王英玮，陈智为，刘越男. 档案管理学[M]. 4版. 北京：中国人民大学出版社，2015：363.

《中华人民共和国著作权法》和《中华人民共和国隐私权法》的相关规定，确保数字化过程不侵犯任何人的合法权益。[1]

二、档案数字化的标准规范

为积极统筹组织档案数字化工作，推进档案信息化进程，国家出台了一系列针对档案数字化的专用标准规范。2006年，《文献档案资料数字化工作导则》（GB/T 20530—2006）出台，规定了文献档案资料数字化工作指导原则，提出数字化对象确定、数字化工作的一般过程、数字化技术选择、数字化成果的管理、数据利用和检索报告体系、数字化成果的测试指标等方面的具体要求，为推进文献档案的数字化工作提供系统性指导。

为进一步提高档案数字化工作的标准化程度，国家档案局依据不同的档案载体类型出台了多份档案数字化行业标准，具体包括《缩微胶片数字化技术规范》（DA/T 43—2009）、《纸质档案数字化规范》（DA/T 31—2017）、《录音录像档案数字化规范》、《实物档案数字化规范》（DA/T 89—2022）等。这些标准主要规定了各类载体档案数字化的组织与管理要求及相关工作流程，基本覆盖馆藏档案的载体类型，为各级各类档案馆（室）的档案数字化工作提供具有可操作性的实践准则。其中，针对纸质档案数字化形成的数字复制件，《纸质档案数字复制件光学字符识别（OCR）工作规范》（DA/T 77—2019）做出了光学字符识别（OCR）工作的组织、实施和管理方面的规定。关于光盘这一档案数字化输出载体的制作，国家档案局出台了《档案数字化光盘标识规范》（DA/T 52—2014），对档案数字化光盘盒纸和盒面的标识做了详细规定。

另外，各主管部门还针对不同行业领域档案推行了不同的档案数字化标准规范。如针对司法领域的公证档案，司法部推出《公证档案数字化规范》（SF/T 0037—2019）；针对林业科学技术研究课题档案，国家林业局推出《林业科学技术研究课题档案数字化管理规范》（LY/T 2020—2012）；对于干部人事档案，中共中央组织部推行《干部人事档案数字化技术规范》（GB/T 33870—2017）。

档案数字化的专用标准规范渐成体系，对档案数字化工作实践起到了重要指导作用。此外，还有相当一部分标准规范为档案数字化提供基础性支持。例如，信息组织方面，《档案著录规则》为档案目录数据库的设计提供依据；信息存储方面，《版式电子文件长期保存格式需求》（DA/T 47—2009）、《数字档案COM和COLD技术规范》（DA/T 53—2014）为数字化档案的长期有效保存提供指引。[2]

三、档案数字化的工作流程

档案数字化工作以"档案出库—数字化前处理—建立数据库—档案信息采集—数字采

---

[1] 徐拥军，卢思佳，郭若涵. 全流程视角下档案数字化建设中著作权风险分析与管理[J]. 图书情报工作，2023，67（18）：46-56；白银. 档案数字化转型中隐私保护的理论优化与制度完善[J]. 档案学通讯，2024（3）：19-28.
[2] 郝晨辉. 档案信息化标准的发展与展望[J]. 档案学研究，2017（4）：61-66.

集文件处理—数据挂接—数字化成果验收与移交—档案入库"为流程展开（图11.1）。

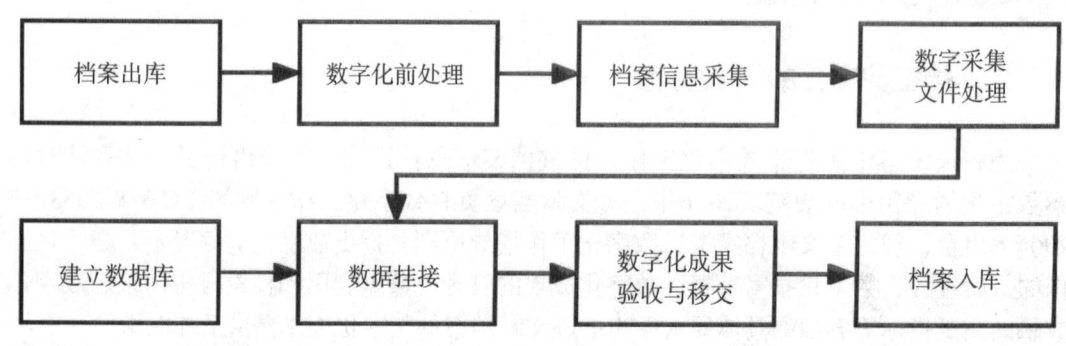

图11.1 档案数字化工作流程

（一）档案出库

档案保管部门应按照档案数字化工作方案确定的数字化对象开展档案调取、清点、登记等前期准备工作，并提交档案出库申请，经相关责任人批准后，严格按照档案库房管理规定为数字化对象办理出库相关手续，并与数字化部门共同清点无误后交接出库。档案数字化过程中，应根据工作需求设置距离数字化加工场所较近的保管库，用以临时存放档案，有效控制保管库温湿度等环境，并严格管理档案的领取与归还，认真做好检查、清点、登记等工作，确保档案的安全。

（二）数字化前处理

数字化前处理环节分为三个步骤：①确定信息采集范围。原则上应将确定为数字化对象的档案信息全部采集，不应遗漏信息，不宜挑选采集，确有不需要采集的对象应加以标注。②档案检查。不同类型档案的检查内容各有差异。首先，针对纸质档案，应对没有页号或页号不正确的档案重新编制页号，并登记破损页面、缺页等特殊情况。应以对纸质档案的保护为原则确定是否拆除装订，如需拆除装订物，应注意保护档案不受损害，并重新排列顺序不准确的档案。特殊装订且拆除装订后需恢复的档案，在拆除装订物时应采用拍照等方式记录档案原貌，以便于恢复。破损严重或其他无法直接扫描的纸质档案，应先由专业技术人员进行技术修复。折皱不平影响扫描质量的纸质档案应先实施压平等相应技术处理。其次，针对实物档案，需检查实物档案外观，对损坏严重或有其他情况不利于数字化加工的，应采用适度的加固、清洗等技术处理。技术处理应根据实物档案具体情况合理选择，并符合有关档案保护的规定。需检查实物档案的质量，记录存在的问题。最后，针对录音录像档案，需检查录音录像档案载体外观，如出现损坏、受潮等影响数字化的情况，应对录音录像档案载体开展适度的清洗或修复等技术处理。需检查声音、画面的质量，记录存在的问题。③目录数据准备。按照目录数据库建立时制定的数据规则，对照档案原件内容，规范档案中的目录内容。对需在目录数据库中标记的情况进行标记。

（三）建立数据库

应制定目录数据库数据规则，包括数据字段长度、字段类型、字段内容要求等。目录数据库数据规则的制定应符合《档案著录规则》对档案著录的要求。在档案目录准备与目录数据库建设工作中均应严格遵守该规则。数据库选择应考虑可转换为通用数据格式，以便于数据交换。数据库结构的设计应特别注意保持档案的内在联系，有利于档案数字化成果的管理和利用。将档案数字化前处理工作中对档案目录修改、补充的结果录入数据库，形成准确、完整的目录数据。其中实物档案数字化目录数据中应至少包括档号、保管期限、年度、责任者、题名、材质、形制、参见号，以及数字化项目信息、技术环境、数字化各类技术参数等信息；录音录像档案数字化目录数据应记录数字化项目信息、音视频生成环境、数字化各类技术参数等信息。可采用计算机自动校对与人工校对相结合的方式，检查目录数据的质量，包括著录项目的完整性、著录内容的规范性和准确性等。发现不合格的数据应及时修改。

（四）档案信息采集

档案信息采集应根据档案原件的实际情况、数字化目的、数字化规模、计算机网络和存储条件等选择相应的采集设备，设置和调整相关参数。参数的设置和调整应保证采集后信息清晰、完整、不失真，成果最接近档案原貌。信息采集过程中，不同载体档案有其对应的数字采集文件格式：纸质档案信息采集后形成数字图像，实物档案采集后形成数字影像，录音录像档案采集后形成音视频文件。采集过程中不应对档案原件造成损毁，采集后需检查数字采集文件质量并整理恢复档案。应以档号为基础对数字采集文件命名，并确保唯一性；一条目录对应多个数字采集文件时，可按档号与顺序号的组合对文件命名；应科学建立数字采集文件的存储路径，确保数据挂接的准确性。

（五）数字采集文件处理

首先是数字图像处理。对分幅扫描形成的多幅数字图像，应拼接合并为完整图像；对不符合阅读方向的数字图像应旋转还原，对出现偏斜的图像应做纠偏处理；如需对数字图像开展裁边处理，应在距页边最外延至少2~3毫米处裁剪图像；如需对数字图像进行去污处理，应遵循保留档案原貌的原则，处理过程中不得去除档案页面原有的纸张褪变斑点、水渍、污点、装订孔等痕迹。其次是数字影像处理。除上述拼接、旋转纠偏、去污操作外，还应合理裁剪数字影像，去除影像多余的部分；应去除三维扫描点云中由于外界因素（如光线、震动等）以及三维扫描仪本身的因素造成的无效点；应对三维扫描结果进行平滑处理，提高数据的平滑度，以更加接近实物档案的几何特征。最后是音视频文件处理。音视频文件在提供利用前，针对原始音视频文件的拷贝文件，可采用压缩比更高的编码格式实现文件转换；可采用适当的降噪、振幅标准化等处理以抑制和去除噪声、爆音，可对影像画面采用去蒙尘、去划痕、校色、画面稳定处理等。

（六）数据挂接

借助相关软件挂接数据库中的目录数据与其对应的档案数字采集文件，以实现目录数据与数字采集文件的关联。逐条检查挂接结果，包括目录数据与档案数字采集文件对应的准确性、已挂接数字采集文件与实际数字化数量的一致性、数字采集文件是否能正常打开等，发现错误及时纠正。

（七）数字化成果验收与移交

成立专门的验收组验收档案数字化成果。应采用计算机自动检验与人工检验相结合的方式验收档案数字化成果。验收内容主要包括数字采集文件、档案目录数据、元数据、数据挂接、工作文件、存储载体等。数字采集文件验收内容主要包括数字化参数、存储路径、命名的准确性、数字采集文件的完整性、排列顺序的准确性、数字采集文件质量等；档案目录数据的验收内容包括数据库中各条目的内容、格式等的准确程度，必填项是否填写等；元数据验收内容主要包括元数据元素的完整性和赋值规范性等；数据挂接验收内容主要包括目录数据与其对应的数字采集文件的挂接的准确性等；工作文件验收内容主要包括工作文件的完整性、规范性等；存储载体方面验收内容主要包括载体的可用性、有无病毒等。验收指标方面，能够采用计算机自动检验的项目应采用计算机自动检验的方式实施100%检验，检验合格率应为100%；对于无法用计算机自动检验的项目，可根据情况采用抽检的方式人工检验，抽检比率不得低于5%，对于数据库条目与数字采集文件内容对应的准确性，抽检合格率应为100%，其他内容的抽检合格率应不低于95%。档案数字化成果质量检验达到验收内容和指标的要求的，予以验收通过；验收未通过的，应视情况返工或修改后，重新验收。验收完成后须经验收组成员签字。验收通过的结论，应经相关负责人审核、签字后方有效。验收合格的数字化成果应按照档案数字化工作方案及时移交，并履行交接手续。

（八）档案入库

按照档案入库相关要求处理和清点完成数字化处理的档案原件，并履行档案入库手续。

四、档案数字化的安全管理

由于档案数字化工作存在一定的技术与设备门槛，档案数字化业务外包成为相关档案管理单位优化资源配置的重要策略之一。然而，档案数字化外包在提高档案数字化效率和质量的同时，也会带来一系列安全风险。

（一）档案数字化的安全风险

档案数字化外包带来的安全风险主要体现于档案信息安全、数字化质量控制及服务商稳定性方面。①档案信息安全方面，在档案数字化外包过程中，可能受安全措施不到位、利益驱使等因素影响，导致数字化对象出现数据泄露、非法复制甚至丢失情况。典型案例如2014年某部档案管理系统泄密事件，起因于外包公司的员工何某，因担心数据迁移损坏，私自保存并违规在联网计算机上处理涉密档案扫描文件，未妥善删除，最终导致数据泄露。[①] ②数字化质量控制方面，由于技术不对称、操作不规范及验收机制不完善等因

---

① 李宇斐. 档案数字化工作要谨防失泄密[J]. 保密工作，2018（12）：33-35.

素，档案数字化外包项目可能面临成果质量不达标的风险，问题包括图像质量差、信息错误、文件损坏等，将影响档案的后续利用和管理。③服务商稳定性方面，在选择和管理外包服务商时，存在服务商选择不当、中途变更或无法提供持续稳定服务的风险，这些风险可能导致项目延期、成本增加或质量下降，威胁档案数字化工作的顺利开展。

（二）档案数字化的安全管理规范

为确保档案数字化过程中的档案实体与信息安全，保障档案数字化工作质量，国家档案局出台了《档案数字化外包安全管理规范》（档办发〔2014〕7号）。该文件规范了档案数字化外包工作的主体、环境与过程方面的安全管理。①主体方面，要求档案部门制定明确规划与要求，建立严密的组织架构和监管机制，确保数字化服务机构具备合法资质和良好信誉，并通过制定安全保密制度、操作规程及加强人员培训等措施，共同保障档案数字化过程中的信息安全。②环境方面，强调数字化加工场所的选址、物理防护、视频监控及日常管理等要求，确保场所独立封闭、满足多重安全防护标准，并通过视频监控等手段实现全方位无死角的安全监控与记录；要求使用安全设备、封闭不必要的信息输出装置、推荐国产软硬件、网络物理隔离、配备安全保护系统等措施，确保档案数字化过程中的设备、网络与载体安全。③过程方面，要求档案部门严格检查档案涉密性、完整性，严格管理档案交接与加工流程；数字化成果需通过安全检测并规范移交，确保无信息泄露风险。需留意的是，该文件中所称的数字化外包档案指非涉密档案，涉密档案数字化需按国家有关规定执行。据《国家秘密载体印制资质管理办法》（国家保密局令2020年第2号）等有关文件，涉密档案的数字化一般由本机关、单位内具有涉密资质的人员实施；如若外包，需由具备涉密资质的服务商承包数字化工作。①

五、档案数字化的典型案例

为更深入地理解档案数字化工作运作流程，以下介绍中国第一历史档案馆"上谕档"全文数字化项目和中国照片档案馆馆藏底片高清数字化项目两个档案数字化案例。

（一）中国第一历史档案馆"上谕档"全文数字化项目

"上谕档"汇集了清帝日常所发布和密寄的重要政令并附抄有与之直接相关的敕谕和折、片、咨、单等公文书，记载了清王朝对国家政治、军事、外交、民族、经济、文化等各项重要事务的最高决策，与军机处各项分类记载谕旨的档册和其他机构所形成的谕旨类档册以及朱谕、朱批奏折、题本等互补，构成清代最高政务活动的核心档案。为进一步发挥"上谕档"这一重要档案的利用价值，中国第一历史档案馆（以下简称"一史馆"）自2007年2月始，与北京书同文数字化技术有限公司合作开展"上谕档"全文数字化项目，并在两年零五个月后顺利完成数字化工作。

---

① 韩李敏. 涉密档案管理的若干问题思考[J]. 浙江档案，2024（1）：51-54.

1. 项目背景

一史馆内"大清历朝实录"和"大清五部会典"全文数字化项目先期完成,已具有良好的实践基础。但由于"上谕档"的文本状况复杂,包含多眉批、夹条、夹批、夹注、删改等特点,使得其全文数字化处理依旧面临极大的挑战。

此外,已出版的馆藏乾隆朝至宣统朝等七朝上谕档由于卷帙浩繁,检索途径单一,且受当时出版条件所限,未对馆藏上谕档开展充分的文本分析和比对,导致部分重要内容遗漏,近34%的文本被视为重复而未能入选。这不仅影响读者对"上谕档"全貌的了解,也削弱其作为史料的参考价值。同时,由于未标注原档的档号,读者在核对原文出处时也面临诸多困难。

随着社会的发展和科技的进步,古籍数字化技术日臻成熟,为弥补以往客观出版条件所限而造成的缺憾提供了可能。社会对档案史料出版物的内容查询功能和辅助阅读功能提出更高要求,希望借助最新技术手段和方法,实现更加方便、快捷的查阅。同时,从学术研究的严谨性和档案科学管理的理念出发,对档案文献文本的深入了解和档案数字化的全面推进也有了更深刻的认识和切实的需求。

2. 工作流程

"上谕档"全文数字化项目的具体工作流程如下:

(1)文本分析。根据"上谕档"的封面字样、幅面尺寸、书写内容、书写格式、文字修改特点等特征综合分析,共区分出8种文本。依照时间顺序排列形成文本列表。在此基础上按原馆藏序列全部扫描形成数字图像。

(2)确定文字识别范围。首先确定一套文本作为文字识别的基础文本,将此套文本全部纳入文字识别范围;再按一定规则挑选形成时间不重复的其他文本纳入识别范围;而后再逐页比对相同年月的不同文本中的不重复内容加以标记,将所有文本中的不重复内容纳入识别范围。

(3)文字识别。利用OCR技术和计算机辅助校对系统,对所有纳入识别范围的文字加以识别,并开展多次人机对校,保证文字识别的差错率在万分之三以内。

(4)编辑。将所有形成的数字图像按馆藏序列排序,并确定编目方法,编制按时间浏览查阅与按馆藏序列浏览查阅两种目录。

(5)开发全文检索浏览软件并运行检测。

3. 项目成果

项目对馆藏雍正元年正月至宣统三年十二月的各种文本的汉文上谕档档册进行了数字化工作,共计2504册,712542页,6035万字。编制了按时间与按馆藏序列编排的两种"上谕档"档案目录,有效提升了"上谕档"管理与利用效率;形成了"上谕档"《原档扫描规程》《文本划分执行标准》《文字识别范围确定办法》和《编目规则》,以及《实施工作流程与各类问题处置说明》和各种统计表和工作文档,为同类项目的实施积累了宝贵的经验。①

---

① 王光越,栗维健.中国第一历史档案馆馆藏清代军机处上谕档全文数字化概述[J].历史档案,2010(1):130-135.

（二）中国照片档案馆馆藏底片高清数字化项目

1. 项目背景

中国照片档案馆中保存着超过160万张珍贵的底片，其中大量底片具有不可替代性，历史文化价值较高。然而，由于实体底片的特殊性质，每调用一次都会对其造成一定的损坏，这无疑给保存和利用带来极大的挑战。随着现代科学技术的飞速发展，如何对传统照片档案和电子照片档案实现数字化管理，成为亟待解决的问题。数字化管理不仅可以避免实体底片的损坏，还能通过快捷灵活的检索方式，扩大照片档案的利用范围，最大程度地满足用户的需求，实现资源共享。

为此，中国照片档案馆在2000年启动数据管理系统工程，对馆藏底片进行数字化处理，并在2008年底完成了这一工作。然而，受限于当时的技术设备和存储条件，扫描后的照片档案数据量相对较小，已不能完全满足新华社日常发稿、媒体融合发展以及重大主题展览等的需求。为满足社会各界的利用需求，并真正实现对实体底片的有效保护，新华社决定立项对中国照片档案馆馆藏的160万张底片进行高清数字化处理。在2021年8月，经新华社党组批准，这一项目由中国图片集团承担，并招标第三方监理共同完成。

2. 工作流程

为确保项目顺利开展，中国照片档案馆、中国图片集团及第三方北京星震同源数字系统股份有限公司项目负责人经过反复探讨研究，制定出一套完整的数字化工作流程，包括底片清点出库、底片著录、底片清洗、底片高清数字化、图像修复、图像质检、底片信息复核、底片回库归档、数据存储备份等9个步骤。

（1）底片出库。中国照片档案馆指定专人负责进库提取底片，清点后交给中国图片集团负责人，经双方确认后填写《照片档案馆底片出库登记表》，按照一箱20册（一册保存200张底片）的数量装入专业底片档案存储箱，双方一同运送至图片集团临时库房，管理人员清点后，填写《图片集团底片入库登记表》，并将专业底片档案存储箱存放在项目临时底片库房。

（2）底片著录。依据图片集团专业技术人员研发的底片著录信息小程序，即《底片著录明细表》，对照中国照片档案馆数据库，按照对底片"查缺补漏"的要求核查实体底片情况，并对底片现存情况逐一著录以下信息：底片必须按一底一袋存放；底片号，包括黑白、彩色、战备编号等；底片类型，分为原底、非原底；底片状况，包括底片反银、污渍、划痕、损毁、药膜是否有剥离等；底片尺寸，分为120型、135型、异型底片等；保存现状，包括在库、空底片袋、底片转走等，这一步骤是对底片"查缺补漏"盘库的重要环节；备注，将底片袋上以前标注的文字、符号等信息全部记录下来。

（3）底片清洗。底片档案存在灰尘、指纹、划痕等问题，为确保数字化质量，在数字化之前，采用中国图片集团特有的传统底片清洗工艺清洗。洗底工艺完成后，由专人核对底片及底片袋信息是否一致，确认无误后转入下一环节。

（4）底片高清数字化。这是整个项目中最重要、最关键的环节，关乎原始底片信息完整性程度、数据量大小及未来数据使用的长久性等。数字化技术采集人员使用高清采集设备飞思（Phase One）等相机及中国图片集团自主研发的、具有自主知识产权的高清翻拍仪，进行无接触数字化采集，采集后校正输出图像的颜色、曝光、密度、反差等，最大程度还原原始图像的细节、层次及色彩。

（5）图像修复。图像修复工作以调整数字化图像的颜色、密度和剪裁为主要工作。对底片上原有脏斑、划痕以及底片上的图像异物，根据实际情况酌情处理，图像修复时必须保持底片真实历史原貌。对于多底片拼接图像，则需标注为"可拼接图片"，由使用单位下载后根据实际需求自行拼接使用。

（6）图像质检。底片高清数字化图像输出后，由特聘专家负责检查原图及优化图像的文件数据量、文件格式、文件名编制、图像剪裁、颜色校准、文件号位置信息等情况，再由第三方监理质检，通过反馈机制保证图像质量符合项目要求。

（7）底片信息审核。做到对底片本的重新整理，规范底片插放归档。实体底片数字化完成确认无误后，照片档案馆人员根据《底片著录明细表》逐张审核，同时核实底片是否做到一底一袋存放，再将底片按底片号还回原册归档，准确无误后签字，重新标注好新的实体底片册，装入专业底片档案存储箱。

（8）底片回库归档。由照片档案馆指定专人负责将底片存储箱送回档案馆底片库房，完成回库归档任务。

（9）数据备份。对质检后合格的完整数据及时进行存储备份。为确保数据安全，满足长期保存及利用需求，项目组采用在线、离线相结合的方式，将原始数据文件存储至保存时间较长的蓝光光盘及数据库硬盘内，同时做好优化后数据的存储和压缩数据的存储，实现多套备份，项目完成后做好异地保存。①

第二节　数字档案馆

数字档案馆通过集成和数字化技术，提高档案信息的可访问性、利用效率和管理规范性，是现代档案管理不可或缺的重要组成部分。本节主要介绍数字档案馆的概念、特征与建设内容。

一、数字档案馆概述

（一）数字档案馆的概念与特征

《数字档案馆建设指南》规定："数字档案馆是指各级各类档案馆为适应信息社会日益增长的对档案信息资源管理、利用需求，运用现代信息技术对数字档案信息进行采集、加工、存储、管理，并通过各种网络平台提供公共档案信息服务和共享利用的档案信息集成管理系统。"

与传统档案馆相比，数字档案馆主要具备以下特征：①档案资源数字化。这是数字档案馆的本质特征。与传统档案馆相比，数字档案馆的档案资源在形态上发生了本质的变

---

① 胡伟. 中国照片档案馆馆藏底片高清数字化实践[EB/OL].（2024-05-10）[2024-06-26]. http://www.zgdazxw.com. cn/news/2022-09/15/content_336740. html.

化，即由纸质为主的传统载体转变为数字档案资源。②档案管理信息化。数字档案馆将档案管理业务流程固化在电子档案管理系统中，实现数字档案资源的自动化管理，通过信息技术手段来实现档案的收、管、存、用，极大地提高了档案管理效率。③档案服务知识化。数字档案馆利用知识管理的理念、技术和方法，提升数字档案馆档案服务水平。[①]

目前，数字档案馆建设主要强调通过数字技术将模拟信号转变为数字信号，实现数字化馆藏和原生电子档案的管理。[②]未来数字档案馆建设一方面要通过优化电子档案移交接收路径、完善数字档案馆各项系统功能等方式，继续构建存量数字化与增量电子化并重的新型数字档案馆系统[③]；另一方面要进一步强化对档案的全要素管理，尤其是内容管理，[④]通过深入使用人工智能、大数据等数字技术，实现档案数据的收集、分析、服务，推进档案工作实现全方位、系统性重塑性变革，推动数字档案馆向"数治"阶段发展[⑤]。

（二）数字档案馆总体建设内容

数字档案馆总体建设内容主要包括：①按照数字档案馆基础网络架构、主要技术路线与软硬件配置基本要求，集成建设适应馆藏档案基础数据和今后一定时期内数字档案增长规模的数据管理、满足数字档案馆各项管理与服务需求的基础设施；②开发或应用具备收集、管理、存储、利用等功能要求的数字档案管理系统，实现档案管理各业务环节的自动化、网络化；③全面推进馆藏数字档案基础数据库建设，优先建立馆藏档案的文件级目录数据库，逐步实施传统载体档案的数字化转换，积极推进电子文件的接收和管理，建立各类数字档案资源库群；④应用先进技术和相关管理手段，保证数字档案信息资源的可靠可信和长期可用，减少数字档案对软硬件的依赖性，从而使数字档案具备传统档案所具有的原始性、凭证性和长期可读性；⑤运用多种技术手段，针对不同利用对象，通过不同渠道，实现档案信息资源分层共享，方便、快捷满足各类用户利用需求；⑥配套建设数字档案馆保障体系，确保数字档案馆系统安全和数字档案信息安全（图11.2）。

---

① 蔡盈芳. 企业数字档案馆建设理论与实践[M]. 北京：电子工业出版社，2018：4-5.
② 李星玥，张斌. 智慧档案馆发展必然性和建设策略研究[J]. 北京档案，2021（6）：10-13.
③ 王ினn波. 数字档案馆建设的创新与发展：以浙江省档案馆创建全国示范数字档案馆为例[J]. 档案学研究，2021（1）：104-109.
④ 周文泓，田国庆，熊小芳，等. 智慧档案馆建设研究：实践内容、行动策略、发展空间[J]. 北京档案，2022（10）：5-10.
⑤ 杨智勇，谢雨欣. 数字档案馆的"数字—数智—数治"演进之路：基于《"十四五"全国档案事业发展规划》的分析[J]. 档案与建设，2021（8）：57-61，71.

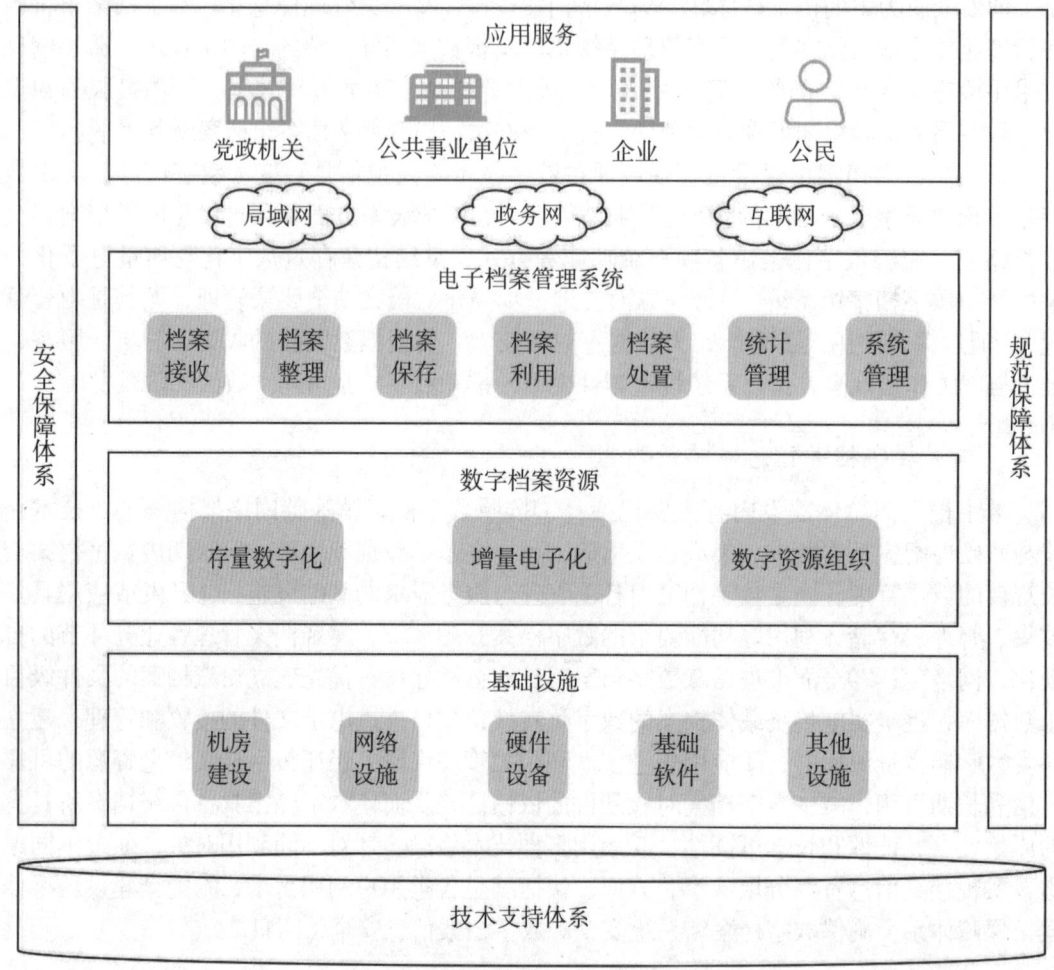

图11.2 数字档案馆总体建设内容

二、基础设施建设

数字档案馆(室)基础设施建设应充分考虑档案信息安全、保密的需要,尽量选择技术上自主可控的设施设备。

(一)机房建设

主机房建设要求应符合《数据中心设计规范》(GB 50174—2017)规定的B级标准,确保主机房选址远离强电磁场、强振动源等不利环境,同时配备双路供电和不间断电源系统,以及完善的安全防范和消防系统,以保障机房的稳定运行和数据安全。此外,主机房还需通过专用空调设施严格控制温湿度,以适应电子设备的最佳工作环境。机房建设应根据数字档案馆(室)运行需求和机房建设基本要求,充分利用单位现有信息化基础条件,通过改造、添置设备等方式,建设满足数字档案馆(室)运行要求的机房;涉密机房建设应符合国家有关保密规定。

（二）网络设施

网络平台建设则着重于布局的合理性、可扩展性及安全性，实现局域网、政务网、因特网三网的有效隔离，确保数字档案馆的网络环境既满足功能需求又保障信息安全。国家档案馆应当建设专用局域网络，配备服务器、存储、安全等设施设备，用于集中管理档案数字资源。局域网的布设需支持档案的全流程业务，包括接收、管理、存储和利用，同时采用光纤铺设主干线路，并为关键网络设备配置冗余，以提高网络的稳定性和可靠性。

数字档案馆需接入政务网，支持开展数字档案接收、共享利用和在线监督指导等业务。数字档案馆还需接入因特网，支持通过网站开展数字档案利用、展览、咨询以及数字资源采集等业务。为保障涉密档案信息的安全，局域网与因特网需实施物理隔离。网络安全设施如防火墙、漏洞扫描和入侵检测系统也是网络平台建设的重要组成部分，用以防范潜在的网络威胁。网络建设应考虑电子文件收集、归档和电子档案管理、利用需要，网络带宽等性能应能适应图像、音频、视频等各类数据的传输要求。

（三）硬件设备

数字档案馆需要配备的硬件设备主要包括服务器及存储备份设备、终端设备、档案数字化设施设备以及音视频等其他硬件设备。服务器及存储备份设备是数字档案馆数据管理的核心，要求配备专用服务器以满足不同网络环境下的业务需求，并根据数据增长趋势配备充足的在线存储设备，同时设置离线备份设备，确保数据的安全性和可恢复性。终端设备配置需满足业务人员的日常办公需求，按在职业务人员总数配备足够的计算机，并提供自助查档服务终端，以提高档案利用的便捷性和效率。档案数字化设施和设备是实现档案信息数字化的关键，包括配备扫描设备、监控设施和专用存储设备，确保数字化过程的顺利进行和数据的安全存储。音视频等其他硬件设备的配备需满足数据采集、转换和处理的需求，包括照片、音视频的采集摄录设备以及相应的转码、编辑和数字化转换设备。

（四）基础软件及其他设施

基础软件的配备是确保系统正常运行的前提，包括操作系统、数据库、备份恢复系统等系统软件，以及文字处理、图像查看、音视频播放和杀毒软件等工具软件，均为数字档案馆提供全面的软件支持。单位需要结合数字档案馆（室）开发和运行的需要，配备正版或经过规范测试、登记的自主开发的基础软件。

应根据需要配备相对独立、符合安全保密要求的档案数字化加工场所和电子档案阅览场所。

三、电子档案管理系统建设

根据《电子档案管理办法》，档案馆应当建设符合国家有关标准规范要求的应用系统，支撑电子档案接收、存储、备份、鉴定、开发、利用、统计、转换、迁移、销毁等工作。

（一）档案收集

电子档案管理系统的档案收集功能需要具备在线、离线接收和检测不同数据类型数字档案的功能。系统应支持在线和离线接收多种文件格式的电子档案目录、电子档案及其元数据，包括文本、图像、音频和视频等。同时，系统应具备电子文件和电子档案接收的检测功能，能根据电子文件归档和电子档案接收的检测要求检测接收电子文件的"四性"和电子档案的有关属性，标记出经检测不符合要求的电子文件或电子档案。

（二）档案管理

电子档案管理系统的档案管理功能需要能够实现数字档案的有序管理，并且辅助实体档案管理。具体而言，系统应支持对接收的数字档案信息开展整理、比对、分类、著录、挂接、鉴定、检索和统计等操作，以实现信息的有序化。系统应支持设定分类方案，过滤重复数据，重新分类和编号，抽取档案内容并添加元数据，辅助完成档案的开放鉴定工作，具备调卷、出入库登记、档案位置指示、保管状况描述等辅助实体档案管理功能，建立档案内容数据及其元数据之间的持久联系，形成长期保存和利用的数据包，并按照要求实现档案信息的统计显示或打印输出。此外，系统还应支持定制档案业务流程或开展流程再造，以适应不同档案管理的需求。

（三）档案保存

系统的保存功能是确保数字档案长期安全存储和可访问性的核心环节，涉及确定合适的长期保存策略和选择存储架构。长期保存策略主要包括：①选择符合国家标准的存储格式；②支持数字档案向标准格式转换；③定期读取和测试数据载体及其软硬件环境；④根据数据的重要程度以及管理与利用的需要采用适当的备份策略，如在线、近线、离线、异地、异质和分级存储等技术手段；⑤具备备份数据恢复功能；⑥在技术或标准规范发生重大变化时，系统应能够采取数据迁移等技术处理措施，保证档案信息的可读性和长期可用性。在选择存储架构方面，应根据数字档案馆的数据量和利用并发用户数的需求，以保证数字档案馆合理安全的存储容量和较快的网络传输速度；适当选择采用单一应用平台，配备数据库服务器、文件存储器、备份服务器、备份软件等构成的存储服务平台；采用SAN、NAS、DAS、IP-SAN或其他形式的存储技术方法。

（四）档案利用

数字档案管理系统应当根据档案信息的利用需求和网络条件，分别通过因特网、政务网、局域网等建立利用窗口。系统应能实现档案查询、资源发布、信息共享、开发利用、工作交流、统计分析等功能。具体来说，系统应支持快速、准确的检索技术，使用户能够在各种平台上全面检索档案数据。此外，系统应能够发布档案信息和资源共享，辅助档案信息的智能编研和深度挖掘，为档案管理者和利用者提供在线交流平台、远程指导和远程教育服务，并辅助开展数字档案的增值服务。系统还应具备利用档案登记注册、审核审批、数据阅览、打印输出等功能，对于不开放的档案数据有利用控制的功能。此外，系统应支持档案利用访问量统计、利用过程监控、分布分析、舆情分析、用户评价等工作，并能够对用户、数据项、功能组件进行利用权限的角色授权处理。

（五）系统管理

电子档案管理系统的系统管理功能是保证系统可靠、可控运行的重要环节。具体包括：①用户权限的精确管理，保证授权用户能够在其权限范围内合法操作，权限可以精细地控制指定用户对指定档案记录的访问和使用，并且系统应支持设置权限有效期，到期后系统自动取消权限；②身份认证机制，保障只有授权用户才能访问敏感数据；③详尽的日志记录与审计功能，记录系统启动和关闭信息、用户登录信息等，用以监控和审查用户活动；④系统还应支持按照一定规则自动生成日志审计报表，支持日志导出、删除、审批等操作；⑤数据字典和代码表的管理，系统中的分类方案可根据用户需求增减，保障管理的灵活性；⑥业务流程定制能力，收、管、存、用等业务流程可随业务发展定制，以适应不同阶段业务管理需求；⑦数据导入导出工具，便于数据交换和备份等。

四、数字档案资源建设

"数字档案资源的数量与质量决定着数字档案馆信息资源开发的广度和深度，也决定了数字档案馆的服务内容和服务水平。"[1]作为数字档案馆建设中的关键性业务活动，数字档案资源建设的内容主要包括电子档案接收、馆藏档案数字化加工及数字档案资源组织。[2]

（一）电子档案接收

在数字档案馆的电子档案接收环节中，首要任务是依据数字档案馆的功能定位与长期发展规划，明确电子档案接收的对象、标准化流程及方法。鉴于电子文件的多样性与特殊性，接收对象需超越传统纸质档案的范围，涵盖反映重大事件、重要活动、重大变化的电子形式的，包括文本文件、数码照片、图形图像、多媒体、数据库及网页在内的各类电子文件。在电子档案接收实施过程中，应严格遵循国家档案局发布的《电子档案移交与接收办法》（档发〔2012〕7号）、《电子档案移交接收操作规程》（DA/T 93—2022）及其他相关规范，构建并优化电子档案移交接收系统，确定电子档案的签收、检测、办理交接手续和入库等标准化步骤，确保接收流程的规范性。需确立清晰的移交规范，无论采用在线还是离线方式，均须遵循高效、准确、安全的原则执行，并建立严格的对应关系检查机制，确保电子文件与纸质文件内容的一致性。为确保电子档案的真实性、完整性、可用性、安全性，必须采用先进的技术手段加密传输、数字签名及元数据管理等安全措施，从源头上保障电子档案的质量与安全。

鉴于区域信息化发展水平的差异，部分立档单位可能面临电子档案管理基础设施不完善、信息系统功能不健全、人员经验不足等问题。对此，应强化专业培训与技术指导，提升单位电子档案管理人员的专业素养与技能水平；推动区域内电子档案管理基础设施的完善与升级，确保硬件与软件系统的先进性与适用性；优化办公自动化系统与政务服务系统的功能，确保能够生成并管理符合标准的电子档案；建立区域合作机制，促进各单位之间

---

[1] 金波，汤黎华，何伟祺. 数字档案馆生态系统的建构[J]. 档案学通讯，2010（1）：53-57.
[2] 数字档案馆资源建设部分参考了蔡盈芳著《企业数字档案馆建设理论与实践》（电子工业出版社2018年版）一书。

的经验交流与资源共享，共同提升电子档案管理的整体水平。①

（二）馆藏档案数字化加工

馆藏档案数字化加工是数字档案馆资源建设的重要内容。作为一项系统性工程，馆藏档案的数字化加工涉及档案的保管、保护、整理、鉴定、转换、存储、利用等多个环节，需统筹规划，分步实施。通过数字化加工工作，可以对馆藏档案全面梳理。若无法一次性全面数字化，可按照特殊载体优先、重要程度优先、共享性强优先等原则分步实施。

数字化加工通常采取自主加工和委托加工两种方式。自主加工即档案馆自行配备设备、组织人力加工，适用于少量重要、核心档案的数字化。委托加工则是将档案交由具有相关保密资质的专业公司实施，效率高且投资节省，适用于各类档案的数字化。两种方式各有优劣。自主加工允许档案馆直接控制整个数字化加工过程，确保其精准性和安全性，同时提供高度的灵活性优势；但自主加工需要较高的初期投资，效率相对较低，且存在一定的技术门槛。相比之下，委托加工能够利用专业公司的技术实力和规模经济效应，确保数字化成果的质量和效率，同时降低成本和缩短工作周期；但委托加工也存在控制力弱、沟通成本高以及潜在的数据安全风险。

当前，档案的数字化加工面临的主要挑战包括早期工作规范不明确、应用设备技术不先进，以及双套进馆规范不明确、质量把关不严格导致的数字化成果数据质量问题。为提升数据质量，部分档案馆采取规范数字化过程管理、严格审核流程、制作数字化加工成果目录及原文数据质量核对等措施，均取得良好效果。此外，部分档案馆还探索开展特定年代、特定类型档案的全文识别，并取得了一定成效。②

（三）数字档案资源组织

在数字档案馆资源建设中，数字档案资源组织主要涉及资源整理和资源库建设两大方面。

资源整理的目的在于有序排列数字档案资源，其主要步骤包括分类、价值鉴定和开放审查等。在数字档案馆建设中，数字档案资源的分类可以参照传统载体档案的分类、排序方式，并结合数字档案资源的特点，确定合理的分类方案，以实现有效控制。同时，数字档案资源在发布利用前，必须开展开放利用的鉴定工作，并通过技术检查，如清晰度、准确性、完整性的核查，以确保利用者能够有效检索、阅读和理解数字档案资源。此外，在网上提供利用方面，需根据数字档案资源的不同网络传播范围、用户范围和使用方式，对数字档案资源适当处理，并严格遵守国家法律法规要求，划控处理涉及敏感信息的档案。其中，涉密信息只能在涉密网发布，内部信息只能在内网（包括政务网和档案馆局域网等）使用，而开放信息可以在公众网发布。

资源库建设方面，主要基于现有的数字档案资源，运用计算机及其相关技术设备管理数字档案信息，当前通常采用数据库技术方法。数字档案资源库一般包括目录数据库、

---

① 王大众. 从系统测试看全国高水平数字档案馆建设的三个特点[J]. 中国档案，2024（5）：8-9.
② 王大众. 从系统测试看全国高水平数字档案馆建设的三个特点[J]. 中国档案，2024（5）：8-9.

元数据库和内容数据集。目录数据库是数字档案资源管理的基础，它通过系统排序等处理，形成可由计算机检索的目录数据体系。目录数据库的建立主要有两种途径：一是通过传统载体档案数字化采集的档案目录数据库，通常采用人工录入方式建立；二是通过接收电子文件方式形成的数字档案，一般通过档案管理系统自动采集或从数字档案元数据库中提取而形成，并经过数据整理、规范审核与补充完善后建立。元数据库的建设要遵照数字档案元数据采集规范要求，是保证数字档案可靠和可用的重要措施。内容数据集是数字档案资源建设的主体，通过数据库、数据仓库等技术方法将档案全文按分类、排序方式排列形成集合，并与目录数据挂接实施有效管理。对于由电子文件归档形成的电子档案，其内容数据还需与其元数据建立持久有效的联系，采取技术措施防止非法修改，确保其可靠和可用。在统筹推进资源库建设过程中，需始终秉持安全性、可用性、规范性及效益性等原则，不断优化资源配置，提升技术水平，以期构建出一个高效、安全、可持续的数字档案资源库体系。

五、数字档案馆保障体系建设

（一）数字档案馆安全保障体系

安全问题是威胁数字档案馆正常运行的重要阻碍。安全保障体系建设是数字档案馆建设的基础工作之一。数字档案馆的安全包括数字档案资源的数据安全和信息系统及其网络平台的安全。数据安全就是要保证数字档案信息的可靠、可用、不泄密、不被非法更改等，系统及其网络平台安全就是要保持系统软硬件的稳定性、可靠性、可控性。

数据安全问题方面，由于资金、技术、存储环境等条件限制，数字档案馆在专业化数字档案资源管理方面存在困难，从而可能导致在传输、管理和存储环节中出现数据损坏、丢失或泄露。具体而言，数字档案在存储、传输和处理过程中，可能因硬件故障、软件错误、自然灾害（如火灾、水灾、地震）或人为操作失误等原因导致数据损坏或丢失。此外，未经授权的用户可能通过系统漏洞非法获取数字档案信息，甚至利用技术手段篡改或伪造数字档案，破坏数据的真实性和完整性。

系统与平台安全问题方面，随着技术的快速发展和云计算、大数据等先进技术的广泛应用，数字档案馆的系统与平台安全不仅受到传统网络安全威胁的侵扰，如黑客攻击、病毒入侵、拒绝服务攻击等，还需应对云环境特有的安全挑战。云存储系统中，尽管提供了灵活性和可扩展性，但数以万计的服务器和复杂的网络架构增加了故障发生的概率，任何组件的短暂或永久性故障都可能引发连锁反应，影响系统的稳定性和可用性，甚至导致服务中断。此外，云环境下的数据隔离与访问控制若设计不当，将加剧数据泄露的风险，特别是当多租户共享资源时，未经授权的访问和数据窃取成为可能。同时，随着技术更新换代的加速，系统老旧、软件漏洞、安全补丁未及时更新等问题也时刻威胁着数字档案馆的安全防线。

安全保障体系建设可通过四个维度途径实现。第一，主体维度。数字档案馆工作人员应培育安全意识，兼顾数字档案馆的内部安全与外部环境安全；要积极通过各种在职培训、应急演练等手段，不断提升安全管理能力与水平。档案馆应设置安全管理委员会等安全保障相关机构，并明确有关人员职责，增强数字档案馆在安全保障体系中的组织管理能力；可考虑成立应急管理专家咨询委员会等机构，以增强数字档案馆安全保障体系中的决策能力。第二，客体维度。需全面分析安全保障对象在数字档案馆管理中面临的各种风险因素，以实现数字档案馆安全的精准保障。第三，时间维度。以档案生命周期为主线，实现数字档案馆安全的前端控制和全程管理。[①]第四，方式维度。首先，依据信息安全等级保护要求，针对性地采用安全保障技术策略，配置必要的软硬件设备，确保数字档案馆系统至少达到二级（系统审计保护级）的安全标准。在此过程中，集成商需持有相应保密资质，并严格遵循安全保密规范，从项目设计、系统开发至施工全程把控。同时，建设与监理单位应强化项目建设期间的档案信息安全保密监管力度。其次，制定并严格执行完善的数字档案馆安全管理制度，以应对多样化的安全隐患，包括但不限于数据窃听、电磁泄露、电力故障、存储介质损坏、自然灾害、非法访问、计算机病毒侵袭、黑客攻击、系统过载、身份冒用、权限失控、数据篡改及操作错误等。对此，需结合技术手段与管理策略，特别加强数字化处理、电子文件接收等环节的安全保密管理。此外，制定数据安全备份策略，通过对数字档案资源定期进行安全备份，预防遭遇自然灾害或人为入侵导致的档案数据意外丢失。最后，应制定详尽的应急预案，健全灾难恢复体系，以提升面对突发事件的快速响应与处置能力，确保数字档案馆的安全稳定运行。

（二）数字档案馆规范保障体系

严格遵照信息化和档案管理方面的法规和标准是实现数字档案馆各项功能的必要前提。数字档案馆建设要严格遵守国家及行业相关规章制度和技术标准。目前，数字档案馆的建设可依据2010年6月国家档案局发布的《数字档案馆建设指南》（档办〔2010〕116号）实施。该指南描述了数字档案馆的建设原则、要求、目标、内容、步骤，并规范了数字档案馆的系统功能、平台设计、资源建设和保障体系要求。此外，着眼于数字档案资源管理的业务环节，每个业务环节都有相关的标准规范。

在档案收集环节涉及移交准备和资源接收流程控制两类标准规范，具体包括《电子档案移交与接收办法》、《电子档案移交接收操作规程》、《政务服务事项电子文件归档规范》（GB/T 42727—2023）、《电子文件归档与电子档案管理规范》、《公务电子邮件归档管理规则》（DA/T 32—2021）等。整理与存储环节涉及封装、存储格式与载体要求等相关标准规范，如《基于XML的电子文件封装规范》（DA/T 48—2009）、《文书类电子文件元数据方案》（DA/T 46—2009）、《档号编制规则》、《版式电子文件长期保存格式需求》等。在档案的检索规范与信息化建设方面，涉及《档案著录规则》、《档案分类标引规则》、《中国档案机读目录格式》及《纸质档案数字化规范》等一系列数字化标准规范。

此外，针对企业数字档案馆，现有《企业数字档案馆（室）建设指南》（档办发〔2017〕2号）可供参考。各地在建设数字档案馆的过程中也推出了一部分相关的标准规范，如江苏省的《数字档案馆建设规程》（DB32/T 1892—2011）、北京市的《综合档案馆档案数字资源管理规范》（DB11/T 1357—2016）等。[②]

---

① 向立文，龚慧卿. 数字档案馆四维安全管理体系构建研究[J]. 浙江档案，2020（10）：23-25.
② 程妍妍，李圆圆. 我国数字档案馆标准规范体系研究[J]. 档案学通讯，2014（6）：53-57.

第三节 档案数据化

一、档案数据化概述

(一) 档案数据化背景

档案数据化是档案管理领域适应现代社会信息化、数据化发展趋势的重要变革。20世纪90年代至21世纪的前10年,数字化代表了信息化发展趋势。数字化实现了模拟态向数字态的转换,进而推动着社会的数字(化)转型。2013年,维克托·迈尔-舍恩伯格(Viktor Mayer-Schonberger)和肯尼思·库克耶(Kenneth Cukier)将"数据化"(datafication)作为一个有特定内涵的专业术语引入大众的视野。

首先,数据化代表一种技术趋势,将我们生活的许多方面转化为计算机化的数据。迈尔-舍恩伯格和库克耶认为数据化将社会行为转化为在线量化数据,以实现实时跟踪和预测分析。数据化是将均匀、连续的数字比特结构化和颗粒化,形成标准化的、开放的、非线性的、通用的数据对象,并基于不同形态与类别的数据对象,实现相关应用,开展相关活动。其次,数据化是一种社会变革趋势,是人类在信息传播、人际交往乃至日常生活过程中,为了便于沟通、传播和保存,将一切客观存在处理为数据,进而使得整个人类社会成为一个庞大的数据库。

(二) 档案数据化与档案数字化的关系

数据化以数字化为基础,是数据处理领域继数字化之后新的发展重点。数字化与数据化既相互联系又相互区别。经过数字化的信息对象,通过特定的软件或计算机算法排列组合成光学信号,主要面向人阅读和理解;经过数据化的信息对象,是基于通用机器编码方式形成的数据,经过数据化的对象既面向人阅读和理解,也面向机器处理和分析。更直观地来看,对于载体为纸质的档案资源,数字化是将传统纸质载体上的信息扫描成数字影像,结合元数据形成数字资源。用户可以通过元数据对数字资源进行在线检索,并在线阅读扫描件。数据化则进一步对数字影像的数字资源进行转录识别、描述增强、关联构建和矢量处理,将原本主要供人阅读的扫描件转变为数据库中的数据。档案数据化与档案数字化的主要区别如表11.1所示。

表11.1 档案数据化与档案数字化的主要区别

项目	档案数据化	档案数字化
目的	将各类形式的信息输入数据库系统中,面向机器分析计算	将各类形式的信息输入计算机系统中,面向人阅读
主要任务	转录识别、描述增强、关联构建、矢量处理	扫描著录
资源状态	存储在数据库中的数据	存储在计算机中的数字资源
档案管理思维	开发导向思维、知识服务思维、智慧管理思维、开放数据思维	存取导向思维、信息服务思维、信息管理思维、开发档案思维

因此，档案数据化是在档案数字化的基础上，以满足用户的具体需求与业务运行的实际需要为出发点，将数字档案资源转化为机器能够识别、理解和高效处理的数据资源形式的过程，其重点在于将非结构化的档案数据转化为机器可计算处理的、有含义、有关联的结构化档案数据。当前，档案数字化开发仍处于载体开发阶段，属于基础性开发；档案数据化有助于进入内容开发阶段，将数据挖掘、知识组织等技术引入档案资源开发中，有助于在数字化基础上进一步推进档案信息资源在数据层级的深度开发，实现档案数据资源的融合、关联、挖掘与分析，推动档案知识发现和知识服务的开展。

（三）档案数据化特征

1. 人机协同

在信息技术迅猛发展的背景下，传统的以人工为主的文档处理方式已无法适应大数据环境下的海量档案数据。为了应对档案资源开发利用中的"质"与"量"的双重挑战，迫切需要将档案资源转化为细粒度、知识化的数据形态，以便机器能够识别、分析和计算。这种转变使得档案数据处理从以人为主体转换为人与机器共同作为决策主体的人机协同模式。人工智能技术的发展使得机器能够从数据中学习，并对数字世界中的物理对象数据映射进行判断，如人脸识别、智能推荐等应用。这种文档资源开发利用的主体转换，引入机器作为新的决策主体。在档案数据化的各个环节中，机器作为主体参与决策的部分日益增多，如基于人工智能的手写档案转录识别、自动化文本序列标注等。因此，人机协同在档案数据化过程中并非单纯的人操作计算机，而是人与机器共同参与数据化过程、方法和结果的决策。这种协同模式将人类专家的经验与机器的精确计算相结合，为档案资源的深度开发与高效利用提供新的可能性。

2. 利用驱动

档案数据化并非一个孤立的过程，而是紧密关联于档案利用服务，围绕这一服务需求展开。档案利用的具体需求决定了档案数据化的具体内容，二者之间呈现出一种相互印证、需求衔接的关系。不同的利用需求将导致档案数据化的过程、方法和成果形式出现差异。例如，针对档案全文检索的利用服务，相应的档案数据化成果应包括全文数据库和索引数据库，主要采用的数据化方法为数字化扫描件的转录识别；对于档案的参考关联分析，以搜索和分析共同引用了某一制度或标准的档案之间的关联为例，其档案数据化的成果至少应包括全文数据库以及相关的语义描述和标注，主要采用的数据化方法为转录识别和描述标注。不同的利用服务对档案的分析开发提出了不同的需求，这些分析开发过程又对档案资源的形式和状态提出了不同的要求。因此，档案数据化需要根据具体的利用需求，采用适当的方法，以生成符合这些需求的成果形式。

3. 粒度细化

档案数据化并非一个线性的过程，而是一个涉及数据粒度逐步细化的复杂过程。它不仅仅是从档案扫描件到全文转录的简单转换，因为这种看法忽略了文本内容数据并非严格的结构化数据。尽管文本内容数据能够满足基本的分析和计算需求，但对于更高层次的利用需求而言，它们通常不足以满足要求。在利用需求的推动下，文本内容数据通常需要进一步的标注和描述，甚至需要转换成结构化程度更高的数据形式。因此，档案数据化不仅包括内容的转录，而且还涉及持续改进档案数据形态的各个阶段。档案数据化本身可以看作一个数据粒度细化和数据再组织的过程。

对于数字化的档案扫描件，首先，转录识别以生成扫描件的全文数据，这一过程也被称为文本化。接着，标注和描述档案内容以形成结构化程度更高的描述数据。然后，构建本体以揭示档案中所含概念之间的相互关系。最后，对知识实体进行抽取、关联和对齐，以构建知识图谱。在这些环节中，数据对象的粒度不断细化，每个环节都以前一个环节为基础，每个环节都对内容数据进行重新组织，各个环节的堆叠组合最终形成了档案数据化。

4. 面向计算

所谓面向计算，是档案数据化以机器可计算性为导向。在传统环境下，档案开发通常依赖于人工编目、编研等方式，人的阅读、梳理和分析需求决定了档案资源的形态和组织是连续且易读的。然而，在新的环境下，机器成为档案开发利用的主体，机器对档案内容数据的识别和理解过程，可以类比于传统环境下人对档案内容的阅读。在数据化之前，档案资源是面向人阅读的，而不是面向机器计算的。档案数据化是档案资源从面向人阅读到面向机器计算的转变。

二、档案数据化的任务与方法

（一）档案数据化的任务

档案数据化过程主要包括两个核心任务：①结构化过程，涉及根据不同利用需求对文档信息完成结构和数据定义，使机器能理解并处理这些经过重新定义的信息内容；②量化过程，在结构化的基础上进一步从数据中提取特征，使机器能够理解和计算数据。[①]档案的结构化过程主要包括以下任务。

1. 转录识别

转录识别是档案数据化过程中的一个重要且基础性的工作，其主要目的是解决机器难以直接操作档案内容的问题。这一过程涉及将档案的内容数据和部分元数据按照一定的顺序存储在数据库的字段或键中。以版式文件或扫描件为例，通过转录识别的操作，可以生成对应的全文数据库，从而使得管理者能够利用相关技术对档案的内容和元数据开展全文检索、统计分析和可视化等操作。

转录识别的目标可以概括为内容可操作性。对于以文本内容为主或数据化成果以文本数据为主的档案，由于文本数据具有从篇章到语句再到词汇的层次性，其转录识别工作可以分为初级阶段和高级阶段。初级阶段是将全部文本数据放入一个或几个字段中存储；高级阶段则是通过XML等标记语言对文本数据进行半结构化处理，将文本数据转化为文档树，并将文档树存储到数据库中，以区分档案内容的各个组成部分。

---

① 汪航舰，应芷安，杨建梁. 文档数据化的理论逻辑与实践路径[EB/OL]. （2024-05-10）[2024-06-26]. http://mp.weixin.qq.com/s?__biz=MzkyMjYyOTQzMw==&mid=2247493190&idx=1&sn=925a83fe2dc911cd0da407ef50f3b398&chksm=c1f3c210f6844b067e52992e6a99f4268fb8418f456bbfcc325bbbfe1eed352f95ad06e8dc2b#rD.

2. 描述增强

描述增强旨在解决档案缺乏描述和标注，从而难以被机器理解的问题。这一过程涉及通过人工或机器标注档案的内容数据和元数据。根据描述对象的不同，标注层级可以包括多个层次。以文本文档为例，标注层次包括文件级、语句级、词级等；再以图像为例，标注层次包括图像级、对象级、像素级等。其中，信息资源元数据可以被认为是一种文件级的标注。

描述增强的目标可以归纳为数据可理解性，即通过增强数据的描述和标注，使得机器能够更好地理解和处理档案数据。经过描述增强，管理者可以通过机器对档案再组织。描述增强层所形成的成果一般包括富语义描述数据库和标注数据集，富语义描述数据库中包含丰富的描述数据，标注数据集中包含标注字段和记录。

3. 关联构建

关联构建旨在解决档案资源中知识粒度较大、缺乏细粒度知识表达的问题。这一过程涉及通过人工或机器对档案的内容和元数据开展知识建模、信息抽取、关联揭示和知识融合等工作，旨在通过档案数据之间的关联促进知识的发现。

关联构建的目标可以归纳为知识可获取性，即使档案中的知识变得易于获取和利用，从而提高档案数据的应用价值。关联构建的目的是将档案中蕴含的相关知识通过知识图谱等方式表达出来，实现知识的显性化、自动推理、知识发现以及智能审计、智能校验、智能风控等更高层次的智能化应用。通过关联构建，档案被转化为图结构的知识图谱，存储在图数据库中，或者变为档案资源及其描述信息的关联数据。

档案量化过程的主要任务是矢量处理。矢量处理旨在解决档案内容数据无法被机器计算和分析的问题。它是机器自动化分析和处理档案资源的基础，通过相关算法对档案数据化后形成的各类结构化数据进行特征工程或表示学习，从而形成文件级、语句级、词级的向量表示，并将档案、档案组成元素和知识实体映射到向量空间中。

矢量处理的目标可以归纳为机器可计算性，即使档案内容数据能够被机器有效地计算和分析，从而推动档案资源的深度开发和高效利用。矢量处理是支持档案智能化利用服务的关键环节，它使得机器能够实现自动化和智能化的应用，如主题聚类、多维分类、序列分析等。此外，矢量处理也是机器智能支撑档案数据化工作的重要内容。例如，在构建知识图谱时，通常需要通过矢量处理和人工智能技术自动地抽取知识实体和关系。[①]

（二）档案数据化的方法

1. 面向转录识别和描述增强的数据化方法

转录识别是档案数据化任务框架中的基础任务，其对象主要包括印刷档案扫描件、手写档案扫描件、音视频档案和其他类别（如工程图纸档案），其前置任务是以扫描著录为核心的数字化任务。当转录识别的主要实施主体是人时，对于各类档案资源可以采取人工转录识别的方式，即通过人工阅读和分析，将档案资源识别转录为文本内容。当转录识别的主要实施主体是机器时，对于不同类型的档案资源对象，所采取的技术方法也有所差

[①] 杨建梁，刘越男，祁天娇. 文档数据化：概念、框架与方法[J]. 中国图书馆学报，2022，48（3）：63-78.

别。对于档案扫描件，其转录识别的关键方法主要包括OCR、手写识别和语言模型。对于音视频档案，其转录识别的关键方法主要包括声学模型、语言模型、关键帧识别、图像识别等。结合视频分析的相关研究，音视频档案的数据化分为对音频的数据化和对图像的数据化。对于图像部分，所采用的关键方法主要包括关键帧识别和图像识别。

描述增强的对象按资源粒度可分为档案集合（如图书中的作品集、系列图书等，档案中的全宗、类目、卷等）、档案件（单件）、语句和字词（主要针对的是文本数据）等。在数字化任务中，对档案件的元数据著录属于描述增强的方法。对于不同数据粒度的档案对象，其描述增强的关键方法也有所不同。数据粒度越细，机器能够参与的工作越丰富；数据粒度越粗，描述增强对人工的依赖越大。以文本类档案的数据化为例，对于档案集合，主要需要人来开展描述增强工作，所涉及的关键方法包括叙词表构建、本体建模和元数据著录等；机器可以进行主题发现和主题标注的工作，常见的技术方法有主题模型等。对于档案件的描述增强，人主要开展元数据著录等工作，机器参与的关键方法包括元数据抽取、分类标注、聚类标注和主题发现等。对于语句的描述增强，人不参与此工作，机器参与的关键方法包括语义角色标注、分类标注和聚类标注等。对于字词的描述增强，人主要开展叙词发现等工作；机器实施的关键方法包括分词、词性标注、实体抽取、词义消歧、叙词发现与映射等，所涉及的技术有隐马尔可夫模型、条件随机场、端到端的循环神经网络等（表11.2）。

表11.2 描述增强的关键方法

对象类别	实施主体	关键方法
档案集合	人	叙词表构建、本体建模、元数据著录等
	机器	主题模型等
档案件	人	元数据著录等
	机器	元数据抽取、分类标注、聚类标注、主题发现等
语句	人	—
	机器	语义角色标注、分类标注、聚类标注等
字词	人	叙词发现等
	机器	分词、词性标注、实体抽取、词义消歧、叙词发现与映射等

2. 面向关联构建的数据化方法

关联构建所涉及的数据对象主要包括领域本体、命名实体、实体关系和资源关系。这四类对象是基于档案资源构建知识图谱和"资源–实体"关联网络时所重点关注的数据对象。由于知识图谱和"资源–实体"关联网络的构建对数据处理的效率和实施主体的能力有较高的要求，现阶段知识图谱和"资源–实体"关联网络的构建往往是人与机器合作完成的。

领域本体构建是档案知识图谱构建的基础性工作，是定义概念及其关系的过程。这个过程需要由领域专家和信息资源管理专家联合开展，所采用的关键方法包括概念术语分析、本体构建等。机器基本不参与领域本体构建的相关决策。

命名实体和实体关系指档案知识图谱中的知识实体及其关系需要在档案内容中抽取并清理消歧。人工开展知识实体和实体关系的抽取工作时，需要对档案内容和领域本体具备一定的知识背景。对大规模档案内容采用人工方式进行知识实体及关系的抽取和消歧时，往往还需要通过众包或外包等方式由多人联合开展。机器开展该项工作时，所采用的关键方法主要包括序列标注、实体消歧、基于规则的模式识别、基于依赖路径的识别等方法。序列标注一般采用条件随机场、循环神经网络等算法模型实现；实体消歧一般采用上下文相似度匹配等算法模型实现；基于规则的模式识别和基于依赖路径的识别是按预定义的句法规则或实体关联规则抽取实体关系，一般采用深度神经网络等算法模型实现。现阶段已经有研究开展了基于档案资源的知识图谱构建，如面向科研档案管理的知识图谱系统构建方案、面向公共危机事件的知识图谱和中国历代存世典籍知识图谱等。

资源关系是档案中知识实体与资源之间的关联关系。人工开展资源关系的构建工作时，所采用的方法主要包括定义关联数据模式、人工析出并整理实体与资源之间的关联关系等；机器开展该项工作时，所采用的方法主要包括自动标注并链接实体与资源等（表11.3）。

表11.3 面向关联构建的关键方法

对象类别	实施主体	关键方法
领域本体	人	概念术语分析、本体构建等
	机器	—
命名实体	人	人工识别并标注实体等
	机器	序列标注、实体消歧等
实体关系	人	人工识别并获取关系等
	机器	基于规则的模式识别、基于依赖路径的识别、序列标注等
资源关系	人	定义关联数据模式、人工析出并整理实体与资源之间的关联关系等
	机器	自动标注并链接实体与资源等

3. 面向矢量处理的数据化方法

矢量处理是机器参与档案数据化工作的基础，该任务贯穿于从转录识别到关联构建的各项数据化任务中。矢量处理的对象主要包括档案扫描件、音视频档案、转录识别后的档案件、转录识别后的档案语句、转录识别后的档案字词、知识图谱中的命名实体等。由于矢量处理的主要目的是建立档案资源到向量空间的映射关系，实现机器可计算，因此主要实施主体是机器。

对于尚未转录识别的档案扫描件和音视频档案，机器可以采用图像表示学习、音频特征工程等关键方法来实现资源特征的矢量化，从而使机器参与到上述资源转录识别的过程中。对于转录识别后的档案件、档案语句和档案字词的矢量处理，关键方法主要包括基于内容的表示学习、基于词袋的特征工程、字词表示学习等。基于内容的表示学习主要通过深度学习模型或迁移训练的语言模型将档案内容表示为特征向量，常用的深度学习模型包括长短期记忆网络、BERT等。基于词袋的特征工程主要通过构建特征词袋（词袋构建可能需要人工参与），进一步通过特征权重算法形成档案件和档案语句的特征向量，常用的特征权重算法主要包括TF-IDF、互信息等。基于字词的表示学习主要基于字词的上下文关系，通过预训练或迁移训练模型获得词的分布式表示，常用的算法模型包括Word2Vec、BERT等。

对于知识图谱中命名实体的矢量处理，关键方法主要是知识表示学习和图表示学习。知识表示学习侧重于知识元组之间的推断关系，图表示学习侧重于知识图谱的网络关系（表11.4）。

表11.4 矢量处理的关键方法

对象类别	实施主体	关键方法
文档扫描件	机器	图像表示学习
音视频文档		音频特征工程、图像表示学习
转录识别后的文档件		基于内容的表示学习、基于词袋的特征工程（词袋构建可能需要人工参与）
转录识别后的文档语句		字词表示学习
转录识别后的文档字词		知识表示学习、图表示学习
知识图谱中的命名实体		关键方法

三、档案数据治理概念与体系

大数据时代，档案数据数量急剧增长，规模迅速膨胀，资源总量巨大，时效特征明显。随着档案数据化的推进，一些问题也逐渐显现，如档案数据质量不符合规范、格式不统一、标准不规范化、开发效率低下等。从空间层面上来看，大数据时代的档案数据空间范围不断扩展，数据获取的范围和边界日益开放，数据的来源更加分散，结构更加复杂，类型更加多样，形式更加多元，管理的难度加大，开发的要求也更高。档案数据的时空环境变化迫使档案界必须高度重视对这些体量巨大、稍纵即逝、价值集聚的数据的治理。

档案数据治理是档案部门、社会组织和公民等多元主体协同合作，依据一定的法规标准，充分利用大数据等现代信息技术，对档案数据从生成、收集、管理、存储到利用的整个生命周期进行科学规范的全程管理，挖掘档案数据价值，满足社会利用需求，实现档案数据善治的活动和过程。[①]

档案数据治理体系包括质量控制、整合集成、共享利用、安全保障、治理运行机制等方面。

---

① 金波，杨鹏. 大数据时代档案数据治理研究[J]. 档案学研究，2020（4）：29-37.

（一）档案数据质量控制

档案数据质量控制是针对档案数据全生命周期流程中的各种数据质量问题，进行识别、度量、监控、检测、分析、回溯、预警、解决、反馈、评估等一系列管理活动，从而改善和提高档案数据质量的过程。维护档案数据质量是档案数据治理的关键，是档案数据开发利用的基础。档案数据质量控制体系包括：①技术体系。档案数据处理技术要符合大数据管理需求，档案数据存储技术要注意维护数据关联性，档案数据安全技术要注意数据保障的全面性。②顶层设计。要完善档案数据质量控制的政策引导，出台相关法律法规。③组织机构。要划分各治理主体的定位和职责，并且树立协同共治的治理理念，推动多元主体有序参与档案数据质量治理。①

（二）档案数据整合集成

当前，档案数据资源管理无序与有序、分散与集成、孤立与互通、异构与统一之间的矛盾突出，需要通过建立有效的档案数据资源整合策略、整合模式和整合方法，做到：①加强档案部门之间的档案数据整合，利用大数据技术，打破部门隔阂和条块分割的碎片化状态，针对不同来源的档案数据，统一数据格式，制定元数据标准与政策，构建数据标识，实施元数据管理等；②加强档案部门与信息部门、政府数据管理部门间的档案数据整合；③加强档案部门与社会间的档案数据整合，档案部门需要借助数据集成、交换、仓储、挖掘等大数据技术，整合公共领域企业、社会组织、民众所拥有的民意社情数据、安全保障数据、公众健康数据、防灾减灾数据等。

（三）档案数据共享利用

共享利用是实现档案数据价值、释放档案数据能量的关键方式，是档案数据治理的重要环节。档案数据共享利用是充分利用现代信息技术和管理手段，注重多主体协同联动，强化档案数据资源建设，实现档案数据资源共建共享与互联互通。档案数据共享利用存在法规标准缺失、管理体制机制制约、数据技术能力薄弱等问题。针对这些问题，需要完善档案数据共享利用政策法规，建立健全档案数据共享利用标准体系，建立档案数据共享利用协同管理机制，构建档案数据共享利用组织保障机制，实施内外联动的人才培育机制，落实档案数据共享利用评价机制，打造全国档案数据共享利用平台，积极应用新兴现代信息技术。②

（四）档案数据安全保障

档案数据安全是通过采取必要措施，对档案数据进行全生命周期的安全防护，确保档案数据运行安全和合法利用。档案数据安全需要从法治、协同、技术、智力等多个层面保障：在法治层要加强档案数据安全法治建设，在协同层要推进档案数据安全协同共治，在

---

① 周林兴，林凯. 大数据时代档案数据质量治理：因素、框架和路径[J]. 档案学研究，2023（2）：111-119.
② 金波，杨鹏，邢慧. 大数据时代档案数据共享利用探析[J]. 情报科学，2023，41（6）：9-16.

技术层要打造档案数据安全技术高地，在智力层要培育档案数据安全专业人才。①

（五）档案数据治理运行机制

档案数据治理运行机制是在一定社会条件下，档案数据治理活动过程中各构成要素的结构、功能及其相互关系，以及这些构成要素相互依赖、相互制约、相互协调的作用过程与运作方式。②宏观层面，要打造包括法治引领、行政支撑、市场助力、社会推动、文化牵引的多维度综合治理机制；中观层面，要构建政府、档案部门、数据管理部门、社会组织、公众共同参与的档案数据治理新格局，形成多主体协同共治机制；微观层面，档案数据保管机构要通过档案数据治理要素自组建、自进化与自创新等自组织机制，强化档案数据治理内部生态要素的配套加建、改进升级和变革发展。③

> 思考题：
> 1. 阐述档案数字化的概念与要求。
> 2. 描述数字档案馆的概念与特征，并阐述数字档案馆建设的基本内容。
> 3. 描述档案数字化与档案数据化的关系。
> 4. 如何在档案数据治理中保护数据安全？

---

① 金波，杨鹏. 大数据时代档案数据安全保障探究[J]. 档案学通讯，2022（3）：30-38.
② 金波，王洁菲，添志鹏，等. 档案数据治理运行机制探究[J]. 档案学通讯，2023（4）：22-29.
③ 金波，添志鹏，杨鹏. 大数据时代档案数据治理运行机制建构[J]. 档案学研究，2023（4）：65-73.

第十二章
电子档案管理

电子档案是对国家和社会具有保存价值的电子文件。站在我国档案管理制度的角度，归档前的管理对象为电子文件，归档后的管理对象则是电子档案，但是二者存在密不可分的联系。本章结合近年来国家颁布的有关电子文件与电子档案管理的相关标准、规范，系统介绍电子档案管理工作。第一节介绍电子文件的概念、特点与种类；第二节说明电子档案的管理目标，并进一步阐述电子档案管理的基础理论及其管理模式，以及电子档案证据效力的内涵及其维护要求；第三节介绍电子文件管理的关键环节，包括电子文件的形成、采集、鉴定、归档等；第四节说明电子档案在保管、著录、利用各个环节的工作需求，并引入当前国内电子档案利用的典型案例。[①]

---

① 相关内容参考冯惠玲、刘越男著《电子文件管理教程》（中国人民大学出版社2017年版），金波、丁华东主编《电子文件管理学》（上海大学出版社2015年版）编写。

第一节 电子文件概述

一、电子文件的概念

电子文件（electronic document）是国家机构、社会组织或个人在履行其法定职责或处理事务过程中，通过计算机等电子设备形成、办理、传输和存储的文件。广义的电子文件包括以模拟信号存在的电子文件和以数字信号存在的电子文件，前者如传统录音录像文件，后者也称数字文件。狭义的电子文件特指以数字信号存在的文件。我国档案领域通常采用狭义电子文件概念。[①]以上概念揭示了电子文件的三个特征：

（1）电子文件是文件的一种类型，文件是电子文件的概念基础。"文件"一词有两种含义：一是"国家机构、社会组织或个人在履行其法定职责或处理事务中形成的各种形式的信息记录"，英文通常称record或document；二是"计算机的一个专用名词，指由若干相关的记录构成的集合"，英文通常称file。这里采用的是第一种含义，指在社会实践活动中产生的，经过形成、办理、传输和存储等流程的信息记录。作为文件家族的新成员，电子文件具有文件的各种属性，特别是具有特定的要素、作用和效力。这是电子文件与其他数字信息的基本区别，也是电子文件与其他形式文件的共同点。

（2）电子文件是由电子计算机、数码相机、数字传感器等数字设备生成、处理和存储的，其信息以二进制数字代码记录和表示，因此亦可称为"数字文件"（digital records）。这是电子文件与以往所有其他形式文件的基本区别，也是电子文件信息与其他数字信息的共同点。数字信息使用0和1两种数码的组合来记录信息，每一个0或1叫作一个比特，需要记录的信息用一串比特存储于计算机存储器（包括内存储器和各种外存储器）中，并可通过通信网络传输。

（3）电子文件的构成方式由内容、背景信息、结构三要素构成。国际档案理事会电子文件管理委员会出版的《电子文件管理指南》给文件所下的定义是："文件是由机构或个人在其活动的开始、进行和结束过程中所产生或接受的记录信息，该记录信息由足以为其活动提供凭证的内容、背景信息和结构所构成，而不管其形式和载体如何。"在这里，内容（content）、背景信息（context）和结构（structure）成为构成文件的三种要素。结构指文件内容信息的组织方式和表达方式；内容指文件中所包含的表达作者意图的信息；背景指文件所处的环境，包括文件之间的相互关系、形成文件的业务活动、文件的技术环境等。

---

① 档案学名词审定委员会. 档案学名词 2024[M]. 北京：科学出版社，2024：60-61.

二、电子文件的特点

（一）信息的非人工识读性

电子文件的基本技术特征是数字信息。20世纪90年代，数字文件的概念开始出现，进一步强调其数字信息的特征。数字信息是电子文件与其他计算机文件的共同点，以及其与传统载体文件的不同点。电子文件的信息是由二进制数字代码比特（0和1）组成的，文本、声音、图像、影像等不同类型、不同格式的电子文件都是由不同数量的比特经编码排列组合而成，并以数字形式存储的。对于这种经过复杂编码的比特，人工无法直接破译它的含义，只有通过计算机特定的程序解码，使之还原为输入前的状态，人才能识读它。所以，现代信息技术形成的电子文件在给人类带来极大方便的同时，与人的关系也发生某种疏远。

（二）系统的依赖性

电子文件是在电子计算机等数字环境中生成和存在的，它应用计算机设备和各种操作系统来生成和运行，应用各种专用软件来阅读、识别和处理，应用特定的载体和网络设备来存储，应用网络环境来传输和管理。总之，电子文件的制作、处理，归档后的全部管理活动，乃至利用、共享都必须借助计算机软硬件系统才能实现。其对系统的依赖性包含两个方面：①从文件的制作、处理，以至归档后的全部管理活动都必须借助计算机系统才能实现。离开计算机系统，人既无法识读，更无法对电子文件施加任何影响，管理活动便无法谈起。②不兼容的计算机和应用软件生成的文件在交换使用时会遇到很大困难。当生成文件的软件、操作系统和硬件更新换代与原系统不兼容时，我们需要保存老的系统，或者对老系统生成的文件进行迁移转换，以确保老系统生成文件的可读性和可管理性。

（三）信息与特定记录载体之间的可分离性

以往的文献信息被固定在某一载体上，二者成为不可分离的一个"实体"，文献的使用、流传都是以这种实体形式实现的。对于正式文件来说，其内容与最初形成时的格式、标记等同时被固定在载体上，为文件打上明显的原始性烙印。电子文件载体不再具有对信息的固化作用，信息不再对原记录载体"从一而终"，不再具有物理意义上的固定实体状态，保管中也不再具有固定的物理位置。信息对于特定的物质载体具有相对独立性，可以非常便捷地改变存址，在不同载体间转换或同时存在，原存址信息可以删除或被新信息覆盖；文件信息可以根据需要扩展或缩小其存储空间，可以定期转存或迁移，还可以借由电缆、光缆铺设的网络流向异地。

（四）信息的可变性

造成电子文件信息发生变化的主要原因有：①计算机系统中信息的相对独立性使得人们利用各种应用软件增删更改文件信息十分方便，动态文档中的数据也会不断地被自动更新或补充。如气象观测图形在不同时间段会有不同的结果，使用PhotoShop软件可以对照片加以修饰等。②电子文件载体性能的不稳定性有可能造成文件信息的改变。到目前为止，电子文件存储载体的物理寿命（保证存储数据不丢失的时间）还远远比不上纸张，材料的氧化和变质、磁场的影响等很容易破坏载体上存储的数据，因此每隔一定时间就必须复制原载体数据，而在转换过程中由于操作和其他方面的原因，可能导致信息的丢失或失真。③电子信息技术的发展，新的信息编码方案、存储格式、系统软件的不断出现，都可能导致文件信息在读取时发生变化，对于电子文件的识别和真实性维护提出新要求。

电子系统中文件真实性永久保障国际合作项目应用计算机和信息领域的"有限变异"思想，界定电子文件可以接受的数字信息变化的条件，即电子文件内容和形式的变化受固定规则的限制和控制，并且内容数据、形式数据和结构数据的保存都是稳定的，相同的查询、请求以及互动可以生成相同的结果。有限制的成文形式的变异包括两个方面：由制作者意愿产生的变异和由系统功能造成的变异。前者如一个可以变换字号大小、看似无序闪现的静态或动态图片的网页，由于字号和图片的数量一定，因此变异是有限的，是可以被穷尽的，这个网页的外在表达方式可以被视为具有相对的稳定性。后者如电子表格，一组同样的数据可以被表示成有同样意义但不同形状的统计图形。当它们被看作独立视图的时候，一个柱形图和一个条形图有完全不同的呈现方式；当它们存在于Excel的时候，这些图形可以互相转换而且转换的方式和数量受软件功能的限制而有限。这种有限的变异性使一个电子表格具有外在表达方式上的相对稳定性。

（五）信息存储的高密度性

电子文件的信息存储密度大大高于以往各种人工可识读的信息介质。随着技术的进步，电子文件介质的存储密度还将继续加大。1965年，英特尔的创始人之一戈登·摩尔（Gordon Moore）考察计算机硬件的发展规律，提出著名的摩尔定律，即同一面积芯片上可容纳的晶体管数量一到两年将增加一倍。也就是说，计算机硬件的处理速度和存储能力一到两年将提升1倍。到目前为止的事实验证了摩尔定律。数据表明，从1971年到2011年，大概每两年，同一面积的中央处理器集成电路上的晶体管数量就增加1倍；与此同时，其价格不断下降，使得人类保存数据的能力不断提升，成本不断降低。1983年，国际商业机器公司（IBM）推出内部装有10 MB（兆字节）硬盘的个人计算机，1995年，个人计算机的硬盘容量达到1.2 GB（千兆字节），2000年达到20 GB，2003年则上升到80 GB；2013年，320 GB硬盘已极为普遍，移动硬盘的容量更是以TB计。IBM于2011年预计，到2020年，1 U机架硬盘的容量可能达到1 PB，即可以容纳现在1250个相同规格硬盘的容量。随着USB电子硬盘的风靡、光盘刻录的发展、网络应用的普及，曾经应用最广泛的软盘驱动器逐渐淡出人们的视线。如今，光盘、USB电子硬盘的存储容量都在快速增长。从理论上讲，5英寸CD-R光盘（650 MB～1 GB）可存储3亿～5亿个汉字或数千页A4幅面的文稿图像；DVD光盘单面的存储容量达4.7 GB，可存储20多亿汉字和数万页文稿图像，双面的存储容量达8.5 GB；蓝光光盘（BD）的容量更大，单面单层25 GB，双面50 GB，三层75 GB，四层100 GB。应用信息压缩技术，磁、光介质存储设备存储文字、图像文件的能力可增加数倍甚至更多，达到海量存储。

（六）多种媒体信息的集成性

纸质文件主要承载文字和图形信息；电子文件可以对文字、图形、图像、影像、声音等各种信息形式加以有机组合，形成多媒体文件。多媒体文件图、文、声、像并茂，能够更加真实地再现当时的活动情况，从而强化文件对社会活动的记忆和再现功能。在用多媒体技术制作的文件中，文字、图像、声音等各种信息都被用二进制数字来表达，它们和文本文件一样可以在屏幕上显示，可以输出，并可以通过网络传输。

多媒体文件与模拟声像文件的根本不同点在于数字信息和非数字信息的区别。以数字信息构成的各种电子文件不仅可以实现全文查询和网上传输，用户还可以与之发生互动。例如，用户可以选择不同的输出方式（屏幕显示或打印，全文输出或局部输出，本地输出或异地输出，不同的输出色彩与精度等），可以在"阅读"过程中调阅其他相关信息，在被允许的情况下还可以修改文件，从而对电子文件的利用乃至形成有更大的参与性和选择权。

随着多媒体技术和信息智能技术的发展，用户与电子文件的互动更加便捷自如，电子文件的呈现更加美妙、立体，如嵌入网页的电子艺术作品、音频、动画、虚拟实境系统，以及数字展览的360度全景展示、虚拟漫游等，不断改善与丰富用户的感官体验。

（七）信息的可操作性

纸质文件只能给用户提供固定结构的信息单元，文件中信息之间的关系是一维的，用户对获取信息的路径无法选择。计算机超文本技术的出现造就一种新的文件信息组织方式，即由存放信息的节点和描述这些信息节点之间关系的链组成的超文本文件。超文本文件可以为用户提供立体网状的信息组织，用户可以自主地、有选择地通过链接方式浏览相关的信息节点，获得自己需要的信息单元及其组合。构成信息节点的信息可以是任意媒体形式，可以是静态或动态信息，可以通过不同的链路获得。例如，在人事管理信息系统中查询职工信息时，系统可以从职工数据库中调取该职工的基本信息，从图像库中调取照片，在备注文件中调取该职工的工作简历，共同组成一份信息相对完整的文件提供给用户。在开放超文本技术中，这些信息还可为其他文档所共享。对于超文本电子文件的管理需要同时着眼于信息节点和节点之间的关系链，视需要采集其中有价值的部分归档管理。

三、电子文件的种类

（一）按电子文件的信息存在形式划分

按信息存在形式，电子文件可划分为以下类型：

（1）文本文件（text），或称字处理文件，是使用文字处理软件（如WPS、Word等）生成的，由字、词、数字或符号表达的文件，存储内容由ASCII标准代码和GB 2312—80标准汉字代码构成。用不同文字处理软件编辑的文本文件一般不能交换使用，常用的文件格式有wps、doc等。纯文本文件不包含格式代码，在使用时不受计算机硬件和软件类型的限制，常用的格式有txt等。

（2）数据文件（data），主要包括两类：一是含有数据的电子表格文件，如用Excel软件制作的用于记录或计算各种数据的表格，格式为xls；二是数据库电子文件，是在事务处理系统中单独承担文件职责，或者作为文件的重要组成部分出现的数据对象，也可以说是以数据库数据形式存在的具有文件属性的记录。一个数据库由若干记录组成，一个记录由若干字段（数据项）组成。根据形成者需要建立的数据文件可以是数据库中的一个记录，也可以是若干相关的记录。数据库因管理程序不同而具有不同的格式，一般来说不同的数据库之间需要通过转换程序才能进行信息交换。数据库的生成一般有两种方式：一是人工输入数据，利用相应的数据库应用程序形成数据库；二是使用条形码扫描器、传感器等设备自动采集数据。近年来传感器技术愈加成熟，应用面日益广泛，通过传感器自动采集的数据持续快速增长。此外，使用已有的数据借助某些软件包亦可自动生成新的数据库。机构业务活动或管理活动中建有各种专题数据库，如政策法规数据库、人员情况数据库、业务指标数据库、普查记录数据库、勘测数据库等。这些数据库中的数据是机关、企业事业单位在其职能活动或内部管理活动中生成或获取的真实记录，应作为电子文件管理。

（3）图形文件（graphic），是根据一定算法绘制的图表、曲线图，包括几何图形和用图标表示的物理量如应力、强度的图形等，常用格式为eps等。计算机辅助设计（CAD）、计算机辅助工程（CAE）、地理信息系统（GIS）或绘图系统中产生的设计模型、图纸、图画等即为图形文件。图形文件由代表绘图坐标的矢量和一些参数组成，可以使用特殊的代码格式存储，也可以使用纯文本文件的代码存储，以便在不同的软件包之间交换信息。

（4）图像文件（image），是使用数字设备采集或制作的画面，如用数码相机拍摄的照片、用扫描仪扫描的各种原件画面、用Photoshop等软件制作的效果图等。纸质文件、缩微胶片均可经过扫描转换成数字图像文件。图像文件的分辨率与存储空间成正比，不同格式的图像文件不能任意交换使用，常用的文件格式有jpg、bmp、tif等。彩色图像文件的内容一般是用表示图像像素的代码形式存储的，能否正确复现原色彩还与显示器的性能有关。

（5）影像文件（video），是使用视频采集设备（如数码摄像机）录入的数字影像或使用动画软件生成的二维、三维动画等各种动态画面，如数字影视片、动画片等。视频采集设备还可将模拟影像转换成数字影像。影像文件需要较大的存储空间，其分辨率与存储空间成正比。影像文件有不同的格式或标准，主要格式有mpeg、avi等，播放时需要使用相关的设备和程序。

（6）声音文件（audio），是用音频设备（如数码录音机）录入或用编曲软件生成的文件。常用的文件格式有wav、MP3等。用音频设备录入并转换为数字形式的文件，如数字录音、语音邮件（voice mail）等，采样频率和速率越高，音质越好，文件所占存储空间就越大。用编曲软件生成的文件一般被称为MIDI文件。还有一些音乐文件是将上述文件通过压缩或转换生成的（如MP3等）。声音文件播放时需要使用相关的设备和程序。

（7）程序文件（program），是为处理各种事务用计算机语言编写的程序，是一种计算机软件。它的形成过程一般是由程序员编写源程序输入计算机，通过相应的编译程序编译后执行，有些还要经过连接程序才能执行。源程序是纯文本文件，由特定的计算机指令序列构成，具有可移植性，一般不受计算机类型的限制，编译后的软件在不同类型的计算机上通常不兼容。源程序能表明版权的归属，对于计算机软件的开发者来说具有重要的保存价值。

（8）多媒体文件（multimedia），是包含上述两种以上信息形式的文件。数字影视片、PPT文件大多采用多媒体技术。多媒体文件综合运用图、文、声、像等多种信息形式记录事物或事件面貌，可以更加真实、生动地再现当时的情景。

（9）超文本文件（hyper text），是包含信息链接功能的文件。超文本是一种信息组织方法，具有较为复杂的信息结构。它对相关数据和信息以节点链接的形式建立有效关联，确定并显示各节点信息之间的相互关系，主要采用html格式。用户可以通过这种链接功能获取超文本文件节点网络中的任意相关信息。机关、社会组织和个人的网页（web page）就是使用超文本技术制作的，一些数据库的检索导航系统也采用超文本技术。

随着计算机技术的不断发展，不同类型文件之间的融合现象越来越多，文件类型之间的界限日益模糊。例如，doc格式的文件是典型的文本文件，但当文件中内嵌图形、图像、声音、视频等内容后，也可以看作多媒体文件。

（二）按电子文件的生成方式划分

按生成方式，电子文件可以分为原生电子文件和数字化电子文件。

（1）原生电子文件是在计算机系统中直接生成的数字信息文件，如在办公自动化（OA）系统中起草、发布、流转的发文、电子邮件、计算机辅助设计文件等。随着信息技术的普及和发展，在电子政务、电子商务、电子监测、电子出版、网络教育等领域中直接形成越来越多的电子文件，其技术环境不尽相同，包括个人计算机、过程控制计算机和各种形式的网络环境等。其信息输入方式多样便捷，包括键盘录入、语音录入、书写录入、音视频设备录入、传感设备自动采集等。这些文件的最初形态为数字信息，根据需要可以用屏幕显示、播放、打印等各种方式输出。

（2）数字化电子文件是将模拟信息的源文件（如纸质文件、模拟录音文件、缩微胶片等）经由数字设备转换而成的数字信息文件。为满足社会各方面对网上文件、档案信息资源日益扩大的需求，不少国家的政府机关和档案机构对库存传统载体的文件、档案或目录进行数字化转换。其主要方法是用扫描设备将原文件转换成数字图像方式，或经光学字符识别软件（OCR）识别后形成文本形态。一些实现内部网上办公的机关在接收纸质文件后，扫描转换成数字文件运转和存储。我国国家档案局于2005年颁布《纸质档案数字化规范》（DA/T 31—2017），于2009年颁布《缩微胶片数字化技术规范》（DA/T 43—2009），分别规定纸质档案、缩微胶片数字化的技术要求。国际标准化组织档案与文件管理分技术委员会于2010年颁布文件数字管理国际标准《信息与文献　信息数字化实施指南》（ISO/TR 13028:2010），对文件、档案数字化的流程与要求做出规范。

关于数字化文件是否可以作为电子文件，至今国内外仍有不同的观点。从技术特性、保管要求等方面看，数字化文件与原生电子文件有很多共同或相近之处。从文件的功能和要素方面看，数字化文件与原生电子文件有所不同，其差别程度主要取决于对传统载体文件进行数字化转换的时机和应用。一种情况是在文件运行处理之前，为支持文件在机构办公系统中的自动流转而数字化转换。例如，对于外来纸质文件，收到后即数字化并进入文件处理程序，这种数字化文件在收文单位几乎与原生电子文件具有相同的处理过程和元数据，虽然文件生成方面的元数据可能不完整，但可以说具有与原生电子文件相同的大部分属性，应被纳入电子文件管理。另一种情况是在纸质文件归档之后，档案室或档案馆通过扫描得到数字副本，这种数字化文本既无文件生成过程的元数据，也因未经历文件处理而没有处理过程元数据，通常被作为纸质档案（或缩微胶片）的数字副本保存和使用。

（三）按照电子文件的功能划分

按功能，电子文件可分为主文件和支持性、辅助性、工具性文件。

（1）主文件是表达作者意图、行使职能的文件。对于纸质文件而言，任何一份文件都是主文件，可以独立地发挥作用。电子文件生成、运行和存在于一定的软硬件环境中，需要以相应的支持性、辅助性、工具性文件作为读取和处理条件。

（2）支持性文件主要是生成和运行主文件的软件，如文字处理软件、表格处理软件、图形软件、多媒体软件等。

（3）辅助性、工具性文件主要是在制作、查找主文件过程中起辅助、工具作用的文件，如计算机程序类文件往往附带若干辅助设计文件和图形文件，数据库往往附带若干辅助数据库和相应的索引文件、备注文件等。

主文件和支持性、辅助性、工具性文件是相互作用、相辅相成的。没有支持性、辅助性、工具性文件，主文件可能无法正常运行和查找，甚至根本不能生成和打开；没有主文件，支持性、辅助性、工具性文件不能独立地行使文件的职能，甚至可能失去存在或保存的必要。

第二节 电子档案的管理要求

一、电子档案管理的目标

电子档案是具有凭证、查考价值，对国家以及社会具有保存价值，并归档保存的电子文件。电子档案管理的目标即在于维护电子档案的"四性"。

（一）保障电子档案的真实性

我国《文书类电子档案检测一般要求》（DA/T 70—2018）中所述的真实性（authenticity）是电子档案的内容、逻辑结构和背景与形成时的原始状况相一致的性质。目前，保证电子档案真实性面临诸多挑战，主要来自三个方面：①电子文件信息的易更改性。在电子文件形成、流转和使用过程中，如果不采取控制措施，极易不留痕迹地改动文件信息。②技术措施的不配套。如未普遍采用数字签名技术、元数据采集、运行过程追踪审计等。③电子文件信息的软硬件依赖性。由于软硬件平台的不断升级，为保证电子文件信息的可读性，通常需要适时迁移，以适应新的运行环境，而迁移过程可能造成某些信息的变化或丢失，影响电子档案的真实性。

具体到电子档案归档、鉴定、著录、存储、利用的各个工作环节，其真实性检测工作应从下述五个方面进行：①来源真实性检测。通过检测归档电子文件中的固化信息是否有效来确认电子文件来源的真实性，检测项目为固化信息有效性检测。②元数据真实性检测。检测归档电子文件元数据是否符合《文书类电子文件元数据方案》的要求，包括数据类型、长度、格式、值域以及元数据项著录是否合理等，检测项目包括元数据项数据长度检测、元数据项数据类型及格式检测、设定值域的元数据项值域符合度检测、元数据项数据值合理性检测、元数据项数据包含特殊字符检测、档号规范性检测、元数据项数据重复性检测。③内容真实性检测。检测电子文件内容数据中包含的电子属性信息与电子文件元数据中记录的信息是否一致，检测项目为内容数据的电子属性一致性检测。④元数据与内容关联真实性检测。检测电子文件元数据与内容数据是否关联，检测元数据中记录的文件存储位置与电子文件内容数据的实际存储位置是否一致，检测项目为元数据是否关联内容数据检测。⑤归档信息包真实性检测。检测电子文件归档信息包的信息组织结构和内容是否符合国家有关规定，检测归档的信息包与业务部门发送的信息包是否一致，检测项目包括说明文件和目录文件规范性检测、信息包目录结构规范性检测、信息包一致性检测。①

（二）保障电子档案的完整性

完整性（integrity）是实现电子档案证据价值、情报价值和长期可读的重要保障，不完整的电子文件往往不能证实自身的真实性，也不能如实反映机构活动的真实面貌。

电子档案的完整性包括两层含义：每一份电子档案的内容、结构和背景信息没有残缺；一个业务活动形成的所有电子档案齐全，档案之间的有机联系得以揭示和维护。《电子文件归档与电子档案管理规范》采用integrity的英文翻译，也给出"电子文件、电子档案的内容、结构和背景信息齐全且没有破坏、变异或丢失"的定义。

在具体的完整性检测工作中，应从下述四个方面保证电子档案的完整性：①电子文件数据总量检测。检测《电子文件归档与电子档案管理规范》中《电子文件归档登记表》登记的电子文件数量和字节数与实际归档的电子文件数量和字节数是否相符，检测项目包括总件数相符性检测、总字节数相符性检测。②电子文件元数据完整性检测。对照《文书类电子文件元数据方案》检测元数据项是否齐全完整，具有连续编号的元数据项，如归档号、件内顺序号等是否有漏号现象，反映重要问题的归档电子文件是否包括主要修改过程和办理情况记录等，检测项目包括元数据项完整性检测、元数据必填著录项目检测、过程信息完整性检测、连续性元数据项检测。③电子文件内容完整性检测。检测归档电子文件是否有对应的内容数据，内容数据是否齐全完整，检测项目包括内容数据完整性检测、附件数据完整性检测。④归档信息包完整性检测。对照归档信息包的组织方式以及单位的归档范围，逐项检测信息包的内容数据和元数据是否齐全完整，检测项目包括归档范围检测、信息包内容数据完整性检测。②

（三）保障电子档案的可用性

电子档案的可用性（usability）指的是电子档案可以被检索、呈现和理解的特性。电子档案的可用性表现在三个方面：①电子档案是可以查询到的。即用户借助特定的途径和工具可以准确定位并查找到有关文件的信息。②电子档案信息是可以利用的。即用户可以通过浏览、下载、打印、复制等合法手段操作电子档案，达到利用的目的。③电子档案是可读、可再现的。即电子档案经过存储、传输、压缩、加密、载体转换、系统迁移等处理

---

① 王大众.《文书类电子档案检测一般要求》解读[J]. 中国档案，2019，(4)：34-35.
② 王大众.《文书类电子档案检测一般要求》解读[J]. 中国档案，2019，(4)：34-35.

后能够以人可以识读、可以理解的方式输出,并保持其内容的真实性。电子档案的可读性是其存在和价值的基础,如果文件不能顺利读出,文件中的信息便成为"死信息",再有价值的东西也失去存在的意义。

电子档案的可用性主要面临三个问题:①电子档案的非人工识读性。电子档案的信息是一系列二进制比特流,人不能直接识读,只能借助计算机硬件与软件读取。②电子档案的系统依赖性使得每一份文件只有在相应的系统环境中才能被真实再现,系统不兼容或软硬件的升级换代往往导致文件无法读出。计算机系统一旦改变或升级,电子档案就可能面临无法读取的风险,因而需要借助迁移等手段保证其长期可读性。例如,美国1990年的一份众议院报告披露政府机关电子档案因记录格式过时等原因无法读出或濒临湮没的若干案例,包括1960年美国人口调查数据、卫生与公共服务部的磁带、防止吸食大麻及其他毒品全国委员会的文件、公共土地法律审查委员会的文件、记录越战期间战俘及战斗失踪人员情况的战地伤亡文件等。类似上述情况的系统不兼容或软硬件的升级换代导致的文件读出障碍现象十分普遍。③电子档案载体的长期保存。电子档案载体的寿命要远短于纸张,更容易老化和损坏。此外,病毒感染、信号衰减、加密文件无法正确解密等原因也都可能影响文件的顺利读出。

在具体的可用性检测工作中,对电子档案可用性的保证措施主要从下述四个方面入手:①电子文件元数据可用性检测。检测电子文件元数据是否可以被正常访问,检测项目包括信息包中元数据的可读性检测、目标数据库中的元数据可访问性检测。②电子文件内容可用性检测。检测电子文件内容数据是否可以被正常打开和浏览,内容数据格式是否符合归档要求,检测项目包括内容数据格式检测、内容数据的可读性检测。③电子文件软硬件环境检测。检测电子属性元数据中记录的软硬件环境信息是否符合归档要求,检测项目为软硬件环境合规性检测。④归档信息包可用性检测。检测归档信息包是否包含影响其可用性的因素,如使用非公开压缩算法、加密等,检测项目为信息包中包含的内容数据格式合规性检测。①

电子档案的可用性以其真实性、完整性为基础。《信息与文献 文件(档案)管理 概念与原则》指出,可用的文件应能够直接表明文件与形成它的业务活动和事务过程的直接关系。文件间的背景联系中应包含文件形成和利用的信息,以便理解事务活动的过程,确认文件所处的业务活动背景和职能活动背景,记录活动过程的顺序,维护文件间的联系。保证电子档案可用性的措施应该贯穿于全部管理工作的始终。文件的流转、归档、鉴定、著录、存储、利用、保护都要遵守相关的规定,并应保存相关记录。任何一个工作环节、任何一项具体操作的失误都有可能对电子档案造成灾难性的后果,使电子档案处于读不出来或难以理解的状态。科学的长期保存措施是电子档案长期可用的基本保障。

(四)保障电子档案的安全性

电子档案的安全性(security)是电子档案的管理过程可控、数据存储可靠、未被破坏、未被非法访问的性质。这意味着电子档案的载体未被破坏,其内容、结构、背景信

---

① 王大众.《文书类电子档案检测一般要求》解读[J]. 中国档案,2019,(4):34-35.

息等未被非法访问、非法获得、非法操作等。《网络安全技术 信息安全控制》（GB/T 22081—2024/ISO/IEC 27002:2022）重申类似的定义。电子档案的安全性是真实性、完整性、可用性的基础，是对电子档案拥有者和合法使用者利益的保障，任何安全问题都可能使电子文件遭受破坏，使其利益相关者遭受不同程度的损失。

电子档案安全性的含义非常丰富，涉及若干层次，可以有多种不同的分类，这里大致归结为文件自身安全和文件使用安全两个方面。文件自身安全是文件的真实性、完整性、可用性未遭侵害，确保以可信的状态存在和再现；文件使用安全是在规定的权限中合规使用电子档案，没有因恶意或无意的违规使用造成文件信息的变化、泄密和被损坏。

影响电子档案安全的因素非常复杂，包括自然灾害、社会灾害等环境因素，硬件、软件、病毒、系统功能等技术因素，黑客、窃密等人为因素，制度规范、管理设施、管理者素质等管理因素，等等。因此，保证电子档案的安全性也需要采取全方位措施，提高安全意识，全面识别安全风险因素，从法律规范、管理制度、技术手段、人员素质等方面为电子档案筑起全面、坚固的安全屏障。

具体的安全性检测工作可从下述三个方面开展：①归档信息包病毒检测。检测归档信息包是否包含恶意代码，检测项目为系统环境中是否安装杀毒软件检测、病毒感染检测。②归档载体安全性检测。检测载体内是否含有非归档文件；通过外观、读取情况等判定载体是否安全、可靠；针对光盘，检测其是否符合《电子文件归档光盘技术要求和应用规范》的有关要求，检测项目为载体中多余文件检测、载体读取速度检测、载体外观检测、光盘合格性检测。③归档过程安全性检测。检测归档信息包在归档和保存过程中是否安全、可控，检测项目为操作过程安全性检测。[①]

二、电子档案管理的基础理论

（一）文件连续体理论

文件连续体理论是20世纪80年代由澳大利亚档案学者伊恩·麦克莱恩和佛兰克·厄普沃德在吸收借鉴英国著名社会学家安东尼·吉登斯的结构化理论的基础上，融合传统档案学理论而提出的一种新型文件管理理论或概念模型（图12.1）。《澳大利亚国家档案标准》（AS4390）将文件连续体定义为"从文件形成（包括形成前文件管理系统的设计）到文件作为档案保存和利用的管理全过程中连贯一致的管理方式"，其核心是文件连续体模型，该模型借助数学中的坐标系将文件的结构化过程清楚展示。

文件连续体理论的基本内容构建在一个多维坐标体系中，通过该体系来描述文件的运动过程，其中包括四个坐标轴：①文件保管轴。该轴用来储存记录人类活动信息的过程，它的四个组成部分是文件、档案、全宗、档案组合，表明文件形式"数"的变化。②凭证轴。该轴是由行为的过程、文件提供的证据以及它们在机构和社会记忆中的角色组成，表明文件凭证作用的扩展方向——最后具有构成社会凭证与记忆的属性。③业务活动轴。该轴上的四个坐标分别是行为、活动、功能和目的，代表文件形成者的行为、活动以及文件

---

① 王大众.《文书类电子档案检测一般要求》解读[J]. 中国档案, 2019, （4）: 34-35.

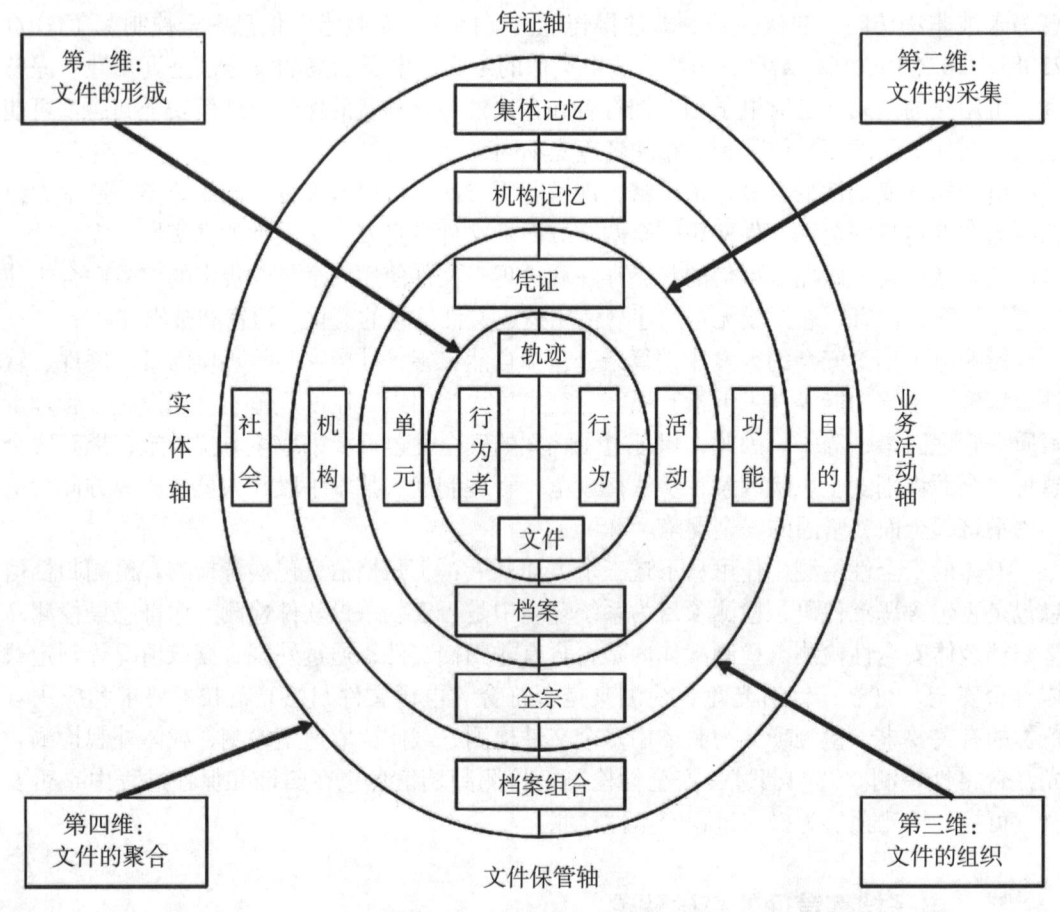

图12.1 文件连续体模型

体现的功能和目的。强调业务活动轴的目的在于把文件管理纳入业务活动中,使其成为业务活动的一个组成部分,表示文件的工具性倾向。④实体轴。即形成者轴,用来揭示文件的来源,体现形成者、与形成者相联系的单元、与单元相联系的机构以及整个社会的联系,认为与文件形成有关的机构和个人的业务活动形成文件,并赋予文件凭证和记忆的价值,同时也说明与文件来源相关的因素之间是统一且密切联系在一起的。在这一多维坐标体系中,文件保管轴是核心轴,因为它的变化带动其他坐标轴的相应变化。

为进一步解释各个组成要素之间的互动,文件连续体理论引入"维"的概念。文件连续体的维不仅以时间为基础,而且以空间为基础。从文件形成的那一刻起,文件既是现行的又是历史的,因此在时间和空间范围上,文件永远和过去的时间相连。文件连续体的维充分体现文件保管各个要素的联合和互动。对文件连续体模型四维的解释具体为:第一维,文件的形成。根据文件管理系统的要求,采集文件的内容、结构以及形成文件的详细背景,并储存文件,保证文件的真实性和完整性。第二维,文件的采集。主要体现对文件凭证价值的赋予,根据文件管理系统的要求采集文件的运动的背景信息和元数据,以保证文件作为社会和业务活动证据的价值。在这一阶段,轨迹被捕捉并整合成为档案。第三维,文件的组织。这主要是针对机构而言。它包含一个组织所有文件的处理过程,体现一个组织机构的记忆价值，反映特定组织机构的职能和作用。机构根据自己的需要，在文件管理系统的标准和规则下，制定自身的文件管理计划和目标，保证文件价值的实现。第四维，文件的聚合。这里主要涉及社会和文化的使命，体现社会范围内文件的利用和保存。第四维的作用主要是从宏观上把握文件管理，作为组织者发起文件管理系统的设计和建立。

文件连续体理论更强调文件管理的连贯性与无阶段性，认为文件是一个连续的无明显分界的现象，文件可以在多个背景和用途范围内同时存在和积累，并非一定要按照人为划分的生命周期的时间顺序运动或积累，档案工作者应当对文件的形成、维护、保管和利用整个过程负责。除此之外，文件连续体理论也强调研究视角的多维性，把视线放到业务活动和与档案活动有关的结构来源、权力和职责等，站在更广阔的立场上多视角、多层面地研究文件。

（二）全程管理理论

全程管理理论指的是对电子文件的形成、办理、传输、保存、利用、销毁等实行全过程管理，确保电子文件始终处于受控状态。全程管理也是电子文件管理的重要理念，是前端控制、集成管理、风险管理、动态管理等理念的基础。作为工作原则，全程管理注重文件生命周期各阶段管理行为的全面性、连续性和衔接性，即管理活动的全覆盖和管理流程的全贯通。《电子文件归档与电子档案管理规范》在总则中规定："应对电子文件、电子档案实施全程和集中管理，确保电子档案的真实性、可靠性、完整性与可用性。"

1994—1997年，加拿大不列颠哥伦比亚大学和美国国防部在关于电子文件真实性的联合研究项目中提出电子文件全程管理的框架模式，认为应由以下措施构成电子文件的管理链条：①根据预先确定的标准格式和模板编辑文件；②根据文件的类型和用途，使用预先确定的方法认证文件；③根据一个人的资格及其权限，确定他接触电子文件的权力；④在系统中嵌入工作流程，只向有关人员呈现有关文件；⑤使用磁卡、密码和指纹识别等方式限制对某些技术的接触；⑥在系统内设计审计跟踪功能，记录对系统的任何接触及其结果（如文件被修改、删减和增添等）。这一模式在北美地区的电子文件管理实践中得到应用和完善。

全程管理理论主要有三个方面的含义：①全程管理是一种全面的管理，涉及电子文件的流程、管理规则、管理方法以及质量要求，从而建立一个涵盖电子文件全部管理活动的目标体系、程序体系和技术方法体系；②全程管理是一种系统的管理，建立在"大文件"概念的基础之上，注重电子文件生命周期内各个阶段所有管理活动和管理要素的统筹兼顾，强调各项管理内容和要求的系统整合和总体效应；③全程管理是一种过程管理，是通过过程控制实现结果控制。在过程管理中，所有有助于说明电子文件重要属性和有效管理过程的信息都被记录在案，以证实电子文件在管理系统中的运转状况，确保电子文件的管理质量。

三、电子档案的管理模式

（一）双套制和单套制管理模式

1. 双套制管理模式

双套制管理模式是对同一份文件实行纸质版本和电子版本双套存储的管理，这是一种依存于纸质档案的电子档案管理。根据依存程度的不同分为双轨双套和单轨双套两种不同的情况。双轨双套是机构在文件（包括收文、发文和内部文件）进入运转程序时就形成电子和纸质两种版本，业务人员要对同样内容的两种文件重复办理，二者同步随业务流程运转，在现行期结束后，将双套均归档保存。单轨双套是在业务活动中直接生成电子档案，并在业务系统中进行电子信息的流转处理，但出于对文件证据要求的考虑，在电子档案归档时制作相应的纸质拷贝一同保存；也有些机构是用纸质档案运行，业务办理完毕后做一套数字化版本一同归档。

双套制是电子档案管理初级阶段的管理模式。这种管理相对于单纯的纸质档案管理是一种进步，机构获得有序的、可以利用的电子档案资源，纸质档案管理也发生有益的变革。但是在双套制模式下，电子档案管理仍然需要以纸质档案管理作为依托，电子档案大多作为副本留存，电子档案及其在机构业务中发挥的作用大多是局部的，而不是全面的、全程的，如不同程度地用于日常查阅和处理业务，纸质档案留作凭证。这样的定位造成电子档案管理措施不彻底、不到位。其主要不足之处是：①系统功能不完备。双套制不以保持电子档案真实性为目标，而是将电子档案作为对纸质档案管理的辅助和补充。因此，这种模式下的电子档案管理系统大多没有完整的工作流，没有完善的元数据管理、信息安全管理等，也很少兼顾公务邮件、网站文件、多媒体文件和数据库文件等类型电子档案的管理。②管理思想变革不彻底。双套制没有摆脱纸质档案的管理框架，在全程管理、集成管理等方面缺乏实质性进展。③管理成本较高。虽然纸质档案和电子档案在功能上各有侧重，互有补充，但比起单一种类的文件、档案管理，双套制无疑增加了程序和成本。纸质档案管理所需的空间要求几乎没有减少，电子档案管理所需的设备要求又与日俱增，为保持两种文件的一致性所付出的工作量和各种代价不可低估。

双套制是档案管理对象由纸质档案过渡到电子档案的阶段性产物。①在电子文件没有完全克服自身局限、管理方法不成熟、法律地位尚未确立时，双套制管理不可避免。在这一阶段，两种文件管理系统既各自独立，又相互影响，双方的地位、作用、管理方法和管理水平在互动中不断发生变化。一方面，电子文件管理的介入使得纸质文件的管理程序、管理方法得以简化、自动化；另一方面，电子档案的管理方法不断完善，对纸质档案的依存性逐渐降低，独立性不断增强，显示出取代纸质档案在机构信息资源中的主流地位的趋向。研究和探讨双套制时期电子档案管理的策略和方法，促进电子文件管理的成熟，是这一阶段文件管理人员的职责。

随着社会信息化和政府信息化的深入，以及数字政府和数字经济的迅速发展，电子文件单轨制运行、单套制归档成为急需研究和探索的问题。2012年发布的《电子档案移交与接收办法》和2015年发布的《会计档案管理办法》都对电子文件的移交与归档提出新要求，强调将电子文件及其元数据共同归档，明确符合条件的电子会计资料可仅以电子形式保存。2015年，上海自贸区开展电子文件单套制管理模式的探索；同年，浙江省档案局也依托浙江政务服务网在省建设厅开展行政审批电子文件归档和电子档案单套制管理新模式。2016年发布的《电子文件归档与电子档案管理规范》取消对双套制的强制性要求；同

---

① 肖秋会，汤俊妹，许晓彤. 文件管理双轨制、双套制、单轨制、单套制辨析[J]. 中国档案，2021（4）：70-72.

年发布的《全国档案事业发展"十三五"规划纲要》明确提出，要在有条件的部门开展单套制管理试点。此后，国家档案局发布的《机关档案管理规定》和《国家档案局关于修改〈电子公文归档管理暂行办法〉的决定》进一步明确提出"电子文件可以仅以电子形式进行归档"，"符合国家有关规定要求的电子公文可以仅以电子形式归档"，等等。

2020年新修订的《档案法》第三十七条明确规定："电子档案应当来源可靠、程序规范、要素合规。电子档案与传统载体档案具有同等效力，可以以电子形式作为凭证使用。" 2024年发布的《政务服务电子文件归档和电子档案管理办法》第四条指出"电子档案与传统载体档案具有同等效力，可以以电子形式作为凭证使用"。此外，三大诉讼法也明确将电子数据纳入证据的范围。由此可见，电子文件单套归档、保存和利用已经具备充分的法律依据，成为深化档案工作数字转型、服务于政务信息化及社会信息化的关键。

2. 单套制管理模式

电子档案的单套制管理指仅以电子形式归档和管理电子档案的方式。在单套管理过程中，档案从文件生成、运转到归档保存都以电子形式存在，电子档案的业务有效性和法律凭证性已经得到认可，可以独立地行使文件的职能，成为机构中最重要、最核心、最可信的信息资源。机构内建立功能完善的电子文件管理系统，可以对本机构的电子档案（文件）实施全程管理，可以与机构业务流程和其他信息流实现高度集成。当然，在这种情况下也并非完全排除纸质档案同时存在的可能性，但纸质档案存在的意义和价值已经发生本质的变化。

各国政府的数字转型、无纸政府建设都以文件的全电子化运转和保存为基础，只有实现文件全生命周期的无纸化，组织信息化的功能和优势以及政府数字转型的目标才可能实现，电子档案的价值才可能得以完全体现。随着机构信息化的发展，越来越多的活动通过计算机网络来实现，电子文件的应用越来越广泛，技术解决方案也日臻成熟，双轨制、双套制无法适应这样的工作环境。在较为成熟的电子化环境中，机构内部的业务系统有着完善的电子文件管理功能，能够对电子文件实时鉴定，实时采集和归档，完整记录和维护元数据，有成熟的日志管理，从而确保机构能够依赖这些文件开展业务活动。

21世纪以来，多个国家的政府有目标、有计划地发布一系列政策、法规、业务规范和改革措施，促进文件管理向数字模式转变。2012年8月24日，美国行政管理与预算局和美国国家档案与文件署联合发布《管理政府文件指令》（*Managing Government Records Directive*，简称"M-12-18指令"），在征求联邦机构、跨机构组织及利益者意见的基础上，建立一个与法律法规相符的健全的文件管理框架，特别要求联邦机构尽最大可能取消纸质文件，完善电子文件管理，并声明这一点适用于所有的行政机构和所有的文件，无论其是否属于安全保密文件或者具有任何其他限制。电子档案的运行和管理对于信息时代的证据维护、效率提高、文化延续、记忆留存都具有不可缺少、无法替代的重要意义。

从理论界呼吁与实际操作情况来看，单套管理模式存在明显优势，真正展现数字转型的本质，且其风险和挑战理应通过强化技术支持和质量控制来解决。采用电子档案管理的单套管理模式存在以下优点：①实现档案管理的集中统一，确保可信存储、安全访问和规范使用；②集中配置和利用档案管理资源，避免资源的重复浪费；③聚焦于档案管理工作，提供更加专业化的服务和支持，并能提高档案管理的质量和效率；④依托于存储服务器和信息网络服务，显著突破纸质档案传输和存储的空间和时间限制，进而拓展传输范围、存储能力、系统功能等。①

电子文件与电子档案的管理是一个渐进的过程，随着信息技术的发展、人们对电子文件认识的深化和管理经验的积累，以及电子档案证据效力的确立，电子档案的独立运行、保存和发挥作用是必然趋势。双套制和单套制并不是截然分开的两个阶段，而是一个逐步成熟的过程，是渐进中的飞跃，每个阶段中也存在程度和水平的差异。文件、档案管理人员必须看清这一发展趋势，通过全方位的改革探索，加快建设具有完整独立功能的电子文件管理系统，实现电子档案的优质管理。

（二）集中式与分布式管理模式

对于进入非现行期的电子文件的管理，加拿大不列颠哥伦比亚大学和美国匹兹堡大学曾经提出两种具有代表性的方案，即哥伦比亚模式与匹兹堡模式，分别主张由档案馆集中保管和由各机构分别保管，也被称为集中式保管模式和分布式保管模式。

1. 集中式保管模式

不列颠哥伦比亚大学的方案认为电子档案管理需要经过文件形成机构和档案馆两个阶段，对于具有档案价值的电子文件应该交由档案馆保存，这样文件的真实性才有保证。提出和支持这一方案的主要理由是：文件形成机构和档案馆的职责不同，机构不承担为社会保管非现行文件的任务。文件形成机构保管电子文件主要是出于业务活动的需要，当文件进入非现行阶段后，机构很可能会失去这种动力，对这些电子文件缺乏足够的重视和投入，从而产生保管不力的后果。档案馆作为永久保存档案的基地，能为电子文件的安全提供全面保障。文件形成机构和档案馆各司其职，有利于对文件实施完整有效的控制，保证文件的可靠性和真实性。

美国、加拿大、英国和北欧国家等赞成这一方案，主张将失去现行效用的电子文件移交各级档案馆集中保管。这些国家的档案馆已经正式接收一些政府机构移交的电子文件。美国国家档案馆通过设立专门机构、开发系统等措施强有力地实行电子文件的集中保存。1988年成立电子文件中心，负责对具有档案价值的联邦机构电子文件进行鉴定、处置、保存和内容控制、提供利用；1998年开始实施电子文件档案馆项目，为联邦政府机构海量的、复杂的、不断变化的、各种格式的电子文件提供永久保存和利用。

2. 分布式保管模式

匹兹堡大学的方案主张文件形成机构应该自始至终保管自己的电子文件，而不是将进入电子档案阶段的文件移交档案馆，档案馆指导和帮助电子档案的保管，并具有一定的控制权。澳大利亚国家档案馆和一些学者曾是分布式保管的积极倡导者。他们的理由是：电子文件具有系统依赖性，技术和资源的有限性使得档案馆不可能保管所有机构的文件，特别是一些需要专门软硬件才能阅读的文件，主要的困难来自技术支持。如果档案馆安装和保管各机构电子档案的运行设备，建立与之相同的技术环境，其成本很高，管理工作十分复杂，档案馆很可能会因为资金和技术上的困境而难以有效管理好这些需要长久保管的电

---

① 赵丰. 电子档案管理的规范性审思：基于《电子档案管理办法（征求意见稿）》的文本评析[J]. 档案学通讯，2025（1）：1-15.

子档案。澳大利亚国家档案馆1995年3月发布的《管理电子文件：共同的职责》明确政府机构和档案馆在电子文件分布式保管环境中各自的职责，认为：电子文件一经形成就应该被保存在形成机构的系统中；国家档案馆负责制定标准，提供规范和建议来保证电子文件得到良好的管理，只有在某些特殊情况下才需要接收电子文件进馆保管。

3. 我国的保管模式

上述两种模式具有一个实质性的共同点，即档案馆应该在总体上控制对国家具有保存价值的电子文件资源。即使是分布式保管模式也不是放任文件形成机构自由地保管和处置电子文件，档案馆同样要提出明确的要求，开展具体的指导。二者的区别在于文件保管与控制的统一还是分离。采用何种保管模式的关键在于资源控制的能力和成本。在此基础上，有人提出采用集中式和分布式相结合的折中办法，即如果出现解决电子文件软硬件依赖性的技术方法，那么机构可以在档案馆的指导下，结合自身的需要，对电子文件实施自由进馆原则。

我国对电子文件与电子档案的管理基本采取集中式模式，这与我们的归档制度有着直接的联系。《电子文件归档与电子档案管理规范》指出："应对电子文件、电子档案实施全程和集中管理，确保电子档案的真实性、可靠性、完整性与可用性"；《电子文件管理暂行办法》中再次强调电子文件的集中管理。

四、电子档案的证据效力维护

（一）电子档案证据效力的内涵

电子档案的证据效力指在法律框架内，电子档案被赋予与传统纸质档案等其他形式档案同等的法律地位和证明力。这一法律效力的实现，依据《档案法》第三十七条，电子档案应当来源可靠、程序规范、要素合规，并且"与传统载体档案具有同等效力，可以以电子形式作为凭证使用"。《档案法实施条例》《电子档案管理办法》进一步明确了上述要求。来源可靠指由合法、明确的形成者，在履行法定职责或者处理事务活动中产生，形成者、形成活动、形成时间可确认，形成、办理、整理、归档、保管、移交等系统安全可靠；程序规范指全过程管理符合国家相关法律法规以及标准规范的规定，并且准确记录、可追溯；要素合规指内容、结构、背景信息和管理过程信息等构成要素符合国家相关标准规范要求。

《电子档案证据效力维护规范》（DA/T 97—2023）从电子档案证据效力维护的总体性要求、具体工作程序要求、电子档案存证技术要求等三个方面明确电子档案作为证据时，需要遵循法律法规、制度及标准规范，并运用技术手段来保障其真实性、完整性、可用性和安全性。该标准的发布与实施肯定电子档案的证据效力。此外，《电子文件归档与电子档案管理规范》和《信息安全技术　网络安全等级保护基本要求》（GB/T 22239—2019）等国家标准，为电子档案的安全管理和网络安全提供具体的技术规范。

在移交和保管方面，《档案法实施条例》第四十条要求机关、团体、企业事业单位和其他组织应定期向档案馆移交电子档案，并确保移交过程符合国家关于网络安全、数据安全及保密的规定。档案馆在接收电子档案时，必须依据相关法规检测真实性、完整性、可用性和安全性，并采取相应措施以保证档案在长期保存过程中的安全。国家档案馆根据

《档案法》第十五条第二款的规定，可以为未到规定移交期限的电子档案提供保管服务。这些规定共同构成电子档案证据效力的法律框架，确保电子档案在法律上的合法使用和有效性，为电子档案作为证据的可靠性和有效性提供坚实的法律基础和技术支持。

（二）电子档案证据效力的维护要求

依据《电子档案证据效力维护规范》，电子档案的证据效力维护是指按照电子档案管理的法律法规、制度及标准规范，并合理运用相关技术，保障电子档案的真实性、完整性、可用性和安全性，以满足法律法规对证据有效性的要求。这具体涉及归档移交、存储保管、格式转换和提供利用四个关键环节，其中每个环节都有其严格的要求，以此确保电子档案在归档、存储、转换和利用过程中的安全性、完整性和可用性，从而维护其作为证据的效力。

首先，在归档移交过程中，电子档案必须来源于合规可靠的业务系统或工具，并在归档时遵循《电子文件归档与电子档案管理规范》的规定，确保提交的电子档案及其元数据的完整性。交接双方需要对档案进行真实性、完整性、可用性和安全性的检测，并保存相应的检测和交接记录。此外，归档的电子档案应采取技术措施进行固化或验证，并记录存储格式的类型、版本和匹配的读取软件等信息。

其次，在存储和保管过程中，电子档案应存储在符合《电子文件管理系统通用功能要求》（GB/T 29194—2012）、《电子档案管理系统通用功能要求》（GB/T 39784—2021）要求的硬件设备、软件系统和网络环境中，以确保系统的安全和稳定。网络安全等级保护应遵守《信息安全技术 网络安全等级保护基本要求》中8.1的规定，系统运行维护应符合《档案信息系统运行维护规范》（DA/T 56—2014）的要求。同时，应收集并保存电子档案管理系统开发、测试过程中形成的技术文档，记录系统部署方案及其配置信息，并形成系统操作日志。

在格式转换过程中，转换前的电子档案需要进行校验，确保转换系统的合规性和操作环境的安全性；转换过程中或完成后，应生成操作日志和记录，对照转换前的档案检查转换后的档案在内容表达上的完整性和准确性。格式转换后，应增加与格式转换及其操作相关的元数据，并保持电子档案与元数据之间的关联。转换后的电子档案及其元数据应再次固化，并保存格式转换方案、操作日志和一致性检查记录。

最后，在提供利用过程中，电子档案的利用应经过授权，并查验申请人的合法身份。提取的电子档案应进行验证，无论是以离线还是在线方式提供，都应确保载体或网络环境的安全可靠。同时，应形成并保存审批记录、申请人身份认证信息和数据提取、传输过程记录。

第三节 电子文件的管理环节

一、电子文件的形成

电子文件的形成是对电子文件从无到有的过程的统称,一般包括创建、接收、流转、更改、分发与传输等六类活动。

(一)创建

创建又称生成、产生、编制、制作等,是文件形成主体在社会实践中基于特定目的与业务需求,运用不同的技术手段与工具,创造并产生电子文件的过程。随着信息技术的高速发展,众多领域已实现电子化转型,电子文件的生成场景也因而丰富多样,涵盖从行政公文的起草、工程图纸的辅助绘制到公民纳税数据的电子化录入等多个方面,这些电子文件也全面详尽地记录着信息社会的多元面貌与动态变迁。

电子文件的创建工具包括硬件工具和软件工具,二者相辅相成,共同作用于电子文件的创建过程。硬件工具指各种用于处理数字信息的电子设备,包括但不限于计算机、数码录音设备、数码相机、数码影像设备、扫描仪、缩微胶片数模转换设备、录音录像的数模转换设备等;软件工具是运行在电子设备上的各种软件,如字处理软件、绘图软件、图像处理软件、图像识别软件、音视频编辑软件等。不同类型的电子文件会依据其内在特性与存储需求,在特定的技术环境中通过适配的软硬件工具组合创建。

电子文件的创建可以分为原生性创建和再生性创建。原生性创建是直接在各种数字技术环境中以数字形态产生电子文件,包括通过图像传感器、音视频捕捉设备等直接接收、采集多媒体信息,进而转化为电子格式,如利用数码相机即时拍摄照片、利用专用软件直接编辑并保存文档等。通过原生性创建产生的电子文件即原生性电子文件。随着信息技术的日新月异,数字信息的承载媒介亦不断演进,催生一系列在传统物理媒介上难以直接复制或再现的电子文件形态,如三维模型、复杂多媒体文件及动态数据库等。再生性创建是对已存在于传统载体(如纸张、胶片、磁带等)上的文件进行数字化处理,通过扫描、摄影、模数转换(A/D)等技术手段,将其转化为新的电子文件的过程。为保证转换型电子文件日后能够发挥文件和档案的功能,不仅需要严格把控转换工作中的各项技术指标,还需对整个加工流程实施严密的治理监控与实时记录,以确保转换过程的可追溯性与电子文件的真实可靠性。

电子文件在创建阶段会开展一些重要的管理活动,主要包括:①文件命名。文件名是操作系统识别文件的主要标志,文件形成机构最好制定文件命名规则,以防止命名随意所导致的重名、无法体现内容等不良情况。②确定文件存储格式。《电子档案管理办法》第十六条提到:"电子文件应当与元数据一并归档。电子文件归档格式应当具备开放、不绑定软硬件、显示一致性、可转换、易于利用等特性,并且能够支持向长期保存格式转换。"③对电子文件进行分类。判断电子文件的类别,国际上通用的方法是采用职能分类法来判断电子文件的类别。④形成元数据。上述管理活动应该会产生许多有价值的元数据，如作者、标题、时间、存储格式、编号、类别、存储位置等，应该予以实时采集、集中管理。

表12.1 电子文件常用存储格式

电子文件种类	开放格式	常用的封闭格式
文本文件	txt、xml、odt、uof、pdf	doc、ceb
图像文件	jpeg、tiff、bmp、gif、svg	psd
声音文件	mp3、wav	wma、mov、rm
视频文件	mpeg1、mpeg2、mpeg4	avi、asf、mov、rm

（二）接收

接收指的是电子文件形成机构从其他机构接收电子文件的过程，如电子公文的接收、电子邮件的接收等。接收电子文件的途径包括介质传递和网络传递两种。值得注意的是，随着数字化进程的深入，形成机构在处理接收到的文件时，往往还会采取一种转换策略，即将传统纸质文件通过扫描、OCR识别等数字化技术手段转换为电子文件。这一转换过程不仅是对文件载体形式的革新，更是为顺应档案管理现代化的需求，便于后续对电子文件进行统一管理、长期保存及高效利用。

（三）流转

流转是电子文件由机构内部多个部门、多个人员处理生效的过程，也是可借助信息系统规范业务流程的阶段。在此过程中，业务系统支持为各类电子文件预设标准化的流转路径，同时赋予用户针对特定文件灵活定义流转路径的能力，以适应多样化的业务需求。依据业务场景的不同，电子文件的流转活动可能采用办理、审批、审签、会签等多种称谓加以描述。

电子文件的流转类型可以分为以文件为中心的流转和以业务为中心的流转两类。以文件为中心的流转聚焦于文件的生成与办理，文件本身构成业务流程的终端成果。例如，在电子公文的流转中，其核心在于公文的制作与收发处理；机械产品设计图纸的流转则围绕技术图样的形成，历经校对、审核、工艺与标准审查、审定、会签及修改等一系列环节，文件作为最终产品贯穿始终。以业务为中心的流转，文件服务于业务目标的实现，文件在其中扮演着副产品的角色。此类流转常见于结构化业务流程中，产生的文件集合构成案例文件，如婚姻登记流程中的《婚姻登记审查处理表》与《申请结婚登记声明书》等，此类文件需作为整体案卷或细分子卷妥善管理。

鉴于电子文件流转中版本易增的特性，实施严格的版本控制策略至关重要。要剔除冗余版本，确保归档文件为最终有效版本，并保留所有必要的修改历史记录。流转环节也是元数据生成的关键阶段，需采集并记录审批人信息、审批流程轨迹、审批意见等关键元数据，同时确保自文件创建之初形成的元数据得以完整保留，并与文件内容保持紧密的关联性，以维护电子文件的完整性与可追溯性。

（四）更改

更改是按照一定的标准、原则、制度和要求，采用特定的方式修改、增补或变更电子文件内容的过程。此过程标志着原电子文件向新电子文件的转变，即经过更改后的电子文件严格来说已被视为独立的新实体。为提高管理效率，有时候会用更改后的电子文件覆盖更改前的原文件，这时候原文件的生命周期自然终结。在有些情况下，则需要同时保留更改前后的电子文件，并视为同一文档的不同版本进行专项管理，以确保版本间清晰可辨的继承与差异关系。一般来说，文件创建过程中的更改会产生自然的新旧更替，文件流转过程中的更改则大多受到严格的版本控制。

为便于追溯电子文件的更改行为、明确责任，需要适当保留更改痕迹。保留痕迹的方法主要有三种：①利用技术支持系统全面记录更改详情，包括但不限于利用办公软件（如MS Word的批注、修订追踪功能）、专业软件（如AutoCAD的更改图层）及数据库管理系统的日志功能，自动捕捉并记录每一次更改的具体内容；②实施版本控制，即在每次更改后生成新版本，并详细标注版本号、修改者及修改时间，以版本序列的形式保留文件演变轨迹；③附加更改过程信息，作为电子文件的元数据组成部分，详尽记录每次更改的具体内容、动因、执行者及时间，为后续的审计、验证及历史研究提供坚实依据。电子文件创建者应根据实际需求，灵活选择或综合应用上述方法，以确保电子文件更改过程的透明化、规范化与可追溯性。

（五）分发

分发也称分送，指的是将电子文件传递给使用者的过程。在网络环境中，这种过程不仅限于物理传输，也可以表现为文件访问权限的分配和管理。

按照分发发生的时机，文件分发可以分为两种：①文件流转之中的分发，典型代表是收文分发，即文件经文书处理人员登记、编号后，根据既定规则分派至相关责任人或承办者，以供其审阅并执行；②文件流转之后的分发，如产品设计图纸在获得批准后，由资料调度专员（或称分发人员）精准配置至生产部门，指导实际生产研发活动。

按照接收单位的不同，分发可以分为内发和外发。本单位范围内的分发被称为内发，把文件分发到外协单位的分发被称为外发。外发在本教材中也被称为传输。

按照文件接收对象的不同，分发可以分为直接分发和间接分发。直接分发指不经过中间人，文件分发人员直接将电子文件分发到接收文件的个人，减少中间环节，提升效率；间接分发指文件分发人员不把文件直接发给文件接收人，而是首先把文件分发给某个部门，再由其内部二级分发机制进一步分配至具体接收人，适用于层级较多或需部门内部协调的情况。

在电子文件分发过程中，分发人员需要注意对电子文件实施有效的状态控制，确保文件状态的实时更新与准确性。面对科研生产中常见的文件变更需求，分发人员应迅速响应，确保新版本文件的及时分发，同时，在纸质环境下需回收作废文件，在电子环境中则自动撤销旧版本在接收者端的访问权限。文件分发人员还需要对文件的阅读权限设定时间限制。在预设时段内，接收者有权访问文件内容；期限届满，系统自动撤销其访问权限，防止信息泄露风险的出现。系统应记录整个分发过程、结果，以便日后查证。

（六）传输

传输也称交换、交付等，指的是不同单位之间根据既定协议，将电子文件由一方向另一方传递的过程。

电子文件的传输方式有两种：介质传输和网络传输。①介质传输是将电子文件信息转移到特定的存储介质上，而后采用传统的文件传递渠道传输。介质传输使用的介质包括纸介质、缩微胶片、磁介质（磁带、磁盘等）、光介质（光盘）和半导体介质（U盘、SD卡等存储卡）等。网络传输依托网络技术实现电子文件的即时传输。②网络传输包括两种实现方式：一是信息交换，将电子文件从一台计算机复制或转移到另一台计算机上；二是信息共享，将电子文件及其存储设备设置为共享状态，允许授权用户通过网络访问。信息共享本质上是文件访问权限的精细化管理与分配。网络传输路径既可直接点对点，也可经由交换中心中转。

电子文件的传输网络一般包括公用网络、专用网络、虚拟专用网络、局域网或广域网等。①公用网络是网络服务提供商建设并供公共用户使用的通信网络。如果电子文件传输通过电子邮件的方式，那么通常使用公用网络。公用网络开放性强但安全性较低，常用于非涉密信息的电子邮件传输。②专用网络是由某一机构、组织、团体独自建立、使用、控制和维护的私有网络，包括专属的通信和交换设备，强调私有性、控制力与安全性。专用网络也可以通过向公用网络或其他专用网络租用线路并独占线路带宽实现。目前我国电子政务内网就是典型的专用网络，可支持涉密文件的安全传输。③虚拟专用网络（virtual private network，VPN）是采用隧道技术、加密技术、密钥管理技术、身份认证技术等在公用网络上建立起来的专用网络，兼具成本效益与安全稳定性。④局域网（local area network，LAN）、广域网（wide area network，WAN）是建立在一定地理范围内的网络，在特定群体间实现高效的文件传输。有时候几个单位共建一个局域网，或者是一个集团内部建有广域网，在这些单位之间传输电子文件则使用局域网或广域网。

跨单位传输的电子文件，需要采用双方约定的交换格式，以确保接收方系统的兼容性与可读性。同时也需要严格遵循国家有关安全保密的要求。根据规定，严禁使用公用网络处理、存储或传输涉密信息。为加强安全管理，可根据需要采用加密、身份认证、数字签名、电子印章、安全介质等技术。

电子文件的传输还要具有可控制性，确保发送方能够实时获取回执信息，监控传输状态。对于未确认接收或超时未送达的文件，系统应自动发出警示，便于发送方及时采取补救措施，确保文件传输的完整性与时效性。

二、电子文件的采集

采集一词源于英文中的capture，字面意思是"抓取、捕捉"。《电子文件管理系统通用功能要求》中称之为"捕获"，即按照既定要求将电子文件及其元数据纳入ERMS（Electronic records management system，电子文件管理系统）加以管理的过程。文件管理意义上的采集是在ERMS环境中实现的一项文件管理功能，旨在将业务活动中自然产生或外部接收的数据对象（即文件）及其元数据作为不可分割的整体，高效、准确地存入

ERMS之中，为后续的文件分类、检索、利用及长期保存奠定基础。本节主要介绍电子文件采集的要求、程序与主要方式。

（一）电子文件采集的要求

根据《电子文件管理系统通用功能要求》，并结合国内外的相关研究与规定，电子文件采集的要求归纳如下：

（1）构成文件的所有要素——内容、结构、背景必须作为一个整体，紧密关联，在ERMS中始终作为一个对象加以管理、查询和处置。

（2）采集之后，文件的内容就被固定下来，任何用户不得修改，除非授权处置，任何用户不得删除、销毁；任何企图修改、删除、销毁文件的操作都应该被作为审计日志记录下来。

（3）如果采集的电子文件存在多种格式，ERMS应能在不同格式之间保持有效的联系；如果采集的电子文件包含多个组件，且被当作一份符合文件加以采集时，ERMS应保留该文件组件内的关系。

（二）电子文件采集的程序

1. 采集文件内容和结构

文件内容是文件自身所包含的信息部分，文件结构是文件所包含信息的组织格式。在电子文件的采集中，采集文件内容与结构的方法可细分为三类：①自动化采集，适用于业务流程高度标准化且文件产生频繁的场景，通过预设的算法与系统流程，实现对电子文件内容及结构的无缝探测与自动收集；②半自动化采集，针对业务流程灵活性较高的情形，首先利用系统自动撷取通用基础信息，随后辅以人工审查与补充，特别是针对高价值文件的内容与结构细节，以及需要人工干预的元数据录入；③手工采集，侧重于从计算机存储介质或网络环境中人为筛选与提取电子文件，同时涵盖传统文件数字化后的内容与结构信息，确保信息的全面性与准确性。

2. 采集元数据

《电子文件归档与电子档案管理规范》将元数据定义为"描述电子文件和电子档案的内容、背景、结构及其管理过程的数据"。因此，采集元数据对于电子文件的生成以及作为含有证据意义的原始记录的归档保存都具有重要意义。

元数据按照来源可以分为五类：取自系统（from application）、取自文件（from document）、取自环境（from environment）、取自工作流（from workflow）和手工录入（manual entry）。从上述来源可以看到，大部分的元数据都将被自动采集。因此，采集元数据的方法主要依赖于ERMS实现。

（1）取自系统。将元数据采集机制内置于ERMS中，利用文件系统的固有属性自动生成元数据。如所有产生于一个特定系统的文件会有相同的技术描述。

（2）取自文档。某些元数据本身嵌入文档之中，可以由应用程序在文件创建时自动添加，如电子邮件的标题、发件人、收件人等。

（3）取自环境。元数据可以从计算机及其运行环境中采集元数据，如文件的创建者、创建时间等元数据，这些信息对于证明文件的证据价值尤为关键。

（4）取自工作流。工作流中的文件元数据随着流程的推进而自动累积，形成文件间的上下文关系，记录文件处理的全过程。自动产生于工作流的文件拥有一个上下关系（如文件与工作流中其他文件的关系）。工作流中一个阶段的元数据录入就能够被工作流所携带，并且自动录入以后的文件中。如文件停留在某处并由相应人员处理时，系统会记录下工作人员对文件的操作过程。

（5）手工录入。对于无法自动采集的元数据，文件制作者、管理人员或系统管理员可以将其手动录入，以补充完善文件元数据体系，确保信息的全面覆盖。

3. 封装

封装指的是将电子文件及其元数据按指定结构打包的过程。电子文件封装实际上是基于可扩展标记语言XML技术。通过XML技术，电子文件及其元数据得以遵循既定的规范框架，被封装至单一的数据包内。此举不仅确保电子文件内容的完整性，还强化元数据与电子文件本体之间的紧密联系，赋予电子文件自包含（数据完整封装）、自描述（通过XML标签直接说明数据内容）及自证明（通过元数据验证文件真实性）的特性。电子文件封装主要利用XML技术的自我描述性与动态跟踪等优势，为电子档案的长期保存与有效管理奠定坚实基础。由于电子文件封装要求进行前端控制与全程管理，这一方面决定在电子文件管理系统设计阶段即需预置元数据管理的必要规范与要求，确保从文件创建之初即纳入标准化轨道；另一方面也决定元数据的生成、维护与更新更应该围绕电子文件的全生命周期来开展。

4. 文件锁定

文件锁定指的是对所产生的电子文件实施保护的过程，其目的是防止电子文件被非法改动。一般情况下，有两种途径保护电子文件：①从系统入手保护电子文件。在受到保护的系统中，构建一个高度安全的"数字保险箱"，即受保护的系统环境，用于集中存储与管理电子文件。这一环境严格限制电子文件的访问路径，仅允许通过系统预设的、安全可靠的访问机制获取信息，从而确保电子文件在传输与存储过程中的完整性不受侵害。②从文件入手保护电子文件。主要是引入数字签名技术作为电子文件防伪防篡改的关键手段。为保护电子文件，基于系统自身的完整性需求已被简化，但针对电子文件的合法变更变得越来越困难。因此，为验证数字签名，就需要获得公共钥匙的使用权限，并且拥有公共钥匙的一些数据库要保持一定的时期。同时，还需要对电子文件采用防错漏和防调换的标记，以保护电子文件不被非法改动。

5. 元数据的增加和修改

元数据的增加部分主要指动态元数据，此类元数据系伴随信息对象之实际应用与操作流程自然衍生，包括但不限于操作指南、图像内容解析、用户交互日志等。动态数据能实时反映出数字信息对象的运行过程，为数字信息管理提供基础。元数据的修改部分主要指文件创建后所要变更其相关联系的元数据，如重新定义文件、增加额外的关键词或者描述符、变更标识符、给文件建立新的连接等。通过此类修订操作，确保元数据能够准确反映文件内容的最新状态及其在信息系统中的位置与角色，进而维护信息架构的完整性与有效性。

（三）电子文件采集的方式

按照不同的划分方法，电子文件采集的方式各有不同。按照采集主体，采集方式分为自动采集和手动采集；按照采集后电子文件的存储位置，采集方式分为物理采集和逻辑采集；按照采集的时间，采集方式分为实时采集和定期采集；按照采集文件的数量，采集方式分为逐份采集和批量采集。

1. 自动采集和手动采集

自动采集是ERMS通过应用程序接口（API）从产生文件的业务系统中自动采集文件及其元数据。此过程要求事先在业务系统中精确设定文件采集的边界与规则，并启用自动提交功能，以确保数据的一致性与时效性。

手动采集是文件形成者或者文件管理员手工采集文件及其元数据，具体情况可以分为如下三种：①在已集成的业务系统中手动提交；②在ERMS中手工采集登记文件，利用传统目录浏览或现代拖拽技术手工登记文件；③在ERMS网络访问受限时，利用离线客户端模块预先采集文件，待网络恢复后批量导入系统。

2. 物理采集和逻辑采集

物理采集强调文件及其元数据被完整迁移至ERMS的指定存储空间，实现数据的集中管理与长期保存。依据传输渠道的不同，物理采集可细分为在线即时传输的在线采集与通过物理介质（如硬盘）转移的离线采集两种方式。

逻辑采集侧重于将文件的元数据（可能选择性包含部分文件内容）纳入ERMS管理，文件主体仍保留在原业务系统中。此策略适用于特定阅读环境要求或跨部门文件共享需求较低的场景。

3. 实时采集和定期采集

实时采集是文件产生或处理完毕之后立即采集，定期采集是文件产生或办理完毕后一段时间再行采集。选择实时还是定期，应该根据文件特点和业务需要决定。

4. 逐份采集和批量采集

逐份采集是每次采集的文件数量为一份，适用于对文件处理有较高即时性要求或文件数量较少的场景；批量采集是每次采集的文件数量为多份，更适用于文件量大、处理时间相对宽裕的情况。无论是自动采集、手动采集，还是物理采集、逻辑采集，都既可以逐份进行，也可以批量开展。实时采集一般逐份进行，定期采集一般批量开展。

三、电子文件的鉴定

电子文件鉴定是根据有关规定鉴别电子文件的档案价值，确定其保管期限，删除、销毁已积累但无保存价值的电子文件。在信息化时代的浪潮下，电子文件的数量呈几何倍数增长，尽管其存储效率远胜纸质文档，大幅缩减物理空间占用，但随之而来的是海量数据中混杂着大量不具备长期保存价值的文件。这些冗余数据不仅无助于知识的积累与传承，反而成为信息系统高效运行的潜在障碍，加剧数据处理与存储的负担。因此，为筛选出真正有价值的电子文件长期保存，需要对电子文件开展鉴定工作。

（一）电子文件鉴定的内容

1984年，法国档案学者哈罗尔德·瑙格勒（Harold Nanglar）在其研究报告《机读文件的鉴定》中剖析电子文件鉴定机制相较于传统文件鉴定的根本性差异，首次明确提出并系统阐述电子文件双重鉴定的思想。这一思想在理论上为鉴定电子文件的保存价值建立两个支点，得到各国档案学者的关注和认同。具体来说，电子文件鉴定的内容包括内容鉴定与技术鉴定两个部分。

内容鉴定作为鉴定工作的传统核心，侧重于依据电子文件本身的属性与信息内容的独特性、有用性及其满足社会需求的能力，来评判其档案价值与应设定的保管期限。这一过程不仅考量电子文件的即时实用价值，还深入探索其潜在的历史意义，为电子文件的长期保存与利用提供决策依据。

技术鉴定则是对电子文件赖以存在与呈现的技术环境的全面审视，它直接关系到电子文件能否被有效保存、准确识读以及信息的可持续获取性。鉴于电子文件对特定技术设备的依赖性，技术鉴定的重要性不言而喻。它要求评估与电子文件保存、读取直接相关的技术状况，确保即便在技术进步与设备更迭的背景下，电子文件的内在价值仍能得以传承与利用。

在电子文件的鉴定中，内容鉴定与技术鉴定相辅相成，这便要求电子文件的鉴定从内容和技术状况两个方面同时展开。这一综合鉴定方法不仅要求鉴定者具备深厚的档案学专业素养，还需掌握一定的信息技术知识，以确保从内容与技术两个维度全面、准确地判断电子文件的档案价值，为电子文件的科学管理与长期保存奠定坚实基础。

（二）电子文件鉴定的特点

1. 多维性

电子文件鉴定工作相对于传统文件鉴定而言更加复杂。首先，其鉴定范围的拓宽使得电子文件鉴定不仅仅要鉴定其内容上的有用性，还要对其文件属性、文件技术状况进行鉴定。其次，电子文件鉴定不再局限于文件生命周期的某一特定节点，而是贯穿于电子文件的全生命周期管理中，呈现出高度的过程嵌入性与内容交叉性。

2. 连续性

电子文件鉴定工作需要在整个文件运行过程连续地开展。从文件的形成、归档到存储、开放、利用、销毁的整个过程，每一个环节都有鉴定的身影。这种连续性不仅确保鉴定工作的及时性与准确性，还促进电子文件管理的连贯性与高效性，为电子文件信息的长期保存与有效利用提供坚实保障。

3. 分散性

分散性体现在鉴定责任的广泛分担上。与传统文件鉴定主要由档案人员单一主体承担不同，电子文件鉴定工作涉及多个部门与角色，包括文件形成部门、档案部门、技术人员以及信息管理人员的协同合作。这种分散化的鉴定模式强调团队合作的重要性，要求各主体间建立紧密的沟通机制，共同承担鉴定责任。

4. 风险性

电子文件鉴定工作相较于传统文件鉴定而言更为复杂多变，因此也伴随着更高的风险。鉴定过程中任何环节的疏忽或错误判断，都可能对电子文件的真实性、完整性和可用性造成不可逆转的损害。因此，电子文件鉴定工作必须秉持高度负责、严谨细致的态度，采取科学有效的鉴定方法与技术手段，以降低风险，确保电子文件的价值得以充分实现。

（三）电子文件鉴定的方法

在电子文件的内容鉴定上，职能鉴定法是主要的方法，文件价值的大小取决于职能活动的重要程度。该方法根植于文件生成的动因——社会运作与特定职能活动的需求之中，有效规避鉴定过程中的主观臆断与随意倾向，增强鉴定的客观性与科学性，确保鉴定活动紧随利用需求之后，而非超前引领。它聚焦于某一职能范畴、活动领域或事务类别的文件集合，而非孤立审视单份文件，体现宏观视角下的系统评估。职能鉴定法的有效实施，依托于职能分类法这一前置条件，两者相辅相成，缺一不可；若无职能分类法的支撑，职能鉴定法的深入执行将面临障碍。

当然，电子文件的内容鉴定，也不排除逐件鉴定的直接鉴定法，或又叫内容鉴定法。直接鉴定法通过直接审查档案来鉴定档案的价值，要求鉴定人员逐件逐张审查文件，而不是根据案卷目录和案卷标题来判断其价值。对于未被保管期限表收入其中的新文件，以及微观文件等特殊文件，有时需要采取直接鉴定法。

四、电子文件的归档

电子文件归档是电子文件管理前端即文件形成阶段的最后一个环节，涉及文件的移交和管理责任的转移。归档是赋予有保存价值的电子文件以档案身份的过程，其标志性动作是将具有档案价值的电子文件由形成部门向档案部门移交，电子文件管理责任也随之由文件形成部门向档案部门正式转移。

（一）电子文件的归档范围

电子文件归档的主要对象，应是经过鉴定的具有保存价值的电子文件。《电子文件归档与电子档案管理规范》中规定："电子文件的归档范围参照国家关于纸质文件材料归档的有关规定执行，并应包括相应的背景信息和元数据。"除此之外，还应从以下几方面来考虑电子文件的归档：

（1）有助于保证电子文件长期真实、完整、可用、安全的其他相关材料。如电子公文的收发登记表、机读目录等应与对应的电子公文一同归档保存。

（2）其他载体形式的文件在同一活动中，除电子文件外，有时还会生成纸质文件、缩微胶片等其他形式的重要文件，如上级机关的来文、外购设备文件等。为保持这些文件之间的历史联系，确保同一活动中形成的档案信息完整无缺，需要将之一同归档。有条件的单位可将这些文件作数字化处理，作为电子文件归档和保存。

（3）新型电子化业务中形成的电子文件，如机构网站、邮件系统或者微博系统中生成的电子文件，要根据其内容价值判断这些活动中生成的电子文件的归档范围。

(二)电子文件的归档方式

1. 物理归档

物理归档的操作类似于传统纸质文件的归档流程,但依托于现代信息技术的支持。业务部门负责将电子文件通过网络传输或利用脱机存储介质,安全地转移至由档案部门主导维护的电子文件管理系统之中。物理归档的核心在于电子文件存储位置的物理性变更,具体实现方式包括在线归档与离线归档两种形式。前者通过网络实时传输,将电子文件直接送达档案部门指定的存储地址;后者则采用介质交换的方式,将存储有归档文件的介质物理转移至档案部门。

2. 逻辑归档

逻辑归档的核心在于不改变电子文件物理存储位置的前提下,实现管理权限与责任的转移。具有档案价值的电子文件在业务系统中继续存储的同时,其元数据被提取并移送至电子文件管理系统,以便档案部门有效监管与利用指导。逻辑归档前后电子文件的存储位置不发生改变,仅将其管理职责由文件形成部门移交到档案部门。逻辑归档分为两类应用场景:①电子文件保留在形成部门的服务器上,档案部门虽不直接持有数据文件,但依据相关规定,对数据的安全管理、合法访问及长期保存实施有效监控;②电子文件自生成之初便存储于档案部门的服务器上,实现数据的集中化、专业化管理,确保数据的统一标准与高效利用。

(三)电子文件的归档要求

根据《电子档案管理办法》的规定,电子文件归档的要求主要有以下四方面:

(1)电子文件应当与元数据一并归档。电子文件归档格式应当具备开放、不绑定软硬件、显示一致性、可转换、易于利用等特性,并且能够支持向长期保存格式转换。电子文件元数据格式应当符合国家有关标准规范要求。

(2)电子文件形成部门应当在电子文件形成、办理、收集过程中完成保管期限鉴定、分类、命名等工作,确保电子文件符合归档要求,并且完整采集描述电子文件内容、结构和背景信息的元数据及其整个管理过程元数据。电子文件及其元数据归档不得采用非开放的压缩、加密等技术措施。党政机关电子公文归档,应当去除电子印章的数字签名信息,只保留印章图形。其他组织机构电子文件归档可以参照处理。

(3)电子文件形成部门和电子档案管理部门应当对提交归档的电子文件及其元数据等相关信息进行清点、登记,对其真实性、完整性、可用性、安全性进行检测,并由相关责任人确认。

(4)电子档案管理部门应当对接收的电子档案完成审核、编制档号、确认保管期限等工作,确保电子档案符合档案管理要求。

第四节 电子档案的管理环节

一、电子档案的著录

电子档案的著录，指的是获取、核对、分析、组织和记录关于档案内容、结构、背景和管理过程的信息，以准确描述电子档案的活动。电子档案的著录具有以下四方面特点。

1. 全面性

电子档案著录的全面性包括两层含义：①描述对象的全面性，具体包括档案内容、结构、背景和文件在形成后所经历的整个管理过程；②作用的广泛性，著录最基本的作用是描述电子档案，在此基础上可以有多种用途，除了挑选具有检索意义的著录信息编制检索工具之外，还包括保障电子文件的真实、完整、可读等。

2. 全程性

著录贯穿于电子档案的整个生命周期，包括档案形成、处理、归档、迁移、利用等全过程。这一过程彰显著录信息与档案内容的同步性特征，即档案生成之际，著录工作即告启动；档案状态的任何变动，均被即时且准确地反映在著录信息之中，确保档案历史演变的完整记录。

3. 综合性

电子档案的著录综合采用人工著录和系统自动著录相结合的手段。随着信息技术的发展，自动化趋势日益显著，促使人工直接著录的比重逐步减少，系统自动著录的能力则显著增强。在电子环境中，大量著录信息能够依托系统的高效运作自动生成或精准采集。

4. 多级性

电子档案著录的多级性是由电子档案之间具有有机联系的特点决定的。档案及档案工作者根据电子文件之间的有机联系，对档案进行分类，从全宗、大类、属类、小类、案卷直到单份档案，呈现出多个级别、多个层次。

二、电子档案的保管

电子档案保管是妥善存储、维护和保护以数字形式存在并已经归档的电子文件，以确保其真实性、完整性、可用性和安全性。

（一）电子档案的信息存储

电子档案的信息存储分为在线存储、离线存储和近线存储三种方式。

1. 在线存储

在线存储指的是存储设备和所存储的信息随时保持"在线"状态，随时准备响应计算平台或用户的即时访问请求。在线存储以其高度的开放性和利用率，成为满足用户即时信息需求的关键手段。该策略通常采用磁盘及磁盘阵列等高性能存储设备作为支撑，尽管这些设备成本相对较高,但其卓越的性能确保数据访问的快速性与可靠性。

2. 离线存储

离线存储是一种针对低频访问或长期保存需求而设计的存储策略,主要通过光盘、磁带或磁带库等低成本存储设备来实现。此策略主要用于电子档案的备份与灾难恢复,以确保在线存储信息的安全性,防止因数据损坏、丢失等不可预见事件导致的损失。特别是针对保密性强、尚未开放利用的电子档案及电子档案的定期备份,离线存储更是成为首选方案。

3. 近线存储

近线存储是随着数据存储技术与管理需求的精细化发展而涌现的一种新型存储模式,旨在优化存储资源配置,平衡成本与性能之间的关系。该策略将访问频率较低但仍需保留一定访问能力的电子档案,存储在由专门档案系统直接管理的磁盘设备上,介于在线与离线存储之间,形成一种灵活的中间存储层次。近线存储对存储设备的性能要求虽不及在线存储严苛,但仍需保证良好的访问性能和寻址效率,以满足偶尔但必要的即时访问需求。同时,鉴于不常用数据往往占据较大存储空间,近线存储设备在设计上还需充分考虑其大容量存储能力,以确保数据的全面覆盖与有效管理。

(二)电子档案的载体保管

无论是怎样的电子档案,总是依赖于一定的载体而存在。充分了解数字载体的有关知识,了解其基本特性,有效开展载体保管,是电子档案保存的基本工作。根据《电子档案管理办法》,组织机构应当在磁介质、光介质、缩微胶片等介质中选择至少两种符合长期安全管理要求的存储介质,以在线方式和离线方式保存至少三套完整数据,每种介质上保存一套完整数据,一套在线应用,两套备份。档案馆应当对重要电子档案异地备份,根据需要有条件的档案馆可以建设灾难备份系统,实现重要电子档案及其管理信息系统的备份与灾难恢复。机关、团体、企业事业单位和其他组织可以参照执行。

1. 电子档案的主要载体类型

目前,数字信息可以被记录在磁性、光学和电存储介质上。其中,磁性介质主要包括磁盘、硬盘、磁盘阵列等,利用磁化电流在磁性介质上记录和读出信息。光学介质则是利用激光在非磁性介质上记录和读出信息,如CD、DVD等类型。电存储介质利用半导体材料而非磁性或光学技术,多数以闪存和USB等形式存在。

2. 电子档案载体的选择标准

鉴于电子档案载体技术的不断更新换代与技术淘汰的必然性,合理选择与适时更新电子档案载体成为维护档案长期保存与价值实现的关键。在选择电子档案载体时,可以优先考虑以下标准:

(1)寿命。载体寿命是对所保存数据的有效保存时间长度,作为衡量电子档案数据有效保存时限的关键指标,直接关联到数据的完整性与准确性保障。一般载体寿命是取其物理寿命与技术寿命中时间较短的数值。其中,技术寿命是该载体技术被淘汰的时间,物理寿命是通过人工老化试验估算的时间。值得注意的是,在电子档案的保存中,物理寿命的优越性并非绝对优势,因为载体的配套读取设备过时周期往往是比载体本身衰退更为重要的因素。

（2）**性能与成本**。载体性能评估需全面考量存储密度、存储容量、存取速度等指标。高存储密度不仅直接提升信息容量，还有效降低单位数据的存储空间需求与整体存储成本，是实现高效存储管理的重要前提。各机构在选择载体时，应基于自身数据存储需求与成本预算，合理匹配载体类型与数量，确保存储资源的优化配置与有效管理。

（3）**标准化程度**。电子档案保存机构在载体选择上，应倾向于遵循明确且广泛认可的国际及国家标准，包括载体的几何尺寸、存储密度、错误检测与纠正机制（如奇偶校验）等规格的统一，以及信息记录在载体上的标准化文档识别方式与记录方法。此外，为确保电子档案的长远可访问性，所选用介质及其配套的硬件与软件环境应基于成熟稳定的技术平台，虽不必追求绝对的技术领先，但需确保技术的成熟性与广泛的兼容性，从而有效抵御技术快速迭代带来的访问障碍与数据迁移风险。

3. 电子档案载体的保管要点

电子档案的载体多是磁性载体和光盘。

对于磁性载体来说，载体的保护需要注意以下几点：

（1）**要控制适宜的温湿度**。温湿度是影响电子档案载体耐久性的重要因素，因此要保证库房温湿度的相对稳定。温湿度波动可诱发物理变形、水解反应等现象，会直接导致磁性载体黏合层剥离。高温加速磁性载体结构畸变，高湿则可能引发信息丢失乃至材料彻底劣化。反之，低湿度环境下静电累积吸引尘埃，容易增加读取误差；低温则使载体材料脆化，易于开裂。

（2）**防止外来磁场**。磁性载体依靠剩磁强度来记录和重放信息，因此需要尽量杜绝外来磁场造成的影响。外来磁场能削弱或改变磁性涂层中的剩磁状态，导致信号失真、信噪比下降，严重损害记录信息的可读性。

（3）**防止灰尘**。灰尘的影响对电子档案载体危害极大，可以造成电子档案载体的物理损伤和化学损伤。灰尘颗粒可划伤磁盘、磁带表面，造成物理损伤；灰尘所含化学成分则可能引发磁腐蚀、降解等化学反应，加速载体老化。

（4）**防止机械振动**。机械磨损和强烈振动也能对电子档案产生破坏。磁盘、磁带在高速运转过程中易受摩擦损伤，长期累积可致信息丢失。在保存和传递过程中，摩擦、划伤、弯折等现象也可能引起磁记录和光盘记录的信息损坏；强烈的振动会造成剩磁衰减，破坏已记录信号。

（5）**避免强光**。强光尤其是紫外线对磁性载体有很大的破坏力。它能与电子档案制成材料发生氧化反应，使磁盘、磁带的盘基、带基老化，脆性增大，强度下降；同时，紫外线的能量足以破坏磁性载体剩磁的稳定性，导致信号衰减，影响磁性记录信息的读写效果。

对于光盘来说，光盘的保护需要注意以下几点：

（1）控制温湿度。光盘应被保存在低温干燥、恒温恒湿的环境中。在适宜的温湿度条件下，光盘老化衰变比较缓慢；在高温高湿条件下，光盘内部的化学反应会显著加速，导致记录层染料褪色、反射层氧化加剧及盘基形变等不可逆损害。光盘适宜的保存、工作环境温湿度参考值可以参见《档案级可录类光盘CD-R、DVD-R、DVD+R技术要求和应用规范》。

（2）防治空气污染。工业区排放的氟化氢、氯化氢、氨气等有害气体，靠近海洋地区空气中的海盐微粒等均可能引发光盘腐蚀与表面龟裂。因此，光盘档案保存地点应远离工业区、工厂和实验室等场所，或者必要时采取空气过滤等措施（如安装高效空气过滤系统），以减少有害气体与微粒对光盘档案的侵害。

（3）避免盘面损伤。在实际环境中，盘面划痕是光盘最常见的机械损伤。光盘信息读取面包括记录层与反射层，其上覆盖的保护涂层极为薄弱，易受外界因素破坏。为有效预防盘面损伤，需培养良好的使用习惯，如轻拿轻放、避免硬物直接接触盘面；同时，维护良好的存储环境卫生，定期清洁存储区域，减少灰尘等异物对光盘的潜在威胁。此外，通过采用保护性包装材料或定制专用存储盒，可进一步减少光盘在运输与存储过程中的物理损伤风险。

三、电子档案的利用

根据《电子档案管理办法》，组织机构一方面应当建立电子档案利用制度，采取有效管理措施和技术手段，充分利用政务网、互联网等渠道实现电子档案便利、高效、安全利用；另一方面应当根据不同服务对象和利用范围，建立相应网络的档案数字资源利用服务平台。档案馆应当通过网站或者其他方式定期公布开放电子档案目录。档案主管部门应当推动档案数字资源共享工作，促进跨区域、跨层级、跨部门共享利用。

（一）电子档案利用的类型

电子档案利用指的是查询和使用电子档案的活动。电子档案利用的类型，按照利用是否服务于档案的形成目的，可以分为原发性利用和增值性利用；按照利用的具体目的，可以分为业务支撑性利用和文化研究性利用；按照利用的范围，可以分为内部利用和外部利用。

1. 原发性利用和增值性利用

原发性利用指的是电子档案被直接用于其原始创建或形成所旨在服务的目的，其利用过程与档案的形成初衷相吻合，无附加或转变的利用目标。相比之下，增值性利用则超越电子档案的原初目的，赋予其新的价值或用途。如后续教育活动中，为教学评估或复习参考而再次调阅先前考试试卷，此即属增值性利用范畴。

2. 业务支撑性利用和文化研究性利用

业务支撑性利用指的是利用者在其日常生产、经营、管理等业务工作中利用电子档案，包括但不限于作为业务凭证的出具、信息参考的提供、决策制定的数据支撑，以及基于档案信息开发的新型信息产品等。文化研究性利用侧重于电子档案在文化传承、历史研究、学术探索等文化领域的应用，这类型的利用与人类社会的文化传承和记忆延续有关。

3. 内部利用和外部利用

内部利用指的是发生在电子档案形成机构内部的利用，利用者为机构内部人员。外部利用指的是发生在电子档案形成机构外部的利用，利用者往往来自其他业务往来机构或社会大众。一般而言，电子档案形成机构的利用以内部利用为主，档案馆等档案保管机构的利用则以外部利用为主。

（二）电子档案利用的典型案例

2021年，中国航天科工集团第二研究所二〇六所研发的环控生保尿处理子系统随中国载人航天工程空间站"天和核心舱"成功发射入轨，为我国长期载人飞行任务提供可靠保障。在系统的研发过程中，科研人员通过系统挖掘与整合相关数字化档案资源，打造可视化自主检索页面向科研人员推送高契合度、高价值的档案资源，为系统的研发提供知识上的技术支撑与决策支持。

2022年，浙江省档案馆依托全省一体化智能化公共数据平台开发"浙里档案"数字应用，构建档案资源共享与档案利用服务新模式。"浙里档案"手机应用包含若干子应用："我的档案一键通"可以查阅与自身相关联的各类民生档案数据，覆盖出生、上学、就业、婚育、置业、救助、就医、退养等8个方面，并且可以通过身份证号精准匹配人事档案代理信息，通过姓名模糊匹配可能相关的民生档案和开放文书档案；"档案通查出证"可以一键显示最近的档案馆，也可以向全省各级档案馆在线申请查档和电子出证服务；"走进档案"可以一站式浏览全省各级档案馆的网上展厅、编研成果、镇馆之宝等，并且可在移动端预约教育基地和数字化成果展。[①]

同在2022年，宝鸡文理学院电子档案管理系统上线。该系统扩大档案服务的维度。对所有异地不能亲自到馆的用户采取微信申请，利用电子档案发送邮箱、纸质档案发送快递的方式。对本校或者可以到馆的用户，采用刷身份证自助打印档案的方式查档。对未数字化的档案，采取人工登记入库查询的方式。在档案服务资源方面，对查档用户经常查询的学籍档案包括录取新生名册、成绩单、学位证、毕业证领取名单等利用频率高的档案按照年度从近到远、利用频率由高到低的顺序进行数字化加工扫描，对三类档案并行加工挂接，从而扩大系统中电子档案的种类，使用户可以获得一套完整的多维度的电子档案。[②]

思考题：
1. 请简要描述电子档案管理的定义、特点以及与传统纸质档案管理的主要区别。
2. 电子档案的证据效力是什么？维护电子档案证据效力有什么要求？
3. 请简要说明电子文件的管理环节以及每个环节具体的工作内容。
4. 请简要说明电子档案的管理环节以及每个环节具体的工作内容。
5. 讨论电子档案管理过程中可能面临的安全性问题，并提出应对这些问题的有效措施。

---

① 林空，季文云，Lin Weihong. 建设"浙里档案"全省性应用打造浙江档案标志性成果："浙里档案"数字应用建设综述[J]. 浙江档案，2023（1）：13-16.
② 赵钊，刘淑妮. 电子档案赋能高校档案服务创新：以宝鸡文理学院为例[J]. 办公室业务，2023（11）：63-65.

参 考 文 献

一、图书

《中国档案分类法委会》编委会. 中国档案分类法 [M]. 2版. 北京：中国档案出版社，1997.
蔡盈芳. 企业数字档案馆建设理论与实践[M]. 北京：电子工业出版社，2018.
陈兆祦，和宝荣. 档案管理学基础[M]. 北京：中国人民大学出版社，1986.
档案学名词审定委员会. 档案学名词[M]. 北京：科学出版社，2024.
邓绍兴，陈智为. 档案管理学[M]. 北京：中国人民大学出版社，1996.
冯惠玲. 档案学概论[M]. 北京：中国人民大学出版社，2006.
冯惠玲，刘越男. 电子文件管理教程 [M]. 2版. 北京：中国人民大学出版社，2017.
锅艳玲. 科技档案管理学[M]. 北京：科学出版社，2023.
国家档案局档案馆（室）业务指导司. 机关档案管理[M]. 北京：中国文史出版社，2020.
胡鸿杰. 档案文献编纂学[M]. 北京：中国人民大学出版社，2012.
黄世喆. 档案管理学[M]. 北京：高等教育出版社，2016.
金波，丁华东. 电子文件管理学[M]. 上海：上海大学出版社，2015.
李明禄. 英汉云计算·物联网·大数据辞典[M]. 上海：上海交通大学出版社，2018.
王英玮，陈智为，刘越男. 档案管理学[M]. 4版. 北京：中国人民大学出版社，2015.
王英玮，陈智为，刘越男. 档案管理学 [M]. 5版. 北京：中国人民大学出版社，2021.
肖秋惠. 档案管理概论[M]. 武汉：武汉大学出版社，2009.
张林华. 我国档案馆公共服务研究[M]. 上海：上海世界图书出版公司，2019.
中国大百科全书总编辑委员会. 中国大百科全书图书馆·情报学·档案学[M]. 北京：中国大百科全书出版社，2002.
中国档案主题词表编委会. 中国档案主题词表[M]. 2版. 北京：中国档案出版社，1995.
周璐. 声像档案管理实务[M]. 昆明：云南科技出版社，2020.
周铭. 档案检索：理论与方法[M]. 北京：中国社会科学出版社，2015.
朱兰兰. 科技档案管理学[M]. 郑州：郑州大学出版社，2022.
BASTIAN J A，YAKEL E. Defining a discipline：archival research and practice in the twenty-first century：essays in honor of Richard J. Cox[M]. Chicago：Society of American Archivists，2020.
Evans F B. Dictionary of archival terminology[M]. Berlin：K G Saur Verlag Gmbh & Co，1984.
MACNEIL H．EASTWOOD T. Currents of archival thinking[M]. 2nd ed. Santa Barbara：Libraries Unlimited，2016.

二、论文

白银. 档案数字化转型中隐私保护的理论优化与制度完善[J]. 档案学通讯，2024（3）：19-28.
白志英. 新时期档案编研工作如何更好地开展[J]. 兰台世界，2014（S4）：112-113.
车向芝，王英玮.《电子档案证据效力维护规范》（DA/T 97—2023）主要内容及相关问题的思考[J]. 北京档案，2023（12）：21-25.

陈莉，张颖，孙平. 基于VR技术的企业档案开发利用构想[J]. 中国档案，2020（5）：62.

程妍妍，李圆圆. 我国数字档案馆标准规范体系研究[J]. 档案学通讯，2014（6）：53-57.

邓青. 浅析档案的作用[J]. 科技风，2014（13）：259.

丁华东，黄琳. 中国特色档案利用服务体系的建设与完善[J]. 档案学研究，2022（1）：51-57.

丁华东. 档案服务能力建设：档案事业发展的战略选择[J]. 中国档案，2010（2）：34-37.

房小可，谢永宪，王巧玲. 基于数字人文的档案编研方法新探[J]. 档案学研究，2020（5）：138-142.

付荣娟. 探析照片档案的收集与鉴定[J]. 兰台世界，2014，（S2）：79.

付茹，何岛. 信息化发展趋势下民生档案查询利用探索：以南京市栖霞区档案馆为例[J]. 档案与建设，2023（11）：79-81.

傅荣校. 论三十年代南京国民政府的文书档案改革[J]. 档案学通讯，2005（1）：87-90.

葛荷英. 关于档案鉴定概念的研究[J]. 档案学研究，2010（2）：9-12.

顾伟. 基于可逆信息隐藏技术的电子档案保真利用[J]. 档案与建设，2022（4）：25-28.

韩李敏. 涉密档案管理的若干问题思考[J]. 浙江档案，2024（1）：51-54.

郝晨辉. 档案信息化标准的发展与展望[J]. 档案学研究，2017（4）：61-66.

何嘉荪. 关于"主、客体全宗论"的思辨[J]. 档案学通讯，1992（5）：18-22.

何嘉荪. 全宗问题理论基础辨析[J]. 档案学通讯，1993（2）：13-15.

贺德方，曾建勋. 基于语义的馆藏资源深度聚合研究[J]. 中国图书馆学报，2012，38（4）：79-87.

黄世喆，归吉官. 论我国档案整理工作的基本原则：档案工作系列论文之三[J]. 档案管理，2014（4）：3.

黄夏基，梁艳. 信息时代档案编研的"恒"与"变"[J]. 档案学通讯，2016（4）：39-44.

黄霄羽，管清潆. 聚焦众资源助推现代化：2023档案年会主题折射国内外档案工作的最新特点和趋势[J]. 档案学研究，2023（5）：22-29.

黄霄羽，张宁. 宏观鉴定战略在加拿大的应用[J]. 中国档案，2000（8）：39-42.

加小双. 后保管模式的背景、体系与意义[J]. 浙江档案，2015（7）：19-21.

贾玲，吴建华，杜岩. 试论档案知识管理流程[J]. 档案与建设，2015（12）：14-17.

金波，汤黎华，何伟祺. 数字档案馆生态系统的建构[J]. 档案学通讯，2010（1）：53-57.

金波，添志鹏，杨鹏. 大数据时代档案数据治理运行机制建构[J]. 档案学研究，2023（4）：65-73.

金波，王洁菲，添志鹏，等. 档案数据治理运行机制探究[J]. 档案学通讯，2023（4）：22-29.

金波，晏秦. 从档案管理走向档案治理[J]. 档案学研究，2019（1）：46-55.

金波，杨鹏，邢慧. 大数据时代档案数据共享利用探析[J]. 情报科学，2023，41（6）：9-16.

金波，杨鹏. "数智"赋能档案治理现代化：话语转向、范式变革与路径构筑[J]. 档案学研究，2022（2）：4-11.

金波，杨鹏. 大数据时代档案数据安全保障探究[J]. 档案学通讯，2022（3）：30-38.

金波，杨鹏. 大数据时代档案数据治理研究[J]. 档案学研究，2020（4）：29-37.

金波. 论档案信息的数字化建设[J]. 档案学通讯，2005（3）：67-70.

库克，李音. 宏观鉴定与职能分析[J]. 中国档案，2012（1）：51-53.

冷海英. 论档案价值体系的鉴定[J]. 理论界，2008（z1）：147.

黎南希，王怡茜. 英国档案馆数字能力建设战略研究及启示[J]. 浙江档案，2022（2）：42-45.

李莎莎. 信息化条件下档案编研工作新思考[J]. 北京档案，2021（4）：25-27.

李新宇. 从传播学角度出发做好档案编研工作：以三位革命军人牺牲登记表的编研活动为例[J]. 档案学研究，2014（6）：62-65.

李星玥，张斌. 智慧档案馆发展必然性和建设策略研究[J]. 北京档案，2021（6）：10-13.

李宇斐. 档案数字化工作要谨防失泄密[J]. 保密工作，2018（12）：33-35.

李宗富，马园懿. 美国国家档案与文件署视频平台运营的内容、特点及启示[J]. 北京档案，2021（08）：43-47.

林空，季文云，Lin Weihong. 建设"浙里档案"全省性应用打造浙江档案标志性成果："浙里档案"数字应用建设综述[J]. 浙江档案，2023（1）：13-16.

刘刚，岳素芳. "后保管模式"与电子文件管理[J]. 兰台世界，2013（S4）：85-86.

刘永，庞宇飞. 档案数据化之原生数据源全链式管理分析[J]. 档案管理，2018（5）：11-18.

留晞. 推进档案编研工作的实践与思考[J]. 浙江档案，2021（1）：53-55.

鲁嵘. 论档案集成管理的发展及其在当代的建构[D]. 合肥：安徽大学，2006.

马仁杰，宫保侠. 新时代新技术与档案利用融合研究述评[J]. 浙江档案，2023（11）：32-33+36-38.

马寅源. 国内外档案多级著录的比较研究[J]. 档案学研究，2017（2）：51-56.

梅佳. 拓展利用服务领域 提升档案惠民利民能力：北京市国家综合档案馆民生类档案利用调研[J]. 中国档案，2024（4）：16-18.

聂莹. 浅谈企业档案的编研工作[J]. 兰台世界，2009（S1）：125-126.

潘未梅. 加拿大宏观鉴定理论与应用研究[D]. 天津：天津师范大学，2012.

彭忱. 用户参与视角下英国国家档案馆服务特点与启示[J]. 中国档案，2023（6）：70-71.

祁天娇，冯惠玲. 档案数据化过程中语义组织的内涵、特点与原理解析[J]. 图书情报工作，2021，65（9）：3-15.

钱毅. 技术变迁环境下档案对象管理空间演化初探[J]. 档案学通讯，2018（2）：10-14.

秦巧云，周枫，杨智勇. 大数据环境下数字档案馆信息安全研究[J]. 北京档案，2017（6）：18-21.

任越，曹玉，乔尔. 知识管理中档案价值的重新发现[J]. 档案学通讯，2012（3）：38-41.

孙宝辉，张晓晓，张卫东. 数字人文视域下高校校史档案编研路径研究[J]. 档案与建设，2022（7）：54-57.

唐姝. 档案数字化编研研究：以大庆油田档案馆为例[J]. 黑龙江档案，2021（3）：248-249.

田晓晶. 浅议大事记的编写[J]. 城建档案，2012（4）：29-30.

王大众. 《文书类电子档案检测一般要求》解读[J]. 中国档案，2019，（4）：34-35.

王大众. 从系统测试看全国高水平数字档案馆建设的三个特点[J]. 中国档案，2024，（5）：8-9.

王光越，栗维健. 中国第一历史档案馆馆藏清代军机处上谕档全文数字化概述[J]. 历史档案，2010（1）：130-135.

王岚. 国家治理视角下《档案法》修改的思路与思考[J]. 档案学研究，2015（1）：41-48.

王鲤颖. 信息技术在档案编研中的应用研究[J]. 兰台内外，2024（3）：21-23.

王良镭. 档案编研工作在数字化时代的机遇与挑战[J]. 中国档案，2020（2）：68-69.

王强，吴志杰. 业务系统与档案管理系统归档集成框架：构建与内涵解析[J]. 档案学通讯，2020（6）：45-53.

王肖波. 数字档案馆建设的创新与发展：以浙江省档案馆创建全国示范数字档案馆为例[J]. 档案学研究，2021（1）：104-109.

王颖. "互联网+"背景下档案数字化外包工作的风险防控研究[J]. 档案与建设, 2023（9）: 71-72.
王玉龙. 云环境下数字档案馆面临的安全风险及其应对措施[J]. 档案管理, 2013（2）: 25-26.
吴新宇, 喻斌. 量子通信加密技术在档案利用中的应用分析[J]. 浙江档案, 2016（11）: 24-25.
向立文, 龚慧卿. 数字档案馆四维安全管理体系构建研究[J]. 浙江档案, 2020（10）: 23-25.
肖秋会, 汤俊妹, 许晓彤. 文件管理双轨制、双套制、单轨制、单套制辨析[J]. 中国档案, 2021（4）: 70-72.
谢玉雪. 数字档案资源的可视化叙事服务研究[J]. 档案学研究, 2020（3）: 122-128.
徐洁. 刍议档案的价值与作用[J]. 科技创新与应用, 2014（15）: 254.
徐拥军, 卢思佳, 郭若涵. 全流程视角下档案数字化建设中著作权风险分析与管理[J]. 图书情报工作, 2023, 67（18）: 46-56.
徐拥军. 新修订《档案法》的特点[J]. 中国档案, 2020（7）: 26-27.
严永官. 论"事由原则"在档案整理中的作用：档案整理原则辨析之二[J]. 档案, 2016（10）: 5-8.
严永官. 全宗原则面临的挑战及其适用研究：档案整理原则辨析之一[J]. 档案, 2016（6）: 16-19.
杨婵. 高校档案工作与《归档文件整理规则》（2015版）的接轨[J]. 兰台世界, 2017（23）: 61-63.
杨冬权. 档案部门怎样进一步贯彻以人为本建立"两个体系"：在2008年档案工作者年会上的讲话[J]. 档案学研究, 2008（6）: 4-7.
杨建梁, 刘越男, 祁天娇. 文档数据化：概念、框架与方法[J]. 中国图书馆学报, 2022, 48（3）: 63-78.
杨立人. 从国家档案看档案馆性质的特殊性[J]. 档案学通讯, 2014（5）: 32-36.
杨茜茜. 档案鉴定理论体系重构探析：基于我国档案鉴定概念演变的思考[J]. 档案学通讯, 2018（5）: 25-30.
杨茜茜. 数字时代的文档一体化管理：理念、手段与目标[J]. 档案学通讯, 2014（2）: 58-62.
杨文. 档案与国家治理关系的历史考察和现实反思[J]. 图书情报知识, 2022, 39（2）: 52-61, 72.
杨文. 档案与国家治理研究[J]. 档案学通讯, 2022（5）: 109-112.
杨智勇, 谢雨欣. 数字档案馆的"数字—数智—数治"演进之路：基于《"十四五"全国档案事业发展规划》的分析[J]. 档案与建设, 2021（8）: 57-61, 71.
叶晓林. 电子文件全程管理之思考[J]. 档案学研究, 2005（1）: 46-50.
于华. 地区年度大事记的编写工作探析[J]. 北京档案, 2016（3）: 21-22.
于英香. 档案大数据研究热的冷思考[J]. 档案学通讯, 2015（2）: 4-8.
于钊, 薛惠芬, 李维杉. 两种客体全宗管理模式及其适用性分析[J]. 档案, 2022（12）: 9-12.
张晋川, 潘霖. 大型综合性医院对突发应急医疗卫生事件的档案编研[J]. 山西档案, 2017（4）: 146-147.
张祺. 名人档案的家庭教育功能探析[J]. 黑龙江档案, 2021（5）: 33-35.
张澍雅. 对"新来源观"实践探索的再认识[J]. 档案学通讯, 2018（6）: 26-30.
张维和. 试论整理工作对电子档案原始性的保障作用[J]. 云南档案, 2010（1）: 34-36.
张妤. 档案整理原则的演变[J]. 湖北档案, 2006（12）: 16-17.
赵丰. 电子档案管理的规范性审思：基于《电子档案管理办法（征求意见稿）》的文本评析[J]. 档案学通讯, 2025（1）: 1-15.
赵梦媛, 魏莹莹, 杨航, 等. 北美国家档案馆网站用户参与特色模块分析：以美国国家档案与文件署DocsTeach与加拿大国家图书档案馆Co-Lab模块为例[J]. 北京档案, 2020（2）: 37-41.
赵跃, 王俊慧. 从数字化到数据化：档案管理思维的转变[J]. 档案与建设, 2020（7）: 39-42.

赵跃. 大数据时代档案数据化的前景展望: 意义与困境[J]. 档案学研究, 2019 (5): 52-60.

赵钊, 刘淑妮. 电子档案赋能高校档案服务创新: 以宝鸡文理学院为例[J]. 办公室业务, 2023, (11): 63-65.

郑伽. 电子文件的全程管理与前端控制的比较研究[J]. 北京档案, 2017 (10): 19-22.

周枫, 谢文群. 云计算环境下数字档案馆信息安全分析及管理策略研究[J]. 北京档案, 2012 (8): 55-57.

周林兴, 黄星. 论新时代党管档案工作领导体制的实践导向: 以《档案法实施条例》为中心的考察[J]. 档案与建设, 2024 (3): 20-27.

周林兴, 林凯. 大数据时代档案数据质量治理: 因素、框架和路径[J]. 档案学研究, 2023 (2): 111-119.

周文泓, 田国庆, 熊小芳, 等. 智慧档案馆建设研究: 实践内容、行动策略、发展空间[J]. 北京档案, 2022 (10): 5-10.

祝一, 陈建. 参与共治与开放共享: 新加坡国家档案馆档案众包项目实践及启示[J]. 北京档案, 2022 (10): 43-47.

COOK T. The archive (s) is a foreign country: historians, archivists, and the changing archival landscape[J]. Canadian historical review, 2009, 90 (3): 497-534.

三、电子资源

成都市档案馆. 档案馆检索体系编制指南[EB/OL]. (2014-03-08) [2024-09-11]. https://cdarchive.chengdu.gov.cn/cdarchive/c138094/2014-03/18/content_d75f78a894794186b6ff90de35c86e37.shtml.

第十三届全国人民代表大会. 中华人民共和国档案法[EB/OL]. (2020-06-20) [2024-08-11]. https://www.saac.gov.cn/daj/falv/202006/79ca4f151fde470c996bec0d50601505.shtml.

国家档案局. 机关文件材料归档范围和文书档案保管期限规定[EB/OL]. (2006-12-18) [2024-08-11]. https://www.saac.gov.cn/daj/xzfgk/202112/206a56e657fb4758b837b244cb1f6672.shtml.

国家档案局. 数字档案馆建设指南(档办〔2010〕116号)[EB/OL] (2019-10-09) [2024-09-20]. https://www.saac.gov.cn/daj/gfxwj/201910/664c740247e54ca19b06abf2700243ec/files/7624e24f178143ceb99f902e840e1229.pdf.

国家档案局. 电子档案移交与接收办法[EB/OL]. (2012-12-03) [2024-10-05]. https://www.saac.gov.cn/daj/tzgg/201212/fe663e208cf544c8a49632db04567b83.shtml.

国家档案局. 企业文件材料归档范围和档案保管期限规定[EB/OL]. (2012-12-17) [2024-08-11]. https://www.saac.gov.cn/daj/xzfgk/202112/45c72942b02d499bb4b838a53d04184e.shtml.

国家档案局. 企业数字档案馆(室)建设指南(档办发〔2017〕2号)[EB/OL]. (2017-09-19) [2024-09-20]. https://www.saac.gov.cn/uploadfile/daj/64006a6bf3e51b2ac57202.docx.

国家档案局. 机关档案管理规定[EB/OL]. (2018-10-11) [2024-10-05]. https://www.saac.gov.cn/daj/xzfgk/202112/6e4f1d909e2443fc85111b8f82973e37.shtml.

国家档案局. 国家档案局第14号令《国家档案局关于修改〈电子公文归档管理暂行办法〉的决定》发布[EB/OL]. (2019-01-11) [2024-10-05]. https://www.saac.gov.cn/daj/tzgg/201901/6e8c79c08ff449bcb24fc285c6442d70.shtml.

国家档案局. 数字档案馆系统测试办法(档办发〔2014〕6号)[EB/OL]. (2019-10-09) [2024-09-20]. https://www.saac.gov.cn/daj/gfxwj/201910/75b9de76e4794a3fb411f1819c5ebc53/files/3dd9007a214944ad9244917cd7cd3347.pdf.

国家档案局. 企业档案管理规定[EB/OL].（2023-08-08）[2024-08-11]. https://www.saac.gov.cn/daj/xzfgk/202309/12176c4c839b4d8cb972724d67f10b37.shtml.

国家档案局. 政务服务电子文件归档和电子档案管理办法[EB/OL].（2024-01-31）[2024-10-05]. https://www.saac.gov.cn/daj/da××h/202401/dc736a6b39e74868bf63e4a33d71269f.shtml.

国家档案局档案干部教育中心. 国家档案局印发通知全面推行机关档案"三合一"制度EB/OL（2022-05-31）[2024-03-23]. http://www.saacedu.org.cn/war/xiangxi.html?id=309.

国务院. 中华人民共和国档案法实施条例[EB/OL].（2024-01-26）[2024-08-11]. https://www.saac.gov.cn/daj/xzfg/202401/2ebf9e8cc94a4f6cbff5a8210f25dc88.shtml.

胡伟. 中国照片档案馆馆藏底片高清数字化实践[EB/OL].（2024-05-10）[2024-06-26]. http://www.zgdazxw.co[M].cn/news/2022-09/15/content_336740.html.

李明华. 在全国档案安全工作会议上的讲话[EB/OL].（2017-06-05）[2024-05-24]. https://www.saac.gov.cn/daj/yaow/201706/b4aa6f797b6c4731a509c6060b4dfd33.shtml.

四、标准

国家档案局. 档案工作基本术语：DA/T 1-2000[S/OL].（2018-06-20）[2024-09-20]. https://www.saac.gov.cn/daj/hybz/201806/d1aef1f215a5404eab966451bcdeb95c/files/fb8604ccdbd74ebab3ad149aa0faf182.pdf.

国家档案局. 企业档案工作规范：DA/T 42—2009[S/OL].（2018-06-20）[2024-09-19]. https://www.saac.gov.cn/daj/hybz/201806/4b8ea306292c49668e3dda22c109dc22/files/11320b3935c348a0b4eef28e0bd686b8.pdf.

国家档案局.文书类电子文件元数据方案：DA/T 46-2009[S/OL].（2018-06-20）[2024-10-04]. https://www.saac.gov.cn/daj/hybz/201806/af2c513b5e284571952d6595fd5383b8/files/9b2a46526ddb4b66b5b5bef32d7aa21a.pdf.

国家档案局. 档案信息系统运行维护规范：DA/T 56-2014[S/OL].（2018-06-20）[2024-10-04]. https://www.saac.gov.cn/daj/hybz/201806/3ee9b036760c48e4b083f55dcdcf6972/files/b1347b0f32f944b486f596520cc1e220.pdf.

国家档案局. 电子文件归档与电子档案管理规范：GB/T 18894-2016[S/OL].（2016-08-29）[2024-10-04]. https://openstd.samr.gov.cn/bzgk/gb/newGbInfo?hcno=EB1CC0500D91490B5D219823AC1F3D16.

国家档案局. 纸质档案数字化规范：DA/T 31—2017[S/OL].（2017-08-02）[2024-09-20]. https://www.saac.gov.cn/daj/hybz/201806/496cc2b091344843b5b388b744818c65/files/fa10b12908dc47c3b7ccc3aaab746625.pdf.

国家档案局. 口述史料采集与管理规范：DA/T 59-2017[S/OL].（2017-08-02）[2024-09-20]. https://www.saac.gov.cn/daj/hybz/201806/f5622dbc469340799aaccdd7e42a0150/files/6b5376b5788b4ce680d08d1cb1b8946d.pdf.

国家档案局. 录音录像档案数字化规范：DA/T 62—2017[S/OL].（2017-08-02）[2024-09-20]. https://www.saac.gov.cn/daj/hybz/201806/9d13ff4963f146ce861527917def163c/files/47f8ce35645147398656f798434f154b.pdf.

国家档案局. 文书类电子档案检测一般要求：DA/T 70-2018[S/OL].（2018-06-20）[2024-10-04]. https://www.saac.gov.cn/daj/hybz/201806/51dc58c8f5864df49eaaeb82dfe8e193/files/c56f09e7648345baa692f82b4bdc4689.pdf.

国家档案局. 档号编制规则：DA/T 13—2022[S/OL]. （2022-06-29）[2024-09-24]. https://www.saac.gov.cn/daj/hybz/202206/ef21b9abdb1a4f6e956156d3b43de0d4/files/e091a2289bc74a79acc086eb4ae39927.pdf.

国家档案局. 档案著录规则：DA/T 18—2022[S/OL]. （2022-04-07）[2024-09-20]. https://www.saac.gov.cn/daj/hybz/202206/beb7ba0f09ee4742ad4bb93bce2504b0/files/c2ec2a6a3d314efda7a56289909e0229.pdf.

国家档案局. 实物档案数字化规范：DA/T 89—2022[S/OL]. （2022-04-07）[2024-09-20]. https://www.saac.gov.cn/daj/hybz/202206/9976d259ad074216bd11356535951f88/files/c2562429b58b4ef390ce0789c7e54426.pdf.

国家档案局. 电子档案单套管理一般要求：DA/T 92—2022[S/OL]. （2022-06-29）[2024-09-20]. https://www.saac.gov.cn/daj/hybz/202206/c41222f0b0e34767808fe20be6cf5fbd/files/21023db35fe34174a29c840bb4bc87c6.pdf.

国家档案局. 电子档案移交接收操作规程：DA/T 93—2022[S/OL]. （2022-06-29）[2024-09-20]. https://www.saac.gov.cn/daj/hybz/202206/b3f09b7a7c8744b2a5aa94c9f61fd4e0/files/2f523ce74ccf4b799f65bf955fee8115.pdf.

国家档案局. 电子档案证据效力维护规范：DA/T 97-2023[S/OL]. （2023-07-03）[2024-10-04]. https://www.saac.gov.cn/daj/hybz/202307/a56d9038a43b4c159bce0bdf3b66d1ea/files/40b7edd90ba44fb7b87fb002a735e8e4.PDF.

中国国家标准化管理委员会. 中国档案机读目录格式：GB/T 20163—2006[S]. 北京：中国标准出版社，2006.

中国国家标准化管理委员会. 文献主题标引规则：GB/T 3860—2009[S]. 北京：中国标准出版社，2009.

中国国家标准化管理委员会. 档案分类标引规则：GB/T 15418—2009[S]. 北京：中国标准出版社，2009.

中国国家标准化管理委员会. 信息安全技术 网络安全等级保护基本要求：GB/T 22239—2019[S/OL].（2019-05-10）[2024-10-04]. https://openstd.samr.gov.cn/bzgk/gb/newGbInfo?hcno=BAFB47E8874764186BDB7865E8344DAF.

中国国家标准化管理委员会. 电子档案管理系统通用功能要求：GB/T 39784—2021[S/OL]. （2021-03-09）[2024-10-04]. https://openstd.samr.gov.cn/bzgk/gb/newGbInfo?hcno=4FACC0EF274CE01C8C315515398DF5A6.